몽골의 체제전환과
동북아 평화지정학

서울대학교 통일평화연구원 탈사회주의 연구총서 3

몽골의 체제전환과 동북아 평화지정학

초판 1쇄 발행 2021년 10월 10일
초판 2쇄 발행 2022년 10월 17일

편자 백지운, 오르트나상, 크리스토프 블루스

펴낸곳 서울대학교출판문화원
주소 08826 서울 관악구 관악로 1
도서주문 02-889-4424, 02-880-7995
홈페이지 www.snupress.com
페이스북 @snupress1947
인스타그램 @snupress
이메일 snubook@snu.ac.kr
출판등록 제15-3호

ISBN 978-89-521-3046-4 94340
978-89-521-2022-9 (세트)

이 책의 출간은 2017년 서울대학교 통일기반구축사업의 지원과 2010년 정부(교육과학기술부)의 재원으로 한국연구재단의 지원(NRF-2010-361-A00017)을 받아 수행되었음.

서울대학교 통일평화연구원
탈사회주의 연구총서 3

몽골의 체제전환과 동북아 평화지정학

백지운, 오르트나상, 크리스토프 블루스 편

서울대학교출판문화원

일러두기

1. 이 책의 일부(제2부의 제5장, 제6장, 제3부의 제8장)는 아래의 논문을 수정·보완하거나 재구성하여 수록하였다.

   이평래, 「몽골인의 중국인식: 역사 속의 중국과 현실의 중국」, 『성균차이나브리프』 제3권 2호(2013).
   이평래, 「달라이라마의 방몽과 몽·중의 갈등」, 『신흥지역정보 종합지식포탈』(2016).
   이문영, 「몽골의 체제전환과 러시아 요소: 러몽 관계사를 중심으로」, 『슬라브학보』 제33권 1호(2018).
   김성철, 「몽골의 생존안보와 경제안보: 다원적 연루전략」, 『평화학연구』 제19권 4호(2018).

2. 이 책에 수록된 외국 필자의 글은 영어로 쓴 것을 이정진(서울대학교 영문학과 강사)이 번역하고 편자인 백지운이 교정하였다.

3. 몽골어의 우리말 표기는 아직 정해진 원칙이 없지만, 기본적으로 국립국어원의 외래어 표기 원칙을 따랐다. 단, '칭기스칸', '울란바타르'처럼 우리 사회에서 관행화된 경우는 이를 따랐으며, 다른 연구자의 글을 인용할 때는 원문 그대로 표기했다.

발간사

2017년은 러시아 혁명(1917) 100주년이 된 해였다. 약 100년 전 러시아 제국은 아래로부터의 혁명에 의해 무너졌고, 사회주의의 이념에 입각한 소비에트 사회주의 공화국 연방이 수립되었다. 제2차 세계대전에서 소련이 연합국의 일원으로 승전국이 되면서, 사회주의의 영향력은 더욱 확대되어 동유럽과 아시아, 아프리카와 중동, 남미에 이르기까지 사회주의를 지배 이념으로 채택한 국가들이 크게 증가했다. 한반도의 북쪽에도 사회주의 국가가 성립했다.

하지만 지금으로부터 약 30년 전인 1989~1990년부터 동유럽에서는 구 소련체제 혹은 사회주의권에 속해 있던 10여 개의 유럽 국가들이 탈사회주의(정치적 독립과 민주화, 자본주의 시장경제의 도입과 개방, 사회 문화적 개방과 변화)로의 체제 이행을 경험했다. 동유럽의 폴란드, 동독, 러시아 등지에서 시작된 역사적 전환이 발생한 지 벌써 약 30년의 세월이 경과했다. 그동안 이러한 역사적 전환은 전 세계적으로 30여 개국에서 발생하여 약 4억 명의 사람들이 경험한 세계사적 사건이자 과정이 되었다.

따라서 이 역사적 경험에 대해 그동안 비교정치학자들을 비롯해 수많은 사회과학적 연구들이 이루어졌고, 그 연구의 결과 바람직한 체제전환의 방향이 무엇인지, 사회별로 정치, 경제, 외교, 사회, 문화 영역에서 어떤 변화가 발생했는지에 대해 많은 분석과 토론이 이루어졌다. 체제전환에 대한 연구는 그동안 사회과학 연구에서 진행되어 온 국가형성, 경제발전, 정치적 민주화, 전 지구화와 같은 거시적 사회변동을 수많은 국가를 비교하며 분석할 수 있게 해 주었기 때문에, 그동안 발전된 이론들이 다시 검증되고, 정교해지고, 추가로 일반이론들이 더 발전할 수 있게 해준 연구 분야(research field)가 되었다.

지금까지 경험적으로 관찰한 바에 따르면 체제전환의 경로나 속도는 상당히 다르다. 특히 정치적 민주주의와 시장경제라는 두 차원에서 유럽과 아시아는 큰 차이를 보인다. 동유럽형 탈사회주의는 대체로 서유럽에서 발전한 의회 민주주의를 받아들여 다원정당체제로 전환했고, 경제적으로는 시장경제를 수용하여 경제성장과 유럽으로의 시장통합을 지향했다. 반면, 아시아에서는 상황이 달랐다. 아시아형 탈사회주의는 정치적으로는 사회주의 이념하에 당-국가 지배체제가 유지되면서 점진적으로 시장경제를 수용하는 양상을 보였다. 다원정당체제를 받아들였다고 하더라도 실질적으로는 기존의 일당체제가 유지되는 경향이 나타났다. 2017년 현재까지 마르크스-레닌주의적 사회주의를 공식 정치이념으로 삼아 정치체제를 유지하고 있는 국가는 중국, 쿠바, 라오스, 베트남 4개국이고, 독자적인 사회주의 이념을 공식 정치이념으로 보유하고 있는 국가로는 방글라데시, 네팔, 포르투갈, 인도, 스리랑카, 그리고 북한이 있다.

아시아의 사회주의 국가들이 점진적인 경제적 개혁·개방을 추구하기 시작한 것은 1970년대 말부터라고 할 수 있다. 중국은 덩샤오핑의 주도로 1979년부터 체제 개혁 및 개방 정책을 추진하여, 40여 년이 지난 지금은 세계의 공장으로서 최대의 경제규모를 가진 경제 대국이 되었고, 베트남도 1986년 '도이머이(Doi Moi, 쇄신)'라는 슬로건을 내걸고 30년간 개혁·개방 정책을 취해 오늘날은 아시아의 다국적 기업들과 협력하며 국가 경제의 상당부분을 수출에 의존하는 국가로 변모

했다.

과연 북한도 체제를 전환하고 개혁·개방을 추진할 수 있을 것인가? 북한에서도 시장경제적 요소가 형성되기 시작했지만, 세계적 맥락에서 보면 북한은 여전히 가장 폐쇄적이고 고립적인 정책을 취하는 국가로 남아 있다. 그러나 언젠가는 체제전환이 이루어지지 않을 수 없다. 북한이 변화한다면 어떤 경로를 따라 어떤 유형으로 변화할 것인가? 북한의 미래 변화를 위한 조건과, 그 변화 과정에서 대면하게 될 여러 문제는 무엇일까? 그런 변화가 파괴적 결과와 갈등, 혼란과 피해를 초래하지 않고, 평화를 유지하면서 진행될 수 있는 조건은 무엇일까?

탈사회주의 연구총서는 이런 질문과 고민들에 대한 하나의 응답으로 기획되었다. 일반적으로 매우 특이하고 이해하기 어려운 것으로 여겨지는 북한의 사례를 포함할 경우, 글로벌한 관점에서의 비교사회주의, 비교 체제전환 연구는 아마도 일반화 가능성과 특수한 예외 사례의 설명 불가능성의 극한을 실험하는 도전이 될 것이다. 한국 학계에서도 이러한 문제의식에서 2000년대 이후 다양한 연구들이 출간되었다.

서울대학교 통일평화연구원은 그동안 단지 개별 국가별로, 지역별로 진행되어 온 탈사회주의 체제전환 연구를 유럽과 아시아 비교, 아시아 사회주의 국가들 간의 비교, 주제별 분석 등을 통해 더욱 심화한 '탈사회주의 연구총서'를 기획했다. 이를 통해 사회주의 역사 100년, 탈사회주의의 역사 30년을 지구적 차원에서 조망하면서, 북한의 미래와 한반도의 평화를 증진하기 위한 지혜를 도출하기 위한 학문적 여정을 시작하려고 한다.

2018년 2월

서울대학교 통일평화연구원장

머리말

몽골은 역사와 문화 면에서 한국과 인연이 깊은 나라다. 그러나 사회주의 시기의 몽골이나 체제전환 이후의 경과에 대한 우리의 지식은 극히 제한되어 있다. 2017년 서울대학교 통일기반구축사업으로 몽골 탈사회주의 연구팀이 꾸려지면서, 우리는 비행기로 세 시간이 채 걸리지 않는 가까운 미지의 세계로 다가갈 수 있었다. 이 프로젝트는 서울대학교 통일평화연구원 HK평화인문학사업단의 '탈사회주의 총서' 기획의 일환이기도 했다. 탈냉전과 함께 국제사회에 문을 연 사회주의 국가들의 역사·문화·사회적 맥락과 정치·경제적 쟁점들을 이해함으로써 북한을 보는 다각도의 참조 체계를 세우고 한반도의 미래를 사고하는 보다 폭넓고 유연한 시야를 구축하기 위해 마련한 총서 기획의 세 번째로 몽골이 선택되었다.

몽골에 대한 연구의 축적이나 인적 네트워크가 거의 없던 상황에서, 우리에게 원군이 되어준 이는 영국 브래드퍼드대학의 크리스토프 블루스 교수였다. 동북아 외교안보 전문가인 그의 소개로 우리는 몽골인문대학의 오르트나상 교수를 알게 되었고, 2017년 8월 그녀가 속한 몽골인문대학 빌릭연구소(Bilig Institute, University of Humanities in Mongolia)와 공동으로 워크숍을 꾸릴 수 있게 되었다. 워크숍의 주제는 '전환기의 몽골: 시장, 민주주의, 지정학(Mongolia in Transition: Market, Democracy and Geopolitics)'이었다. 유목경제라는 삶의 양식이 사회주의를 거쳐 자본주의 체제로 전환하면서 어떤 변화와 도전에 직면했는지, '창문 하나 깨지지 않은' 평화로운 체제전환이 어떻게 가능했는지, 체제전환 이후 비핵화를 위한 끈질긴 노력을 뒷받침한 내적 동력은 무엇인지, 우리가 막연하게 품고 있던 의문들에 대한 몽골 학자들의 목소리를 들을 수 있는 소중한 자리가 만들어지게 된 것이다.

블루스 교수, 오르트나상 교수와 이메일과 메신저로 연락을 주고받으며 워크숍을 준비하던 중 우리는 또 하나의 행운을 만나게 되었다. 당시 통일평화연구원에 재직했던 서보혁 교수로부터 몽골의 시민단체 블루배너(Blue Banner)의 설립자이자 의장인 엥흐사이항 전 유엔 몽골 대사를 소개받게 된 것이다. 프로젝트의 취지를 소개하고 8월 울란바타르에서 개최될 워크숍에 참석을 요청하는 이메일에 엥흐사이항 대사는 반갑게 화답하는 회신을 보내왔다.

8월 23일 울란바타르에 소재한 몽골인문대학 빌릭연구소에서 총 6인의 발표로 구성된 워트숍이 개최되었다. 서울대학교 통일평화연구원 김성철 교수의 기조 발표("탈사회주의 전환의 비교연구와 지역 평화를 위하여")로 시작한 이 회의는 오르트나상 교수의 "경제체제 전환 후 몽골의 사회경제적 변화들", 소소르바람(Enkhtsetseg Sosorbaram) 몽골국립대학 교수의 "체제전환기 몽골의 경제", 시스미식 몽골법학원장의 "체제전환에서 민주주의로: 1992년 헌법과 국가안보", 엥흐사이항 블루배너 의장의 "핵 안보에서 건설적 핵 정책으로", 블루스 교수의 "몽골과 동북아 지정학의 전환"의 순으로 진행되었다. 몽골의 체제전환을 정치, 경제, 법, 외교 전방위로 다룬 이날의 발표와 토론은 이 책의 기본틀을 주형하는 기초가 되었다.

회의장 바깥에서 몽골 학자 및 대학원생들과 나눈 대화에 대해서도 꼭 언급해 두고 싶다. 이날 회의에는 몽골의 젊은 학자들과 더불어 대학원생들도 다수 참여했다. 점심식사 자리에서 빌릭연구소 소장이자 법학자인 바트사이항(Ulziisaikhan Batsaikhan) 교수와 소소르바람 교수, 그리고 몇몇 대학원생들과 나눈 대화는 책에서 얻기 힘든 몽골의 현재에 대한 소중한 실감을 전해주었다. 또한, 엥흐사이항 대사와 함께한 저녁식사 자리는 그의 단독 인터뷰장이라 해도 과언이 아니었다. 몽골의 체제전환이 중국 및 소련과 갖는 차이, 체제전환 이전과 이후 몽골 엘리트 구조의 연속과 단절, 몽골의 유목문화가 현대 사회제도에 작용하는 방식, 몽골의 민족주의의 생산 방식 등, 무거운 주제였지만 엥흐사이항 대사의 해박한 지식과 유쾌한 화법에 우리는 시간 가는 줄 몰랐다.

후속 교류도 이어졌다. 그해 가을 우리는 다시 한번 엥흐사이항 대사를 서울대학교에 초청하여 몽골의 20년에 걸친 비핵지위 협상 과정과 그것이 한반도에 주는 함의에 대해 토론하는 자리를 가졌다. 이듬해 2월에는 때마침 서울을 방문한 시스미식 원장과의 세미나를 통해 중국과 러시아, 그리고 '제3의 이웃'에 대한 몽골 외교정책의 문제의식과 국제적·국내적 맥락에 대해 보다 심화된 이해를 얻을 수 있었다.

그 후 워크숍과 강연회 등에서 제출된 발표문을 완성된 글로 요청하는 한편, 연구진 각자의 전공과 관심에 따라 집필할 장을 배분하여 명실공히 정치·외교·역사·문화·환경 전방위에서 입체적으로 오늘의 몽골을 조명하는 책의 얼개가 짜여졌다. 낯선 공부의 여정에 즐겁게 동참해 주신 통일평화연구원의 선배, 동료 교수들께 감사드린다. 서울대학교 환경대학원에서 오랫동안 몽골의 환경문제를 연구해 오신 윤순진 선생님과 박사과정생 쿨란 씨, 그리고 사회발전연구원의 주윤정 박사의 글이 더해지면서 이 책의 구성이 한결 풍성해졌다. 쿨란 씨는 워크숍과 세미나의 통역은 물론 필자들을 위해 필요한 자료들을 구해주는 수고도 마다하지 않았다. 또한 우리로서는 너무나 궁금하지만 좀처럼 접근하기 힘든 몽골-북한 관계에 대해 짧지만 소중한 글을 제공해 준 바바르 몽골사회민주당 전 의원, 체제전환 후 몽골 외교의 중요한 축인 '제3의 이웃' 정책에 대한 글을 보내주신 올람바야르 교수께도 감사의 마음을 전한다. 아울러 비어 있던 몽중관계에 대한 글을 보태주시고 몽골어의 한글 표기까지 세세하게 살펴주신 한국외국어대학교 이평래 선생님께도 감사드린다. 전문가의 손을 거친 덕에 몽골어 표기법과 각주, 인용에서 보다 신뢰할 수 있는 책을 만들 수 있었다. 몽골 학자들의 다소 생경한 영어 원고를 토대로 탄탄한 한글 초고를 만들어 주신 서울대학교 영문과 강사 이정진 선생님께도 큰 도움을 받았다. 그리고 몽골어·러시아어를 포함하여 수많은 외국어 문헌들의 출처를 일일이 확인하고 각주와 참고문헌을 정리하는 고된 작업을 맡아준 통일평화연구원의 최현정 연구원, 세심한 교열과 편집 작업으로 책의 전문성을 한껏 높여주신 서울대학교출판문화원 관계자 여러분의 노고에도 깊이 감사드린다.

무엇보다 울란바타르에서 몽골 학자들과의 첫 만남을 주선하고 학술회의를 훌륭하게 열어준 오르트나상 교수의 추진력과 빌릭연구소 바트사이항 소장의 지원이 없었다면 이 책은 세상에 나오기 어려웠을 것이다. 몽골 학자들과 나눴던 우정과 몽골 초원의 고요하고 푸르렀던 시간에 감사한다.

이 책의 출간으로 서울대학교 통일평화연구원의 '탈사회주의 총서'가 일단락을 맺게 되어 마음이 놓인다. 발트 3국과 베트남에 이어 몽골 편이 더해짐으로써 초보적이나마 구성을 갖추게 되었다. 전문가의 도움을 많이 받았지만 비전공자들이 다수 참여한 이 책에 필경 부족한 점이 적지 않을 것이다. 그러나 학문 연구의 배치가 불균형한 우리 학계의 현실에서 연구의 사각지대에 놓인 몽골, 특히 사회주의 이후의 몽골을 한반도와 동북아 평화의 관점에서 조명한 이 책에 담긴 문제의식이 한국의 독자들에게 의미 있는 메시지로 전달되리라 믿는다. 이 책이 가깝고도 낯선 이웃 몽골을 통해 우리가 선 자리를 되돌아보고 미래를 사유하는 크고 넓은 시야를 개척하는 데 가난한 등불 하나의 소임을 다했기를 바란다.

2021년 8월
배곧 연구실에서
편자들을 대표하여 백지운

차례

제6장 몽골의 체제전환과 러시아: 러·몽 관계사를 중심으로 • 이문영

제7장 몽골의 체제전환 모델과 북한 • 김병로·바바르

제3부 비핵화로 가는 먼 길

제8장 몽골 안보의 도전: 생존안보와 경제안보를 중심으로 • 김성철

제9장 핵의 세계에서 몽골의 국익 추구하기 • 엥흐사이항

서장

대륙의 섬에서 평화의 연결자로

백지운
(서울대학교 통일평화연구원 조교수)

1
소환되는 유목 DNA

1992년 몽골은 70년의 사회주의 체제를 마감하고 민주주의 시장경제 체제로 전환했다. 짧은 기간에, 유혈혁명을 거치지 않고 민주주의를 정착시켰다는 점에서 몽골은 체제전환의 모범적인 사례로 간주되어 왔다. 그러나 태평양을 중심으로 하는 오랜 냉전의 지정학에서 빈곤과 불안, 고립 속에 고투해 온 몽골의 상황은 그 후로도 좀처럼 개선되지 않았다. 전 세계 19위에 해당하는 국토면적(1,564,100km²)에 세계 10대 자원부국이지만, 불안한 경제적 상황과 낙후한 인프라, 그리고 바다로 가는 길이 막힌 내륙국가(land-locked country)라는 멍에에 눌려 변방의 소국 신세를 면하기 어려웠던 것이다.

그런데 2000년대 후반으로 접어들면서 몽골을 둘러싼 여건에 변화의 조짐이 보이기 시작했다. 2008년 글로벌 경제위기와 중국의 부상을 계기로 지난 100년간 세계를 지배해 온 미국의 '일극시대(unipolar moment)'가 저물고 '다극시대(multipolar moment)'가 도래할 것이라는 전망 속에, 중국과 러시아의 대륙세력과 미국을 중심으로 하는 해양세력이 마주하는 장으로 유라시아가 조명을 받으면서 몽골의 지정학 및 지경학적 지위가 주목을 받게 되었다.

포스트패권 시대 유라시아가 문제적 영토로 떠오르고 있다. 2011년 7월 힐러리 클린턴(Hillary Clinton) 당시 미국 국무장관이 '신실크로드 구상(New Silk Road Initiative)'을 제기하여 중국과 러시아를 견제하려고 했을 때는 사실 늦은 감이 없지 않았다. 이미 중국은 2001년 러시아, 카자흐스탄, 키르기스스탄, 타지키스탄, 우즈베키스탄을 포함하는 상하이협력기구(Shanghai Cooperation Organization, SCO)를 출범시켜 다자적 안보와 경제협력을 위한 제도적 기반을 다진 상태였다. 2017년 인도와 파키스탄을 정회원국으로 받아들인 SCO는 아프가니스탄, 벨라루스, 몽골, 이란을 관찰국으로, 아제르바이젠, 아르메니아, 캄보디아, 네팔, 터키, 스리랑카를 대화상대국으로 하여, 유라시아 대륙의 약 60%의 면적과 31억의 인구를 포괄하는 거대한 지역협력 조직으로 떠올랐다. 2013년 중국이 국가대전략으로 출범한 '일대일로(一帶一路, One Belt One Road Initiative)'의 밑그림이 된 것이 바로 SCO였으니, 유라시아를 향한 중국의 서진(西進) 전략은 사실 오래전부터 준비된 것이었다. 여기에 러시아 역시 유가하락 및 2014년 우크라이나 군사개입 이후 서방의 경제제재로 인한 불황과 고립을 타개하기 위해 유라시아경제연합(Eurasian Economic Union, EEU)을 결성하고(2015) '대유라시아 정책(Greater Eurasia Initiative)'을 추진하는 등 적극적인 유라시아 정책을 취해 왔다. 중국의 '일대일로', 러시아의 '대유라시아', 그리고 미국의 '아시아 재균형(Rebalance to Asia)'에 이어 '인도-태평양 구상(Indo-Pacific Initiative)'까지, 강대국들의 지역전략이 각축하는 현재의 상황은 세계가 일극시대에서 다극시대로 향하고 있으며, 그 과정에서 종래의 지정학적 중심이던 아시아-태평양에 더해 유라시아-인도양이 부상하고 있음을 보여준다. 이러한 지도의 재편 속에, 한때 유라시아를 종횡무진했던 몽골의 잊혀진 위상이 다시 시야에 들어오게 된 것이다.[1]

지리적으로 몽골은 동서로 중앙아시아와 아시아-태평양을 연결하고 남북에 중국과 러시아 두 대국을 둔 유라시아의 요충지이다. 역사적으로 이러한 지리적 요건은 몽골에 양날의 칼이었다. 과거 동서 문명의

1 백지운, 「몽골의 체제전환과 동북아 평화지정학의 모색」, 서울대통일연구네트워크 편, 『남북한 협력과 발전을 위한 기초연구』 II(진인진, 2018), pp. 113-114.

역동적인 융합 위에 대제국을 건설하여 '팍스 몽골리카(Pax Mongolica)'의 이름을 세계사에 남겼던 몽골은, 근대 이후에는 제국주의와 중·러 두 사회주의 대국의 싸움에 짓눌려 독립국의 명맥을 유지하기도 어려웠다. 여기에 냉전 시기 유라시아 대륙을 지배했던 사회주의 진영과 그 주변부를 포위한 자유주의 진영의 대결이 더해지면서, 몽골은 한때 핵전쟁의 희생양이 될 뻔할 정도로 존망이 위태로웠다.[2] 어떤 면에서 '일대일로'와 '인도-태평양 전략'이 대치하는 현재의 형세는 냉전 시기 미국이 구축한 교두보[3]를 깨고 바깥으로 나오려는 대륙세력과 포위망을 재정비하려는 해양세력의 제2라운드 대결이라고 할 수 있다. 이처럼 냉전 이래 수십 년 동안 유지되었던 지정학적 판이 흔들리는 지금이야말로 몽골로서는 '대륙섬'이라는 굴레를 깨고 유라시아의 허브(hub)라는 잊혀진 정체성을 되찾을 절호의 기회이다.

체제 면에서도 몽골은 이질적인 두 세계를 연결할 교량의 조건을 갖추고 있다. 1921년 러시아의 도움으로 독립한 몽골은 1924년 몽골인민공화국(Mongolia People's Republic)을 세워 지구상에서 두 번째로 사회주의 국가가 되었다. 또한 1980년대 중반 구소련에서 불어온 개혁·개방의 영향 아래 집권당인 인민혁명당의 주도로 정치개혁을 단행한 몽골은, 아래로부터의 거센 민주화 요구에 집권당이 물러서는 과정에서도 "창문 하나 깨지지 않는 무혈 체제전환"을 달성함으로써 아시아에서 가장 모범적인 체제전환의 사례를 만들었다.[4] 1992년의 헌법

---

2 이 책 제9장 엥흐사이항의 「핵의 세계에서 몽골의 국익 추구하기」 참조.

3 Z. 브레진스키, 김명섭 옮김, 『거대한 체스판: 21세기 미국의 세계 전략과 유라시아』(삼인, 2017), p. 23.

4 송병구, 「몽골의 정치」, 단국대학교 몽골연구소 편, 『몽골지역연구: 신(新) 한·몽 관계 정립을 위한 전략적 협력 방안』(자유문고, 2018), pp. 88-89; 「몽골, 창문 하나 깨지지 않은 '無血 체제전환'」, 『조선일보』(2015. 2. 5.).

개정으로 대통령중심제와 내각책임제의 중간 형태인 이원집정부제를, 2002년의 두 번째 헌법 개정으로 의회와 내각의 권한을 대폭 강화한 의원내각제적 성격의 정치체제를 확립했다. 또 4년마다 대통령과 국회의원을 뽑는 선거가 치러지는 가운데, 두 거대정당인 인민당과 민주당 간의 역동적인 정권교체가 반복되고 있다.[5]

70년에 달하는 사회주의 체제와 40년에 가까운 자본주의 체제의 경험 속에서 몽골은 이념과 제도의 차이를 대하는 유연성과 적응력을 키워 왔다. 몽골이 중국과 러시아라는 전통적인 '두 이웃'과 미국·유럽·동북아 등 발달한 자본주의 국가를 포괄하는 '제3의 이웃(Third Neighbor)' 사이에서 균형자를 자처하고, 또 한반도에서도 남북 모두와의 우호적인 관계를 기반으로 비핵평화의 전령사 역할을 자임하고 나서는 것도, 냉전과 탈냉전의 격동을 변방의 소국으로 헤쳐 오며 축적한 균형감각과 협상력이라는 자산이 있기 때문이다.

무엇보다 몽골은 이질적인 문명들이 서로 길항하고 융합하는 다원성의 역사를 지니고 있다. 고래로부터 남쪽으로 중국의 발달한 농경문화와 대치했던 몽골은 그와 대결하고 타협하면서 정주문명과 유목문명 간의 교융을 이루어 나갔다. 또한 취약한 유목경제를 보완하기 위해, 중국과 중앙아시아를 연결하는 실크로드를 장악하고 소그드(Soghd)인과 무슬림 상인 등 국제상인을 거간으로 삼아 유라시아 일대의 교역을 장악한 바 있다.[6] 인류 역사상 초유의 대제국을 효율적으로 통치하기 위해 몽골 제국은 유라시아 대륙 대부분을 포괄하는 광역 교통·통신망인 역참제도를 발전시켰고, 적극적이고 개방적인 정책

5 체제전환 이후 몽골의 선거제도 및 역대 선거에 대한 상세한 분석은 송병구의 위의 글 참조.

6 김호동, 『몽골제국과 세계사의 탄생』(돌베개, 2016), pp. 19-66.

을 펼쳐 인도양을 통한 해상까지 교역 루트를 확장했다. 이러한 광범위하고 기동적인 제국의 교통망을 기반으로 유라시아 끝에서 끝을 아우르는 '대여행의 시대'가 열렸으니, '몽골의 평화' 즉 '팍스 몽골리카'는 자유로운 이동을 장려하고 타 문명에 개방적인 역동성과 다원성의 토양 위에서 가능했던 것이다.[7]

이러한 역사를 돌아보면, '내륙국가'라는 숙명을 지렛대로 삼아 유럽과 동아시아를 잇는 '연결국가(transit country)'로 자기 정체성을 뒤바꾸는 데 사활을 거는 현재 몽골의 모습은 역사의 데칼코마니를 연상시킨다. 생각건대 '길(路)', '띠(帶)', '회랑(廊)', '다리(橋)'의 무수한 연결망으로 직조되는 중국의 '일대일로'에 담긴 공간 상상은 어쩌면 제국의 수도 카라코룸(Karakorum)을 중심으로 유라시아와 인도양으로 사통발달했던 팍스 몽골리카의 공간 감각을 차용한 것이 아닐까. 다시 말해, '일대일로'가 소환하는 다원성 제국의 역사 기억은 중국 학자들이 말하는 것처럼 청(淸) 제국에 기원을 두는 것이 아니라, 더 멀리 원(元) 제국으로까지 거슬러 올라가는 것 아닐까.[8] 역사적으로 중국이 제국으로 위용을 떨쳤던 시기가 이민족이 지배하는 '비(非)중국'의 세계에 편입되었을 때였음을 상기하건대,[9] 중국이 오랜 도광양회(韜光養晦)의 시기를 지나 야심차게 세상에 내놓은 '일대일로' 구상이 한때 유라시아의 허브로서 전 세계를 네트워킹했던 몽골의 잊혀진 유목 DNA를 소환하는 상황은 지정학적 상상이 거대한 역사의 자취에 뿌리내리고 있음을 새삼 일깨워 준다.

---

7 위의 책, pp. 137-189 참조.

8 '일대일로'에 투사된 청 제국의 역사 기원을 강조한 중국학자 왕후이(汪暉)에 대한 비판적 독해로는 백지운, 「'일대일로'와 제국의 지정학」, 『역사비평』 제123권, 2018, pp. 214-221 참조.

9 김호동, 앞의 책, p. 44.

2
내륙국가에서 연결국가로

2013년 중국이 국가대전략으로 발표한 '일대일로'[10]는 다시 한번 '연결국가'로 도약하고자 하는 몽골의 염원을 실현할 중대한 모멘텀이었다. 2011년 이후 국제 원자재 가격의 하락과 해외투자의 감소로 심각한 경제난에 빠진 몽골은 철도·도로·송전·송유관의 인프라 건설에 주력한 '초원의 길(Steppe Route)' 이니셔티브를 통해 유라시아 지역의 물류 허브이자 에너지 공급자, 무역 촉진자로 거듭나고자 했다. 같은 시기 러시아 역시 '대유라시아' 정책을 가속화하면서 중·몽·러 3자의 지역전략은 '일대일로'의 6대 회랑의 하나인 '중·몽·러 경제회랑(CMREC)'으로 수렴되었다.

'중·몽·러 경제회랑'이 처음 논의된 것은 2014년 엘벡도르지(Tsakhiagiin Elbegdorj: 1963~, 재임: 2009~2017) 몽골 대통령의 제안으로 개최된 제1차 중·몽·러 정상회담에서였다. 2015년 제2차 정상회담에서 추진이 확정되었고, 2016년 제3차 정상회담에서 32개의 세부 추진 프로젝트가 선정되었으며, 2017년 국장급 실무회의를 통해 32개 프로젝트 중 중앙철도회랑, 중앙도로회랑, 에너지(송전선) 세 부문이 우선 추진 과제로 확정되었다.[11]

'중·몽·러 경제회랑'이 초기에 속도를 낼 수 있었던 배경으로, 이

10 '일대일로'는 아시아, 동유럽, 중동, 동부 아프리카의 신흥시장을 중심으로 하는 거대한 경제권이다. 현재 71개국이 참여하고 있으며, 전 세계 GDP의 3분의 1, 전 세계 인구의 3분의 2를 포괄한다(BRI 홈페이지, 온라인).

11 정동연, 「중·몽·러 경제회랑 추진 현황과 시사점: 몽골의 시각에서」(KIEP 기초자료 19-06, 2019), p. 4.

즈음 중·몽·러 세 나라 관계에 발생한 미묘한 변화에 주목할 필요가 있다. 중국과 러시아 사이에서 한편을 선택하여 곤경에 빠졌던 냉전 시기의 교훈을 뼈저리게 기억하는 몽골은 체제전환 이후에는 균형외교를 국가정책의 절대적인 방향으로 삼아 왔다. 1990년대부터 몽골의 엘리트들은 중국과 러시아, 그리고 '제3의 이웃' 사이에서 능숙한 처세의 기술을 내재화했다. '두 이웃' 중 한쪽을 이용하여 다른 한쪽을 제어하는가 하면, '제3의 이웃'을 끌어들여 '두 이웃'을 제어하기도 했다. 여기에는 몽골의 역동적인 국내정치도 한몫 했다. 4년마다 다가오는 선거로 정권교체가 반복되는 상황에서, 어느 정치인도 특정 국가의 이익을 대변한다는 인상을 대중에게 주어서는 안 되었던 것이다.[12] 그러나 2014년 이후 중국과 러시아의 관계가 급속히 가까워지면서 균형자로서의 몽골의 역할은 시험대에 놓이게 된다.

2014년 크림반도(Crimean Peninsula)의 합병이 야기한 러시아의 고립과 중국의 '일대일로'의 출범은 극심한 경제불황을 겪고 있던 몽골에 단비와 같은 기회였다. 서구의 경제제재를 극복하기 위해 푸틴(Vladimir Putin: 1952~, 재임: 1999~2008, 2012~)은 동쪽을 바라보기 시작했고, 중국 또한 아시아로 회귀하는 미국과의 정면 대결을 피해 서쪽을 향하면서 중러 협력의 형세가 만들어졌다. 중국과 러시아 사이에서 등거리를 유지해 온 몽골은 선택지가 좁아질 수밖에 없었다. 이에 이제껏 친서구주의자로 정평이 나 있던 엘벡도르지가 뜻밖에도 중러 협력의 장에 적극적 행위자로 뛰어들게 된 것이다.

엘벡도르지가 주목한 것은 2013년 시진핑(習近平: 1953~, 재임:

12 Sergey Radchenko, "Sino-Russian Competition in Mongolia," ed., Gilbert Rozman and Sergey Radchenko, *International Relations and Asia's Northern Tier: Sino-Russia Relations, North Korea, and Mongolia*(Singapore: Palgrave Macmillan, 2018), p. 112.

2013~)이 카자흐스탄에서 '일대일로' 계획을 선포할 때 러시아의 이익을 고려하겠다고 발언한 대목이었다. 중국의 협력이 절실했던 푸틴은 2014년 5월 상하이 방문에서 중국으로 연결하는 가스 송유관의 계약을 얻어내는데, 바로 그때 엘벡도르지가 '연결 회랑(transit corridor)'으로서 몽골의 지리적 이점을 강조하며 러시아의 송유관이 몽골을 통과해 중국으로 가도록 두 나라를 설득해 낸 것이다. 이 과정에서 엘벡도르지는 체제전환 이후 좀처럼 기념하지 않았던 할힝골(Khalkhin Gol)[13] 전투 75주년 기념식에 참석했을 뿐 아니라, 2015년 모스크바 붉은 광장(Red Square)에서 거행된 승전기념식에 몽골 군대가 행진하는 장면까지 연출했다.

중국에 대해서도 엘벡도르지의 적극적 행보는 거침이 없었다. 2014년 8월 시진핑이 몽골을 방문했을 때 몽골의 '초원의 길'을 '일대일로'에 포함시킨다는 약속을 얻어냈으며, 2014~2015년 네 차례에 걸쳐 베이징을 방문하는 등 동분서주하여 마침내 중·몽·러 3국 정상회담을 실현시켰다. 1차 정상회담은 2014년 9월 타지키스탄의 두산베(Dushanbe)에서, 2차 회담은 2015년 7월 러시아의 우파(Ufa)에서, 3차 회담은 2016년 6월 우즈베키스탄의 타슈켄트(Tashkent)에서 개최되었다. 2015년 11월 엘벡도르지는 베이징을 방문하여 '초원의 길'에 아시아인프라투자은행(Asian Infrastructure Investment Bank, AIIB) 및 실크로드 기금(Silk Road Fund)의 출연을 약속받았다. 또한 2016년의 3차 중·몽·러 정상회담에서는 몽골의 AIIB 가입을 약속했다. 이 과정에서 엘벡도르지는 러시아에 했듯 중국의 승전기념식에도 몽골의 군대를 보냈다.[14]

---

13 일본어로는 '노몬한(Nomonhan) 전투'라고 한다. 1939년 소비에트·몽골 연합군이 일본·만주국 군대와 벌인 전투를 말한다.

이러한 과정을 보건대, '중·몽·러 경제회랑'은 중국의 '일대일로' 구상에 몽골이 포함되었다기보다, '일대일로'의 기본 구상이 수립되는 초기 단계에 몽골이 적극적인 행위자로 개입함으로써 만들어 낸 것이라 해도 과언이 아니다. 특히 중·몽·러 3자 협력구도를 구축하기 위한 엘벡도르지의 과감한 행보는 체제전환 이래 몽골이 견지해 온 균형외교의 원칙을 위배한 것으로, 국내에서도 거센 정치적 비판을 받았다. 그런가 하면, 3자 협력을 추진하는 와중에 엘벡도르지가 몽골의 영세중립화를 위한 입법화를 추진하기도 했으니,[15] 이는 강력한 두 이웃 사이에서 '국가 존립의 안보(existential security)'를 지켜야 한다는 헌법적 당위[16]와 100년 만에 찾아온 지정학적 변화가 가져온 기회를 놓치지 않으려는 열망 사이에서 고투하는 몽골의 절박함을 여실히 보여준다. 즉 '중·몽·러 경제회랑'은 그 잠재적 위험에도 불구하고 내륙국가에서 연결국가로 몽골의 실존을 바꿔놓을 다시 없는 기회였던 것이다.

3차 중·몽·러 정상회담에서 확정된 32개 프로젝트를 살펴보면, 교통 인프라 부문 13개, 국경 통과지점 현대화 부문 1개, 무역세관 검사 검역 부문 4개를 비롯하여 교통 물류 인프라의 개선이 절대적인 비

---

14 Sergey Radchenko, "Mongolia Hangs in the Balance: Political Choices and Economic Realities in a State Bounded by China and Russia," ed., Gilbert Rozman and Sergey Radchenko, 앞의 책, pp. 127-137.

15 2015년 9월 7일 엘벡도르지 대통령이 제기한 영세중립화의 입법화 안은 몽골 내부에서 뜨거운 찬반 논쟁을 일으켰다. 결국 2016년 11월 국가대호랄(The State Great Hural) 본회의에서 대통령에게 반송됨으로써 공식 폐기되었다. 이평래, 「몽골의 영세중립화 논의에 대한 종합적 검토: 언론보도를 중심으로」, 『몽골학』 제48호, 2017, pp. 168-170.

16 1992년 개정된 몽골 헌법은 6개의 '국가 안보의 개념' 중 '국가 존립의 안보'를 첫 번째로 규정하고 있다. 이 책 제3장 시스미식의 「민주주의로의 전환: 1992년 몽골 헌법과 국가 안보」 참조.

〈표 1-1〉 CMREC 32개 프로젝트 중 교통 인프라 부문

중앙철도회랑	울란우데~나오쉬키~수흐바토르~울란바타르~자밍우드~얼렌~장자커우~베이징~톈진
북부철도회랑	쿠라기노~키질~차간 톨고이~아르츠수르~오보트~에르데네트~살히트~자밍우드~얼렌~울란차브~장자커우~베이징~톈진
서부철도회랑	쿠라기노~키질~차간 톨고이~아르츠수르~코브도~타케쉬켄~하미지구~창지후이족 자치구~우루무치
동부철도회랑	보르자~솔로비옙스크~에렌차브~초이발상~후트~비치그트~쉴린-골(시린궈러멍)~츠펑~차오양~진저우/판진
두만강철도회랑 (프리모리예-2)	초이발상-숨베르~아르샨~울란하오터~창춘~옌지~훈춘~자루비노
프리모리예-1	초이발상~숨베르~아르샨~만저우리~치치하얼~하얼빈~무단장~수이펀허~블라디보스토크~나홋카
몽골 영토를 지나는 모스크바~베이징 고속도로 간선 건설 가능성 연구	
3자 물류기업 설립문제 협상	
아시아자동차도로망 AH-3 노선	울란우데~캬흐타/알탄불락~다르항~울란바타르~샤인샨드~자밍우드/얼렌~베이징 외곽~톈진
아시아자동차도로망 AH-4 노선	노보시비르스크~바르나울~고르노알타이스크~타샨타/울란바이쉰트~홉드~야란타이/타케쉬켄~우루무치~카스~훈키라프
동부자동차도로 회랑	보르자~솔로비옙스크~에렌차브~초이발상~바룬우르트~비치그트~시린궈러맹-시-우드쥠치민-치~츠펑/시린하오터~차오양/청더~판진/진저우~톈진
중국, 몽골, 러시아 간 아시아자동차도로 국제자동차운송협정 서명 및 실현 촉진	
(울란우데~톈진) 통과 교통 회랑	울란우데~카흐타/알탄불락~다르항~울란바타르~샤인산드~자밍우드/얼렌~울란차브~베이징~톈진

출처: 제성훈 외(2016), pp. 71–72.

중을 차지한다. 그중 〈표 1-1〉이 보여주듯, 교통 인프라 부문은 6개의 철도회랑과 4개의 도로회랑 건설을 제안하고 있다. 주목할 것은 이들 회랑 대부분이 중국의 톈진(天津)과 랴오닝성(遼寧省)의 판진(盤錦)·진저우(錦州), 그리고 러시아 연해주의 나홋카(Nakhodka)와 자루비노(Zarubino)로 연결되어, 궁극적으로 태평양으로 나가는 '출해(出海)' 전

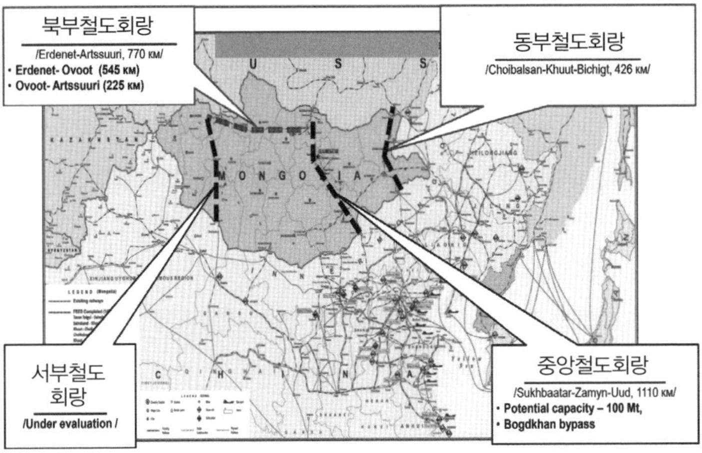

출처: Ministry of Road and Transport Development of Mongolia(2019).

〈그림 1〉 몽골 주요 철도회랑 계획

략을 취하고 있다는 점이다. 중국의 항만시설에 과도하게 의존하는 구조적 약점이 문제이지만, 중국과 러시아 그리고 중앙아시아를 연결하여 태평양으로 향하는 이들 노선도는 유라시아와 태평양을 이으려는 몽골의 요구와 맞닿아 있다.

2017년 국장급 실무자 회의에서 32개 프로젝트 중 중앙철도회랑, 중앙도로회랑(아시아자동차도로 AH-3), 그리고 몽골 및 러시아 전력망 현대화 사업 3개가 우선추진 사업으로 선정되었다. 중앙철도회랑은 몽골종단철도(Trans Mongolian Railway, TMGR)의 연장선으로, 러시아 부랴트공화국(Republic of Buryatia)의 수도 울란우데(Ulan-Ude)에서 울란바타르, 중·몽 국경도시인 자밍우드(Zamiin-Uud)와 얼렌하오터(二連浩特)를 지나 장자커우(張家口), 베이징, 텐진으로 이어진다. 울란바타르를 지나 바다로 가는 최단거리 노선으로 중·몽·러 교통회랑의 핵심 운송루트이지만, 그 뼈대인 몽골종단철도는 전 구간 전철화율 0%인 디젤 열차인 데다 시설 및 관리체계의 노후화가 심각하다. 따라서 몽골종단철도의 전철화와 복선화, 그리고 이를 보완하는 고속도로(AH-3)의 구축이 '중·몽·러 경제회랑'의 가장 우선적인 과제이다.[17]

'중·몽·러 경제회랑'에서 특기할 사항은 2013년 당초 '실크로드 경제벨트' 계획에 포함되지 않았던 중국의 동북지역이 이후에 추가되었다는 점이다. 동북지역은 2015년에 발표된 '일대일로'의 실행계획(「비전과 전망(共建'一帶一路'愿景與行動)」)에도 배제되어 있었다. 그러던 것이 2018년 9월 랴오닝성이 '일대일로종합실험구건설총체방안(一帶一路綜合實驗區建設總體方案)'을 발표하고, 10월 베이징에서 '중·일 제3국 시장협력포럼(China-Japan Forum on Third Country Business Cooperation)'이 개최되어 52개 양해각서가 체결되면서 분위기가 사뭇 달라지기 시작했다. 같은 해 12월 지린성(吉林省) 성장이 경제합작교류대표단을 이끌고 랴오닝성을 방문하여 동북지역에서 두 성의 협력을 강화함으로써, '광역두만강지역개발계획(Greater Tumen Initiative, GTI)', '연해경제벨트개발계획(遼寧沿海經濟帶發展規劃)', '창지투개발개방선도구계획(長吉圖開發開放先導區規劃)' 등 그간 지지부진했던 동북 계획들이 전반적으로 재검토되기 시작했다. '일대일로종합실험구건설총체방안'은 판진, 잉커우(營口), 다롄, 단둥 등 랴오닝이 자랑하는 연해 벨트를 허브로 삼아, 기존의 '중·몽·러 경제회랑'에 '한·중·일+α'로 구성되는 '동북아 경제회랑'을 연접(連接)시킴으로써 중국, 한국, 일본, 러시아, 몽골, 북한을 포괄하는 광역적인 지역구상을 제시했다.[18]

궁극적으로 몽골이 추구하는 것이 내륙의 물류를 바닷길로 연결하는 것이라는 점에서, '중·몽·러 회랑'을 '동북아 경제회랑'으로 연

17 제성훈·나희승·최필수·Lkhagvadorj Dolgormaa, 「중·몽·러 경제회랑의 발전 잠재력과 한국의 연계방안」(대외경제정책연구원, 2016), p. 75.

18 「遼寧'一帶一路'綜合試驗區建設總體方案」(中國一帶一路網, 온라인).

결하는 안은 몽골로서도 반가운 일이다. 두 회랑의 연접을 통해 몽골은 한국·일본 등 동북아의 '제3의 이웃'들과 교역을 확대함으로써 중국·러시아에 대한 의존을 상쇄할 수 있다. 물론 개혁·개방 이후 줄곧 내리막길을 걸어온 중국 동북지역의 발전을 낙관하기는 어렵다. 게다가 지난 10년 악화된 북핵 정국은 이 지역의 고립을 한층 강화했다. 추측건대, 2018년 랴오닝성과 지린성의 제안이 힘을 얻었던 배경에는 당시 불현듯 열린 한반도의 평화 정국의 영향을 빼놓을 수 없을 듯하다. 또한 같은 시기 미·중 간 무역갈등이 불거져 중·러 공조체제가 형성되면서 동북지역의 지경학적 가치가 증대한 점도 고려해야 할 것이다. 2018년 9월 블라디보스토크에서 개최된 동방경제포럼(Eastern Economic Forum, EEF)에 시진핑이 동북3성의 당서기들을 대거 대동하고 참석한 것도 특기할 일이거니와, 이 자리에서 그는 미국의 일방주의와 대비되는 '동북아 경제권'을 주창했다. 또한 개혁·개방 40주년 기념일을 앞두고 거행된 시진핑의 동북 시찰은 그가 약속한 '중국몽(中國夢)'을 실현하는 데 동북지역의 재생이 중대한 시금석임을 보여주는 상징적인 행보였다.[19]

내륙국가에서 연결국가로 탈바꿈하고자 하는 몽골의 꿈은 유라시아뿐 아니라 동북아, 나아가 한반도의 정세와도 긴밀히 연동되어 있다. 1995년 중국·러시아·북한을 주요 성원으로 했던 '두만강유역개발계획'이 2005년 한국과 몽골을 더해 GTI로 확대되어, 북한의 나선경제무역지대와 한국의 동해안을 아우르는 광역지역계획으로 추진된 것이 그 단적인 예이다. 비록 GTI는 대북 경제제재와 그로 인한 북한

19 "Xi Jinping looks to the northeast to make China great again," *East Asia Forum* (October, 30, 2018).

출처: Travel China Guide(2020). 필자가 한글 주요 지역명 첨가, 옅은 색은 계획 중인 노선.

〈그림 1-2〉 중국 동북지역 고속철도 현황

의 탈퇴(2009)[20]로 동력이 주춤했지만, 지난 수년간 이 지역에서는 조용하지만 상전벽해와 같은 변화가 일어났다. 2015년 9월 선양(瀋陽)-단둥(丹東)을 잇는 고속철도와 창춘-지린-훈춘을 3시간에 주파하는 고속철도가 잇달아 개통되었고, 대북제재가 한창이던 2016년 국경절을 앞두고 훈춘과 나진을 잇는 신두만강대교가 소리 없이 개통했다.

20 2018년 GTI 제18차 총회에서 북한의 재가입 초청을 결정했으며, 북한도 판문점 선언 이후 베이징을 통해 비공식적으로 복귀를 타진한 바 있다. 장도환·전홍진·윤병석, 「광역두만강개발사업 협력과 지원을 위한 입법 제안」, 『지역산업연구』 제43권 3호, 2020, p. 324.

단둥과 신의주를 잇는 신압록강대교 역시 완공되어 공식 개통을 앞두고 있다. 또한 2020년 4월에는 중·러 국경을 잇는 최초의 교량으로 아무르주 블라고베셴스크(Blagoveshchensk)와 중국 헤이룽장성의 헤이허(黑河)를 잇는 다리가 개통되었고, 아무르강(Amur River, 黑龍江) 양편의 통장(同江)과 니즈넬레닌스코예(Nizhneleninskoye)를 연결하는 철교는 2016년 중국 쪽 공사가 완료된 상태이다.[21]

바다로 가는 자유롭고 다변화된 통로가 필요한 몽골의 입장에서, '중·몽·러 경제회랑'의 온전한 완성은 '동북아 경제회랑'과 접속될 때 비로소 가능하다. 그러나 이들 회랑은 미중관계와 북핵문제라는 민감한 국제정세와 연동되어 있다. 따라서 두 회랑의 연접을 위해서는 동북아의 평화 정국이 열려야 하며, 무엇보다 북핵문제의 타결을 통한 북한의 개방이 전제되어야 한다. 바로 그런 맥락에서 유라시아 연결국가를 향하는 몽골의 꿈은 한반도의 평화를 절실하게 필요로 하는 것이다.

21 또한 2019년 4월 중국 상무부(商務部)가 발표한 보고서 「'일대일로' 공동건설 구상」에 GTI와 창춘 동북아박람회가 언급된 것도 주목할 일이다. 「共建'一帶一路'倡議: 進展·貢獻與展望」, 중국 상무부 홈페이지 참조.

3
소국의 원대한 꿈[22]

1990년 3월 26일 몽골은 아시아 공산권 국가로서 가장 먼저 한국과 수교했다. 당시 소련과 동구에서 불어오는 탈냉전의 기운을 기민하게 감지했던 노태우 정부(1988~1993)는 '철의 장벽' 너머로 문호를 여는 '북방정책'을 추진하고 있었다. 몽골 역시 국내 민주화 운동이 고조되는 가운데 1990년 1월 인민혁명당이 공산당 일당독재의 철회를 선언하고 중앙위 정치국 및 서기국이 집단 사퇴하는 등 대대적인 개혁에 돌입하고 있었다. 그런데 그 속사정을 들어보면, 당시 한국 정부는 사회주의권의 오랜 맹주이자 북한의 동맹국인 소련의 입장을 고려하여, 몽골과 먼저 수교함으로써 소련 및 중국과의 수교를 용이하게 할 요량이었다고 한다.[23] 말하자면 한몽수교는 '북방정책'의 꽃이라 할 한소수교(1990. 9. 30)와 한중수교(1992. 8. 24)의 길을 준비하는 마중물이었던 것이다.

동북아에 찾아든 탈냉전을 매개로 한국과 몽골은 80년의 단절을 넘어 태고 이래의 역사문화적 끈을 회복하였지만, 수교 30주년을 맞은 지금 양국관계의 성적표는 아직 초라하다. 세 차례의 관계 격상을 거쳐 한·몽 양국은 2011년 이래 '포괄적 동반자 관계'를 유지하고 있으며, 최근 '전략적 동반자 관계'로의 격상을 논의 중이다.[24] 이는 중국

22 '소국의 원대한 꿈'이라는 이 절의 제목은 엥흐사이항의 "Mongolian Foreign Policy: A Small State with Big Aspirations"(East Asia Forum, April 2, 2014, 온라인)에서 얻어왔다.

23 권영순, 「한·몽골 현대 교류를 회고하며」 『한국북방학회논집』 제2권, 1996, p. 389.

24 이 책의 출판 한 달 전인 2021년 9월 10일, 문재인 대통령과 몽골의 후렐수흐 대통령의 화상 정상회담에서 양국 관계가 '전략적 동반자 관계'로 격상되었다.

과 몽골이 '전면적 전략적 관계'로 한·중 간의 '전략적 협력 관계'보다 두 단계나 높고,[25] 또 일본과 몽골이 이미 2010년에 '전략적 동반자 관계'로 격상한 데 비하면[26] 한참 낮은 수준이다.

교역과 투자 현황도 마찬가지다. 2018년을 기준으로 양국 간 교역액은 3억 3,500만 달러로서, 이는 한국 전체 교역의 0.03%에 불과하다. 또한 2010~2019년 한국의 대몽골 직접투자액은 3억 1,366만 달러로 같은 기간 해외직접투자의 0.08%이며,[27] 2018년을 기점으로 보면 몽골의 외국인직접투자에서 한국의 투자율은 2.3%에 그치고 있다.[28]

문재인 정부의 역점 사업인 '신북방정책'이 북한의 개방을 통해 한반도를 유라시아로 연결하는 지역구상임을 고려할 때, 한·몽 간의 이 같은 초라한 성적표는 고개를 갸우뚱하게 한다. '신북방정책'과 '한반도신경제지도'가 현실적 동력을 얻기 위해서는 중국의 '일대일로'나 러시아의 '동방정책' 등 진행 중인 지역구상들과 접속해야 하며, 그중에서도 특히 '일대일로'의 '중·몽·러 — 동북아 경제회랑'과의 연결이 관건이기 때문이다. '한반도신경제지도'는 남북관계의 개선이라는 차원을 넘어, 단절되었던 유라시아와 동북아가 다극시대를 맞아 하나로 연결되는 더 큰 지정학적 흐름을 시야에 담아야 한다. 30년 전 탈냉전의 벽두에서 한국이 몽골과 재회함으로써 '북방정책'의 물꼬를 텄다면, 또 한 차례 지구적 지정학의 전환에 직면하여 '신북방정책'은 몽골의 위상과 역할에 대해 보다 더 적극적인 접근이 필요하지 않을까.

---

25 제성훈 외, 앞의 글, p. 32.

26 일본 외무성 홈페이지 참조.

27 정동연, 「몽골 축산물가공업 육성 동향과 한·몽 협력 과제」(KIEP 기초자료 20-09, 2020), p. 13.

28 2018년 기준으로 대몽골 외국인직접투자의 비중은 캐나다(29.4%)와 중국(24%)이 가장 높으며, 싱가포르, 룩셈부르크, 홍콩, 일본, 네덜란드, 미국, 한국 순이다. 정동연(2019), 앞의 글, p. 17.

근대 이래 한국과 몽골의 지정학적 연계는 종종 홀시되어 왔다. 제국주의의 식민지 강탈전이 벌어지던 20세기 초 러시아와 일본이 맺은 수차례의 비밀조약은 당시 한반도와 몽골의 운명이 얼마나 긴밀하게 연결되어 있었는지를 보여준다. 1905년 포츠머스 조약(Treaty of Portsmouth)은 한반도와 중국의 동북지역, 그리고 몽골을 둘러싼 러·일 간 공조의 시작이었다. 1907년 7월 상트페테르부르크(Saint Petersburg) 비밀조약에서 조선에 대한 일본의 이권과 외몽골에 대한 러시아의 이권이 교차 승인되었다. 이어 1910년의 밀약에서 러시아가 일본의 조선 지배를 승인했고, 1912년 세 번째 밀약에서 일본과 러시아가 내몽골을 분할 지배하는 안을 결정했던 것이다.[29]

이처럼 20세기 초 러시아와 일본 사이에서 이권 분할의 대상이었던 한반도와 몽골은 냉전시대에는 미·소, 중·소의 대결구도에 각각 편입되었다. 그로부터 지금까지도 중국과 러시아의 영향 아래 고투하는 몽골과 미·중의 패권다툼에서 선택을 강요받고 있는 한국의 상황을 보건대, 어떤 면에서 두 나라는 냉전이 아시아에 남긴 지정학적 운명을 지금까지도 공유하고 있다고 할 수 있다.

그런 견지에서 볼 때, 체제전환 후 몽골이 채택한 '제3의 이웃 정책'이 노태우 정부의 '북방정책'에서 계발받았다는 사실은 흥미롭다. '제3의 이웃 정책'은 강대국이 세계를 좌우하는 시대는 지났으며, 다가오는 다극적 국제질서에서 소국이 활약할 수 있는 공간이 증대할 것이라는 외교철학에 기반한다.[30] 물론 현재 동북아의 엄혹한 정세에

---

29 자미얀 바트트루, 현대몽골연구원 옮김, 『20세기 한국 몽골 관계사』(KM미디어, 2011), pp. 59-62. 저자는 대한제국이 일본에 강제 합병되던 과정과 실상을 낱낱이 기록한 『대한제국쇠망사』가 1910년대 몽골어로 번역되었다는 사실을 들어, 당시 조선과 마찬가지로 강대국의 속국이 될 위험에 놓였던 몽골이 반면교사로서 조선의 상황을 상당히 예의주시하고 있었다고 주장한다. 위의 책, pp. 73-75.

30 이 책 제2장 울람바야르의 「몽골의 '제3의 이웃 정책'의 패러다임」 참조.

서 보면 지나친 낙관주의의 느낌이 없지 않다. 그러나 소국일수록 경직된 현실주의나 협소한 실용주의에 스스로를 가둘 것이 아니라 적절한 양의 이상주의를 투여하여 적극적으로 창조적 공간을 만들어 나가야 한다는 엥흐사이항(J. Enkhsaikhan)의 말은[31] 강대국 사이에서 자주적 공간을 힘겹게 모색해 나가는 우리에게 남다른 울림을 전해 준다. 지리적 결정론에 굴복하지 않고 자신의 약점을 지렛대 삼아 더 큰 지정학적 시야를 선취함으로써 소국의 존재 방식을 주체적으로 구축해 온 몽골의 길은, 분단국의 약점을 딛고 더 멀리 도약하여 유라시아와 동북아를 하나로 잇는 '신북방시대'의 미래를 구상하는 한국에 의미심장한 참조를 제공한다. 경제규모나 국제적 위상에서 우리보다 약한 몽골에서 지역과 세계를 보는 한층 원대한 눈과 포부를 발견하게 되는 경이로움이야말로 몽골 공부에서 얻는 가장 큰 성취이다.

몽골의 '원대한 꿈'을 추동하는 또 다른 동력으로 역동적인 시민운동의 자산을 빼놓을 수 없다. 체제전환 이후 몽골의 시민사회는 수적으로도 엄청나게 증가했고 활동 영역도 확대되어, 2017년 법무부에 등록된 비정부단체(NGO)의 수가 1만 8천 개에 달한다. 물론 실질적으로 활동하는 단체의 수는 이보다 적으며, 경험과 재정 면에서 많은 취약성을 노정하는 것이 사실이다.[32] 그러나 몽골이 짧은 기간에 민주주의를 정착시키는 데 시민사회의 역할과 공헌은 결코 간과할 수 없다.[33] 현재 몽골은 유엔개발기구(UNDP), 국제노동기구(ILO), 식량농

31 이 책 제1장 엥흐사이항의 「전환기 몽골의 외교정책 변화」 참조.

32 이 책 제11장 쿨란·윤순진의 「몽골 환경운동의 역사와 특성」 참조.

33 특히 몽골 GDP의 절대적 비중을 차지하는 광산업에 수반한 비리와 부패를 견제하는 윤리적 감시자로서 시민사회의 역할이 증대되고 있다. Undarya, "State of Civil Society Development in Mongolia," *The Mongolian Journal of International Affairs*, no. 18, 2013, p. 52.

업기구(FAO) 등 11개의 UN 기구를 유치하고 있으며, 다양한 시민포럼을 자국에서 개최함으로써 전 세계 시민사회를 연결하는 플랫폼으로서 위상을 높여 나가고 있다.[34]

몽골이 한반도의 비핵화와 동북아 평화구축에서 중재자이자 촉진자로서 적극적인 역할을 추구하는 것도 시민사회의 축적된 역량이 있기 때문이다. 그 주목할 성과로 2013년과 2014년에 각각 출범한 '울란바타르 대화(Ulaanbataar Dialogue, UBD)'와 '울란바타르 프로세스(Ulaanbataar Process, UBP)'를 들 수 있다. 정부를 포함하되 시민사회가 앞에서 이끄는 이 부드러운 플랫폼은 무엇보다 북한의 참여를 용이하게 한다는 점에서 우리에게 매력적이다. 좌초된 6자회담의 대안으로서, UBD와 UBP는 국익과 지역평화라는 공동의 선(善)이 공존 가능한 공간을 넓혀 나가는 것을 목적으로 한다.

중요한 사실은 UBD와 UBP가 몽골이 체제전환 직후부터 20년에 걸친 협상 과정을 통해 국제사회에서 '비핵지위(Nuclear-Weapon-Free Status)'를 얻어낸 경험을 자산으로 삼고 있다는 것이다. 비록 목표했던 '단독국가 비핵지대(Single-State Nuclear-Weapon-Free Zone)'에는 이르지 못했지만,[35] 몽골의 '비핵지위'의 획득은 북핵문제라는 세기의 난제를 앞둔 우리에게 의미심장한 역사적 선례임이 분명하다. 2018년 해빙 정국 중 북미회담의 장소로 울란바타르가 거론되었던 것도 이런 맥락에서 보면 결코 우연이 아니었던바, 실현되었더라면 그 상징적인 의미가 각별했을 터다.

---

34 2003년 63개국 200개의 시민사회 대표들이 참석하는 '국제시민사회포럼(International Civil Society Forum)', 2006년 '민주주의를 위한 아시아시민사회포럼(Asian Civil Society Forum for Democracy)', 2015년 '외교와 인권을 위한 아시아시민사회대화(Asian Civil Society Dialogue on Diplomacy and Human Right)' 등이 울란바타르에서 개최되었다.

35 이 책 제9장 엥흐사이항의 「핵의 세계에서 몽골의 국익 추구하기」 참조.

이 책은 70년에 달하는 사회주의 체제를 종결하고 자본주의 체제로 전환한 몽골이 객관적인 악조건에도 불구하고 원대한 지정학적 시야로부터 지역과 국제사회에서 자신의 역할과 위상을 구축해 가는 여정을 추적한다. 이 책은 총 4부로 구성된다. 제1부에서는 외교, 법, 정치제도의 층위에서 몽골 체제전환의 패러다임을 다루었다. 몽골 유엔대사를 지낸 엥흐사이항은 사회주의 시기에서 체제전환 이후까지 러시아·중국과 질기게 얽힌 관계를 조망하면서 강대국과 소국의 공존방식을 통찰력 있게 모색했다. 또한 올람바야르 몽골인문대학 교수는 체제전환 이후 몽골 외교의 특징인 '제3의 이웃 정책'의 지정학적 의미와 그것이 몽골의 민주화에 미치는 관련성을 설득력 있게 풀어나간다. 한편 1992년 체제전환 직후 수립된 '개정헌법'을 분석한 시스미식의 글에서 우리는 1911년 독립국을 선포한 이래 간난했던 역사 경로가 몽골의 법체계에 각인해 놓은 '국가 존립의 안보'라는 특별한 개념의 자취를 발견하게 된다. 사회학자 김학재는 몽골 체제전환 과정에서 부각된 정치 엘리트의 성격과 특징을 소련·중국의 사례와 비교했다. 그의 글은 미래의 본격적인 북한 연구를 위한 접근 통로의 다변화라는 복안을 담고 있다.

제2부에서는 중국, 러시아, 북한 등 이웃 나라와의 관계를 중심으로 역사·문화적 관점에서 몽골 체제전환의 맥락을 조명했다. 몽골학자 이평래가 몽골과 중국의 관계를 태고적 유목민과 농경민의 대결로부터 원(元)·청(淸) 제국 시대 지배와 피지배의 갈마듦을 지나 중·소 대결 시기 최악으로 치달았던 중몽관계의 궤적을 짚었다면, 러시아 연구자 이문영은 러몽관계의 역사적 연원으로 거슬러 올라 현재 러시아에 대한 몽골의 양가적 감정의 복잡한 내면으로 우리를 안내한다. 한편, 북한학자 김병로는 한국전쟁 당시 북한의 전쟁고아를 보살폈던 울란바타르에 깃든 몽골과 북한 간 우애의 흔적들을 불러내면서, 몽골

체제전환의 경험이 북한에 줄 수 있는 참조의 가능성을 궁리했다.

제3부는 동북아 비핵평화 구상에서 몽골의 역할과 함의를 탐색하는 글들로 엮었다. 정치학자이자 핵 전문가인 김성철은 체제전환 후 몽골이 P5(핵보유국)와의 협상에서 '비핵지위'를 얻어내는 과정을 강대국의 이해를 자신의 안보에 연루시키는 '다원적 연루 전략'이라는 관점에서 적극적 의미를 부여한다. 이어지는 엥흐사이항의 글은 몽골의 '비핵지위' 협상 과정에 직접 참여했던 전직 외교관의 생생한 기록이라는 점에서 가치가 크다. 핵무기를 보유하지 않는 소국일지라도 지역의 평화구축에 큰 역할을 할 수 있다는 그의 신념은 녹록치 않은 국제사회의 현실 장벽들을 긴 호흡으로 통과해 온 경험에서 벼려진 것이다. 한편, 이 책의 공동 편자이기도 한 크리스토프 블루스 브래드퍼드대 교수는 동북아의 정치 및 안보 환경 변화에 대한 종합적 시야로부터 몽골의 지정학적 현주소를 짚었다.

마지막으로 제4부는 발전과 환경보존이라는, 체제전환 후 몽골이 직면한 새로운 도전을 향한다. 사회주의 시기에서 체제전환을 거쳐 현재에 이르기까지 몽골 환경운동의 성과와 과제를 통시적으로 정리한 환경학자 쿨란과 윤순진의 글은 체제전환 이후 몽골이 민주주의와 더불어 지속가능한 성장의 길을 모색하는 데 환경운동이 차지하는 위상에 대한 인식의 지평을 열어준다. 이어 사회학자 주윤정은 몽골의 대표 상품인 캐시미어 산업에 착목하여 '지속가능성'을 둘러싼 복수의 행위자들의 해석의 차이를 전경화(前景化)함으로써, 자본주의 체제에 들어선 유목국가 몽골의 딜레마를 생생하게 드러냈다.

냉전이 아시아에 가져온 심각한 후과 중 하나는 지역을 단절시킴으로써 아시아 국가들이 자기와 세계를 상호관계로부터 인식하는 시야를 상실하게 된 것이다. 근대 이래 몽골이 겪은 고립은 비단 내륙국가라는 지리적 요인 탓만은 아니었다. 미·소 대결이라는 지구적 냉전과 중·소 갈등이라는 사회주의 진영의 대치가 중첩된 아시아 냉전의 중층성이야말로 지난 세기 몽골을 지독한 고립과 빈속 속에 가둔 주범이었다. 그런 점에서 몽골 체제전환의 의미는 결코 정치나 경제 등 제도 선택의 차원에 그치지 않는다. 체제전환의 더 큰 의미는 냉전시기 몽골의 어깨를 짓눌렀던 고립의 멍에를 벗고 자기와 세계의 관계를 새롭게 조직함으로써 '갇힌 자'에서 '연결하는 자'로 자기 정체성을 바꿔낸 데 있었다. 즉 근거리에서는 중국과 러시아라는 운명적 두 이웃과 관계를 재정립하고, 중거리로는 중앙아시아와 동북아의 연결자로서 역할을 회복하며, 국제사회에서는 비핵평화의 전령사로서 위상을 곧추세우는 등, 복수의 관계들을 직조함으로써 주체적인 탈냉전의 존재 방식을 만들어 갔던 것이다.

그렇게 볼 때, 몽골이 체제전환 직후 강대국들을 상대로 비핵지대화를 위한 긴 협상에 돌입해 마침내 소기의 성과를 얻어낸 것은 자국 안보의 확보 이상의 의미를 지닌다. 이는 강대국이 지배하는 기성 질서에서 소국이 끈질긴 협상과 설득을 통해 칼날 같은 평화의 가능성을 열 수 있음을 보여주는 소중한 사례로, 그것이 가능했던 원인으로 우리는 목전의 현안에 급급하기보다 지역과 세계의 평화라는 더 큰 이상에 자신의 운명을 연결시켰던 몽골의 원대한 시야에 탄복하게 된다.

이제 우리에게 주어진 과제는 체제전환 이래 몽골이 걸어온 평화를 향한 모색이 한반도의 평화와 만나는 길을 찾는 것이다. 한반도의 평화 또한 더 큰 세계와의 관계에서 자신의 잠재력을 재발견하는 시야로부터 근거리와 중거리, 원거리의 타자들과 복수의 관계들을 재조직하는 지난한 여정을 요구하는 것 아닐까. 모쪼록 이 책에서 시도한 진지한 탐색들이 몽골과 한반도 사이, 보이지 않는 점들을 더듬어 찾아 선과 면으로 가시화하여, 궁극적으로 동북아 평화지정학이라는 새로운 인식과 실천의 지도 그리기라는 원대한 결실로 이어지기를 소망한다.

| 참고문헌 |

권영순, 「한·몽골 현대 교류를 회고하며」, 『한국북방학회논집』 제2권, 1996.

김호동, 『몽골제국과 세계사의 탄생』, 돌베개, 2016.

백지운, 「'일대일로'와 제국의 지정학」, 『역사비평』 제123권, 2018.

백지운, 「몽골의 체제전환과 동북아 평화지정학의 모색」, 서울대통일연구네트워크 편, 『남북한 협력과 발전을 위한 기초연구 II』, 진인진, 2018.

송병구, 「몽골의 정치」, 단국대학교몽골연구소 편, 『몽골지역연구: 신(新) 한·몽 관계 정립을 위한 전략적 협력 방안』, 자유문고, 2018.

이평래, 「몽골의 영세중립화 논의에 대한 종합적 검토: 언론보도를 중심으로」, 『몽골학』 제48호, 2017.

자미얀 바트트루, 현대몽골연구원 옮김, 『20세기 한국 몽골 관계사』, KM미디어, 2011.

장도환·전홍진·윤병석, 「광역두만강개발사업 협력과 지원을 위한 입법 제안」, 『지역산업연구』 제43권 3호, 2020.

정동연, 「중·몽·러 경제회랑 추진 현황과 시사점: 몽골의 시각에서」(KIEP 기초자료 19-06), 2019.

정동연, 「몽골 축산물가공업 육성 동향과 한·몽 협력 과제」(KIEP 기초자료 20-09), 2020.

제성훈·나희승·최필수·Lkhagvadorj Dolgormaa, 「중·몽·러 경제회랑의 발전 잠재력과 한국의 연계방안」, 대외경제정책연구원, 2016.

Z. 브레진스키, 김명섭 옮김, 『거대한 체스판: 21세기 미국의 세계 전략과 유라시아』, 삼인, 2017.

Radchenko, Sergey, "Mongolia Hangs in the Balance: Political Choices and Economic Realities in a State Bounded by China and Russia," ed., Gilbert Rozman and Sergey Radchenko, *International Relations and Asia's Northern Tier: Sino-Russia Relations, North Korea, and Mongolia*, Singapore: Palgrave Macmillan, 2018.

Radchenko, Sergey, "Sino-Russian Competition in Mongolia," ed., Gilbert Rozman

and Sergey Radchenko, *International Relations and Asia's Northern Tier: Sino-Russia Relations, North Korea, and Mongolia*, Singapore: Palgrave Macmillan, 2018.
Undarya, "State of Civil Society Development in Mongolia," *The Mongolian Journal of International Affairs*, no. 18, 2013.

기사 및 온라인 자료

「몽골, 창문 하나 깨지지 않은 '無血 체제전환'」, 『조선일보』(2015. 2. 5.).
「遼寧'一帶一路'綜合試驗區建設總體方案」(中國一帶一路網). 〈https://www.yidaiyilu.gov.cn/zchj/dfzc/65715.htm〉 (최종 검색일 2020. 11. 30.)
「共建'一帶一路'倡議: 進展·貢獻與展望」, 중국 상무부 홈페이지. 〈http://www.mofcom.gov.cn/article/i/jyjl/e/201904/20190402855421.shtml〉 (최종 검색일 2020. 11. 30.)
Jargalsaikhan Enkhsaikhan, "Mongolian Foreign Policy: A Small State with Big Aspirations," East Asia Forum, April 2, 2014. 〈https://www.eastasiaforum.org/2014/04/02/mongolian-foreign-policy-a-small-state-with-big-aspirations/〉 (최종 검색일 2020. 11. 30.)
Ministry of Road and Transport Development of Mongolia, "Mongolia Transport Policy on Operational Connectivity for Integrated International Transport and Logistics in the Region," A Presentation presented in Forum on Sustainable Transport Connectivity between Europe and Asia in the framework of the 62 session of UNECE and Working Party on Intermodal Transport and Logistics (GENEVA, SWITZERLAND, 2019. 10. 30). 〈https://unece.org/DAM/trans/doc/2019/wp24/III.12-Mr.Tserendash_Nemekhjargal_Ministry_of_Road_Transport_Development__Mongolia.pdf〉 (최종 검색일 2020. 2. 10.)
"Xi Jinping Looks to the Northeast to Make China Great Again," East Asia Forum (October 30, 2018). 〈https://www.eastasiaforum.org/2018/10/30/xi-jinping-looks-to-the-northeast-to-make-china-great-again/〉 (최종 검색일 2020. 11. 30.)

몽골 외교부 홈페이지. 〈http://www.mfa.gov.mn/?lang=en〉 (최종 검색일 2020. 11. 30.)
일본 외무성 홈페이지. 〈http://www.mofa.go.jp/region/asia~paci/mongolia/data.html〉 (최종 검색일 2020. 11. 30.)
BRI 홈페이지. 〈https://www.beltroad-initiative.com/belt-and-road/〉 (최종 검색일 2020. 11. 30.)

Travel China Guide. 〈https://www.travelchinaguide.com/images/map/train/high-speed.jpg〉 (최종 검색일 2020. 11. 30.)

제1부

몽골 체제전환의 패러다임

제1장

전환기 몽골의 외교정책 변화

엥흐사이항
(블루배너 의장)

1
서론

냉전이 종식되고 소비에트 블록이 해체되면서 구사회주의 국가들에 민주적인 다당제 시스템과 시장경제를 채택할 기회가 주어졌다. 새로운 지정학적 환경과 정부시스템은 외교정책에도 변화를 가져왔다. 소비에트 블록의 일원이었던 몽골 또한 자국의 이익과 지정학적 환경을 고려하여 국내외 정책을 바꾸었다. 자발적으로 유럽연합(EU)과 북대서양 조약기구(NATO)에 가입했던 중동부 유럽 국가들과 달리, 몽골은 자국의 국익에 기반하여 실용적인 외교 및 안보 정책을 채택했다. 새로운 상황에서 몽골은 무엇보다도 러시아와 중국의 이익 사이에서 균형을 맞추어야 했다. 그것이야말로 외교정책의 우선적인 목표로 간주되었다. 몽골의 외교정책 노선은 러시아와 중국이라는 두 이웃 국가 간 발생 가능한 분쟁 상황에서 몽골의 핵심 이익에 영향을 미치지 않는 한 어느 한쪽을 지지하지 않는 것이었다. 만약 그런 상황이 몽골의 핵심 이익에 영향을 미친다면 몽골은 자국의 이익을 추구할 것이다.

몽골은 인접한 이웃 국가들의 막대한 영향을 상쇄하기 위해 '제3의 이웃(Third Neighbor) 정책'을 도모하기로 결정했다. '제3의 이웃 국가'는 국제연합(UN), 유럽연합(EU), 유럽안보협력기구(OSCE)뿐 아니라 미국, 일본, 독일, 한국, 터키 등 경제가 발달한 민주주의 국가들을 포함한다. 소비에트 블록의 해체 직후 몽골은 국익을 명확히 규정하기 위하여 세 건의 주요한 정책문서와 더불어 새로운 민주헌법을 채택했다. 「국가 안보의 개념(The Concept of National Security)」, 「외교정책의 개념(The Concept of Foreign Policy)」, 그리고 「군사 독트린의 기초(The Fundamentals of Its Military Doctrine)」가 바로 그 문서들이다.

몽골은 이웃한 두 대국에 가려지지 않기 위해 적극적인 외교정책을 채택했고, 비동맹 정책을 추구하되 지역 안보의 소비자에 머물지 않고 가능한 한 지역의 안보와 신뢰구축에 기여하는 국가가 되기로 결정했다. 그런 목표를 위해 몽골은 동북아시아 안보를 위한 트랙 1.5 울란바타르 대화(Ulaanbaatar Dialogue, UBD)를 개최했고, 트랙 2의 지역 시민사회 프로세스인 울란바타르 프로세스(Ulaanbataar Process, UBP)를 후원했다. 이로써 몽골은 동북아시아 지역 공통의 이익이자 관심사인 연성 안보(soft security)를 논의할 정치적 공간과 장소를 마련했다.

또한 몽골은 어떤 국가든 몽골의 영토를 사용하여 타 국가의 정당한 이익에 피해를 입히는 일을 확실히 방지하기 위해 비핵지위(Nuclear-Weapon-Free Status)를 확보하려는 정책을 추구했다. 아울러 남북한 양국과의 관계를 의식하면서 두 나라 간의 대화를 촉구하며 동북아시아 비핵지대(Nuclear-Weapon-Free Zone, NWFZ)의 확립을 위해 노력하고 있다.

2
몽골과 몽골인

몽골은 어디에 있을까? 지도상에서 몽골의 위치를 찾기는 쉽다. 몽골은 러시아와 중국 사이에 끼어 있으며, 이런 지리적 위치는 몽골의 역사에 대해 많은 것을 말해 준다. 몽골과 몽골의 정책을 이해하고자 하는 초보자라면 짤막한 역사 여행을 할 필요가 있다.

몽골인은 아시아의 가장 오래된 민족에 속한다. 현재 몽골 영토에서 발견되는 인류 활동의 흔적이 그런 사실을 증언해 준다. 고고학적 발굴은 최소 75만 년 전 원시인이 이 지역에 정착하기 시작했음을 밝혀내었다. 그러나 몽골인의 기록된 역사는 흉노(匈奴) 시대부터이다. 흉노 국가는 대략 2,230년 전에 건립되었다. 흉노 시대에 중국은 유목민족의 침입을 막기 위해서 만리장성을 구축했다. 기원전 196년 흉노의 군주 묵특(冒頓)은 중국 황제와 만리장성이 두 국가 간의 국경선을 이룬다는 데 합의했다. 흉노 제국은 주로 서쪽으로 팽창하여, 역사에서는 '아틸라의 시대(the times of Attila)'로 알려진 때에 유럽으로까지 뻗어나갔고 거의 로마를 정복할 뻔했다.

13세기에 칭기스칸은 인류 역사상 가장 영토가 광대했던 몽골 제국을 건설했다. 팍스 몽골리카(Pax Mogolica)는 100년 이상 지속되었다. 그것은 태평양에서 비엔나 성벽(walls of Vienna)까지, 시베리아 툰드라부터 수마트라 정글을 아우르는 영토를 다스렸던 제국의 행정시스템에 기반했다. 몽골 제국은 실크로드를 통한 원활한 교역과 통신, 넉넉한 종교적 관용, 막대한 문화적 교류 및 상대적인 안정성을 특징으로 한다.

16세기 중반 몽골 제국은 점차 해체되기 시작했다. 반면 러시아는 동쪽으로, 중국은 서쪽과 북쪽으로 팽창하여 제국의 남은 영토를 잠식했다. 17세기 말에 이르면 러시아의 팽창은 몽골인들이 거주하던 땅까지 뻗어나갔다. 한편 몽골 국가는 몽골족 내부의 전쟁, 그리고 통일된 몽골국을 무력으로 부활시키려는 시도들로 인해 더욱 분열되고 약화되었다.

3
제국에서 소국으로

제국이 해체된 이후 15~19세기 동안 몽골의 영토는 팽창하는 러시아와 중국으로 인해 더욱 줄어들었다. 몽골의 영토는 세 영역으로 나뉘었다. 세계 지표면 담수 총량의 22~23%로서 세계에서 가장 큰 담수호인 바이칼호를 포함하는 북부지역은 러시아 제국의 일부가 되었고, 내몽골이라 불리는 만리장성 북쪽에 면한 남부지역은 중국에 속하게 되었다. 역사적으로 외몽골로 알려진 몽골 영토의 중앙부는 17~19세기 사이 만주족이 지배했던 청 제국에 복속되었다. 1911년 청 제국이 몰락하면서 독립을 선포한 외몽골은 다른 국가들, 특히 인접한 두 이웃 국가(러시아와 중국-편자)에 공정한 관계를 수립할 것을 제안했다. 20세기 대부분의 기간 동안 몽골의 외교는 국제사회에서 독립국의 지위를 인정받고 타 국가들과 우호관계를 발전시키는 데 힘을 쏟았다.

1912년 몽골은 두 이웃 국가 중 러시아와 가까워지기로 결정했다. 그러나 러시아는 일본과 맺은 비밀조약[1] 때문에 몽골의 독립을 직접적으로 지지하기를 주저했다. 또한 러시아는 중국과 적대적인 관계가 되는 것도 피하고 싶어했다. 한편 새로이 독립한 몽골은 몽골의 여러 지역들, 즉 할하(Khalkha) 외몽골 외에도 내몽골인 바르가(Barga)—혹은 훌룬보이르(Khulunbuir)—와 우량하이(Uriankhai)—혹은 탄누투바(Tannu Tuva)[2]—를 포함하는 지역들을 통일하는 것을 주요 목표로 삼

1 1905~1912년 러시아와 일본이 맺은 밀약에 대해서는 이 책에 실린 백지운의 글 20쪽 참조. - 편자

2 투바공화국(Tuvan People's Republic). 1924년에 수립되어 1944년 소련에 복속되었다. 현재는 러시아 연방에 속해 있다. - 편자

았다. 그러나 독립국으로 인정받고 영토와 민족을 통합하며 미국, 일본, 그리고 유럽의 강국을 포함하는 여러 강대국들과 외교관계를 수립하려는 몽골의 노력은 실패했다. 그것은 그들이 외몽골 문제로 러시아 혹은/그리고 중국과 적대적인 관계가 되기를 주저했기 때문이었다. 독립국으로서의 지위를 고수하면서 몽골은 1914~1915년 두 이웃 나라와 이 문제를 두고 3국 간 회의를 개최했다. 이웃 국가들의 압력과 힘의 정치로 인해 결국 몽골은 중국의 종주권을 인정하는 독립국 지위에 동의할 수밖에 없었다. 1919년 내전 상태에 있던 소비에트 러시아는 국력이 약했다. 그때 중국이 돌연 몽골의 독립국 지위를 부정하고 몽골로 군대를 파견했다.[3] 그러나 몽골은 러시아의 도움을 받아 중국군을 몰아낼 수 있었고, 다시 한번 독립국임을 천명했다.

1) 소비에트 시기 몽골의 선택

소비에트 러시아의 지지에만 의존함으로써 국제적으로 고립되었던 몽골은 소비에트 이데올로기를 받아들이고 그들의 국내외 정책을 따를 수밖에 없게 되었다. 국내적으로 몽골은 계급투쟁이라는 마르크스주의적 개념을 수용하여 수많은 자국민, 특히 엘리트와 성직자들을 계급의 적으로 선언하였고, 1930년대 후반에는 100만 명가량의 전체 인구 중 3만 명이 넘는 사람들이 살해당하거나 탄압을 받았다. 경제적으로 고립된 몽골은 소비에트 러시아에 전적으로 의존했다. 제2차 세계대전 동안 몽골은 소비에트 연방의 편에 서서 추축국(樞軸國)에 맞선 연합국의 협력투쟁에 큰 힘을 보탰다. 이 같은 노력과 소련의 주장에 힘입어, 1945년 2월 얄타회담에서 연합국은 몽골의 현상(status quo)을 인정했다.

---

3 1919년 11월 중국 베이양 정부(北洋政府) 군대가 당시 몽골의 수도를 점령해 몽골 정부의 자치권 반납을 요구했다. 이 책에 실린 이문영의 글 193쪽 참조. - 편자

그러나 서방 세계가 몽골의 합법적인 독립국 지위를 인정하게 되기까지는 거의 20년에 걸친 추가적인 노력이 필요했다. 1946년 중국은 몽골을 인정하고 외교관계를 맺었지만, 후에 이를 철회했다. 1949년이 되어서야 몽골은 중화인민공화국과 외교관계를 수립했다. 이로써 몽골은 두 이웃 국가와 그럭저럭 정상적인 관계를 발전시킬 수 있었다. 그러나 10년 후 중·소 간의 이데올로기적 균열 및 뒤이은 양국 간 분쟁 속에, 몽골은 또다시 어느 한 나라의 편에 서야 했다. 모든 분야에서 소련과의 관계, 몽골의 주권과 독립국의 지위에 대한 중국의 모호한 태도를 고려할 때, 몽골은 소련을 택해야 했다. 두 개의 악 중 덜 사악한 쪽을 선택했던 것이다.

2) 소비에트 시기의 외교정책

소비에트 시기(1924~1991년) 동안 몽골의 외교정책은 거의 소련 정책의 복사판이었다. 소련과 마찬가지로 몽골의 외교정책은 유일한 지배정당인 몽골인민혁명당(Mongolian People's Revolutionary Party, MPRP)의 이데올로기적 이해에 의해 규정되었다. 몽골인민혁명당은 소련공산당의 정책을 그대로 답습했다. 외교정책은 마르크스-레닌주의의 교의와 원칙, 그리고 프롤레타리아 국제주의에 기반했다. 국익은 편협한 민족주의의 표현으로 간주되었고, 따라서 강하게 부정되었다. 외교정책은 소련의 정책을 철저하게 추종하여, 전 세계 프롤레타리와의 '연대'를 표명하고 자본주의와 제국주의의 억압에 맞선 피억압 민족들의 투쟁을 '단호하게' 지지하는 것이었다. 자본주의는 싸움 없이는 자신의 자리를 내놓지 않으므로 전 세계 사회주의의 승리는 전 세계에 걸친 혁명의 심화와 확산에 달려 있다고 선포했다.

몽골인에게 계급투쟁은 내외부의 적들 모두로부터 나라를 사수하는 것을 의미했다. 이론상으로 몽골의 정치적·경제적 상황은 프롤레타리아가 사회의 중추가 되어 사회주의 국가를 수립한다는 마르크스주의적 교의에 부합하지 않았다. 몽골에는 노동계급이 존재하지 않았기 때문이다. 이에 코민테른(Comintern)[4]과 소련은 몽골이 사회주의로 가는 비자본주의적 발전 경로를 이행할 것을 결정했다.[5] 1981년 소련의 지도자 브레즈네프(Leonid Ilyich Brezhnev: 1906~1982)는 몽골의 비자본주의적인 발전 경로를 "혁명적 사고와 행동의 기념비적인 승리"이자 "전 세계 사회발전 과정에서 몽골 공산주의자와 인민의 위대한 기여"라 규정했다.[6] 몽골의 사회주의 혁명은 20개국이 넘는, 인구 규모가 대략 150만 정도인 전(前) 자본주의 단계의 국가들에 영감을 주는 것으로 천명되었다. 그런 관점에 기반하여 몽골은 자신의 경험을 라오스, 예멘, 에티오피아, 앙골라, 모잠비크, 방글라데시 같은 개발도상국들과 공유하도록 고무되었다.

1970년대 중반 몽골과 소련의 관계는 상당히 진전된 단계에 이르렀다. '한층 긴밀한' 상호관계에 기반하여 양국 정부는 경제와 외교정책뿐 아니라 정부기구와 공공기관, 그리고 지역 당국 등 모든 수

---

4 공산주의 인터내셔널(Communist International)의 줄임말인 코민테른은 자본주의와 제국주의의 착취에 맞서 공산주의자들의 국제적 연대를 주장하는 국제 공산주의 조직이었다. 이 조직은 1920년대 중반부터 1930년대가 끝날 때까지 몽골에서 매우 활발하게 활동했다.

5 후진국에서 자본주의를 우회하여 사회주의로 발전하는 단축 경로의 가능성은 마르크스와 엥겔스가 최초로 언급했다. 그들은 발달한 자본주의 국가에서 프롤레타리아 혁명이 성공하면 후진국에서 변혁을 달성하는 방법을 보고 배워 사회주의로 가는 단기적 발전 경로를 택하게 될 것이라고 생각했다. "Seminar on Alternative Development of Developing Countries and the Experience of Mongolia"(Materials of the joint seminar of UNITAR and the Government of the People's Republic of Mongolia held in Ulaanbaatar on 29 August ~ 5 September 1983), pp. 7-8 참조.

6 Ю. Ширяев, С. Иовчук (СССР), *О значении опыта Монголии для молодых независимых государств: 60 лет Монгольской Народной Революции. Историческийн опыт развития международных отношений нового типа* (Москва: 1981), стр. 96.

준에서 직접적으로 연결될 필요가 있다고 인식하게 되었다. 이는 다른 사회주의 국가들에 모범이 되는 친밀한 우애의 증거가 되었다.

외교정책의 결정권은 유일 정당인 몽골인민혁명당 수중에 있었지만, 주요 외교정책의 과제와 활동은 소련공산당 및 소비에트 정부와의 긴밀한 공조 속에 결정되었다. 외교정책의 결정자들과 정책을 수행하는 간부들은 소련과 그 밖의 중부유럽 및 동유럽 사회주의 국가에서 교육과 재교육을 받았다. '공조된' 외교정책에 대한 어떠한 반대도 용인되지 않았다. 외교정책과 관련된 정보는 소련의 국영 통신사 타스(TASS)가 배포한 정보에 국한되었다. 이러한 일방적이고 편향된 정보 속에서 공정한 결정을 내리기는 어려웠다. 사실상의 정보 공백을 극복하기 위해 몽골의 외교관들은 BBC나 '미국의 소리(Voice of America, VOA)'에서 정보를 얻고자 애썼지만, 이들 매체들은 소련과 그 동맹국들에 의해 심각하게 교란되었다. 그리하여 1960년대와 1970년대에 서방 국가에 파견된 몽골대사관들은 외교정책 수행을 위해 필요한 진짜 정보들을 얻는 창구 역할을 했다.

여기서 지적해야 할 것은 몽골이 정치·경제적으로 소련의 위성국가였지만 사회 영역에서 소련의 시스템은 몽골인들에게 혜택을 주었다는 사실이다. 1918년 외몽골의 인구는 64만 7,500명 정도였는데, 사회주의 시기 그 수는 3.5배나 늘었으며 기대수명도 증가했다. 1985년까지 인구 10만 명당 의사 수는 23명으로, 병원의 침상 수도 108개로 늘어났다. 인구 10만 명당 대학생 수도 143명에 이르렀으며, 문자 해독률도 95%에 다다르게 되었다. 물론 당시 몽골 사회의 과제는 이러한 수치상의 혜택들이 높은 수준의 공공 서비스에 의해 뒷받침되어, 특권층뿐 아니라 모든 사회 부문에 평등하게 미치도록 보장되는 것이었다.

3) 새로운 현실, 새로운 정책

1980년대 후반 소련이 아프가니스탄과 몽골에서 소련 군대를 철수하고 캄푸치아에서도 자신들이 지원하던 베트남 군대를 철군시키면서, 중소관계 정상화의 길이 열렸다. 이어 냉전이 종식되고 소비에트 블록과 소련 자체가 해체되자 몽골의 지정학적 환경은 근본적으로 변화했다. 몽골은 이제까지의 친소련 정책을 버리고 300년 만에 처음으로 자신만의 국익과 우선적인 경제 사안들을 규정하고 추구할 수 있게 되었다.

새로운 환경에서 몽골은 민주적인 정부 형태를 받아들이고 다당제 시스템과 시장경제 개혁을 도입함으로써 근본적인 국가 개혁을 도모하기로 결정했다. 개혁은 새 헌법의 채택과 병행하여 추진되었다. 정당은 헌법의 내용을 토론하고 구체화하는 데 적극적인 역할을 하도록 촉구되었고, 수많은 사람들이 직접적으로, 혹은 헌법 제정을 위해 새로이 선출된 임시의회의 대표들을 통해 이 과정에 참여하여 각자의 생각을 보탰다. 몽골 헌법은 1992년 1월 13일 의회에서 채택되어 몽골의 최고 법률이 되었다. 몽골은 이제 의회민주주의 국가가 된 것이다.

헌법의 첫 장은 국가의 주권에, 두 번째 장은 인권과 자유에 할애되었다. 그다음 제3장에 가서야 국가의 구조가 다루어졌다.[7] 헌법의 제1조는 몽골이 민주주의와 정의, 그리고 자유와 평등 및 국가의 통일과 법의 존중을 국가 운영의 근본적인 원칙으로 삼는 독립된 주권공화국임을 선포했다. 제4조 3항은 "외국의 군대를 몽골 영토에 주둔시키거나 혹은 외국의 군대가 몽골의 영토를 통과할 목적으로 국경선을

7　몽골 헌법에 관한 더 자세한 내용은 이 책 제3장 시스미식의 「민주주의로의 전환: 1992년 몽골 헌법과 국가안보」 참조.

넘도록 허용하는 것은 적절한 법률이 제정되지 않는 한 금지한다"고 밝히고 있다. 제10조는 외교정책에 집중했다. 몽골은 국제법에서 보편적으로 인정받는 규범과 원칙을 고수하며 평화적인 외교정책을 추구한다고 선포했다. 또한 몽골은 자신들이 참여한 국제조약이 규정한 의무를 성실하게 이행할 것이며, 헌법과 양립할 수 없는 어떠한 국제조약이나 국제기구의 요구를 따르지 않을 것임을 표명했다.

몽골의 평화적인 외교정책은 몽골이 어떤 이웃 국가와도 영토나 국경 문제가 없으며, 이미 그들과 국경 및 국경 체제(border regime)에 관한 조약을 체결했다는 사실에 기반한다. 국경 체제에 관한 조약은 정보교환 메커니즘, 상호협력, 그리고 밀수와 교역 금지 물품에 공동으로 대처한다는 내용 등을 포함한다.

국내 정책의 초점은 헌법 조항들을 엄격하게 적용하고 민주주의를 강화하며 경제발전을 촉진하고 부패를 퇴치하여 2030년까지 중위권 소득의 국가가 된다는 목표 아래 생활 수준을 높이는 것이었다.

4 몽골의 현재

21세기 초 몽골은 인구 300만 명의 국가이다. 몽골은 전체 인구에서 거의 40%가 수도 울란바타르에 거주하며 평방킬로미터당 1.9명이 살고 있어 인구밀도가 낮다. 주요 종교는 인구의 94%를 차지하는 불교이지만, 기독교와 이슬람교를 믿는 인구도 존재한다. 몽골은 아시아에서 유일하게 사회주의에서 민주주의로의 전환에 성공한 나라로 인정받고 있다. 사회주의 시스템에서 시장경제를 포함하는 민주주의 시스템으로의 이행은 급속하면서도 근본적인 변화를 야기했다. 그러나 이런 성공은 막대한 경제적·사회적 고난을 치르고 달성된 것이었다.

지난 수백 년간 몽골의 경제는 목축업에 기반했다. 1990년대 이후 목축 부문의 사적 소유는 거의 3배 증가하여, 2018년 가축 총수는 6,600만 마리에 이르렀다. 광업도 빠르게 성장하며 국가경제와 수출 역량에 상당한 기여를 하고 있다. 몽골은 구리, 석탄, 금, 몰리브덴, 형석, 주석, 텅스텐, 그리고 상당한 규모의 우라늄을 보유하고 있다. 광업은 몽골의 경제발전을 단기간에 끌어올리고 경제를 다변화하는 데 기여하였다.

1) 냉전 이후의 외교정책

20세기 첫 반세기 동안 상대적으로 고립되었다가 냉전 종식 이후에 대외개방이 이루어진 사실을 고려할 때, 주권국가로서 몽골은 국제정치에 상대적으로 늦게 참여했다고 할 수 있다. 국내 정치 상황의 변화와 새로운 대외적 환경으로 말미암아 몽골은 외교정책과 안보 목표를 근본적으로 재규정해야 했다. 새로운 정책은 외래의 이데올로기나 타국의 이익이 아니라, 몽골 자신의 국익과 지역 및 세계의 공동 이익을 진작한다는 실용적인 계산에서 추진되었다. 갈수록 경쟁이 거세지는 세계에서 몽골은 주권과 독립성을 보장받고 국익에 관련한 사안에서 국제사회에 대한 영향력을 증진시키며 공개적이고 적극적인 외교정책을 통해 과거보다 통합된 지역 환경에서 자신의 위치를 공고히 해야 했다.

새로운 외교정책은 긴박한 두 가지 사안에 대처할 것을 요구했다. 바로 어떤 정책을 선택하고 따르느냐의 문제였다. 어떤 정책을 선택할 것인가에는 두 개의 선택지가 있었는데, 그것은 (현실에서 정책이 작동하는 방식에 기반한) 현실주의와 (국제관계가 그렇게 되어야 한다는 당위에 기반한) 이상주의였다. 강대국이 힘을 중시한다면, 작은 나라들은 협력과 국제법에 방점을 둔다. 그러나 효과를 거두려면 국가는 그렇게 되어야 하는 세계가 아니라, 있는 그대로의 세계를 상대할 준비가 되어 있어야 한다. 따라서 정책은 얼마간(대략 10%)의 이상주의와 (90%의) 실용주의의 결합이어야 했다. 국력이 센 국가의 그늘 아래에서 오로지 실용주의적이기만 한 접근은 작은 나라의 정책을 경직되게 만들어 자신의 이익을 도모할 여지를 거의 남기지 않게 된다. 몽골은 자신의 지정학적 위치를 고려하되 보다 창의적이어야 했고, 지리적 결정론의 함정을 피해야 했다. 국가 간의 상호 의존성이 점증하는 세계화 시대, 바다로 가는 길이 가로막혀 세계시장에 대한 접근이 어려운 내륙국가(land-locked country)임에도 불구하고, 몽골은 유럽과 동북아시아를 잇는 편리한 연결국가(transit country)로서 자국의 이익을 도모해야 했다. 다시 말해, 몽골은 자신의 약점을 지렛대이자 강점으로 바꾸기 위해 노력해야 했다. 그렇지 않으면 몽골의 정책은 경직되고 취약해질 것이며, 언제나 강대국의 그늘에 머물게 될 것이었다.

어떤 정책을 따를 것인가? 몽골은 여러 선택지가 있었다. (두 악 중 덜 사악하다는 점에서) 친러정책, (당시 단극세계가 부상하고 있었으므로) 친미정책, 그리고 중립정책 혹은 몽골의 역사와 지정학적 위치를 고려한 어떤 제3의 길이었다. 역사에서 얻은 교훈은 하나의 강대국과의 동맹관계에 의존하는 것, 즉 달걀을 한 바구니에 담는 것의 위험성을 경고하고 있었다. 국제관계는 동맹관계의 '큰형'들은 동맹국이 아닌 자국을 우선시한다는 사실을 보여주었다. 영향력이 없는 약한 동맹국은 특히 군사나 경제 문제에서 사실상의 위성국가로 전락하여 '형님' 국가의 볼모가 된다. 그리하여 몽골은 국제연합 헌장의 정신에 따라 자국의 이익과 더불어 국제사회의 공동이익을 도모하며 어떤 강대국과도 동맹관계를 맺지 않는 정책을 추구하기로 결정했다.

2) 전환기 외교정책의 주요 신조

앞서 밝힌 선택에 기반하여 몽골은 개발도상국과의 관계를 포함한 국제관계의 모든 영역에서 구체적인 외교정책의 우선순위를 입안했다. 이를 위해 1994년 6월 3개의 기본 문서를 채택했다. 「국가 안보의 개념」, 「외교정책의 개념」, 그리고 「군사 독트린의 기초」가 바로 그것이다. 이 세 문서의 골자는 정치적·외교적 수단을 통한 국가 안보의 보장과 국익의 진작이다. "호수가 고요하면 오리도 평안하다"는 속담처럼 국가 안보는 지역의 안보와 밀접하게 연관되어 있다. 이 점을 유의할 때 몽골은 지역의 안정과 예측 가능성을 높이기 위해 적극적으로 노력해야 했다. 국제적 환경은 바뀌었지만 지리적 환경은 달라지지 않았다. 몽골은 과거에도 완충국가(buffer state)였고 현재에도 그렇게 간주된다. 변화의 원칙은 몽골이 스스로를 국가 간 적대행위를 위한 잠재적인 도약대가 아니라, 국가 간 안정과 협력을 위해 자신의 거대한 영토가 활용될 수 있도록 역할을 전환하는 것이었다.

앞서 언급한 3개 기본 문서의 내용을 둘러싼 논의는 몽골의 우선순위가 인접한 이웃 국가, 즉 러시아와 중국과의 관계임을 보여준다. 물론 이는 몽골이 이들 이웃 국가 중 하나 혹은 양국 모두에 동조한다는 것을 뜻하지 않는다. 오히려 몽골은 양국 사이에서 최대한 균형을 도모해야 한다. 이는 몽골이 양국과 똑같은 거리를 유지한다거나 모든 사안에 대해 동일한 입장을 취한다는 뜻이 아니라, 이들과 신뢰를 강화하고 모든 면에서 선린관계를 유지하며 상호 호혜적인 협력을 발전시킨다는 것을 의미한다. 몽골의 이러한 외교적 신조는 자신의 영토나 이웃한 제3국의 영토를 서로에게 적대적으로 활용하지 않는다는 러시아와 중국의 정책과 부합했다. 동시에 몽골의 외교정책은 두 이웃 국가를 지나치게 신뢰하거나 의존하는 것, 혹은 그들의 공동 통치지역(condominium)으로 전락하는 것을 경계했다.

「국가 안보의 개념」은 이웃 국가들과의 관계에서 몽골의 이익, 특히 핵심 이익과 관련하여 이들 국가들의 정책에 대한 합당한 고려가 있어야 함을 강조한다. 또한 이 문서는 미래에 벌어질지 모르는 두 국가 간의 분쟁이 몽골의 핵심적 국익에 영향을 미치지 않는 한, 몽골은 비관여와 중립의 정책을 추구한다고 명시하고 있다. 말하자면 유사시 몽골은 자국의 핵심 이익을 추구할 것임을 두 이웃 국가에 알린 것이다.

또한 헌법 제4조 1항에 근거하여 「국가 안보의 개념」은 몽골이 타국을 공격하기 위해 자국 영토의 사용을 불허한다는 정책을 엄격히 준수하며, 정치적 수단을 통해 국가 안보를 강화하는 중요한 요소로서 비핵지위를 추구한다는 점을 강조했다. 지난 20년간 두 이웃 국가에 관한 몽골의 정책은 세 국가 모두에 혜택을 주었다. 즉 2015년 몽골은 중국과는 '포괄적인 전략적 동맹관계'를, 러시아와는 '포괄적인 동맹관계'를 체결할 수 있었다. 현재 몽골은 이들 동맹관계의 내용을 규정하기 위해 두 이웃 국가와 협력 중이다. 보다 넓은 관점에서 이 문서는 몽골이 아시아와 태평양 지역, 특히 동북아시아와 중앙아시아에서 전략적 안정성을 유지하고 평화와 안보를 강화하는 상호협력 체제를 확립하는 정책을 추구하도록 인도한다.

냉전 이후 몽골의 외교 안보 정책의 새로운 요소로, 몽골이 인접 국가의 공동 통치지역으로 전락하는 것을 방지하기 위한 '제3의 이웃 정책'을 꼽을 수 있다.[8] '제3의 이웃'은 해당 국가 혹은 국제기구가 몽골의 발전에 기여하거나 공통의 민주적 가치를 공유할 수 있는 잠재적 가능성 여부에 따라 선택될 것이었다. 몽골은 제3의 이웃으로 미

8 「국가 안보의 개념」과 「외교정책의 개념」은 각각 2010년과 2011년에 약간씩 수정되었다. 'National Security of Mongolia' 홈페이지 참조.

국, 독일, 일본, 한국, 인도, 그리고 유럽연합을 꼽는다. '제3의 이웃 정책'은 공동의 가치나 폭넓은 정치적 관계를 발전시키는 일에만 국한되지 않는다. 현 단계에서 몽골의 발전은 제3의 이웃 국가들과 인적 교류를 넓히는 것을 넘어, 몽골에 대한 이들의 투자와 경제적 이익 추구를 장려하는 것을 포함한다. 이들과의 폭넓은 경제관계는 몽골의 경제적 안정성을 높이는 데도 기여할 것이다. 이러한 경제적 요인과 이해관계를 통할 때, '제3의 이웃 정책'이 모든 해당 국가에서 관철될 가능성은 더 높아질 것이다. 현재 몽골은 3국 간 협력 형태를 발전시키는 방안을 모색하고 있다. 상호 이해가 부합하는 영역에서 경제적 거래를 맺는다면, 인접한 두 이웃 국가 중 하나 혹은 둘 모두와 하나 이상의 제3의 이웃 국가를 참여시킬 수 있을 것이다.

몽골 국가대호랄(The State Great Hural)[9]이 검토하고 채택한 세 번째 기본 문서는 「군사 독트린의 기초」이다. 이 문서는 헌법에 명시된 자위의 원칙에 기초한다. 두 강대국 사이에 낀 처지이지만, 몽골은 아무리 작고 약한 국가라도 위기의 순간에 군대나 자기방어의 구상이 없어서는 안 된다고 믿고 있다. 이 문서는 전쟁의 위험을 방지하거나 제거하고 가능한 공격으로부터 국가를 방어하는 조건을 창출하며 군대 및 여타 부대를 조직하고 필요하다면 무력투쟁을 벌이는 것이 국가 정책의 기초라 규정한다. 또한 몽골이 자국이 타국의 공격 대상이 되지 않는 한 전쟁이나 군사분쟁에 참여하지 않을 것이고, 참관인을 파견하거나 중재나 주선 같은 역할을 맡아 UN의 활동을 지원한다는 UN 헌장에 명시된 의무를 이행할 것이며, 자국의 독립과 주권이 직접적으로 위협받거나 위협이 명백하게 존재하지 않는 한 어떠한 군사동

9 '국가대회의'라는 뜻으로 몽골의 단원제 입법부이다. 몽골국회로 번역하기도 한다. 76명의 의원으로 구성된다. - 편자

맹에도 속하지 않을 것임을 강조했다. 나아가 과거의 경험을 되새겨, 적절한 입법 없이 외국 군대가 자국 영토로 진입, 주둔 혹은 통과하는 것을 허용하지 않는다는 정책의 엄격한 준수를 요청했다.[10]

군사정책에서 몽골은 무력분쟁을 예방하고 평화유지를 위한 역할을 증대하기 위해 노력할 뿐 아니라, UN 회원국으로서의 활동에 기여하기로 결의했다. 그리하여 몽골은 수십 년간의 입장을 버리고 평화유지 활동에 적극적으로 참여하기 시작했다. 오늘날 평화유지 활동에서 몽골의 인구 1인당 기여도는 세계 최고 수준이다.

3) 다자 외교

국제기구와 다자간 외교의 장에서 수행해 온 적극적인 역할에 기반하여 몽골은 국제사회에서 호소력과 지지를 확대할 것이다. 이는 또한 몽골이 정치적 수단을 통해 외교 목표를 추구하는 데 도움이 될 것이다. UN이나 EU, 그리고 유럽안보협력기구 같은 국제기구와 협력하는 것은 몽골의 '제3의 이웃 정책'의 핵심적인 부분이다. 최근 몽골은 국제기구에 대한 활동을 늘려 왔다. 예컨대, 지난 20년간 몽골은 UN의 평화유지 활동에 적극적으로 협력했고, 현재는 인구 대비 가장 많은 수의 군인을 파견한 국가에 속한다.

마찬가지로 몽골은 '내륙 개발도상국 그룹(Landlocked Developing Countries, LLDCs)'[11]에서 가장 활발하게 외교를 펼치는 국가로서, 여

10 "Concept of Mongolia's Foreign Policy," *Mongolian Journal of International Affairs*, vol. 2, 1995, pp. 56-58; "Concept of National Security of Mongolia," *Mongolian Journal of International Affairs*, vol. 2, 1995, pp. 64-85.

11 내륙의 개발도상국은 경제적인 것 외에도 여러 불이익에 직면하고 있고, 그런 탓에 그 국가들 대부분은 경제개발이 가장 뒤처진 나라들이다. 마찬가지 이유로 이들 국가의 국민들은 빈곤 지표에서 최하위 10억 명에 속한다. 육지에 둘러싸인 위치 때문에 이 국가들의 경제성장률은 육지에 둘러싸이지 않은 유사한 다른 국가들보다 4~6%가량

러 국제회의를 통해 이들 국가에 대한 이슈들을 제기하고 있다. 2007년 10월 6일 LLDCs를 위한 국제 싱크탱크가 울란바타르에 설립되었다.[12] 또한 몽골은 전 세계에서 가장 소외된 집단에 속하는 20억 명 이상의 농촌 여성들의 권리를 도모하기 위해 애쓰고 있다.

몽골 외교정책의 또 하나의 중요한 방향은 여러 국가들과 상호관계를 발전시키고 지역 내 정치·경제적 통합 과정에 참여를 증진함으로써 아시아, 특히 동북아시아와 중앙아시아에서 몽골의 위치를 강화하는 것이다. 몽골은 스스로를 정치·경제적으로 동아시아, 그중에서도 동북아시아의 일원으로 생각한다. 따라서 1990년대부터 몽골은 아세안지역포럼(ASEAN Regional Forum)과 아시아-유럽회의(Asia-Europe Meeting) 및 그 밖의 지역 내, 지역 간 토론의 장에 합류해 왔다. 현재 몽골은 아시아-태평양 경제협력체(Asia-Pacific Economic Cooperation, APEC)에 참가하기 위해서 애쓰고 있으며, 이를 몽골의 경제관계를 확대하고 다변화하는 발판으로 활용하고자 한다.

4) 동북아시아 신뢰구축에 기여하는 정책

남북한 모두와 좋은 관계를 누리는 국가로서 몽골은 한반도의 신뢰와 상호 이해를 진작하는 데 기여할 수 있다. 몽골은 변화를 만들어 낼 수 있다고 판단되는 경우 동북아시아 지역에서 최대한 정직한 중재자의 역할을 수행하려 한다. 이러한 구상에는 많은 이유가 있다.

첫째, 앞서 언급했듯이 몽골은 주변 국가와 해결되지 않은 영토

낮다. 현재 거의 4억 7천만 명의 인구가 LLDCs에 살고 있다.

12 2006년 'International Think Tank for Land-locked Developing Countries' 설립에 대한 안이 몽골 대통령에 의해 제기되었다. 2008년 UN총회(UNGA)에서 결의안이 통과되어 2009년 'The International Think Tank for LLDC'가 공식적으로 울란바타르에서 출범했다. - 편자

나 국경 문제가 없으며, 남북한을 비롯한 동북아시아 지역 내 모든 국가들과 좋은 관계를 유지하고 있다. 둘째, 작은 규모의 국가로서 몽골에는 편협한 정치적 의제가 없다. "호수가 고요하면 오리도 평안하다"는 몽골의 격언은 정치적 환경이 예측 가능하고 안정적일 때 몽골의 이익이 가장 잘 달성된다는 몽골의 폭넓은 정책적 관점을 압축적으로 잘 드러낸다.

(1) 울란바타르 대화(UBD)

2013년 몽골은 지역 내 신뢰 증진을 최우선적인 목표로 삼은 '울란바타르 대화(UBD)'를 발족했다. 멈춰버린 6자회담과 달리 몽골의 제안은 준공식적인 차원에서 대화를 시작하자는 것이었다. 이 안은 경성 안보보다는 경제협력, 환경문제, 그리고 비관습적인 안보 위협이나 (아마도 군사적 투명성을 포함하는) 지역의 안정성에 관한 사안 등 공동의 이해에 도달할 수 있는 연성 안보 사안에 대처하도록 고안되었다.

남북한은 모두 UBD에 참여하고 있다. 아직 초기 단계이기는 하지만, 몽골은 이 회의가 남북한 양쪽의 이해에 부합하는 사안이나 공동의 문제를 논의하는 장으로서 중요한 역할을 하게 되리라 기대한다.[13]

(2) 울란바타르 프로세스(UBP)

동북아시아에서 안보를 추구하기 위해서는 또 하나의 영역, 즉 (싱크탱크를 포함하는) 각 국가 및 지역 시민단체의 잠재력을 최대치로 활용해야 한다. 시민단체라는 성격의 상대적 이점을 활용할 때 대화의 공간

---

13 "Ulaanbaatar Dialogue on Northeast Asian Security," *Institute for Strategic Studies*, 2014, 2015.

을 창출할 수 있으며, 나아가 유용한 구상이나 제안을 내놓는 것도 가능할 것이다.

대처해야 할 심각한 문제들이 산적한 만큼, 동북아시아 지역에는 대화와 신뢰를 진작하는 데 관심을 지닌 시민단체들이 많다. 그중 하나로 무력갈등예방 국제연대(Global Partnership for the Prevention of Armed Conflict, GPPAC)는 15개의 지역별 네트워크를 보유하고 있으며, 각각의 네트워크는 효율적인 정보교류와 경험의 공유를 통해 자신들의 목적을 추구한다. 대화와 중재는 GPPAC의 핵심적인 우선 과제로서, 동북아시아 지역을 포함한 9개 지역 대표들로 구성된 워킹그룹이 이를 뒷받침하고 있다.

이미 2005년 동북아시아 네트워크(Northeast Asian Network, NEA)는 자신들의 주요 활동 경력을 상대적 이점으로 삼아 지역 내 신뢰와 협력을 진작하기 위한 시민사회 프로그램의 구상을 공개했다. 몽골의 적극적인 외교정책과 국제적으로 승인받은 비핵지위, 그리고 몽골이 북한을 비롯한 동북아시아 지역 내 모든 국가들과 원만한 외교관계를 유지하고 있었다는 사실에 힘입어, GPPAC/NEA 동료들과 함께 이 과제를 맡을 상대로 몽골의 블루배너(Blue Banner, 2005년 설립)가 선택되었다. 블루배너는 몽골의 NGO로서 국내외에서 핵확산 금지와 몽골의 비핵지위를 도모하는 데 헌신해 왔다.

지역의 정치적·군사적 상황과 교착 상태에 빠진 6자회담의 사정을 신중하게 살피면서, GPPAC/NEA 네트워크는 울란바타르 프로세스(UBP)를 출범하기로 결정하였다. UBP는 UBD를 포함한 트랙 1.5 프로세스를 지원하는 것을 목표로 한다. 민간 주도의 비공식적 회의라는 정치적 공간을 마련하기 위한 트랙 2의 포괄적인 지역 내 프로세스이다.

UBP는 2015년 1월에 발족했다. GPPAC/NEA는 목표, 기대 효과, 운영 원칙, 우선 관심 영역, 참여와 대상 집단, 핵심 활동, 기금 조성, 가시성, 활동 일정과 목표, 나아가 감사와 평가 방식을 규정한 문건을 채택했다. 첫 해의 우선 관심 영역은 한반도의 평화와 안보, 그리고 동북아시아 비핵지대(NEA-NWFZ)의 설립으로서, UBP는 사전에 구체적인 의제를 정한 후 매년 개최한다는 방식에 합의했다.

제3회 UBP 회담은 2017년 8월에 열렸다. 한반도와 그 주변 정세, 그리고 새로 출범한 미국과 한국 정부의 정책 및 정세에 영향을 미칠 만한 정보들이 교환되었다. 더불어 동북아시아 시민단체들의 상황과 역할, 직면한 과제, 그리고 미디어의 역할(때때로 미디어는 독자에게 사건 뒤의 진짜 이유를 설명해 주기보다는 긴장을 고조시키는 역할을 하는 양상) 등이 각별한 관심의 대상이 되었다. 참가자들은 지역 내 긴장을 완화시키기 위해 대화와 교류를 우선시하자는 데 합의했다. 또한 모든 이해 당사자들이 핵전쟁과 재래식 전쟁 모두의 위협을 감축하기 위해 상호 신뢰를 구축해야 한다는 데도 동의했다. 어떤 국가도 다른 국가를 핵무기로 위협해서는 안 되며, 그런 상황은 격한 반응을 반복적으로 야기함으로써 상황을 더욱 악화시킬 수 있기 때문이었다. UBP는 상당한 군사적 능력과 자원을 가진 미국, 한국, 일본이 평화를 위한 예방적 조치를 향해 첫발을 뗄 수 있다고 생각한다. 여기에는 군사훈련의 중지 혹은 축소도 포함된다. UBP는 각 나라와 지역 전체에서 평화 교육을 확대하는 데에도 동의했다. 참가자들은 다음 회의를 평양에서 개최하는 가능성을 배제하지 않았다.

한편 UBP는 동북아시아와 관련된 사안을 폭넓게 논의하기 위해 "동북아시아의 평화와 안보에 대한 성찰: 울란바타르 프로세스의 시각"이라는 제목의 공동 출판물 발간에 착수했다. 여기에 실린 글들은 시민사회와 학계 대표자들의 시각을 통해 동북아시아의 문제와 긴장 요소, 그리고 모순에 관한 다양한 의견을 포함한다. 이 책은 출간과 함

께 온라인으로 공개되었다.[14]

(3) 동북아시아 비핵지대(NEA–NWFZ)에 기여하기

지난 10년, 특히 최근 몇 달간 한반도와 그 주변 지역에서 북한의 비핵화는 긴박하고도 위중한 사안이 되었다. 북한 비핵화는 동북아시아 지역을 넘어 전 세계적 차원의 핵확산 금지 체제(nuclear non-proliferation regime)에 큰 의미를 지닌다. 북한이 자발적으로 핵무기와 결별하지 않으리라는 것은 명확하다. 북한의 비핵화는 대화와 섬세한 협상, 그리고 아마도 동북아시아의 비핵지대 수립을 통해서 가능할 것이다. 동북아시아의 비핵지대 수립은 이 지역의 모든 국가, 즉 핵무기를 보유하지 않은 두 국가(일본과 한국), 사실상의 핵무기 보유국(북한), 핵무기를 보유한 3개국(미국, 러시아, 중국)의 안보문제에 대한 해결책이 될 것이다. 비핵지대가 설립되면 핵무기 보유국들은 나머지 세 나라의 안보를 보장해야 할 것이며, 그 과정은 길고 복잡할 것이다. 핵무기 보유고를 확보한 북한은 그것과 결별하기 위한 조건으로 핵뿐 아니라 재래식 공격에 대해서도 안보보장을 원할 것이다. 이러한 요구는 무시되어서는 안 되며, 진지하게 고려한 후 합당하게 처리되어야 한다.

동북아 비핵지대에 관해 몽골은 세 가지 가능한 역할이 있다. 첫째, 동북아 비핵지대 설립의 조건과 가능성을 논의하는 비공식적 과정을 지원하는 것이다. 2014년 탈핵에 관한 고위급회담 연설에서 몽골 대통령은 정치적·외교적 수단을 통해 안보를 보장받은 직접적인 경험이 있는 국가로서 몽골은 동북아시아 지역에서 비핵지대의 설립 가능

14 공동 출판물 *Reflections on Peace and Security in Northeast Asia: Perspectives from the Ulaanbaatar Process*는 2017년 울란바타르에서 출간되었으며, 그 내용은 웹사이트에 공개되어 있다. 〈https://medium.com/reflections-on-peace-and-security-in-northeast〉 - 편자

성과 방안에 대해 역내 국가들과 비공식적인 차원에서 협력할 준비가 되어 있다고 말한 바 있다. 아울러 그는 동북아 비핵지대 수립은 과정이 쉽지 않고 용기와 정치적 의지, 인내를 필요로 하는바, 그런 목표는 당장은 아니더라도 충분히 실현 가능하다고 덧붙였다.

둘째, 동북아 비핵지대 수립 과정이 시작되면 몽골은 자신의 경험과 아이디어, 그리고 몽골의 비핵지위를 제도화하는 과정에서 대면해야 했고 현재도 대면 중인 문제들을 공유할 수 있다. 그러나 몽골은 자신의 경험을 다른 나라, 특히 핵억지 독트린(doctrines of nuclear deterrence)에 기반한 정책을 추구하는 나라에 강요할 의도는 결코 없다.

셋째, 비핵지대가 설립된다면 몽골은 합의안의 이행을 감시할 경험 많고 객관적이며 중립적인 사찰 인력을 제공할 수 있다. 국제원자력기구(IAEA)와 협력하는 몽골의 사찰 인력들이 이란과 북한을 비롯한 여러 나라의 핵사찰에 참여한 바 있다.

5 몽골과 남북한의 관계

1) 몽골과 조선민주주의인민공화국의 관계

1945년 이래 몽골은 조선민주주의인민공화국과 우호적인 관계를 유지해 왔다. 1951년 양국은 상대국의 수도에 대사관을 설치함으로써 상호관계를 발전시켜 왔다. 양국 모두 저개발 국가라서 무역 등 경제 관계는 발달하지 못했지만, 사회주의 진영에 속한 국가로서 정치적 관계는 긴밀했다.

남북한이 분단되고 관계 개선에 어려움을 겪었을 때, 몽골은 북한 편에 섰다. 그러나 당시에도 두 나라는 여러 사안에서 의견을 달리했다. 사회주의 사회를 건설하는 최선의 방식에 대해서도 마찬가지였다. 몽골이 소련과의 보다 긴밀한 협력과 사회주의 진영 내 분업이 발전의 길이라고 생각했다면, 북한은 주체사상으로 알려진 자립의 길을 택했다. 두 나라는 '평화 공존(peaceful coexistence)' 정책 같은 외교 사안에 대해서도 의견이 달랐다. 몽골은 사회주의 진영의 입장을 지지한 반면, 북한은 다른 입장을 견지했다.

교환학생을 파견하거나 상대국의 기념일을 기리는 것과 같은 문화 영역에서 양국관계는 줄곧 폭넓게 발전해 왔고, 현재에도 그러하다. 1999년 북한은 몽골대사관을 폐쇄했는데, 부분적으로 이는 몽골이 한국 정부의 '햇볕 정책'을 지지했기 때문이었다. 몽골이 이를 재고하지 않았음에도 2004년 북한은 몽골대사관을 재개했다. 양국 모두 상호관계를 확대하는 데 관심이 있지만, 낮은 투자 가능성으로 인해 대개 계획으로 남곤 한다. 때로 몽골은 북한에 식량 같은 인도주의적 지원을 제공하기도 했다.

몽골에는 북한의 디아스포라(diaspora)가 존재하지 않는다. 1950~1953년 사이 한국전쟁을 피해 몽골로 왔던 200명에 가까운 북한 아동들은 전쟁 후 북한으로 송환되었다. 양국 간 합의에 따라 3,000명 정도의 북한 노동자들이 몽골 건설현장에서 일하기도 했다. 그러나 이들 노동자의 수는 북한에 대한 UN 안전보장이사회의 제재 때문에 감소했다. 현재는 규모가 그리 크지 않은 교환학생 프로그램이 있을 뿐이다.

2) 몽골과 한국의 관계

몽골은 한국과 외교관계를 수립한 아시아 최초의 사회주의 국가였다.[15] 지난 사반세기 동안 양국은 상호관계를 폭넓게 발전시켜 왔다. 그리

15 한국과 몽골은 1990년 3월에 수교했다. - 편자

하여 1990년 270만 달러였던 양국의 무역량은 이후 85배나 증가했고, 몽골에서 한국은 (전체 무역량의 6.7%를 차지하는) 네 번째로 중요한 무역 상대국이 되었다. 몽골이 사회주의 계획경제에서 시장경제로 전환하는 시기 한국은 원조금과 연화 차관(soft loan)을 제공했고, 몽골인들은 이를 감사하게 생각한다. 처음부터 한국은 몽골의 시장경제와 민주주의로의 전환을 지원했다. 몽골 경제가 전환기를 겪으면서 식량 지원이 필요했을 때, 한국에서 전개된 쌀 기부 운동을 몽골인들은 따뜻한 마음으로 기억한다. 경제 부문에서 한국은 여러 분야에서 몽골 노동자들을 받아들여 시장 환경에서 일할 수 있는 직접적인 경험을 제공하였다. 거의 3억 7천만 달러의 한국 자본이 몽골에 투자되었고, 그 대상은 주로 중소 규모의 서비스업이었다. 최근 상황이 바뀌어 한국은 광업, 에너지 산업, 가공업, 농업에 투자하기 시작했다. 직접투자는 아니지만 삼성, 포스코, 한라그룹 같은 대기업들도 하청계약을 하기 시작했다. 가까운 미래에 대기업들의 직접투자도 성사되기를 희망한다.

되돌아보면 양국관계는 모든 영역에서 성공적으로 진행되어 왔다고 할 수 있다. 정치 영역에서는 협력관계의 문을 연 정상회담과 고위관료들 간의 교류가 있었다. 몽골의 최고지도자는 한국을 다섯 차례 방문했고, 또한 5명의 한국 대통령의 방문을 환영했다. 몽골은 한국에 이어 두 번째로 민주주의공동체(Community of Democracies)의 의장국이 되기도 했다.

디아스포라에 대해서 말하자면, 현재 3만 명의 몽골인이 한국에 살고 있으며, 몽골에는 3천 명의 한국인이 거주한다. 23곳의 몽골 중고등학교와 대학교에서 한국어를 가르치고 있다. 지난 30년 동안 수많은 몽골인들이 한국에 거주하면서 일을 했다. 이들 대부분은 한국어를 잘 알고 여러 분야에서 많은 경험을 축적했다. 그러나 역설적으로 몽골로 돌아오면 숙련직을 얻기 힘들고, 그들이 획득한 한국어도 양국

어느 쪽에서든 활용되지 못하고 있다. 양국은 두 사회와 국민들을 연결하는 교량이라 할 이주노동력의 효용성 문제를 숙고해야 한다.

정부 기관과 지역 및 시민사회 기구 간의 직접적인 관계도 확대되고 있다. 관광은 양국 모두에서 성장하고 있다. 외교정책 면에서 양국은 동북아시아뿐 아니라 한반도의 평화적인 관계 개선에 기여하는데 관심이 있다. 몽골은 한국을 '제3의 이웃 국가' 중 하나로 여기며, 민주적 가치와 인권에 대한 신념이 양국을 가깝게 연결한다. 이러한 배경에서 양국은 포괄적인 동반자 관계로 발전했다.[16] 몽골은 이런 성숙한 관계를 오직 소수의 국가들과 진전시키고 있다. 보다 자유로운 인적 이동을 위해 양국은 지금보다 더 간소화된 비자 발급 절차를 마련해야 할 것이다. 발급 절차가 간소화되면 포괄적 동반자 관계의 정신에 의거하여 체류 허용 기간이 긴 복수 입국 비자도 점차적으로 도입될 수 있다.

3) 한민족의 통일에 대한 견해

한민족의 통일에 대해 몽골은 원칙적 입장을 견지한다. 즉 몽골은 한반도의 평화통일이 전체 한민족과 인근 지역, 그리고 그 너머 지역의 이익에 부합한다고 믿는다. 그러나 한반도의 통일은 기계적 방식이나 힘으로 달성할 수 없다. 수십 년간 병존하면서 남과 북 사이에는 무시하기 어려운 차이가 만들어졌다. 두 나라 모두 최종적인 통일에 관해 이야기해 왔지만, 대체로 그 논의에 열정이나 확신이 뒷받침되지 않았다. 대체로 의회나 정부의 말은 비현실적으로 보인다. 독일 방식의 통일 가능성을 믿는 이는 거의 없다. 따라서 '통일'이라는 개념 자체에

---

16 한국과 몽골은 2006년 '선린우호적 동반자 관계'를, 2011년 '포괄적 동반자 관계'를, 2021년 9월 '전략적 동반자 관계'를 체결했다. - 편자

대한 현실적인 이해가 선행되어야 한다. 누가 즉각적인 통일을 필요로 하는가라는 의문 또한 존재한다. 민족의 통일이라는 궁극적인 목표를 방기하지 않되, 지금 단계에서는 양쪽 공동의 이익이 존재하는 사안, 즉 이산가족의 재회, 더 많은 상호 방문, 더 공개적인 소통, 여타 비정치적인 영역에서의 협력 같은 문제에 힘쓰며 교류의 긍정적인 측면에 집중하는 것이 가장 현실적인 것으로 보인다.

북한은 핵무기를 확보하기 위해 많은 것을 희생한 만큼 핵무기를 쉽게 포기하지 않을 것이다. 따라서 현실적인 접근은, 고유한 논리와 역학이 작동하는 핵 이슈에 다른 영역의 실천이 볼모로 잡히지 않도록 하는 것이다. 그렇게 된다면 타 영역에서의 변화가 긴장과 불신을 누그러뜨리는 데 기여할 수 있고, 또 남북 공통의 이해를 넓혀 안정감을 조성할 수 있다.

통일은 먼 미래의 목표이다. 우리는 통일을 동북아시아 지역 전체와 한민족 자체의 이익의 관점에서 봐야 할 것이다. 결국 통일의 속도와 형태를 결정하는 문제는 38선 양측에 살고 있는 사람들에게 달려 있다. 다른 나라 사람들은 그 평화로운 과정에 필요한 지원을 제공할 뿐이다.

6
몽골 비핵지위의 제도화

몽골의 전환기 외교정책의 성과 중 하나는 1992년 몽골의 영토를 단독국가 비핵지대화하는 방향으로 전환함으로써 핵을 보유한 5개 국가(P5)로부터 안전을 보장받는 예방적 외교정책을 취한 것이다. 사반세기 동안 전개된 몽골의 끈질기고 참을성 있는 P5와의 회담 결과, 2015

년 P5는 몽골의 비핵지위를 존중하며 그것을 위반하는 어떠한 행위에 도 힘을 보태지 않겠다는 공동성명을 발표했다. 몽골은 이 공동성명을 미래에 발생 가능한 핵무기 경쟁이나 (핵무기의 사용을 지원하는 위치 추적이나 자동 유도 혹은 신호 차단 등의 장치를 포함하여) 미사일 방어시스템 혹은 그 방어시스템을 깨는 시스템을 도입하는 등 균형을 교란하는 여타의 정책에 연루되지 않을 것을 약속하는 맹세로 받아들인다.

몽골의 단독국가 비핵지대의 지위를 제도화하는 일은 아직도 진행 중이다. 그 지위가 완전히 제도화되면, 지리적 위치나 정치적 이유로 전통적인 의미에서 비핵지대를 구성할 수 없는 개별국가나 도서국가(island states)에 비핵지대를 수립하고자 할 때, 몽골은 창의적 접근의 사례로서 기여할 수 있다. 단독국가 비핵지대는 장차 출현할 핵무기 없는 세계의 구성요소가 될 것이며, 그렇게 되면 어떤 국가도 '회색지대'나 '맹점'으로 남을 수 없게 된다.[17]

또한 몽골은 이란과 북한을 위시한 여러 나라에 대한 국제원자력기구의 핵사찰 활동을 통해 경험과 명성을 확보한 국가로서, 동북아시아 비핵지대 수립을 위한 합의된 감시와 검증시스템 구축에 기여할 수 있다.

---

17 단독국가 비핵지대에 대해서는 이 책 제9장 엥흐사이항의 「핵의 세계에서 몽골의 국익 추구하기」 참조.

7
결론

몽골의 전환기 외교정책은 국가적으로 합의된 외교정책이야말로 국익을 도모하는 효과적인 수단임을 생생하게 입증해 준다. 또한 몽골의 사례는 국익이 정당하고 또 타국의 이해를 얻는 한 국익의 추구가 타국과 반드시 충돌하지 않는다는 사실도 보여주었다.

(러시아와 중국이라는) 인접한 두 이웃 국가와 균형 잡힌 외교정책을 추구함으로써, 몽골은 자신만의 방식으로 지역의 예측 가능성과 신뢰 증진에 기여하고 있다. 몽골의 적극적인 외교정책, 특히 트랙 1.5 '울란바타르 대화'와 트랙 2 '울란바타르 프로세스'의 추진은 공통의 이익과 관심사인 연성 안보 사안에 대처하는 데 필요한 비공식적 메커니즘을 마련했다. 지역의 여타 국가들과 국제무대의 행위자들이 몽골의 외교정책 안들을 보다 폭넓게 이해하고 지지한다면, 몽골은 역내 국가 간 정책을 논의하고 조정하는 중요한 허브로 부상할 수 있을 것이다.

“Concept of Mongolia’s Foreign Policy,” *Mongolian Journal of International Affairs*, vol. 2, 1995.

“Concept of National Security of Mongolia,” *Mongolian Journal of International Affairs*, vol. 2, 1995.

The Constitution of Mongolia, art. 4, sec. 3, 1992.

Ширяев, Ю., С. Иовчук (СССР), *О значении опыта Монголии для молодых независимых государств: 60 лет Монгольской Народной Революции. Историческийн опыт развития международных отношений нового типа* (Москва: 1981).

온라인 자료

“Brief History of the International Think Tank for LLDCs,” *International Think Tank for LLDC*. ⟨http://land-locked.org/history/⟩ (최종 검색일 2020. 11. 4.)

“Concept of Mongolia’s Foreign Policy.” ⟨http://www.mfa.gov.mn/?page_id=26263&lang=en⟩ (최종 검색일 2020. 11. 4.)

“Concept of National Security of Mongolia.” ⟨http://www.nsc.gov.mn/sites/default/files/National%20Security%20Concept%20of%20Mongolia%20EN.pdf⟩ (최종 검색일 2020. 11. 4.)

“Reflections on Peace and Security in Northeast Asia: Perspective from the Ulaanbaatar Process.” ⟨https://medium.com/reflections-on-peace-and-security-in-northeast⟩ (최종 검색일 2020. 11. 4.)

“Seminar on Alternative Development of Developing Countries and the Experience of Mongolia,” Paper presented at the joint seminar of UNITAR and the Government of the People’s Republic of Mongolia, Mongolia: Ulaanbaatar, 29 August ~ 5 September 1983.

“Ulaanbaatar Dialogue on Northeast Asian Security,” *Institute for Strategic Studies* (2014, 2015). ⟨http://www.mfa.gov.mn/wp-content/uploads/2015/12/Ulaanbaatar-Dialogue.pdf⟩ (최종 검색일 2020. 11. 4.)

제2장

몽골의 '제3의 이웃 정책' 패러다임

올람바야르
(몽골과학원 교수)

1
몽골 외교정책의 새로운 패러다임

냉전 이후 몽골의 지정학적 환경은 근본적으로 변화했다. 핵을 보유한 강대국에 둘러싸인 몽골은 육지에 가로막히고 몽골 종족끼리만 모여 사는 고립된 약한 완충국이 되었다. 그러나 20세기의 막바지에 몽골이 대외관계에서 달성한 가장 큰 성과 중 하나는 새로운 지정학적 환경에서 진정으로 자국의 이익과 더불어 평화를 도모하는 독립적이고도 공개적인 다축 외교정책(multi-pillared foreign policy)을 추구한 것이다. 그리하여 몽골은 인접한 두 이웃 국가와도 동등한 관계를 수립하고 여러 선진국들과 새로이 동반자 관계를 맺는 등 보다 폭넓은 기회를 누리게 되었다.

몽골은 세계에서 가장 영토가 넓고 인구가 많은 두 강대국에 둘러싸여 있다. 과거의 몽골이 세계시장으로부터 멀리 떨어져 공적원조(ODA)에 의지하는 저개발국가로 묘사되었다면, 현재는 세계에서 가장 빨리 발전하는 지역에서 큰 곰(러시아)과 큰 용(중국) 사이에 위치한 (조랑말이 아닌) 적토마이다. 천연자원으로 국제적인 관심을 받고 있는 몽골은 국제적 금융기관, 다국적 기업 및 강대국들과 지정학적·지경학적 이해관계로 엮여 있다. 이런 상황은 몽골에 막대한 기회와 더불어 새로운 위험을 조성한다. 적어도 두 강대국 사이에 갇혀 세계시장으로부터 고립된 힘없는 공적원조 수혜국이라는 몽골에 대한 지정학적 규정은 이제 과거사가 되었다.

오늘날 모든 국가들이 직면한 중요한 핵심 과제로 첫째, 지구온난화와 기후변화, 둘째, 지구적 디지털화, 셋째, 새롭게 형성되고 있는 다극적 세계질서(multi-polar world order)에 대한 적응을 들 수 있다. 현재

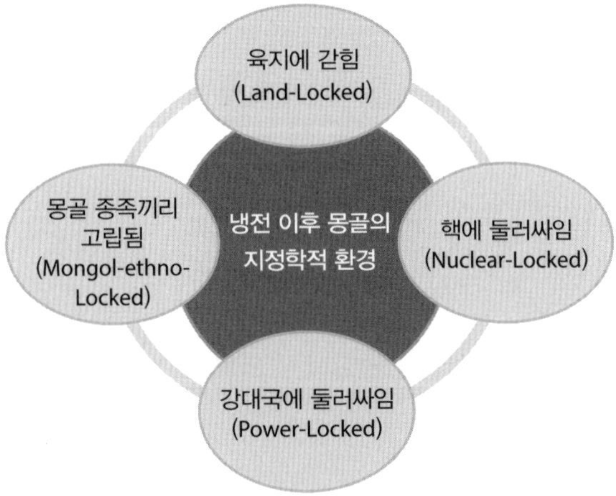

〈그림 2-1〉 냉전 이후 몽골의 지정학적 환경

몽골은 새로운 다극적 세계질서가 형성되는 현장의 세력 중심에 위치하고 있다.

다극적 세계질서 정책에 대한 구상은 1997년 4월 23일 모스크바에서 러시아와 중국이 서명한 '다극적 세계와 새로운 국제질서 수립에 관한 공동선언(Joint Declaration on a Multipolar World and the Establishment of a New International Order)'에서 처음 등장했다. 이 선언은 5월 15일 UN에도 등록되었다. 이어서 2005년 7월 1일 다시 모스크바에서 양국은 21세기 국제질서에 관한 공동선언에 서명하였다. 이런 흐름들은 상하이협력기구(SCO), 브릭스(BRICS), 그리고 유라시아경제연합(EEU) 정상회담 문건들에 명확히 드러난다.

러시아 연방 외교부장관 세르게이 라브로프(Sergei Lavrov)는 2016년 울란바타르를 방문했을 때 다음과 같이 말한 바 있다.

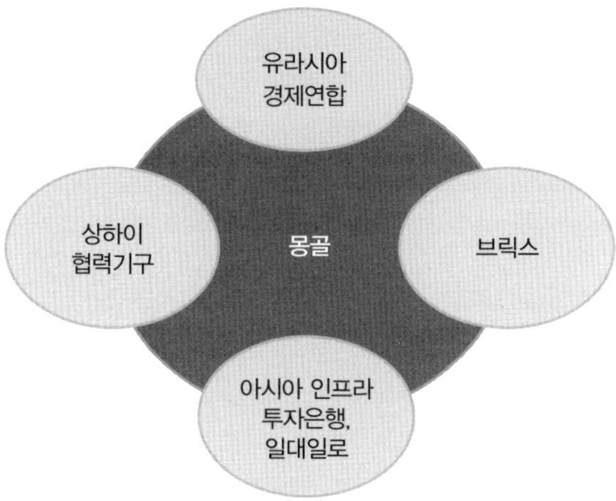

〈그림 2-2〉 다극적 세계질서 속의 몽골

세계는 지금 새로운 역사적 시기로 진입하려고 합니다. 그런 결론을 내릴 만한 이유는 참으로 많습니다. 국제관계의 다극적 구조가 형성 중입니다. 이는 오늘날 세계에서 문화적·문명적 다양성, 새로운 힘과 영향력을 지닌 중심들의 출현, 그리고 그 과정에서 미래를 쟁취하려는 사람들의 자연스런 열망을 반영하는 객관적 과정입니다. 지난 몇 년간의 상황은 단극적(unipolar) 세계질서를 구축하여 전 지구적인 지배권을 행사하려는 시도나 열망이 실현되기 어렵다는 것을 보여주었습니다. 아무리 강한 국가라 해도 단일한 국가나 특정한 국가 집단이 오늘날의 세계가 맞닥뜨린 문제들을 혼자서 효과적으로 해결하려는 욕심을 품어서는 안 된다는 것은 명백합니다. 이런 상황에서 문제는 국가적 이익과 집합적인 외교적 노력 사이에서 균형을 찾는 일입니다. 집합적인 외교적 노력은 세계가 공동으로 직면한 과제와 위협에 맞서 최선의 답을 찾고자 하는 국가들 간의 진정한 협력관계에 기초해야 합니다. 우리는 모든 수단을 동원하여 지도적 위치를 고수하고 자신의 의지를 관철하는 방식과 (새로운 세계질서를 조직하려고 할 때 발생하기 마련인) 국제법과 공통의 규칙에 따라 경쟁이 문명적으로 이루어지도록 하는 방식 중 선택해야 합니다.[1]

거시적 차원에서 몽골 외교정책의 새로운 패러다임의 본질은 〈그림 2-3〉과 같이 정의할 수 있다.

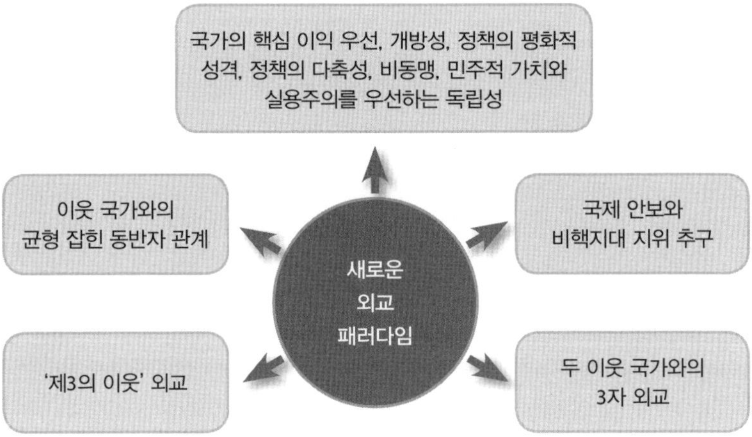

〈그림 2-3〉 몽골 외교의 새로운 패러다임

1 2016년 4월 14일 울란바타르에서 열린 몽골 외교부 회담에서 나온 질문에 대한 답변 내용.

2
'제3의 이웃 정책': 목적과 성격

1990년대 초반 '제3의 이웃(Third Neighbor)'이라는 용어와 구상이 등장하여 새로운 방향의 국가정책에 대한 이론적·실제적 연구들이 시작되었다. 지구화 시대, 발달한 정보통신 기술이 근본적으로 새로운 사회적 기능을 맡게 되면서 공간과 시간 관념에 큰 변화가 일어났고, '이웃 국가'에 관한 전통적인 이해도 크게 달라지게 되었다.

국제관계의 역사에는 자국의 진정한 국익과 안보를 위해 특별히 고안된 독자적인 외교정책으로 국제사회의 폭넓은 지지를 얻은 사례들이 있다. 그 두드러진 예로 사회민주주의자이자 독일연방의 총리였던 빌리 브란트(Willy Brandt: 1913~1992)의 동방정책(Ostpolitik)과 한국의 북방정책(Northern Diplomacy)을 꼽을 수 있다. 동방정책, 북방정책, 제3의 이웃 정책의 공통된 기반은 힘의 균형이다. 아직까지 사회과학이나 국제관계 혹은 지정학 연구에서 '제3의 이웃'에 대한 명확한 개념 정의는 제공되지 않고 있다. 몽골이 작은 국가의 외교정책으로서 '제3의 이웃'과 같은 새로운 구상을 개발하여 실천하고 있다는 사실은 정치학과 국제관계, 그리고 지정학적 연구 영역을 풍부하게 만든다.

'제3의 이웃 정책'은 단순히 지리적 정책이나 관념도, 어느 특정 국가에 대응하기 위한 정책도 아니다. 그것은 지리적 위치와 정치·경제·지정학·안보의 차원을 모두 포괄하는 공간 관념에 기반한 국제관계의 이론적 구상 혹은 개념이다. 그것은 군사력이 약하고 경제적 잠재력도 크지 않으며 인구도 적은 국가인 몽골의 지정학이다. '제3의 이웃 정책'은 새로운 다극적 세계질서가 출현하는 시점에 추구되기 시작했으며, 장기적 관점에서 인접한 두 이웃 국가와 미국 사이에서 힘과 이익의 균형을 맞추는 것을 목표로 하는 국가 안보 정책에 기반한다.

'제3의 이웃'에는 미국, 일본, 유럽연합 등 민주주의 국가이자 경제가 발달하고 국제정치 무대에서 비중 있는 나라들이 포함된다. 이 정책의 또 다른 목적은 몽골과 '제3의 이웃' 사이에 상당한 교역관계 및 공동의 경제적 이해관계를 수립하는 것이다. 특별히 지적하고 싶은 것은, '제3의 이웃 정책'이 그 형식이나 내용 면에서 동맹관계를 추구하거나 인접한 이웃 국가의 이익을 견제하려는 전략이 아닌, 평화 시기의 지정학이라는 사실이다. 힘과 이익의 균형을 맞추는 것이 이 정책의 이론적 기초이다.

아직까지 몽골의 외교정책이나 '제3의 이웃 정책'의 성격과 본질을 국제관계학이나 역사학, 동 시대의 중요한 이슈의 관점에서 접근한 포괄적인 연구는 이루어지지 않았다. 2010년에 개정된 「국가 안보의 개념(Concept of National Security)」은 '제3의 이웃' 외교, 즉 정치·경제·문화·인도주의 영역에서 고도로 발달한 민주주의 국가들과 상호적인 다자협력이 시행될 것이라고 밝히고 있다. 2011년에 개정된 「외교정책의 개념(Concept of Foreign Policy)」은 몽골이 '제3의 이웃 정책'의 틀에서 미국, 일본, 유럽연합 등의 국가 혹은 국가 집단과 동반자 관계로서 협력을 도모하고 확대할 것이라고 서술하고 있다. 이는 '제3의 이웃 정책'이 정책결정 문서에 직접적으로 언급된 최초의 사례들이다. 이 문서들은 '제3의 이웃'을 ① 민주주의 국가나 그런 국가들의 연합, ② 산업이 발달한 국가로 정의하고 있다.

'제3의 이웃 정책'은 몽골이 핵심적 국익을 추구하고 평화에 헌신하며 개방적이고 다극적인 체제에 기반하여 독립적으로 정책을 결정하고 민주적 가치와 실용주의를 중시하는 비동맹 외교정책을 추구하겠다는 의지의 명확한 표현이다. 실제로 몽골은 자신이 처한 지정학적 환경 속에서 '제3의 이웃'을 확보함으로써 그런 정책의 법적 기반을 창출할 수 있었다.

지금까지 몽골이 서명한 외교관계 문서들로는 다음과 같은 것들이 있다. 1997년 몽골은 일본과 '포괄적인 동반자(comprehensive partnership)' 관계를, 2010년에는 '전략적 동반자(strategic partnership)' 관계를 수립했다. 한국과는 1999년에 '보완적인 협력과 개발 동반자(complementary cooperation and development partnership)' 관계를, 2006년에는 '친선관계의 이웃 국가이자 협력의 동반자(relations of partnership of good-neighborly friendship and cooperation)' 관계를, 2011년에는 '포괄적인 동반자' 관계를 맺었다. 미국과는 2004년과 2005년에 '협력과 공통의 가치와 전략적인 공통의 이해에 기반한 동반자(cooperation and comprehensive partnership based on common values and strategic common interest)' 관계를 수립했다. 캐나다와는 2004년 '확장된 동반자(expanded partnership)' 관계를, 터키와는 2008년 '포괄적 동반자' 관계를 수립했다. 오스트레일리아와는 2007년에 '확장된 동반자' 관계를, 독일과는 각각 2008년과 2011년에 '포괄적 동반자' 관계와 '전략적 동반자' 관계를 수립했다. 인도와는 각각 2009년과 2011년에 '포괄적 동반자' 관계와 '전략적 동반자' 관계를 수립했다. 2013년에는 유럽연합과 '동반자 관계와 협력에 관한 협정서'를 체결했다.

1990년대 이래 '제3의 이웃', '동반자', '동반자 관계' 같은 용어들이 국제관계 정책 차원에서 새로운 구상과 개념들을 동반하면서 자리잡아 왔다. 오늘날 '전략적 동반자', '평화와 안정을 위한 동반자', '제3의 이웃', '포괄적 동반자', '동반자와 협력', '개발을 위한 동반자', '정신적 동반자(mental neighbor)', '넓은 범위의 동반자', '다양한 부문에서의 협력적 동반자', '대등한 동반자' 같은 용어들이 국제관계의 장에서 사용되고 있으며, 그중 일부는 상이한 관점과 목적을 가진 학자와 연구자들에 의해 쓰이고 있다.

'동반자 관계'는 결코 고정된 규정이나 원칙을 고수하지 않는다. 상대국의 독립과 영토의 안정성은 물론 어떠한 국내 문제에도 개입하거나 교란하는 결정을 내리지 않으며, 서로 동등한 권리를 보장하고 상호 호혜적 원칙에 입각하며 타국의 이해와 관습 및 특성을 존중한다. 그 결과 동반자 관계는 포괄적·전략적일 수 있고 다자적이고 광범위할 수 있으며, 제3의 이웃이라는 틀에서는 정신적일(mental) 수도 있다. 또한 동반자 관계는 쌍방의 이해나 의견에 따라 같거나 다른 형태를 띨 수도 있다.

어떤 나라들은 '전략적(strategic)'이라는 표현을 쓰기를 거부하기도 한다. '전략적 동반자 관계'는 관습적·비관습적인 위협, 안보 및 방위 부문에서의 협력, 평화의 추구, 전 지구적인 테러에 대한 대처, 자유무역협정, 그리고 안정적인 장기적인 관계와 관련된다. 동반자 관계를 맺은 국가들은 상호 평등한데, 이는 이 관계가 '연방으로의 통합'이나 '형제관계' 같은 사고를 일절 포함하지 않기 때문이다. 책임도 평등하게 할당된다. 따라서 동반자 관계는 우호나 일반적인 협력만을 뜻하지 않는다. 전략적 동반자 관계는 제3국에 적대적이지 않아야 한다. 경제적 동반자의 의미와 철학은 확장되어 왔다. 지리적 위치와 막대한 천연자원으로 인해 몽골은 지정학적으로 주요한 목표 대상이 되어 왔다.

'제3의 이웃'이라는 구상은 몽골의 외교사에서 새로운 것은 아니다. 20세기까지는 그저 일반적인 구상에 머무르다 최근에 와서 그 용어에 담긴 구상과 철학이 다듬어졌다. '제3의 이웃 정책'의 목적과 성격은 국제사회에 정확하게 소개되고 설명되어야 한다. 여기서는 그 정책을 실현하는 데 인접한 두 이웃 국가의 공식적인 지원이 매우 중요하다는 점을 지적해 둔다.

나폴레옹 보나파르트(Napoléon Bonaparte)는 "한 나라의 지리를 아는 것이 곧 그 나라의 외교정책을 아는 것이다"라고 말한 바 있다.[2] 이 말은 몽골의 독특한 지리적 위치를 설명하는 데 매우 적절하다. 모든 나라는 국경이 있고 인접한 이웃 국가가 있다. 독일의 지정학자 프리드리히 라첼(Friedrich Ratzel)은 "이웃은 이웃이다. 친구는 선택할 수 있지만, 이웃은 선택할 수 없다"[3]고 말했다. 여기서 말하는 이웃은 국경을 접하고 있는 나라들을 의미한다. 그러나 좋은 이웃관계는 인접한 나라뿐 아니라 멀리 떨어진 나라와도 맺을 수 있다. 모든 나라는 서로 국경을 면하고 있는 나라의 수만큼 이웃 국가가 있겠지만, 인접하지 않은 이웃 국가도 선택할 수 있다.

몽골의 '제3의 이웃' 외교는 어느 특정한 국가에 제한되지 않으며 지리적 범위를 넘어선다. 그것은 정치, 안보, 경제, 지정학에 영향을 미치는 몽골의 지리적·공간적 특징에서 비롯된 국제관계 이론의 범주에 더 가깝다. 따라서 '제3의 이웃' 전략은 몽골의 독특한 지리적 위치에 관한 지정학으로 설명될 수 있다. 이는 몽골의 진정한 국익으로부터 도출된 것이다. 몽골의 국익은 정책과 외교 행위에서 이웃한 두 국가에 대해 포괄적인 정치적·외교적·경제적 수단을 통해 장기적으로 적절한 힘의 균형을 확보하고 유지하는 데서 나온다. 더 넓은 맥락에서 이 정책은 세계정치에서 영향력이 큰 행위자들을 포함하는데, 이를테면 서반구와 동반구에서 경제가 발달한 민주주의 국가들과 UN을 꼽을 수 있다. 이들은 몽골의 민주주의와 시장경제의 열렬한 지지자들이다. '제3의 이웃' 전략의 이론적인 기초는 힘의 균형—연성 균형(soft

2 Luis Ritto, "Diplomacy and Its Practice VII. International Relations, Geopolitics and Diplomacy," *Protocol & Diplomacy*, 2015.

3 Friedrich Ratzel, *The History of Mankind* (New York: Macmillan Co., 1896), pp. 245-255.

balancing)—과 이익의 균형이라 할 수 있다.

상호 의존성이 증대하고 역동적인 국제관계가 지배하는 지구화된 세계에서 소국이 그 존립과 발전 및 안보를 보장받는 것은 군사적인 사안을 넘어 폭넓고 다양한 문제들과 관련된다. 지속가능한 발전, 경제적 안보, 교역, 투자, 차관, 원조, 빈곤 감소, 영리한 국가 운영, 민주주의, 인권 보장과 자유, 과학기술, 정보통신 기술 등이 여기에 포함된다. 이런 사안들은 '제3의 이웃' 범주를 확장시키는 요인들이다.

몽골의 북쪽에 위치한 이웃 국가는 세계에서 영토가 가장 넓고 핵무기를 보유하고 있으며 과거의 힘과 영광을 회복하는 중이다. 남쪽의 이웃 국가는 세계에서 인구가 가장 많고 역시 핵무기를 보유하고 있으며 매우 빠른 속도로 경제성장을 하고 있다. 이 두 이웃 국가는 국제적 사안에서 각각 독자적인 견해와 정책을 갖고 있다. 몽골은 세계에서 이런 독특한 지정학적 위치에 놓인 유일한 나라라고 할 수 있다. 새롭게 출현하는 다극적 세계에서는 더 이상 미국만이 유일한 강대국이 아니다. 몽골에 대한 두 이웃 국가의 영향력과 개입의 영역은 증대하고 있다.

두 이웃 국가와의 관계를 우선시하는 몽골의 외교는 양국관계의 균형이라는 원칙에 따른다. 몽골은 러시아 연방과 2003년 '전통적인 친선관계의 동반자(good-neighborly traditional partnership)' 관계를, 2009년 '전략적 동반자' 관계를 맺었다. 중화인민공화국과는 2003년 '친선과 상호 신뢰의 동반자(partnership of good-neighborliness and mutual confidence)' 관계를, 2011년 '전략적 동반자' 관계를, 2014년 '포괄적인 전략적 동반자' 관계를 맺었다. 이런 상호 이해와 협력 사업은 두 인접국과의 관계의 기초를 놓았다. 이는 '제3의 이웃 정책'을 추구하는 데 중요한 기반이 되었다. 몽골은 두 이웃 국가와 3국 간 정상회담을 발의한바 이 회담은 점차 항구적인 협력체제로 발전해 왔다.

한편 미국이 인권과 자유를 제약하고 언론의 자유가 결핍된 권위주의적 두 이웃 나라와 구별하여 몽골을 '민주주의의 오아시스'[4]로 묘사한 데서 보이듯이, '제3의 이웃 정책'은 미국으로부터도 지지를 얻고 있다.

'제3의 이웃 정책'의 과학적 기초를 다지기 위해서는 미국과 러시아, 중국의 이해에 점점 더 많이 좌우되는 새로운 다극적 세계질서를 이론적으로 규명하는 연구들이 더 진전되어야 한다. 또한 그것은 지정학에 기반하여 지역 내에서 힘과 이익의 균형을 보장하는 것이어야 한다.

'제3의 이웃 정책'은 이웃 국가와의 관계의 균형을 추구하는 것 외에, 정치적·외교적·경제적 수단을 통해 자국의 안보를 보장하는 몽골 외교정책의 핵심 요소로 부상하고 있다. 몽골의 운명과 국가 안보, 그리고 사회 진보가 두 이웃 국가에 전적으로 의존하기보다, 지정학과 지경학적 요인, 강대국들의 전략적 이해와 정치학에 의존하는 정치적·경제적·법적 환경을 조성해야 한다. 몽골이 경제적 수단뿐 아니라 정치적·외교적 수단을 활용하여 안보를 추구하기 위해서는 '제3의 이웃 정책'이 매우 중요하다. 균형정책을 확고히 하는 이론적 기초를 탐구하는 것이 중요한 이유는 이 때문이다. 몽골은 다극적 질서가 출현하는 새로운 국제질서에 유기적으로 적응하는 방법을 익혀야 한다.

몽골은 두 핵보유국 사이에 끼어 있고 육지로 갇혀 있으며, 같은 몽골 혈통인 내몽골, 부랴트공화국(Republic of Buryatia),[5] 탄누투바(Tan-

---

4 미 국무성 장관 존 케리(John Kerry)는 몽골을 거친 이웃들에 둘러싸인 '민주주의의 오아시스'라 칭송했다. "Kerry hails Mongolia as 'oasis of democracy' in tough neighbourhood," *Reuters* (온라인, 2016. 6. 5).

5 러시아 연방주체(federal subject of Russia) 중 하나. 러시아 연방은 총 85개의 연방주체로 구성되며, 이는 3개 시, 22개 공화국, 46개 주, 9개 지방, 4개 자치구, 1개 자치주로

nu-Tava)에 둘러싸여 있다. 최근까지도 몽골은 개발원조의 수혜국으로서 세계시장으로부터 멀리 떨어져 있었다. 그러나 오늘날 몽골은 세계에서 가장 빠르게 성장하는 지역에 속해 있으며, 광물과 에너지 자원이 풍부한 나라로서 지정학적·지경학적 차원에서 강대국과 다국적 기업의 관심을 끌고 있다. 물론 이는 많은 문제를 야기하기도 하지만, 동시에 무한한 가능성을 열어 준다.

3 몽골에 대한 두 이웃 국가의 입장

몽골의 '제3의 이웃 정책'과 관련한 두 이웃 국가의 입장은 주의를 요하는 핵심 사안이다. 북쪽과 남쪽의 이웃 국가는 이에 대해 공식적으로는 부정적인 입장을 표명한 적이 없지만, 대중매체와 정보 채널 및 국제관계와 지정학 전략가들을 통해 그들의 생각을 엿볼 수 있다.

중국 연구자들은 다음과 같이 주장한다. 첫째, 몽골은 상업과 경제 면에서는 중국에, 투자와 신기술 면에서는 일본과 캐나다에, 정치 면에서는 미국에, 군사와 방위 면에서는 러시아에 경도되어 있다. 둘째, '제3의 이웃 정책'이라는 틀 안에서 미국·일본·인도와 포괄적인 동반자 관계를 수립하는 것은 중국을 둘러싸는 3각봉쇄(triangle blockade)의 의도를 지닌다. 셋째, 몽골인들은 미국을 '제3의 이웃'으로 규정하는 것을 다극 외교정책으로 설명하는데, 이는 바로 "솥은 다리가 3개 이상일 때 안정적"이라는 뜻이다.

이루어진다. - 편자

러시아 역시 몽골에 미치는 미국의 영향을 달갑게 여기지 않는 것이 분명하다. 러시아의 전문가들은 전 외무부장관 안드레이 코지레프(Andrei Kozyrev)가 서유럽에만 신경을 쓴 결과 미국이 몽골에서 지정학적 영향력을 키울 수 있게 되었다고 불평한다.

무엇보다 지리적·공간적 차원에서 몽골은 동북아시아와 중앙아시아라는 두 개의 중요한 지역이 교차하는 곳에 놓여 있다. 동북아시아는 동아시아와 태평양 권역에 속한 지역이다. 극동 러시아, 중국의 동북지역, 일본, 그리고 동북아시아의 한가운데에 위치한 한국과 북한, 몽골이 이 지역에 위치한다. 더 넓은 시각에서 보면 미국과 캐나다 역시 이 지역에 막대한 지정학적 이해를 안고 있다. 다른 한편에서 전략가들은 러시아와 중국이 주도하는 새로운 다극적 세계질서가 이 지역에서 출현할 것으로 전망한다. 그렇다면 몽골은 이제 그 새로운 세계질서의 중심에 놓인 것이다.

동북아시아 역내 국가들은 해결되지 않은 오랜 문제들을 안고 있다. 영토분쟁과 북핵문제, 역사적으로 뿌리 깊은 한반도의 분단 등이다. 이 지역은 논쟁적이고 다원적이지만, 그러면서도 상호 의존적인 하나의 세계에 통합되어 있다. 따라서 동반 발전과 상호 이익, 그리고 집단 안보를 보장하는 항구적인 시스템이 이 지역에 확립되어야 한다. 새로운 지구화 시대에 국가 간 상호 의존도가 증가하는 만큼 지구라는 행성은 서로 긴밀하게 얽혀 있다. 제아무리 산업이 발달한 국가라 하더라도 혼자서는 발전과 번영 그리고 국가 안보를 도모하거나 보장받을 수 없다.

제2차 세계대전 이후 형성된 한반도의 현재 상태는 탈냉전 후에도 해결되지 않은 유일한 분쟁지대로서 그 위기의 강도가 점점 높아지고 있다. 6자회담이 북한의 핵개발 프로그램을 중단시키는 해결책이 될 수 없음은 명백해 보인다. 중국조차도 수시로 바뀌는 북한을 제어할 수 없다는 사실이 이 상황을 잘 요약해 준다. 핵무기와 미사일이라는 카드를 보유한 북한이 국제무대에서 펼치는 외교의 목표는 거대한 경제적 원조를 '무상으로' 받는 것이다. 가까운 미래에 6자회담으로부터 긍정적인 결과를 기대하는 것은 어려워 보인다. 2013년 2월 12일 제3차 핵실험 이후 북한은 사실상의 핵보유국이 되었다. 북한은 핵을 통해 세계정치에서 중요한 행위자가 되기를 희망하며, 북한의 군대와 안보기관 또한 그들의 젊은 지도자를 영향력 있는 인물로 만들기 위해 애쓰고 있다.

어떤 국제관계 전문가들은 남북한 모두와 공평하게 좋은 관계를 유지하는 몇 안 되는 국가로서 몽골이 북핵문제나 정전협정, 통일문제에 일정한 역할을 할 가능성이 있다고 말하지만, 실제로 그런 가능성은 매우 제한적이다. 그렇다 하더라도 몽골은 남과 북 모두에 신뢰할 만한 행위자가 되어야 하며, 개별적이든 집단적이든 적극적인 외교적 노력을 기울여야 할 것이다. 몽골이 할 수 있는 적극적 역할을 소홀히 여겨서는 안 된다. 몽골이 동북아시아의 모든 국가들과 포괄적인 전략적 동반자 관계 및 친선관계를 맺고 있고 상호 협력을 위한 법적 기초를 확립한 유일한 국가라는 사실은 주목할 만하다. 달리 말하면 몽골은 지역 내 어떤 국가와도 심각한 갈등, 특히 정치적 분쟁이 없다. 이는 몽골의 안보에서 중대한 성과이다.

2012년 9월 17일 뉴욕에서 UN 안전보장이사회 상임이사국이자 핵보유국을 대표하는 이른바 P5가 몽골의 비핵지위(Nuclear-Weapon-Free Status)에 관한 공동성명과 그에 대한 몽골 측 성명에 서명했다. 이 두 성명은 모두 중요하다. 첫째, 두 성명은 세계와 지역의 안보를 강화하는 데 기여했고, 둘째, 핵보유국과 비핵국가가 서로 협력할 수 있는 가능성과 방식을 보여주었으며, 셋째, 핵확산 방지 노력에도 힘을 보탰다. 이 공동성명에 의해 몽골의 비핵지위에 관한 법안이 처음으로 승인되었다. P5는 몽골의 특수한 지위를 인정했으며, 그 지위를 존중하고 그것을 침해하는 어떠한 행위에도 힘을 보태지 않겠다고 선언했다. UN 사무부총장 얀 엘리아손(Jan Eliason)은 그 현장에 있었던 사람으로서, 특정 사안에 대해 P5가 공통된 입장을 보여준 사실 역시 의미심장하다고 말했다.

중요한 것은 비핵지위를 획득한 몽골의 경험이 가까운 미래에 한반도 비핵지대화의 가능한 패러다임을 제공할 수 있다는 사실이다. 2007년 9월 울란바타르에서 일본과 북한의 관계 정상화를 위한 워킹그룹의 회담이 몽골의 발의로 처음 열렸다. 동북아시아뿐 아니라 전 세계의 관심을 끌었던 이 행사는 몽골 외교의 적극성을 보여주었다. 과거 실패로 끝났던 베트남 회담과 달리 이번에는 양측 모두 회담 결과에 만족을 표했다. 2012년 11월 후속 회담 역시 울란바타르에서 몽골 대통령의 후원 아래 열렸다. 두 번째 회담은 정부인사들 간의 공식 회담이라는 점에서 의미가 컸다. 2014년 5월 23일 역시 울란바타르에서 열린 3차 회담에는 6자회담의 북한 측 대표였던 이영호도 참가했다. 미국에서도 3명의 대표를 파견했는데, 조엘 위트(Joel Wit)와 로버트 캐롤린(Robert Carolyn) 등 과거 미 국무성 북한 담당 관료들이 포함되었다. 이는 북핵문제에 관한, 오랫동안 정체되었던 다자간 회의의 재개를 모색하는 움직임이 분명했다.[6] 이 성과들은 몽골의 '제3의 이웃 정책'이 트랙 2 외교에서 진행되고 있다는 증거이다.

---

6 "North Korea's chief six-party delegate Ri Yong-ho meets with former U.S. Officials: Reports," *The World on Arirang* (온라인, 2014. 5. 27.).

4
결론

소비에트 연방이 붕괴되고 소련과 몽골의 동맹관계가 소멸된 후 양국은 우호적인 관계에 기반한 새로운 전략적 동반자 관계를 맺었지만, 완충국가로서 몽골의 역할은 변하지 않았다. 21세기 들어 남쪽에 면한 거대한 이웃 중국의 급속한 경제발전으로 인해, 중국의 지정학적·지경학적 영향력이 미치는 권역이 확대하고 있다. 서방의 전문가들이 말하는 '중국의 위험(Chinese Danger)'이 바로 그것이다.

소국의 지속가능한 발전과 안보를 보장하는 중심적 축은 바로 적극적인 대외정책과 외교이다. '제3의 이웃'이라는 외교전략의 목표는 몽골의 운명, 안보, 번영이 두 이웃 국가뿐 아니라 '제3의 이웃'의 전략적 이해와 상호관계에 의존하는 정치적·경제적·법적 환경을 조성하는 것이다. 몽골에 대한 두 이웃 국가의 지경학적 정책은 여러 면에서 '제3의 이웃'의 이해와도 관련될 수밖에 없다. 그 점에서 몽골의 '제3의 이웃' 전략은 동북아시아의 안보보장에도 기여할 수 있다.

나아가 세계무역과 경제적 상황, 통화와 재정 시스템도 몽골의 국가 안보에 직접적으로 영향을 미친다. 가까운 미래에 직면한 가장 큰 도전은 국제 원자재 시장에서 구리, 몰리브덴, 금, 석탄, 형석, 유혈암(oil shale), 양모 등 몽골의 주요 수출품의 가격 변동, 환율의 불안정성, 자연재해, 새로운 질병의 출현, 지역 내 분쟁, 경제 관리와 민주주의의 위기이다. 예방적 외교와 위기 관리는 동북아시아의 모든 국가에서 중요하다.

몽골의 국가 안보는 동북아시아 안보의 한 요소이다. 한반도 문제는 동북아시아에서 가장 민감한 사안일뿐 아니라 전 세계의 안보에 영향을 끼칠 가능성이 크다. 무역과 경제, 그리고 인도주의적 영역에서의 상호 협력은 동북아시아에 정치적·군사적 안정을 강화하는 중요한 기초가 된다. 비핵지위를 확보한 몽골의 경험과 그 과정에서 얻은 바 국제평화의 중재자로서 몽골의 역량은 동북아시아 안보에 의미심장한 자산이다.

Ratzel, Friedrich, *The History of Mankind*, New York: Macmillan Co., 1896.

Ritto, Luis, "Diplomacy and Its Practice VII. International Relations, Geopolitics and Diplomacy," *Protocol & Diplomacy*, January 13, 2015.

온라인 자료

"Kerry hails Mongolia as 'oasis of democracy' in tough neighbourhood," *Reuters* (2016. 6. 5.). 〈https://www.reuters.com/article/us-usa-mongolia-idUSKCN0YR02T〉 (최종 검색일 2020. 11. 15.)

"North Korea's chief six-party delegate Ri Yong-ho meets with former U. S. Officials: Reports," *The World on Arirang* (2014. 5. 27.). 〈https://www.youtube.com/watch?v=d-ghtadl4-s〉 (최종 검색일 2020. 11. 15.)

The Concept of Mongolia's National Security." Ulaanbaatar, Mongolia (2010). 〈http://www.nsc.gov.mn/sites/default/files/images/National%20Security%20Concept%20of%20Mongolia%20EN.pdf〉 (최종 검색일 2020. 11. 6.)

제3장

민주주의로의 전환

1992년 몽골 헌법과 국가 안보

시스미식
(몽골법학원 원장)

1
서론

이 장에서 표명하는 해석과 의견은 어디까지나 필자 개인의 것이지 몽골의 공식적인 입장은 아니니다. 지금까지 의회와 학계의 실무진은 헌법 개정안을 마련하는 작업 과정에서 가장 먼저 헌법 개정의 필요성을 검토했다. 이에 2017년까지 헌법과 관련된 사건들을 검토하는 연구를 진행했다. 이 글은 그 연구의 일환으로서 기존 헌법 시행에 대한 평가를 주제로 삼는다. 특히 정치시스템과 국가 구조의 문제에 관심을 기울이고 있는데, 이들 사안은 국가 안보에 직간접적인 영향을 미친다. 안보를 보장하는 법적 기초로는 몽골의 헌법, 일반적으로 인정되는 국제법의 원칙과 규범, 몽골이 체결한 국제 조약, 그리고 지방정부가 안보의 영역에서 자신의 권한 안에서 채택한 규제 조치 등을 꼽을 수 있다.

몽골 역사에서 헌법은 1924년, 1940년, 1960년, 그리고 마지막으로 1992년에 걸쳐 채택되었다. 민주주의로 체제전환의 일환으로 1992년 1월에 채택한 몽골 헌법은 이제 그 역사가 29년에 이르러 세계에서 가장 안정적인 헌법 중 하나가 되었다. 1992년 헌법은 인권과 자유를 장려하고 민주주의와 시장경제의 기초를 마련하기 위해 채택되었다. 1990년 이후 몽골은 여러 차례의 민주적 선거를 치렀고, 그 과정은 평화로웠다. 대체로 인권이 존중되었고 언론은 자유로우며 참다운 의미의 정치적 경쟁이 존재했다.

1992년 헌법은 실질적이면서 정치적인 검증 과정을 거쳤다. 정권 제어라는 기능의 견지에서 평가하면 이 헌법은 무리 없이 작동해 왔다. 그러나 행정부와 사법부의 관계를 비롯하여 전체 구조가 상당한 정도로 입법부를 주축으로 하고 있어, 입법부는 종종 그 권력 행사에 제약이 없는 것처럼 보인다. 현재의 권력 체계는 견제와 균형 장치가 부족하며 헌법 소송(constitutional litigation) 체계는 정지되어 있다. 간단히 말해, 여러 차례의 개선에도 불구하고 1992년 헌법은 정부 권력을 제한하는 데 부분적으로만 성공했을 뿐이다.

국가 안보, 공공서비스, 기반시설 등의 공익은 오직 정부만이 제공할 수 있는 것들이다. 국가 안보의 측면에서 몽골 헌법은 진정 독립적인 몽골의 기초를 놓았지만, 정치적 안정 같은 기타 영역에서는 국가의 짧은 역사 탓에 정치적 불안정을 야기한 측면이 있다.[1] 그래도 몽골의 정치시스템은 아시아에서 가장 성공적인 민주화 사례 중의 하나로 합당한 관심을 받아 왔다. 1990년 이후 몽골은 평화적인 헌정 교체를 거쳤고, 몇 차례의 민주적인 선거를 치렀다. 헌법에 의거하여 국가안보위원회(National Security Council)를 포함하는 몇몇 새로운 기관이 만들어지기도 했다.

과거 수세기와 달리 몽골은 국제사회에서 높은 수준의 독립성을 확보했다. 몽골의 장구한 역사는 인류사에 기여했을 뿐 아니라 국가의 독립성과 주권 형성에 지대한 의미를 부여해 왔다. 특히 몽골이 독립성을 회복하고 강화해 왔다는 사실이 매우 중요한데, 이는 20세기를 통틀어 진행된 노력의 결실이었다. 1911년 독립 선포의 역사적 중요성과 아울러 1924년 최초로 제정된 헌법을 통해 몽골이 독립을 강화한 사실을 기억해야 할 것이다. 그러나 실제로 몽골이 진정한 독립 주권국이 되는 데는 이후 70년이 더 걸렸다.

중요한 사실은 1992년 헌법이 독립을 위한 몽골의 한 세기에 걸

---

1 M. Steven Fish, "Mongolia: Democracy without Prerequisites," *Journal of Democracy*, vol. 9, no. 3, 1998, p. 127.

친 투쟁을 완수하는 중요한 역사적 사명을 수행했다는 것이다. 헌법의 첫 장은 "몽골은 독립적인 주권을 가진 공화국"이라고 명시하고 있으며, 장 전체가 이 선언에 담긴 기본적인 원칙과 선언의 실행을 위한 접근 방식에 대해 상세히 서술하고 있다. 첫 장은 몽골의 통일성, 영토와 국경의 불가침성, 의회의 승인 없는 외국 군대의 배치나 통과 금지, 경제적 안정을 보장할 필요, 국가 경제와 문화 전통의 기초인 목축업에 대한 국가적 차원의 보호, 토지와 자원에 대한 국가의 소유권과 보호 의무 등의 사안을 다룬다. 그리고 몽골이 헌법과 평화적인 외교정책에 부합하지 않는 어떠한 국제조약이나 외교문서도 따르지 않을 의무에 대해서도 명시하고 있다.

몽골 헌법과 헌법의 틀 안에서 채택된 몽골의 법률은 국가의 독립 및 안보 강화와 직접적으로 관련된다. 따라서 국가 안보에 관한 여타 법률적 수단과 헌법과의 관계를 탐구하는 것이 중요하다. 이 글은 헌법의 첫 번째 장에 관련한 사안과 그 근본 원칙, 기본 조항, 의회 시스템의 헌법적인 국가 구조, 국가 권력의 분리, 그리고 마지막으로 주권과 독립 및 국가 안보 강화에 미치는 국가안보위원회의 영향에 대해 다룬다.

최초의 「국가 안보의 개념(The Concept of National Security)」 문서는 1994년 몽골 국가대호랄(The State Great Hural)에서 채택되었고, 2010년 그 수정안이 채택되었다. 2010년 채택된 수정안의 1, 2, 3절은 국가 안보의 구성 요소를 규정하고 있다. 관련된 6개 사안은 '국가의 존립', '경제 안보', '국내 안보', '국민의 안보', '환경 안보', 그리고 '정보 안보'이다. 이들 중 '국가의 존립', '경제 안보', '국내 안보'가 헌법의 첫 번째 장과 직접적으로 연관되므로, 이 글의 논의는 이 주제에 국한된다.

「국가 안보의 개념」은 단순히 안보에 관한 사안뿐 아니라 국가 발전이라는 폭넓은 내용을 다루는 문서이다. 안보의 개념을 규정하는 과정에서 이 문서는 국익과 국가 안보의 관련성에 대해 다음과 같은 견해를 제시한다.

i) 개인의 이익은 개인만의 자유와 권리로 구현된다.
ii) 국가의 이익은 몽골의 독립과 주권, 그리고 외교정책을 수호함으로써 구현된다.
iii) 사회의 이익은 시민경제의 안정적인 상태와 수준, 그리고 국가의 행위를 견제할 수 있는 가능성에 의해 구현된다.

그러나 이 모든 이익들의 합이 국익을 구성하는 것은 아니다. 국익은 단순히 사회의 이익이나 공익, 그리고 정부의 이익의 합산이 아닌 것이다. 이 이익들은 종종 서로 충돌한다. 결과적으로 국익의 핵심이라 할 국가 안보를 단단히 확보하기 위해서는 국가 차원의 여러 활동과 그 관리 원칙 및 방향을 조정함으로써 갈등하는 이익들 간의 균형을 맞추어야 한다.[2]

2
헌법과 국가 존립의 안보

2010년 국가대호랄에서 채택된 「국가 안보의 개념」이 제시하는 내용에 대해 헌법의 첫 장에서는 다음과 같이 명확한 답을 제시하고 있다.

2 R. Bold, "To the 20th Anniversary of the Strategic Research," Collection of reports of the scientific conference, 2011.

i) 몽골은 주권을 가진 독립공화국이다(1조 1항).

ii) 몽골의 영토와 국경은 불가침의 영역이다(4조 1항).

iii) 몽골의 국경은 법률에 따라 확립된다(4조 2항).

iv) 합당한 법률이 채택되지 않는 한 외국 군대의 몽골 영내 배치는 금지된다(4조 3항).

v) 몽골은 보편적으로 인정되는 국제법의 규범과 원칙을 따라야 하며, 평화적인 외교정책을 추구해야 한다(10조 1항).

vi) 몽골은 헌법에 부합하지 않는 국제조약이나 여타 외교문서를 준수하지 않을 것이다(10조 4항).

vii) 몽골은 자위를 위해 군대를 보유한다(11조 1항).

viii) 몽골 민족의 역사적·문화적·과학적·지적 유산은 국가에 의해 보호된다(7조 1항).[3]

주권의 의미를 정의하는 이론적 논의는 다양하지만, 국제법에 따르면 주권은 '한 나라의 영토의 운영에 관한 국가의 최고 권위'라는 공통의 이해가 존재한다. 더불어 주권에는 국익을 보호하기 위해 독립적인 외교정책과 입장을 입안할 권위도 포함된다. 1980년대 후반부터 냉전의 종식을 비롯한 국제 환경의 눈에 띄는 변화들은 몽골의 대외적인 안보 환경의 질적인 변화를 야기했다. 이웃 국가들과의 관계를 발전시키고 국익을 보호하며 권력을 국민에게 부여하는 새로운 정치 시스템으로 이행할 수 있는 기회가 열린 것이다.

「국가 안보의 개념(1994, 2010)」, 「외교정책의 개념(The Concept of Foreign Policy, 1994, 2011)」, 「군사 독트린의 기초(The Fundamentals of Its

3 The Constitution of Mongolia (Ulaanbattar, 1992). 〈https://www.conscourt.gov.mn/?page_id=842&lang=en〉 (최종 검색일 2020. 11. 15.)

Military Doctrine, 1994)」, 그리고 「국가 방위 정책(State Defence Policy, 2016)」 등 헌법과 공조하여 새로 채택된 문서들에 담긴 구상은 안보를 강화하기 위한 국가 정책과 독립과 주권을 보장하기 위한 국가 활동의 기초를 놓았다. 이런 문서들에 표명된바 평화 시기에 몽골의 안보와 핵심 국가 이익의 보호는 정치적·외교적 수단을 통해 달성되어야 한다.[4]

몽골은 다각적이고 적극적인 외교정책을 추구한다. 헌법을 채택한 이후 지난 29년간 몽골은 국제관계에서 여러 목표를 달성하며 중요한 성과를 이루어냈다. 그 주요한 성취로는 다음과 같은 것을 꼽을 수 있다.

첫째, 1993년 몽골과 러시아 연방이 체결한 '우호관계와 협력에 관한 협정(Treaty on Friendly Relations and Cooperation)'은 양국이 국제법의 보편적인 규범 안에서 서로의 독립과 국익을 인정하고 존중하며 독립 국가로서 협력관계를 발전시키자는 데 동의했다. 이듬해인 1994년에는 유사한 원칙에 기반하여 몽골과 중화인민공화국의 '우호관계와 협력에 관한 협정'도 체결되었다. 헌법의 정신과 원칙에 따라 러시아 연방 및 중화인민공화국과 각각 체결한 이 협정들은 몽골이 두 이웃 국가와 맺고 있는 관계의 법적 기반이자, 몽골의 독립과 주권에 대한 국제적 보장이기도 하다.

둘째, 1992년 몽골은 국가의 안보를 강화하고 자국 영토를 핵의 재앙으로부터 보호하는 정책의 일환으로 '몽골의 비핵지대에 관한 법(Law on a Nuclear-Weapon-Free Zone in Mongolia)'을 채택했으며, 2000

---

4 Daniel Philpott, "Sovereignty," *The Stanford Encyclopedia of Philosophy*, ed.. Edward N. Salta (온라인, 2016. 3. 25.); Stephen D. Krasner, *Sovereignty: Organized Hypocrisy* (Princeton: Princeton University Press, 1999); B. Chimid, *Upholding the Constitution (four statements addressed to elites and everyone)* (Ulaanbattar, 2006), p. 63.

년 UN은 총회 결의를 통해 몽골의 비핵지위를 인정했다. 핵무기를 보유한 UN 안전보장이사회 상임이사국 5개 국가의 지지[5]를 받은 이 결정은 몽골의 국제적 지위와 안보를 강화하는 중요한 계기가 되었다.

셋째, 다자간 외교정책의 틀 안에서 몽골은 중국과 러시아 두 이웃 국가에 더해 경제적으로 발달한 민주주의 국가들과 '제3의 이웃' 관계를 발전시키는 적극적인 정책을 추구하고 있다. 이 정책은 몽골이 민주적인 시스템과 경제발전을 이룩하는 데 중요한 역할을 했다.

넷째, 안보의 영역에서 다자간 협력관계의 발전과 국제적인 평화유지 활동에 참여함으로써 군사적·정치적 협력관계와 국제외교의 장에서 몽골의 지위를 강화하는 데 기여했다.

다섯째, 자위를 위한 군대의 유지라는 헌법의 원칙은 1990년대 초반부터 논의된 상비군의 필요성에 대한 논란을 종식시켰다. 이 원칙은 군대 및 국가방위 시스템의 발전을 위한 법적 기초가 되었다.

여섯째, 국경의 확정이라는 헌법적 원칙의 틀 안에서 국가대호랄은 국경에 관한 법률을 채택했다. 이에 중국과 러시아 두 이웃 국가와 공동으로 국경통제 활동이 시작되었고 국경선과 국경 체제가 확립되었다. 이는 영토와 국경의 불가침성을 수호하는 데 눈에 띄는 성과이다. 다소간의 범죄가 발생하긴 했지만 국경 분쟁은 없었고, 몽골은 국경 보호에서 두 이웃 국가와 성공적인 협력관계를 유지하고 있다.

---

5 관련하여 자세한 내용은 이 책에 실린 엥흐사이항의 글 326쪽 참조.

3
국내 안보

어떤 국가든 국가 안보는 국내외 환경의 영향을 받는다. 지난 29년간 몽골은 평화적인 외교정책을 적극적으로 추구했고, 주권을 안정화하고 국제무대에서 몽골의 지위를 강화하는 데 상당한 성공을 거두었다. 그러나 다수의 연구가 보여주듯 국내적으로는 복잡한 상황에 직면해 있다. 국가 안보 개념은 국내의 안정을 도모하는 관리의 차원도 포함한다. 국내의 안정을 확보하는 데 중요한 사안은 시민의 이익을 보호하고 효과적인 공공서비스를 제공하며 부패에서 자유롭고 문제에 책임을 지며 정책 연속성을 보장하는 역량 있는 정부기관을 창출하는 것이다.

독립적인 공공조직에서 수행한 일련의 조사에 의하면, 현재 정부기관과 공무원들에 대한 몽골 시민들의 신뢰는 약화되는 추세이다. 여론조사는 대다수 시민들이 긴급한 정치·경제·사회 문제에 대해 국가대호랄, 정부, 정치인, 정당을 비난하고 있음을 보여준다.

현재 몽골은 경기 침체와 해외투자의 감소를 겪고 있으며, 해외시장에서의 제품 가격의 하락이라는 문제를 안고 있다. 그런데도 정부는 관리자로서 무능력하고 비효율적인 태도를 보일 뿐이다. 전문가들은 해외투자자들이 몽골에서 곤란을 겪는 원인으로, 국가정책과 사법 환경의 불안정성, 법률 집행의 불합리성, 투자에 대한 중앙과 지방 행정조직의 이해 부족 등을 들고 있다. 그 주요 원인은 헌법에서 명시한 입법부와 행정부 간의 권력 분할 구조이다. 관료의 임명, 예산 분배, 천연자원과 광물 개발에 관한 결정권이 과도하게 국가대호랄에 집중됨으로써 의회는 본연의 입법 기능으로부터 멀어지고 정치적 경쟁자들의 각축장으로 변질된 것이다. 그러한 권한 중 상당수는 행정부에 속하는 것이 옳다.

어떤 국가든 국가의 독립과 주권, 그리고 국가 안보를 정부와 떼놓고 생각하는 것은 불가능하다. 간단히 말해 정부는 이러한 목표를 추구하는 기구이다. 정부가 기본적인 기능을 수행하지 못하고 나아가 사회가 정부의 합법적 지위를 인정하지 않게 된다면, 정부는 국가 안보의 위협으로 간주될 수밖에 없다. 헌법에 대한 비교 연구들은 몽골에서 벌어지는 현재의 상황이 몽골과 유사한 국가 시스템을 지닌 다른 나라에서도 발생한 전례가 있으며, 그랬을 때 심각한 갈등과 위기 상황으로 이어졌음을 말해주고 있다.

4
경제 안보

일반적으로 헌법과 경제의 연결관계는 약하다. 시장경제에서 헌법의 역할은 사유재산과 그 규제의 토대를 마련하는 것에 국한된다. 몽골에서 이런 문제는 충분히 연구되지 않았다. 경제문제와 관련하여 헌법 차원의 규제는 상대적으로 적지만, 그렇다고 해서 헌법이 경제에 영향을 미치지 않는 것은 아니다. 제도 간의 상호 의존성과 정책결정 과정이 경제 상황에 미치는 효과에 대한 검토는 굉장히 중요하다. 확실히 몽골에서 국가대호랄은 정책 결정에 지나치게 적극적으로 참여하고 있으며, 입법부와 행정부 간의 권력 분립이 부적절한 상태로 방치되어 있다.

「국가 안보의 개념」은 경제 안보에 영향을 미치는 주된 요인으로 다층적 경제구조의 발전, 해외투자에 관한 균형 잡힌 투자정책의 시행, 재정활동의 안전성 확보를 들고 있다. 헌법 제5조 4항은 "정부는 국가의 경제적 안보, 모든 형태의 소유권 발전, 그리고 전체 인구의 사회적 발전을 통제한다"고 밝히고 있다. 몽골 경제는 규모가 작은 데다가 세계경제를 선도하는 국가들 사이에 끼어 있다. 대개는 강대국 시장에 에너지 및 연료를 수출하는 데 의존하는 탓에 몽골 경제는 상당히 취약하다. 이런 취약성을 줄이는 주된 방법은 일정한 정도의 전략적 상품의 국내적 수요를 충족시키고 국제적으로 경쟁할 수 있는 다층적인 경제구조를 구축하는 것이다. 사실 몽골 정부는 "경제 안보를 보장하고 건강하고 지속가능하며 장기적인 국가 성장과 발전을 뒷받침할 기율이 잘 잡힌 재정 부문을 발전시키는"[6] 정책을 추구하지만, 그런 목표는 잘 달성되지 않고 있다.

몽골 경제는 여전히 특정 부문에 대한 의존도가 너무 크고, 재정 및 조세 정책의 불안정한 시행 탓에 큰 위험에 처해 있다. 다음과 같은 사실이 그런 상황을 입증한다. 2016년 첫 10개월 동안 광물 부문이 총수출액의 85%를 차지하면서 상당량의 공공부문의 수입이 그로부터 나왔다. 이 수출의 60.7%가 한 나라, 즉 남쪽에 위치한 이웃 국가(중국-편자)로 향하고 있었던 것이다. 하나의 해외시장에만 팔리는 몇몇 수출품에 의존하는 상황이 몽골 경제의 취약성의 핵심이다. 단일한 경제 부문과 단일한 해외시장에 대한 지나친 의존도로 말미암아 국가 총생산이 단기간에 크게 요동치곤 하는 것이다.

지정학적 시각에서 보면 육지로 가로막힌 상황 또한 국가 발전에 부정적인 영향을 미치고 있다. 이는 국가 안보 일반에도 마찬가지이다. 최근 이런 문제에 대처하기 위해 국제 내륙국가 연구센터(Inter-

6 Mongolia National Security Concept, art.3.2.3.1. (Ulaanbattar, 2010).

national Think Tank for LLDC) 설립에 관한 국제협정서가 몽골의 주도로 서명을 거쳐 발효되었다. 이 센터는 몽골의 수도인 울란바타르를 거점으로 활동을 시작했다.

5
국가 안보 기구와 법률적 규제

국가 안보보장 시스템 전문가들은 안보 정책이 전략적, 조직적, 위기의 시기라는 세 가지 차원을 포함한다고 본다. 첫째, 전략적 차원은 장기적 안보에 해당하며, 관련된 외교정책은 정부와 의회의 최고위층에서 논의되어야 한다. 둘째, 조직적 차원은 일상적인 외교 업무 및 국가 안보를 담당하는 정부와 의회 간의 조정 과정을 포함한다. 셋째, 위기 대응의 차원은 전쟁이나 위기, 그 밖의 비상사태 시기의 대응에 관한 것이다.[7] 외교와 관련된 여러 행위자들의 각기 다른 역할과 그들 간의 상호관계를 이해하기 위해서는 이 세 가지 차원에서 국가 안보 정책과 활동을 연구하는 것이 필요하다.

1) 헌법이 규정하는 국가기구의 역할 분담

몽골의 헌법과 국가 안보에 관한 법률(이하 국가안보법)은 앞서 언급한 다양한 차원의 정책을 담당하는 기관과 고위 관료들의 역할을 할당하고 규제한다. 헌법에 따라 각각의 기능은 다음과 같이 할당된다.

국가안보위원회는 ① 국내외 정책의 기초를 결정하고 ② 국경을

7 George Edwards and Wallace Earl Walker, eds., *National Security and the US Constitution: The Impact of the Political System* (Baltimore: Johns Hopkins University Press, 1988).

확정하며 ③ 권력의 구조와 구성을 결정하고 ④ 비상상태나 계엄령을 선포한다.

대통령은 ① 국가안보위원회를 주재하고 ② 몽골 군대의 최고통수권자 역할을 수행하며 ③ 국가적인 비상사태가 발발했을 때 비상상태나 계엄령을 선포하고 ④ 대외관계에서 국가를 대표한다.

법률 시행의 역할을 담당하는 정부는 ① 국가 위기 상황에 대비하고 ② 공공질서를 보호하며 ③ 국가의 외교정책을 시행하고 국가안보에 관한 법률의 이행을 강제한다.

2) 국가안보법의 역할

국가안보법(Law on National Security)은 국가 안보와 개인 및 공공의 안전 등 다양한 차원에서 안보를 확보하기 위해 업무의 주된 원칙과 내용을 규정하고 공공기관과 지역정부/위원회, 그리고 개인의 권한과 기능을 정의하며 다양한 차원의 정책과 업무를 조정하고 규제하는 것을 목표로 한다. 군대법과 국경법 등 여타 관련 법률은 헌법에 의거해 채택된다.

전략적 차원을 담당하는 국가대호랄은 입법 발의의 권한을 부여받은 대통령이나 정부 혹은 국가대호랄 의원이 발의한 국가정책에 관한 입법 활동을 토론하고 승인하는 역할을 한다. 대통령은 국가 안보와 군대 및 방위 정책 개념에 관한 구상을 제시한다. 그중 정책이나 안보에 관한 법률 혹은 방위에 관한 구상을 제안할 수 있는 권한은 법에 근거한 것이지만, 군대와 방위 정책에 관한 법안을 입안하는 권한은 법이 아닌 전례에 의거한 것이다.

조직적 차원과 위기대응 차원의 관리는 평화시기와 비상시기 모두 안보보장에서 중요하다. 따라서 평화시기와 비상시기 두 차원에서 국가 안보를 보장하기 위한 정부기구의 업무를 조정하는 국가안보위원회(National Security Council)에 대해 논의할 필요가 있다. 세계가 '평평해진(flat)' 지금 안보문제는 한층 다면적이고 복잡해졌다. 많은 나라의 경우 명칭은 다르지만 안보문제를 논의하고 조정하는 역할을 하는 국가안보위원회와 유사한 기구들을 가지고 있다. 몽골의 국가안보위원회의 역사는 대체로 냉전 종식 이후에 시작되었다. 영국과 중국을 위시한 몇몇 나라에서는 최근에 와서야 유사한 기구가 설립되었다.

3) 국가안보법의 특징과 문제점

세계적으로 국가안보위원회에 관한 법률은 일반적으로 상위 기관과 책임 구조, 구성, 기능적 역할 등을 포함한다. 몽골의 국가안보위원회에 관한 법률은 안보위원회의 업무와 기능, 구조와 구성 및 권한의 기본 원칙을 규정하고 있다. 국가안보위원회는 민간 기관과 국가 기구의 모든 안보 업무를 조정하는 역할을 담당한다. 2009~2016년 사이 국가안보위원회는 국가 안보에 관한 397가지의 사안을 논의하고 233개의 조정안을 채택했다. 국가안보위원회는 의장과 최고위원회(Supreme Council) 의장 및 국무총리로 구성되는데, 국가의 부문별 최고 권한의 인사들을 아우르는 이런 구성은 상당히 독특하다.

몽골 헌법에는 국가안보위원회에 관한 별도의 조항이 없다. 그러나 그 존립과 역할은 법이 규정한 대통령과 국가안보위원회의 권한에 포함되므로 헌법적 틀 안에 있다고 간주할 수 있다. 헌법이 정부에 국가 안보를 보장할 책임을 부여하고 있는 만큼, 정부는 국가안보위원회의 구성과 기능을 결정할 권한이 있다. 따라서 대통령이 국가안보위원회의 의장이 된다.

국가안보위원회는 어떠한 상위 기관에도 복속되지 않는다는 점이 특이하다. 1992년에 채택된 국가안보법은 국가안보위원회의 책임을 "국가 안보 정책의 개발과 시행을 조정"하는 것으로 규정했다.[8] 국가 안보를 보장하는 책임을 맡은 국가기관으로는 그 밖에도 환경보호당국, 관세당국, 외교기관, 특별감찰기구, 군대와 여타 군사조직, 그리고 조세당국과 정보기관이 있다.

국가안보법은 "몽골의 대통령은 국가안보위원회의 수장으로서 국가 안보를 보장하는 문제에서 전반적인 지도력을 발휘하고 국가 안보의 책임을 맡은 기관을 감독하고 지시해야 한다"고 밝히고 있다. 헌법과 국가안보법의 관련 조항에 의하면 대통령이 국가 안보 사안을 관장하는 행정기관들의 업무를 책임지는 것은 당연하다. 이론적 차원에서 이러한 현 상태는 정부의 '반-대통령제적(semi-presidential)' 특성을 반영하지만, 이는 다음과 같은 문제들을 내포한다. 즉 몽골은 '포괄적인' 안보 개념을 추구하는 나라로서 안보는 군사적 사안에 국한되지 않고 훨씬 폭넓은 사안들을 포함한다. 따라서 대통령은 경제와 환경 안보에 대해 자신의 의견을 표명하고 정부 관료에게 지시를 내릴 수 있는데, 이로 인해 대통령이 "행정적인 문제에 개입한다"는 비판과 반발이 야기된다. 따라서 대통령이 정당한 임무를 수행하기 어렵게 되는 경우가 있다.

한편 국가안보위원회는 행정부로부터 독립된 기구이다. 이는 국가안보위원회의 권고가 종종 실현되지 않으며 여러 정부기관들이 업무를 조정하는 과정에서 어려움이 발생한다는 것을 의미한다. 특히 '국가 외교정책과 업무의 통일성 제고', '국채 발행 수입의 지출 관리'에 관한 국가안보위원회의 중요한 권고안들이 시행되지 않았다. 국가안보위원회 권고안의 법적 권한은 지금까지도 논란이 되고 있으며,

8 타국의 유사 기관에 관한 정보는 정부 웹사이트를 통해 구할 수 있다. Zhao Kejin, "China's National Security Commission," *Carnegie-Tsinghua Center* (온라인, 2015. 7. 14.).

그 불이행에 대한 명백한 책임이 존재하지 않는 상태이다. 이 모든 사정은 헌법과 여타 법률에서 국가안보위원회의 지위와 그 휘하 기관에 대한 명확한 규정이 필요하고 국가안보위원회가 역할을 수행할 조건이 마련될 필요가 있음을 말해준다.

결론을 말하자면, 몽골의 헌법은 지난 29년간 민주적인 국가구조와 인도적인 시민사회 발전의 법적 기초로서, 몽골의 독립과 주권을 보장하고 인권을 존중하며 국익을 보호해 왔다. 헌법은 주권을 보장하는 역할을 한다. 헌법은 국가의 존재에 관한 가장 중요한 질문, 즉 "누가 국가의 최고권력을 행사하느냐"라는 질문에 답하는데, 몽골 헌법은 그런 권력을 시민에게 부여한다. 또한 몽골 헌법은 이중으로 주권을 보호한다. 한 사람의 절대 권력이 등장하는 것을 막기 위해 의회제도를 마련하여 국가의 중대 사안을 다수의 동의를 통해 결정하게 한 것이다.

지난 29년간 몽골은 주권을 강화하고 국제무대에서 지위를 확보하는 데 큰 성공을 거두었다. 여기에는 헌법의 조항과 헌법에 담긴 정신을 목표로 삼아 매진한 공헌이 크다. 헌법은 정부에 국가의 안보를 보장해야 할 역할을 부여한 반면, 국가안보위원회의 구성과 기능, 그리고 위원회의 의장을 정할 권한은 국가대호랄이 가진다. 이로 인해 국가대호랄은 국가 안보와 관련한 여러 국가기구 간의 조정자 역할을 맡게 되었다. 향후 헌법 개정 과정에서 이런 사정은 개선할 필요가 있다. 이러한 문제에 대처하기 위해 헌법 개정의 긴박한 요구가 생기는 것이다. 국가 안보에 관한 사안에 대해 적절한 해결책을 찾고 주권과 경제적 안보를 보장하며 국가기구의 구조를 개선하고 그 능력을 강화해야 한다.

6
국가 안보를 위한 비국가 시스템

이론적으로 안보를 보장하는 주된 주체는 국가이다. 국가는 안보의 영역에서 입법·사법·행정권을 담당하는 기구를 통해 이 기능을 수행한다. 안보는 개인·사회·국가의 핵심 이익에 대한 위협에 대처하여 안보 영역에서의 통일된 국가정책과 경제·정치·조직 시스템 및 그 밖의 적절한 조치를 통해 달성된다.

인류 사회의 오랜 역사에서 국가·사회·개인이라는, 안보보장의 세 주체의 중요성과 역할은 다양한 방식으로 목격되어 왔다. 오랜 기간 국가는 국내외의 안보와 관련된 모든 책임을 맡고자 했고, 그럼으로써 개인과 사회집단과 공동체, 그리고 국가의 안전한 삶의 조건을 조성하기 위한 사회의 역할을 축소해 왔다.

오늘날 몽골 사회의 모든 영역에서 변화가 일어나고 있다. 몽골의 안보보장에서 비국가 공공영역의 역할이 커지고 있음은 분명하다. 민주주의 국가에서 비국가 영역은 국가 안보를 보장하기 위한 총체적인 시스템을 위해 필수불가결하다. 국가 안보를 보장하기 위한 국가와 비국가 시스템의 동시적 작동이야말로 국가의 안전을 보장하며, 사회와 국가를 분열과 파국 및 고난으로부터 보호하는 데 필요한 '균형'을 찾아준다. 현대 몽골에서 비국가 영역에서의 국가 안보를 보장하기 위한 주체로는 지방자치정부(bodies of local self-government), 사설 공증인(private notary), 변호사, 비국가 보안서비스(non-state security services), 민간 수사업체(detective agencies), 공공협회와 개인을 들 수 있다.

우선, 지방자치정부는 시민의 정상적인 삶에 필요한 조건을 조성하고, 지방의 특성과 안보 조건에 부합하는 유연한 관리시스템을 가동하며 시민들의 자발성과 독립성을 고양하는 데 기여한다. 지방자치정부의 법률적 기반은 몽골 헌법(1992년)과 행정권, 지역 단위 및 자치에 관한 법률이다. 지방자치정부는 지방의 중요한 문제를 독립적으로 해결할 권한이 있으며, 해당 지방정부의 재산을 소유·활용·처분할 수 있다. 지방자치의 일반적인 원칙과 보장된 권한은 몽골 헌법과 적절한 관련 법률에 의해 확립되어 있다. 지방자치정부의 기능은 개인과 사회의 핵심 이익을 보장하는 것이라고 요약할 수 있다.

개인에게 안전을 제공하는 비국가 행위자에는 사설 공증인도 있다. 공증 사무소의 조직과 운영에 대한 법률적 기반은 2011년에 제정된 공증법에 담겨 있다. 공증인의 주된 업무는 개인과 법인의 권리와 합법적 이익을 보호하는 것인데, 이들은 다양한 공증서비스를 제공함으로써 재산권의 침해를 예방하고 궁극적으로 법의 지배를 강화한다. 국가 안보의 구조적 요소로서 사설 공증인의 공증 업무는 시민들의 물질적·정신적 복지에 직접적인 영향을 미치며, 개인과 법인 모두의 안전에 크게 기여한다.

변호사의 가장 중요한 업무는 시민·기업·기관·단체·공공협회에 법적인 조력을 제공하는 것이다. 몽골 변호사협회는 전문적인 법률 교육을 받은 현직 변호사들이 자발적으로 조직한 공공협회이다. 이 협회는 자치의 원칙에 따라 업무와 관련된 협회의 문제를 독립적으로 해결한다. 협회의 회원은 도시와 각 지역에 설립된 법률자문 사무소들이다.

그 밖의 여러 민간단체들은 비정부 조직에 관한 법률에 의거하여 조직적·법적 형태에 따라 다음과 같은 유형으로 나눌 수 있다.

i) 공공조직(public organizations): 회원제로 운영되며, 참여 시민들의 공동이익을 보장하기 위한 공동활동을 펼친다.

ii) 사회운동(social movements): 회원제도가 없으며, 참여자들은 사회적·정치적 혹은 그 밖에 사회에 유용한 목적을 추구한다.

iii) 공적기금(public funds): 회원제도가 없으며, 자발적인 참여에 기반해서 자금을 모으는 것이 목적이다. 법률의 제약을 받지 않으며, 기금은 사회적으로 유용한 목적을 위해 쓰여진다.

iv) 공공기구(public institutions): 회원제도가 없으며, 참여자들의 이익을 충족시키고 법률적인 목표에 부합하는 특정 유형의 서비스를 제공하는 것을 목표로 삼는다.

v) 공적의제를 수행하는 기관(bodies of public initiative): 회원제도가 없으며, 주거나 노동 및 교육 영역에서 발생하는 다양한 사회문제 해결을 목표로 삼는다.

vi) 조합과 협회(unions and associations): 구성원의 합의에 기초하여 설립된다.

가장 오래된 형태의 시민조직은 노동조합(Trade Unions)이다. 노동조합의 지위는 1991년에 제정된 몽골인민공화국의 노동조합의 권리에 관한 법률에 의거한다. 노동조합은 노동자의 이해와 사회적 권리와 관련된 법률 제정에 영향을 미칠 수 있는 법적 기회를 갖는다. 이들은 국가가 노동문제에 관련된 법률과 여타 규범적인 법률적 조치를 채택도록 제안할 수 있다. 환경보호를 위해 '녹색'을 내세운 다양한 공공조직들도 중요한 사회적 기여를 하고 있다. 이들은 대중을 결집시키고 관련 당국이 이 첨예한 사안에 관심을 가지도록 유도함으로써 환경오염에 맞서 싸운다.

국가 안보를 위한 비국가 시스템은 사회의 여러 영역에서 각자의 몫을 수행하는 다양한 사회적 조직의 총합이다. 일반적으로 다양한 사회조직의 출현은 개인·사회·공동체 혹은 사회 전체의 중차대한 이해를 실제로 위협하거나 위협할 수 있는 요인들에 대한 시민들의 자연 발생적인 대응이다. 따라서 국가 안보를 보장하기 위해서는 국가조직 외의 이런 부가적인 요소를 의식적으로 장려해야 한다. 몽골에서 국가 안보를 보장하는 비국가 시스템은 아직도 형성 혹은 발전 중에 있다.

7
결론

현대 세계의 지정학적 특징은 역사적·정치적·사회적 차원에서 첨예한 모순들이 뒤얽혀 있다는 것이다. 1990년대 다양한 영역에서 일어난 세계사적인 변화는 몽골의 국내외 상황에 지대한 영향을 미쳤다. 실제로 몽골의 지정학적 위치를 고려하지 않는 국내 개혁과 변화의 시행은 불가능하다. 그중에서도 가장 중요한 문제는 국가 안보의 보장으로서, 이 문제에 대한 성공적인 해결책이 부재하는 한 국내 정치의 성공적인 개혁은 불가능하다.

몽골에서 중차대한 목표인 안보는 모든 이들의 관심을 끌고 있다. 여전히 말끔하게 해결되지 않았으며 심층적인 이론적 연구를 필요로 하는 안보 사안들이 많다. 어떤 문제이든 합리적으로 접근하기 위해서는 무엇보다 과학적으로 정식화된 개념적 기초가 필요하다. 이는 단지 과학의 발전에만 해당하는 것이 아니며, 규범적이거나 법적인 영역에서도 필요하다. 규범과 법에도 기본 용어와 개념에 대한 이론적으로 충실하고 엄격한 정의가 요구되기 때문이다.

그러나 현재 몽골에서 진행되는 연구 성과들을 보면, 법과 규범 분야의 가장 기본적인 개념들—'안보(security)', '일반적인 국가 안보(general national security)', '국가 안보(national security)', '공공 안보(public security)' 등—에 대한 정식화되지 않은 용법들이 눈에 띈다. 무엇보다도 엄격한 용어 사용을 규정하고 유지하는 것이 필요하다.

이러한 문제들을 고려할 때, 가장 시급한 것은 국가 안보에 관한 일반 이론을 수립하는 것이다. 국가 안보의 일반 이론은 개인·사회·국가 차원에서 사회적 이익의 시스템과 몽골의 국익 시스템을 대상으로 삼는다. 더불어 국가 안보에 관한 일반 이론의 주제는 내외부의 위협으로부터 국익을 보호하기 위한 개인·사회·국가의 행위와 국가 안보를 보장하기 위한 경로와 원칙이 될 것이다. 국가 안보의 보장은 국가의 핵심적인 임무이다. 그 문제에 대처하기 위해 각 분야에 정통한 간부와 전문가들을 효과적으로 배치하고 관리하는 것이 필요하다.

| 참고문헌 |

Bold, R., "To the 20th Anniversary of the Strategic Research," Collection of reports of the scientific conference, 2011.

Chimid, B., *Upholding the Constitution (four statements addressed to elites and everyone)* Ulaanbaatar, 2006.

Edwards, George and Wallace Earl Walker, eds., *National Security and the US Constitution: The Impact of the Political System*, Baltimore: Johns Hopkins University Press, 1988.

Fish, M. Steven, "Mongolia: Democracy without Prerequisites," *Journal of Democracy*, vol. 9, no. 3, 1998.

Krasner, Stephen D., *Sovereignty: Organized Hypocrisy*, Princeton: Princeton University Press, 1999.

온라인 자료

Kejin, Zhao, "China's National Security Commission," *Carnegie-Tsinghua Center* (2015. 7. 14.). 〈https://carnegietsinghua.org/2015/07/14/china-s-national-security-commission-pub-60637〉 (최종 검색일 2020. 11. 2.)

Philpott, Daniel, "Sovereignty," *The Stanford Encyclopedia of Philosophy* (Summer 2016 Edition), ed., Edward N. Salta (2016. 3. 25.). 〈https://plato.stanford.edu/archives/sum2016/entries/sovereignty/〉 (최종 검색일 2020. 11. 15.)

"State Affairs Commission," GlobalSecurity.org. 〈https://www.globalsecurity.org/military/world/dprk/ndc.htm〉 (최종 검색일 2020. 11. 14.)

The Constitution of Mongolia, Ulaanbaatar, 1992. 〈https://www.conscourt.gov.mn/?page_id=842&lang=en〉 (최종 검색일 2020. 11. 15.)

The Concept of National Security, Ulaanbaatar, 2010. 〈http://www.nsc.gov.mn/sites/default/files/images/National%20Security%20Concept%20of%20Mongolia%20EN.pdf〉 (최종 검색일 2020. 11. 6.)

제4장

'평화로운 격변'은 어떻게 가능했나?

몽골의 체제전환과 신엘리트의 성격

김학재
(서울대학교 통일평화연구원 조교수)

1
서론: 평화로운 변화는 가능한가?

사회주의 국가들의 체제전환에는 다양한 경로가 있다. 어떤 국가들은 매우 폭력적인 과정을 거쳐서 정치·경제적 격변이 발생하고, 어떤 국가들에선 매우 느리게 사회변동이 이루어진다. 여러 사례들과 비교할 때, 몽골의 체제전환은 급격한 변화였음에도 불구하고 어떤 폭력적 갈등도 발생하지 않고 '한 방울의 피도 흘리지 않은 평화적인 체제전환'의 사례로서 돋보이는 경우라고 할 수 있다. 몽골은 왜, 어떻게 빠른 체제전환을 하면서도 완전히 평화로운 방식으로 그런 변화를 이룰 수 있었을까?

긴 역사적 시선에서 바라보면 몽골은 70년 사이에 두 번의 체제전환을 경험했다. 1921년에 왕국으로부터 사회주의 체제로 첫 번째 체제전환을, 1991년에는 사회주의 체제로부터 민주-시장경제 체제로 두 번째 체제전환을 이루었다. 첫 번째 전환은 1911년 청 제국의 붕괴 이후 독립을 추구하면서 발생했고, 두 번째 역시 동유럽 공산주의 체제 붕괴 이후에 독자적 국가 건설을 추구하며 발생했다. 외적인 요소에 주목할 때, 몽골의 역사적 체제전환은 수변의 상력한 국가가 장악한 지역 질서가 급격히 변화하는 순간에 발생했던 것이다.

하지만 내적인 요인에 주목하면 두 번의 체제전환은 모두 급변하는 지정학적 상황 속에서 자국의 국가 안보를 확보하기 위해 '소수의 리더들'이 이끈 변화였다. 몽골의 체제전환이 다른 국가들에 비해 매우 빠르게 또 상당히 일관된 방식으로 추구되었던 이유는, 이러한 개혁이 바로 몽골인민혁명당(Mongolian People's Revolutionary Party, MPRP)의 주도하에 소수의 엘리트 리더십에 의해 결정된 것이었기 때문이었다. 좀더 단순화하면, 몽골의 체제전환은 전체 인구의 약 1%인 200~300명의 핵심 엘리트 집단의 결단에 의해 이루어졌다고 할 수 있다.

2 사회주의 엘리트와 비교 사회주의 연구

이렇듯 한 사회의 엘리트 집단은 단지 체제전환의 문제 때문만이 아니라 한 사회의 운영 원리를 설명하는 데 중요한 사회과학의 분석 대상이 되어 왔다. 엘리트에 대한 연구는 한 사회의 자원과 권력, 가치가 어떻게 분배되고 통제되는가에 대한 연구로서 그 중요성이 인정되었으며, 초기에는 한 사회의 권력이 독점되고 권위주의화하는 경향에 대한 비판으로서 연구들이 진행되었다면, 나중에는 하나의 '사회적 사실(social fact)'로서 엘리트 현상을 객관적·비교적 시선에서 분석하려는 연구들이 진행되어 왔다고 할 수 있다.[1]

사회주의 국가들의 엘리트가 어떻게 형성되고 변화하는가에 대한 연구들도 진행되었다. 계급 없는 사회를 표방하는 사회주의 국가에서도 권력과 자원의 분배 방식에 따라 결국 사회적 계층과 권력관계가 형성되는데, 그것이 어떻게 진행되고, 어떻게 정당화되며, 어떤 결과를 낳는지가 쟁점이었다.

예컨대 구동독 지역에서도 1950~1960년대에 새로운 사회주의 엘리트 그룹이 형성되었는데, 그 계기는 교육의 전면적 확대로 인한

1 Shamus Rahman Khan, "The Sociology of Elites," *Annual Review of Sociology*, vol. 38, 2012, pp. 361-377.

것이었다. 사회주의 국가의 발전을 위해 교육 기회가 확대되자 동독에서는 새로운 교사, 기술자, 경제 전문가, 행정 지도자, 안보 전문가, 정치 간부들이 대거 양성되었다. 이들을 기반으로 형성된 사회주의 엘리트는 크게 세 집단으로 이루어져 있었다. 첫째는 사회주의 법학, 마르크스-레닌주의를 전공한 당과 국가 간부들로, 이들을 정치적 엘리트라고 분류할 수 있을 것이다. 둘째는 사회주의 산업 지도자들로 기술이나 경제를 전공한 사람들이었으며, 기술관료적 엘리트로 유형화할 수 있다. 셋째는 문화와 교육을 대표하는 교수, 의사, 예술가, 문화인들로, 문화 교육 엘리트라고 구분할 수 있을 것이다.[2]

러시아어로 '노멘클라투라(nomenklatura)'라 불리는 사회주의 엘리트들은 이처럼 동독뿐 아니라 소련식 사회주의를 구현하는 모든 인민민주주의 국가에서 가장 중요한 단일 정치집단으로 형성되는 경향을 보였다.[3] 이렇게 특정 계기의 사회변동과 맞물려 대규모로 형성된 사회주의 엘리트들은 매우 오랫동안 안정적인 권력 기반을 유지했다. 동독의 경우엔 1960년대 중반에 사회주의 교육 개혁이 끝난 후에는 대규모 신분상승이 거의 발생하지 않았다.

하지만 변화의 시작은 1970년대부터였다. 이때 시작된 국제적인 교류를 통해 서구문화를 접한 세대가 일부 생겨났다. 그리고 1989~1990년대 동독 변화의 주요 세력들은 모두 이때 새로운 사회환경을 경험한 세대들이었다.[4] 이처럼 동유럽에서 동독의 사례는 1960년대 고등교육 확대와 경제발전을 위해 형성된 세 집단(정치·기술·문화)의

2 미하엘 호프만, 「사회주의 엘리트는 어떻게 되었나?: 구동독과 통일 후 동독지역의 사회구조들」, 『FES-Information-Series, 2009-07』, 2009, p. 1.

3 장용석, 「국가사회주의와 국가계급 지배의 동태성: 북한 지배체제 연구에 대한 함의」, 『통일문제 연구』 제21권 1호, 2009.

4 미하엘 호프만, 앞의 글, pp. 1-2.

지배가 오래 지속되다, 서유럽과의 교류를 통해 형성된 신세대의 열린 정치에 대한 요구가 결합되면서 아래로부터 변화가 시작된 경우라고 할 수 있다.

하지만 아시아의 사회주의 국가들에서는 엘리트가 형성되고 유지되고 변화하는 방식에 다소 다른 경향을 보였다. 잘 알려져 있다시피, 중국으로 대표되는 아시아의 사회주의 국가들은 전면적인 체제전환을 이루기보다는 사회주의 체제를 유지하면서 경제적 개혁·개방을 점진적으로 추구하는 패턴을 보이고 있고,[5] 이 역시 엘리트들의 선택의 결과였다.

중국적 변화의 패턴이 지속되고 중국의 성장과 중국공산당의 지배가 지속되자, 기존의 사회주의 체제와 엘리트들에 대한 연구가 포괄해야 하는 사례와 역사적 경험이 연구의 지평을 새롭게 확대하고 연구 방향에 변화를 주었다. 핵심은 어떻게 권위주의적 일당국가들이 유지되고 있느냐는 질문이다. 즉 지구화된 경쟁적 경제 환경에서도 권위주의적 체제들이 오랜 기간 경쟁력을 갖추고 지속되는 것이 비교연구의 주목을 받게 된 것이다.

권위주의 체제들은 단지 생존과 회복력만이 아니라 지배를 재생산하고 더 강화할 수 있도록 지배 방식을 변형해 나가고 있었다. 이를 위해 '혼종적(hybrid) 체제', '경쟁적 권위주의(competitive authoritarianism) 체제' 개념 등이 제시되었고, 비교 권위주의 연구 분야의 주요 연구들은 사실 아시아 사례들에 대한 연구에서 시작되고 발전되었다고 할 수 있다.[6]

---

5 김학재, 「중동부 유럽의 탈사회주의 체제전환 비교연구와 북한에의 시사점」, 『남북한 협력과 발전을 위한 기초연구: 남북통합과 전망』(진인진, 2018).

6 혼종적 체제에 관한 연구는 다음을 참고할 수 있다. Larry Diamond, "Thinking about hybrid regimes," *Journal of Democracy*, vol. 13, no. 2, 2002, pp. 21-35; William Case,

권위주의 체제의 지속에 대해서는 크게 아래로부터의 반발을 흡수하는 당원 선출방식(co-optaion)에 주목하는 관점과, 위로부터의 국가의 권력을 공유(power-sharing)하는 메커니즘에 주목하는 관점, 두 가지 갈래의 연구가 있다.[7] 특히 일당국가(one-party state)에 대한 연구들이 진행되었는데, 일당제 국가들은 개인 독재, 군사 독재와 달리 오래 지속되는 경향이 있다. 이는 일당제 권위주의 국가들에서 당이 엘리트와 대중 간 협상 메커니즘으로 작동하고 당원을 확대하고 선임하는 역량을 갖고 있기 때문인데, 특히 토너먼트 식으로 당원을 채용하는 방식이나 고위직의 의무퇴직제도 등은 고위직의 교체와 순환이 이루어지게 하여 기존 당원들도 어느 정도 지위를 누리지만, 새로 당원이 되는 사람들도 미래에 성장과 승진이 가능하다는 기대를 하게 해주는 역할을 하고 있다.[8]

최근 비교 권위주의 연구들은 큰 틀에서의 권력분배와 재생산 과정뿐 아니라 중범위 수준의 정치 과정들, 엘리트 정치와 지역 정치, 경제적 거버넌스, 책임성의 정치에 대한 이해를 증진시키고 있다. 아시아 사회주의 국가들의 당 중앙위원회의 입법 과정, 위원회들의 관계 등에 대한 연구도 진행 중이다.[9]

"Low-quality democracy and varied authoritarianism: Elites and regimes in Southeast Asia today," *The Pacific Review*, vol. 22, no. 3, 2009, pp. 255-269.

7 Jennifer Gandhi and Adam Przeworski, "Authoritarian Institutions and the Survival of Autocrats," *Comparative Political Studies*, vol. 40, no. 11, 2007, pp. 1279-1301; Scott Gehlbach and Philip Keefer, "Private Investment and the Institutionalization of Collective Action in Autocracies: Ruling Parties and Legislatures," *The Journal of Politics*, vol. 74, no. 2, 2012, pp. 621-635.

8 Jonathan D. London, *Politics in Contemporary Vietnam: Party, State, and Authority Relations* (London: Palgrave Macmillan, 2014); Milan W. Svolik, *The Politics of Authoritarian Rule* (UK: Cambridge University Press, 2012), pp. 162-195.

9 Li Cheng, *China's Leaders: The New Generation* (London: Rowman and Littlefield, 2001); Pierre Landry, *Decentralized Authoritarianism in China* (Cambridge, UK: Cambridge

가장 많은 연구가 이루어진 것이 바로 중국이다. 중국의 경우는 중국 체제의 유지와 발전, 확대와 변화의 중심에는 8천만에 달하는 중국공산당이 있다. 중국공산당이 오랜 기간에 걸쳐 광대한 중국 영토에 통제력을 행사하는 데 대해 다양한 연구와 분석이 이루어졌다. 중국공산당 엘리트들은 능력주의와 파벌의 형성으로 많은 주목을 받았다. 최고 지위에 오르는 중국 엘리트들은 매우 오랜 기간(20~30년) 동안 다양한 지방의 실무경험을 거쳐 최고위층 엘리트 그룹으로 성장하고, 공청단, 태자당, 상하이방으로 대표되는 파벌들이 내부 경쟁을 벌이며 최고위급의 리더십을 균점하며 중앙 정치체제가 유지되고 있는 것이다.[10]

중국공산당의 역사에서 이러한 집단 지도체제와 리더십 교체, 그리고 능력주의에 따른 인사제도와 당의 확대가 이루어진 것은 마오쩌둥(毛澤東: 1893~1976) 사후인 덩샤오핑(鄧小平: 1904~1997) 시기부터였다. 덩샤오핑은 1970년대 후반부터 개인숭배를 비판하며 집단지도 체제를 옹호했고, 지도부의 정기적 교체를 제도화하여 최악의 권력투쟁을 막는 인사제도를 도입했다.[11] 덩샤오핑 시기 중국공산당은 경제개발을 우선시하며 생산성과 성과를 중시하기 시작했고, 그 이후 정기적인 지도부의 교체와 순환, 그리고 지속적인 경제성장은 중국공산당의 필수적인 정당성의 기반이 되었다. 2002년 장쩌민(江澤民: 1926~) 시기

University Press, 2008); Lily L. Tsai, *Accountability without Democracy* (Cambridge, UK: Cambridge University Press, 2007).

10 최형규, 『중국의 파워 엘리트』(한길사, 2018); 장정아, 「중국 지식엘리트의 충원문화와 메커니즘」, 『아시아문화연구』 제21권, 2011, p. 70. 시진핑 집권 시기에도 지속되며 조금씩 변화하고 있는 중국 공산당의 엘리트 리더십, 파벌과 집단지도체제, 엘리트 교육, 직업 구성 등에 대한 가장 최근의 체계적 연구는 Li Cheng, *Chinese Politics in the Xi Jinping Era* (Brookings Institution Press, 2016) 참조.

11 송정호, 「북한의 개혁·개방 추진과 권력 엘리트 변화: 중국, 베트남 사례와의 비교를 중심으로」, 『북한연구학회보』 제16권 2호, 2012, pp. 33-34.

에는 '3개 대표제'가 도입되어 기업인들도 중국공산당원이 될 수 있도록 당의 실용주의적 경향과 정치적 포용력이 확대되었다.[12]

그 결과 오늘날 중국에서는 정기적으로 정치 엘리트들이 교체되는데, 매번 약 50% 이상이 교체되어 조금씩 젊은 정치 엘리트들로 수혈되고 있다.[13] 민주주의적 선거 같은 절차적 정당성이 부족한 중국의 관료 충원은 결국 결과와 성과, 능력으로 증명해야 하는 능력주의적 관료제가 강화되는 결과를 낳았다. 예컨대 정치국 위원의 95%가 대졸 이상으로, 이들은 오랫동안 지방 당직과 관료 경험을 쌓는다. 오늘날 정치국 상임위원 등 최고지도자들은 대부분 베이징대학과 칭화대학의 박사학위를 갖고 있다.[14]

중국은 또한 소수민족의 대표성을 적극적으로 인정하는 대표제도를 도입해 정치적 포용의 수준을 넓히고 있다. 예컨대 소수민족은 인구비중은 8.5%이지만 주요 지위에서는 10%대를 차지하고 있으며, 당 중앙위원회에서 소수민족이 더 빠르게 승진하는 경향이 있다. 정치국 수준에서 보면 지방성, 중앙정부, 중앙당, 군이 권력 분점을 이루고 있다.[15] 중앙정부와 당이 48%, 지방성이 44%, 군은 8%대를 유지하고 있는데, 점차 중앙정부 비중은 줄어들고 중앙당 비중은 유지되며 지방

---

12 물론 중국엔 사유재산제도에 대한 큰 제약이 있다. 하지만 그런 제약 안에서 성장한 최근 중국의 기업인들은 현존 정치제도와 공식 기관에서의 지위를 활용해 뇌물 요구를 막는 등 적극적인 재산권 행사를 위한 노력들을 하고 있다. 이를 중국의 '선택적인 사유재산 시스템'으로 명명한 연구로는 Yue Hou, *The Private Sector in Public Office* (Cambridge University Press, 2019) 참조.

13 참고로 미국 상·하원은 선거로 약 10% 미만이 교체되며, 한국은 총선으로 약 40~50%의 국회의원이 교체된다. 중국에서는 선거가 이루어지지 않기 때문에 정기적으로 아래로부터 국민의 동의를 얻는 민주주의적 정당성이 부재한 대신 뛰어난 기능을 보여주는 엘리트들을 교체하는 방식이 도입된 것이다.

14 중국 최고지도부의 능력주의는 오늘날 지구화된 조건에서 국가별 '기능경쟁'이 발생한 결과로도 해석할 여지가 있다.

15 지방성(44%), 중앙정부(28%), 중앙당(20%), 군(8%).

성 비중이 증가하는 경향을 보이고 있다.

하지만 여전히 최상층 정치국 상임위는 한족 핵심 엘리트로 충원되고 있다. 그동안은 장쩌민과 후진타오(胡錦濤: 1942~)의 권력싸움으로 정치국 상임위원의 수는 제한되어 있었지만, 앞으로 정치국 상임위원의 규모와 배석을 둘러싼 변화가 예상된다.[16] 또한 중국공산당 내의 선거는 경쟁 선거와 무경쟁 선거가 있으나, 출마자 수가 조금씩 증가하여 선거의 절차적 의미가 천천히 개선되는 중이다.[17]

물론 중국 정치에서 대의제(representation)는 선거가 치러지는 일반적인 민주주의 국가의 대의제와 다르다. 따라서 분석 층위와 대상에 따라 어떤 부분이 '대의제적 요소가 있는지' 주목하고 있다. 예컨대 주요 결정이 이루어지고 엘리트들 사이의 내부 협상이 이루어지는 곳은 정치국이나 정치국 상무회의 같은 공산당 고위 기구이지만, 매년 전국에서 3천여 명의 대표들이 소집되는 전국인민대표회의를 어떻게 볼 것인지가 논란이다. 한 학자는 전인대에는 아래로부터의 선거와 그에 따른 책임성을 요구하는 제도가 부재한 상황에서 위로부터 정보의 필요성에 따라 권력을 공유한 권위주의적 형태의 대의제가 나타난 것으로 보고 있다. 전인대 대표들은 상위의 결정에 대한 적극적인 반대까지는 아니지만, 지역 차원의 민심을 전달하며 충고와 간언을 해야 한다는 책임에 따라 비판적 목소리를 내는 경우도 있다.[18] 일반 평당원

---

16 시진핑이 차기 주석을 지명하지 않고 10년 이상 연임을 가능하게 한 것은, 한편으론 중국공산당의 폐쇄성을 강화하는 경향을 보이는 것이기도 하지만, 덩샤오핑 이후 지속된 인사제도와 최고위직의 규모를 변화시키진 못한 상황에서 권력투쟁의 격화를 일시적으로 유예하려는 임시적 처방으로도 볼 수 있다.

17 Jinghan Zeng, *The Chinese Communist Party's Capacity to Rule: Ideology, Legitimacy and Party Cohesion* (London: Palgrave Macmillan, 2016).

18 Rory Truex, *Making Autocracy Work: Representation and Responsiveness in Modern China* (Cambridge University Press, 2016), p. 417의 표 〈1.2〉 참조.

(rank and file) 수준으로 내려간 분석도 있는데, 중국 공산당의 역사적 기원과 형성 과정에 따라 지역별 당원 수와 밀도가 다르고 이것이 현재에도 지역별 정치 과정에 부분적으로 영향을 주고 있다.[19]

이처럼 중국공산당은 사회주의 체제라고 하더라도 초기의 개인숭배적 분위기에서 점차 집단지도 체제가 제도화되고, 지도부의 교체와 순환이 정기적으로 이루어지며, 절차적 정당성을 대체하는 기능적 효율성과 능력주의를 도입하고, 기업인과 소수민족의 대표성을 확대하며, 중앙과 지방, 당과 군의 권력 균점을 이루는 등 정치권력의 분배를 조금 더 포용적으로 하는 방식의 정치적 개혁이 경제적 개혁·개방과 병행하여 이루어지고 있다.[20]

중국의 사례는 유연하고 경쟁적인 인사, 능력과 전문역량 중심의 엘리트 채용과 순환제도가 도입된 점에서 일반적 함의를 갖고 있지만, 광대한 규모로 인해 아시아 사회주의 체제의 일반적 발전과 변화 양상에 모두 적용되지는 못하고 있다. 또한 비교 사회주의, 비교 권위주의 연구 분야에서 중국 연구가 독보적으로 이루어진 반면 국제 비교는 잘 되어 있지 않으며, 베트남과 북한에 대한 연구는 아직까지지도 매

---

19 Daniel Koss, *Where the Party Rules: The Rank and File of China's Communist State* (Cambridge University Press), 2018.

20 중국의 권력구조가 개인에게 독점되어 있는 정도는 1970년대 초반의 개혁 이후 지속적으로 낮아졌다. Wonjun Song and Joseph Wright, "The North Korean Autocracy in Comparative Perspective," *Journal of East Asian Studies* 18, 2018, p. 164. 독일 베텔스만 재단이 매년 취합하는 BTI 인덱스에 따르면, 정치 분야에서 2000년대 이후 2020년까지 중국의 정치 변화는 크지는 않지만 부분적 변화들이 있다. 예컨대 결사의 자유 분야에 있어서 여전히 제한이 있지만 등록된 시민사회 단체의 수가 2000년 15만 개에서 2017년 76만 개로 증가했고, 부패한 정부관료에 대한 감찰과 수사 부분에서 2006년 이후 지표가 2단계 상승했으며, 개인 간 신뢰의 수준이 높아지고 있다. 하지만 정치적 자유와 관련된 표현의 자유, 언론 자유 등에서 기본권이 최근 1~2년간 다소 악화되고 있는 것으로 평가되었다. "BTI 2020 Coutry Report: China." https://www.bti-project.org/en/reports/country-dashboard-CHN.html (최종 검색일 2021. 8. 1.)

우 적은 편이다.[21]

아시아 사례로서 중국 사례와 가장 다르면서도 동유럽 사례와도 다른 경우가 바로 몽골의 경우라고 할 수 있다. 몽골은 핵심 지도부가 변화를 주도했다는 점에서 톱다운(top-down) 방식의 변화였지만, 동유럽의 위로부터의 변화와 달리 큰 갈등이나 저항이 없었다는 점에서 매우 평화로웠고, 수많은 집단의 이해관계와 균형 속에서 서서히 '무겁게' 변화해 온 중국과 달리 상대적으로 빠르고 '가벼운' 변화의 양상을 보였기 때문이다.

몽골의 체제전환의 특수성을 핵심 엘리트에 주목하여 이해하기 위해서는, 몽골 특유의 지정학적 조건, 내부 사회변동, 권력 구조, 엘리트 집단의 성격을 보다 구체적으로 파악할 필요가 있다. 즉 1990년 몽골에서 이루어진 소수의 엘리트에 의한 일관되고 빠른 개혁 조치들을 이해하기 위해서는, 지정학적 요인뿐만 아니라 그 이전 시기 10년간 이루어진 인구변동, 사회적 변화, 교육과 국제적 네트워크가 결합되어 새롭게 형성된 엘리트 그룹의 성격을 이해해야 한다. 결론적으로 말하면, 몽골에서는 수백 명에 이르는 최고위층의 당 엘리트들과 도시 지식인들이 '코즈모폴리턴적 민족주의' 지향을 지녔고, 이 기술관료와 지식인들이 체제전환 이후 정치·경제 체제의 핵심 지도그룹으로 부상했다.[22]

몽골의 신흥 엘리트에 대한 기존 연구는 크게 세 영역에서 그 형

---

21 Martin Gainsborough, *Vietnam: Rethinking the State* (London: Zed Books, 2010). 북한의 정치, 경제, 국제관계, 사회, 문화 분야 연구를 종합한 최근 연구로는 Adrian Buzo, eds., *Routledge Handbook of Contemporary North Korea* (New York: Routledge, 2021) 참조.

22 Tom Ginsburg, "Nationalism, Elites, and Mongolia's Rapid Transformation," in Stephen Kotkin and Bruce A. Elleman, eds., *Mongolia in the Twentieth Century Landlocked Cosmopolitan* (Abingdon: Routledge, 1999), p. 248.

성 배경과 특성을 분석할 수 있다. 첫 번째는 포용적인 레닌주의 단계에서 신흥 엘리트가 기원했다는 것이고, 두 번째는 몽골 교육제도의 특성이 이들 엘리트의 코즈모폴리턴적 민족주의 지향을 강화했다는 것이며, 세 번째는 이들이 크게 두 그룹의 기술관료와 지식인 그룹으로 구분된다는 것이다.

이 글에서는 사회주의 당 제도의 유연화, 교육제도의 확산, 두 유형의 핵심 엘리트 그룹의 성격과 차이라는 세 가지 차원을 분석하고, 궁극적으로 특히 동아시아 사회주의 국가들과의 비교를 통해 북한의 차별적 특성과 체제전환에 대한 함의를 도출하려 한다.

3
포용적 레닌주의와 당의 유연화: 인사제도와 신흥 엘리트의 기원

공산주의 국가에서 레닌주의 정당은 크게 세 가지 과제를 수행하며 단계적으로 변화하는 것으로 알려져 있다. 첫 번째 임무는 구 사회와 정치구조를 변혁하는 것으로 폭력적인 과정이 수반된다. 두 번째 임무는 변혁 이후 당의 지배를 공고화하는 과정이다. 세 번째 임무는 당의 지배가 확고해지면 정당이 전위로서의 정체성을 유지하면서도 더 확대되어 사회를 통합하는 것이다. 소련의 경우 이 마지막 단계는 스탈린(Iosif Vissarionovich Stalin: 1878~1953) 사후 흐루쇼프(Nikita Sergeyevich Khrushchev: 1894~1971)의 등장과 함께 시작된 것으로 평가된다.[23]

23 Kenneth Jowitt, *New World Disorder* (Berkeley, CA: University of California Press, 1990), p. 88.

그렇다면 몽골과 다른 아시아 사회주의 국가들은 레닌주의의 형성과 단계적 변화 과정을 어떻게 경험하였을까? 몽골은 1937년부터 1952년까지 스탈린의 지원을 받은 초이발상(Khorloogiin Choibalsan: 1895~1952) 장군이 지배했다. 스탈린이 1937년 상층 엘리트를 대상으로 대숙청을 할 때, 몽골에서도 초이발상은 유사한 숙청을 진행했다.[24] 몽골은 이후 제2차 세계대전을 거치며 1946년에 공식적으로 독립했는데, 초이발상은 1952년까지 계속해서 집권을 유지했다.

이후 체덴발(Yumjaagiin Tsedenbal: 1916~1991, 1940~1984년 몽골인민혁명당 당수)이 초이발상의 뒤를 이어 몽골의 지도자가 되었다. 1953년 스탈린 사후 몽골에서는 지도부 내 권력투쟁이 격화되었는데, 체덴발은 초이발상 시기 대숙청에 연관되어 책임문제가 거론되었다. 하지만 체덴발은 이어지는 권력투쟁에서 살아남았다. 그 사이 몽골은 1958년부터 3개년 경제·문화발전계획을 수행했고, 국립과학아카데미를 설립했으며, 1961년에는 UN 회원국이 되었다. 1961년 새로 개정된 헌법은 몽골이 노동계급, 협동조합, 지식인으로 구성된다고 규정하고, "자본주의 단계를 건너뛰고 사회주의 단계로 넘어간다"는 목표를 설정했다. 그리고 집산화 조치와 경제계획, 문화발전을 위한 여러 정책들이 도입되었다.

하지만 체덴발에 대한 소련의 지원과 보호는 1982년 브레즈네프(Leonid Il'ich Brezhnev, 1906~1982)의 죽음으로 사라졌다. 1984년 체덴발의 건강이 급격히 악화되자 소련은 몽골 지도자를 교체하기로 결정했고, 이를 체덴발에게 통보함으로써 약 44년에 걸친 집권이 종식되었다. 1985년부터 소련은 개혁 없이는 더 이상 체제가 지속되기 어렵다

24 B. Baabar, *Almanac: History of Mongolia* (Ulaanbaatar: Nepko, 2016), pp. 232-236.

는 것을 인식하고 고르바초프(Mikhail Sergeyevich Gorbachyev: 1931~)를 필두로 페레스트로이카(perestroika)를 추진했다.[25]

이러한 역사적 과정을 고려할 때, 몽골의 경우 체덴발 집권 후반부부터 당 체제의 유연화와 확대가 이루어진 것으로 평가된다. 일반적으로 당이 확대되는 시기에는 권력관계가 다소 합리화되고, 정치적 정당성과 역사적 지위보다는 전문적인 역량과 직업적 정체성이 중시되는 현상이 발생하는 것으로 알려져 있다. 가장 대표적인 변화는 당 내부 관료기구의 인사제도에 각 인사의 장점과 성과에 기반한 평가 기준이 도입되는 것이다. 몽골의 경우 1970년대 당원의 수가 급격하게 증가했고, 경제제도에서도 직업의 전문성이 강조되기 시작했다.

당 조직의 확대와 유연화 및 인사제도의 변화와 함께 중요하게 이해해야 할 것은 사회주의 국가들의 도시화 과정이다. 도시화 과정에서 지방의 다양한 인재들이 중심으로 모여들고, 이들이 새로운 생활과 교육을 받으며 신흥 엘리트로 성장하기 때문이다. 따라서 아시아 사회주의 국가들의 도시화 과정과 신흥계층의 형성 과정이 어떻게 서로 같고 다른지를 비교할 필요가 있다. 또한 이 과정에서 고려할 것은 외부의 지원 문제이다. 사회주의 도시화 과정에서 소련이나 중국 등 주변 강대국의 지원과 자체적 발전의 비중이 어떻게 같고 다르며, 그것이 각각 어떤 영향을 주었는지가 이후 변화 과정에 영향을 주기 때문이다.

몽골의 경우 당 조직이 확대되고 유연화되는 과정과 함께 도시화가 급격히 진행되었다. 1956년에 도시인구 비중이 21%였는데, 1989년에는 57%가 되었다.[26] 1960년 몽골의 인구는 93만 7,000명이었는

25 위의 책, pp. 284-286, 296, 304, 332.

26 Ts. Batbayr, *Modern Mongolia: A Concise History* (Virginia: Pentagon Press, 2007), p. 94.

데 그중 도시에 사는 인구가 5만 5,500명이었고, 1970년에는 27만 명으로 증가했다.[27] 도시화 과정에서 산업노동자, 도시 관료, 도시 인텔리겐치아 등 근대적 계층이 형성되었다.

몽골의 도시화와 신흥 엘리트 형성에서 핵심적인 특징은 이들이 전적으로 소련이 지원한 발전 프로그램 속에서 형성된 집단이라는 점이다. 몽골에 대한 소련의 물적 원조가 몽골의 도시 전체를 창조해 냈고, 거의 모든 제도적 인프라 역시 이 원조로 만들어졌다.[28] 외부 원조에 의한 이러한 도시화 과정은 아주 체계적이고 직접적인 인적 네트워크의 형성과 맞물려 있었다. 1978년에 이르면 50개 이상의 몽골 정부 부처가 소련의 부처들과 직접적으로 연결되었다. 당시 몽골 인구의 최대 5%에 달하는 소련의 군, 민 요원들이 몽골에 거주하며 원조 및 도시화 과정에 참여했다. 구소련의 정부 조직과 해외원조 전문가들이 몽골의 도시화 및 근대적 국가건설을 관장하는 부처들과 직접적인 카운터파트가 되어 수도 울란바타르의 발전을 추진했던 것이다.

1990년대 이후 국가를 운영해 온 몽골의 엘리트들은 거의 모두가 이 시기에 형성된 집단이다. 다른 아시아 사회주의 체제에서 대부분 혁명 1세대의 영향력이 지속된 것과 달리, 몽골에서는 도시화 과정에서 형성된 신흥 엘리트들이 체제전환과 변화를 주도했고 구 혁명 세대는 모두 정치무대에서 사라졌다.[29]

몽골의 이 같은 도시화 및 신흥 엘리트의 형성 과정은 북한에 두 가지 함의를 갖는다. 첫째, 북한에서는 혁명 세대와 중간 세대, 신흥 엘리트의 형성과 상호관계가 어떻게 달라지고 있는가 하는 점이다. 북

27 Baabar, 앞의 책, p. 306.

28 Asian Development Bank, *Mongolia: Centrally Planned Economy in Transition* (New York: Oxford, 1992).

29 Ginsburg, 앞의 글, p. 258.

한에는 만경대혁명학원 출신 군 인사로 대표되는 혁명 세대가 여전히 살아 영향력을 행사하고 있으나, 김정일 집권 시기에는 김일성대학 출신의 인사가 대거 고위직에 진출했고,[30] 3세대인 김정은 정권에서는 유학, 해외 경험이 많은 3세들로 상당 부분 교체되는 양상을 보이고 있다.[31]

둘째, 평양과 기타 주요 도시의 도시화 과정에서 북한은 소련 및 중국과 어떤 영향을 주고받았으며, 자체적 근대화 노력의 차원에서 몽골과 어떤 차별성을 만들었느냐라는 점이다. 북한도 근대화 과정에서 구소련과 중국으로부터 많은 지원을 받았지만, 외국의 직접적인 영향력은 상대적으로 일찍부터 차단되어, 최대한 북한 자체의 내부 자원과 네트워크에 기반한 독자적 근대화를 추구해 온 것으로 평가된다. 엘리트 집단의 국제정세와 안보에 대한 인식, 국제관계와 변화에 대한 인식이 몽골의 경우와 다소 다를 것으로 판단된다. 이 분야에서 미래의 쟁점은, 남북관계가 개선되어 북한의 도시 발전을 한국이 지원하고 한국 정부와 민간의 전문 자문단이 지속적으로 교류하게 된다면 그것이 어떤 형태로 가능하며 어떤 영향을 줄 것인지가 될 것이다.

---

30 김인수·이민룡, 「북한 권력 엘리트의 직위변동 구조와 정권의 안정성」, 『북한연구학회보』 제13권 2호, 2008, p. 79.

31 김정은 체제의 초기 권력 엘리트와 인사 교체에 대한 연구들은 비교적 이 시기에 고위간부 2세들, 소위 혁명 5, 6세대들로 큰 세대교체가 이루어졌고, 군 중심으로부터 당 중심으로 변화하고, 경제관료 등 기술전문 관료가 부상한 것으로 평가한다. 이를 근거로 북한이 유일지도 체제에서 과두지도 체제로 전환할 가능성에 대한 전망들이 나왔다. 하지만 중국이나 베트남 사례와 비교해 다소 고령화(70대)되어 있고, 지역(평안도)이나 학벌(김일성종합대학)이 다소 편중되어 있다는 점이 지적되었다. 이상숙, 「개혁·개방 시기 중국과 베트남의 정치기구와 권력구조 변화 비교」, 『북한학 연구』 제8권 1호, 2010, pp. 99-132; 이교덕, 『김정은 체제의 권력엘리트 연구』, 통일연구원, 2012, pp. 291-293; 이기동, 「김정은 유일지도체계의 이행 가능성에 관한 시론적 연구: 권력엘리트 간 수평적 균열을 중심으로」, 『한국과 국제정치』 제28권 2호, 2012, pp. 53-76; 송정호, 앞의 글, pp. 23-50.

4
교육제도의 변화와 엘리트의 지향

신흥 엘리트의 형성 과정을 이해하기 위해 다음으로 분석해야 할 중요한 사회변화는 바로 교육 시스템이다. 아시아 사회주의 국가들의 고등교육 시스템은 어떻게 발전하였는가? 소련의 영향과 중국의 영향이 어떻게 다른가?

도시화 과정과 마찬가지로 교육제도 면에서 몽골은 러시아 문화의 영향을 많이 받았다. 몽골에 있어 러시아 문화는 일종의 근대성을 의미하는 것이었다. 따라서 몽골의 상위 엘리트의 자녀들은 대부분 러시아 학교를 다녔다. 1989년에 이르면 23개 러시아 학교에 약 1천 명의 몽골 아이들이 등록되어 있었다.[32] 러시아가 근대성의 모델로 설정되어, 몽골에 대거 설립된 러시아 학교들이 근대교육을 시행하는 형태로 발전했던 것이다.

러시아의 영향뿐 아니라 몽골의 사회주의 시기 정책 중 자체적인 교육 관련 정책이 매우 큰 성공을 거둔 것으로 평가된다. 예컨대 1990년 전체 정부 예산의 25%가 교육 예산으로 지출될 정도로 교육에 국력을 집중하는 모습을 보였다. 이미 1970년대 고등교육기관에 진학한 학생 수가 급격히 증가하여 8,400명에 이르렀고, 1980년이 되면 총 2만 3,200명이 고등교육기관에 등록했으며, 1985년에는 최대 2만 4,600명이 고등교육을 받은 것으로 집계된다. 이 중 25%인 약 6,110

32 Derek Pritchatt, "The Development of Education in Mongolia," ed,, S. Akiner, *Mongolia Today* (London: Kegan Paul International, 1991), p. 211.

명이 외국대학에 다니고 있었다.[33] 외국 대학에 유학한 학생들의 대다수는 소련 혹은 중동부 유럽 국가의 대학에 진학했다. 결국 지속적으로 확인되는 것은 소련의 고등교육 시스템으로의 통합이 체제전환 시기 몽골 리더십을 이해하는 핵심 요소라는 점이다.[34] 몽골 고등교육의 확대와 러시아 교육 시스템과의 연계는 몽골 엘리트들의 국제주의 인식으로 직결된다. 즉 몽골과 러시아의 교류, 러시아 고등교육 시스템의 영향은 몽골 엘리트들의 폭넓은 국제적 인식에 기반한 민족주의, 즉 '코즈모폴리턴적 민족주의'를 더욱 강화했다는 것이다.

북한도 고등교육 발전 과정에서 다양한 외부 지원을 받았으며, 해외유학을 통한 지식 습득에도 다양한 노력을 기울였다.[35] 이 점에서 북한은 고등교육의 수준과 양적 확대에서 몽골보다 더 나아간 것으로 평가할 수 있다. 그러나 몽골과 달리 북한은 국가의 규모가 상대적으로 크고, 소련뿐 아니라 중국으로부터도 더 많은 규모로 오랫동안 지원을 받았으며, 남북 분단 상황으로 인해 조금 덜 열린 민족주의 성향을 발달시키면서 자체의 자원을 최대한 활용하여 체제를 장기간 유지할 수 있었다. 이 점에서 남북관계의 개선과 평화 프로세스가 북한에서 더 다양한 채널을 통한 국제적 지원과 더 열린 민족주의를 새롭게 형성하는 데 어떤 영향을 미칠지가 중요한 쟁점이 될 것으로 보인다.

---

33 Ginsburg, 앞의 글, p. 259.

34 위의 글.

35 북한의 고등교육 현황과 고등교육 정책의 체계적 지원에 대해서는 정근식 외, 『북한의 대학: 역사, 현실, 전망』(진인진, 2017); 정근식·채수홍 편, 『소련형 대학의 형성과 해체』(진인진, 2018) 참조.

5 엘리트 그룹의 특성: 기술관료와 지식인들

동독에서 정치 엘리트와 기술관료, 문화 지식인 세 그룹이 형성된 것과 비교하면, 몽골의 신흥 엘리트는 기술관료 그룹과 지식인 두 그룹으로 특징지어진다. 일반적인 사회주의 체제의 특성과 연결시킨다면, 전통적인 혁명 세대와 신흥 엘리트 그룹의 규모와 영향력, 관계가 향후 체제전환의 양상과 방식에 어떤 영향을 미치는지가 분석되어야 할 것이다.

앞서 지적한 것처럼, 1990년 이후 몽골의 체제전환은 약 200~300명의 정치·경제 엘리트들이 선택한 결과였다. 이들의 공통점은 대부분이 러시아에서 공부한 경험이 있다는 것이었다. 긴즈부르크(Tom Ginsburg)가 정리한 자료에 따르면, 1990년부터 1998년까지 체제전환을 경험한 이후 약 10년간 몽골의 대통령, 총리, 부통령과 국회의장, 대법원장, 정당 대표, 각 정부 부처 장관을 역임한 엘리트 55명 중 대부분(46명)은 1940~1950년대 태어나 체제전환 당시 40~50대였고, 대체로 러시아 유학 경험을 갖고 있었다. 러시아에서 공부하지 않은 경우는 단 11명인데, 이들도 대부분 사실상 소련 모델로 만들어진 울란바타르의 국립대학에서 공부했다. 러시아 이외의 국가로 유학한 일부 엘리트들은 체코슬로바키아, 폴란드, 독일, 미국과 영국 등지에서 공부했다. 많은 경우 공학(14명)이나 경제학(11명)을 전공했고, 그다음으로는 법학(6명), 농업·식품학(4명), 그 밖에 생물학, 의학, 철학, 물리학, 화학, 군사학, 교육학, 저널리즘 등의 전공을 공부했다.[36]

36 Ginsburg, 앞의 글, p. 261.

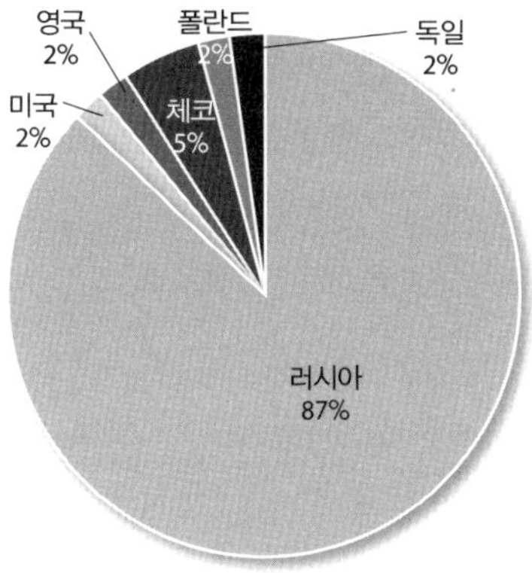

출처: Ginsburg(1999), p. 261에서 재구성.

〈그림 4-1〉 몽골 엘리트의 유학국 분포

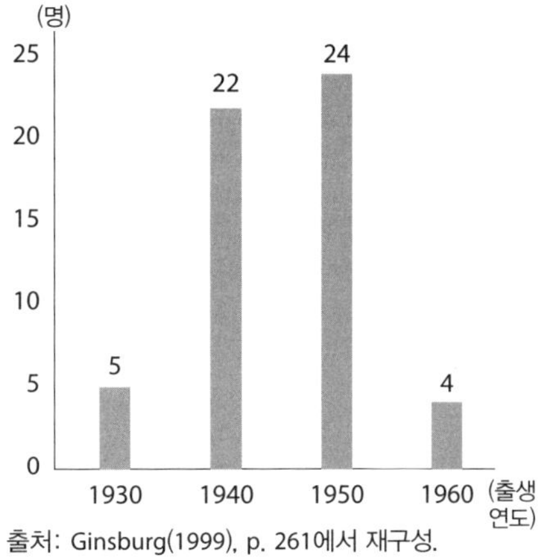

출처: Ginsburg(1999), p. 261에서 재구성.

〈그림 4-2〉 몽골 엘리트의 연령 분포

이들 대부분은 유사한 사회경제적 변동의 경험을 공유하고 있었다. 대체로 1940~1950년대에 지방에서 태어나 1960~1970년대 도시화 과정에서 도시로 오게 되었고, 따라서 몽골 전통의 유목주의적 문화를 덜 경험하고 도시에서 자라난 세대들이었다. 국가의 규모가 더 큰 중국의 경우 수십 년에 걸쳐 다양한 지방의 경험을 거쳐 중앙 정치 무대로 승진하는 엘리트 순환과 인사 시스템이 갖춰진 데 반해, 몽골에서는 핵심 엘리트들이 모두 울란바타르로 모여들었고 해외유학 경험을 공유하며 도시생활을 영위하고 있다는 극명한 차이점이 있는 것이다.

이렇게 사회경제적 변동으로 발생한 엘리트 세대의 차이를 고려한다면, 북한의 경우 오랜 시간에 걸쳐 느리게 세대차이가 나타나는 중국보다는 더 분명한 세대차이가 발생하지만, 비교적 단기간에 단절적이고 급격한 세대차이가 발생한 몽골보다는 세대교체가 뚜렷하진 않을 것으로 보인다.

몽골의 신흥 엘리트는 크게 두 그룹으로 나뉘었다. 첫 번째가 지식인이고 두 번째가 기술관료이다. 먼저 지식인의 경우, 1992년 현재 몽골 의회 후보자 88명 중 98%가 지식인이다. 이들은 고등교육을 받은 사람들로서 변호사, 작가, 교사, 경제학자이며, 이 중 45%가 공직에, 10%가 정당에 몸담고 있었다.[37]

지식인들이 대체로 대학이나 싱크탱크에 속해 있었다면, 기술관료들은 정당이나 정부 기구에서 일하는 사람들이었다. 구분하자면 지식인들이 변화에 좀더 적극적이었으며, 기술관료들은 상대적으로 변화를 조심스러워했다. 즉 기술관료들이 오히려 변화를 거부하고 체제를 유지하고자 하는 노멘클라투라로서의 역할을 했던 것이다.

그렇다면 기술관료들은 몽골의 체제전환 시기에 어떤 역할을 했을까? 1985년 고르바초프가 페레스트로이카를 추진하자, 체덴발 이후 지도자가 된 바트뭉흐(Jambyn Batmönkh: 1926~1997) 체제는 무엇을 해야 하는지 명확히 이해하지 못했다. 지도부는 고르바초프의 사고에 대해 누구도 지지하거나 거부하지 않았다. 하지만 이때 소련에서 훈련된 다수의 새로운 지식인들은 소련에서 어떤 변화가 발생하고 있는지를 분명히 알고 있었다.

정치국의 남스라이(Ts. Namsrai)를 필두로 한 이들은 몽골·소련 교역의 공정성에 의심을 품고 몽골의 국익에 대해 논의하기 시작했다. 이는 1930년 이후 몽골에서 소련에 제기한 최초의 비판이었다. 경제학자이자 관료인 오치르바트(Punsalmaagiin Ochirbat: 1942~)[38]도 이에 동참하여 소련 원조와 군대 주둔의 문제를 제기했다. 이에 1988년 고르바초프는 몽골에서의 소련군 철수를 선포했다. 소련은 몽골과 거리를 두며 중국과 화해를 모색했고, 몽골과는 새로 국경 협약을 체결했

---

37 State Statistical Office of the MPR, *National Economy of the MPR for 70 Years*, 1991.

38 체제전환 이후 몽골의 초대 대통령(재임 1990~1997) - 편자

다.[39]

이렇게 소련과의 관계와 지정학적 상황이 급변하자, 1989년 11월 26일 몽골인민혁명당은 젊은 예술가 집회를 조직하여 다양한 비판적 담론을 제기하는 장을 마련했다. 이들은 여러 시민단체와 함께 수일 후 몽골민주연합(Mongolian Democratic Union)을 창설했다. 27세의 학교 교사인 조릭(S. Zorig: 1962~1998)이 지도자가 되었다.[40] 1989년 12월 10일 몽골민주연합의 활동가들이 대규모 집회를 조직했고, 몽골인민혁명당 중앙위원회에 여섯 가지 요구조건을 제시했다. 이후 시위가 이어지며 정치국의 사임을 요구했다. 12월에는 민주사회운동이 창설되었고, 이어 신진보연맹도 창설되었다.

1990년 2월 18일 몽골민주연합의 첫 회의가 조직되었으며, 그 결과 최초의 비공산당인 몽골민주당이 창설되었다. 사민당과 민족진보당의 창설도 뒤따랐다. 1990년 3월 4일 몽골의 수도 울란바타르의 중심부에 있는 수흐바타르(Sukhbaatar) 광장에 약 10만 명의 사람들이 모여 정치국의 사임을 촉구했다. 이 집회에는 몽골인민혁명당 체제가 만든 몽골학생연합도 참석했다. 3일 후 민주연합 활동가들이 단식을 선언하자, 인민혁명당 지도부의 당서기와 정치국 위원 전원이 사임했다.[41]

대체로 지식인들이 주도하는 변화에 기술관료 엘리트들 역시 큰 저항을 보이지 않았다. 구세력이 모두 사임하자 그 빈자리를 도시화와 해외유학의 경험을 바탕으로 성장한 새로운 엘리트 그룹이 채웠다.[42]

---

39 Baabar, 앞의 책, pp. 334-335.

40 1990년 민주화 혁명을 이끈 조릭은 1992년 국가대호랄 의원으로 선출되었고, 1998년 인프라구조 장관에 취임했다. 1998년 자택에 침입한 괴한에 의해 암살되었다. - 편자

41 Baabar, 앞의 책, pp. 336-338.

42 Ginsburg, 앞의 글, pp. 264-265.

몽골은 엘리트 세대의 차이가 명확했고 세대 간의 교체가 아무런 갈등 없이 전격적으로 이루어졌던 것이다.

몽골의 사례를 1990년대에 탈사회주의 체제전환과 민주화가 이루어진 여러 사례들과 비교해 볼 수 있다. 구체제 엘리트와 새로운 도전 세력 간 권력교체의 유형에 따라 구분하면 구체제 엘리트를 중심으로 권력 균형을 유지한 경우로 루마니아를 꼽을 수 있다. 반대로 새로운 도전 세력이 주도권을 갖게 된 경우는 체코, 에스토니아 등의 발트 3국과 폴란드, 헝가리 등이 있다. 몽골은 민주주의로 이행한 경우이면서 구체제와 도전 세력 간 권력 균형이 이루어진 경우로 분류된다. 즉 엘리트 간의 세대교체가 이루어졌지만 기존 엘리트들과의 균형 속에서 큰 갈등이 발생하지 않았던 것이다.[43]

6 북한에 대한 함의

사회주의 체제전환 과정에서 엘리트에 의한 변화와 아래로부터의 변화 유형이 있다면, 아시아 사회주의 국가들은 대체로 위로부터의 점진적 변화가 이루어지고 있는 것이 현실이다. 몽골은 위로부터의 엘리트에 의한 변화이면서도 빠르고 평화롭게 체제전환이 이루어진 사례이다. 이는 몽골의 지정학적 환경 변화와 밀접한 관련이 있지만, 앞에서 살펴본 것처럼 그런 조건의 변화 속에서도 내부에서 성장한 신흥 엘리트의 역할과 특성이 매우 중요한 요소였다.

---

43 Michael Mcfaul, "The Fourth Wave of Democracy and Dictatorship: Noncooperative Transitions in the Postcommunist World," *World Politics*, vol. 54 (January 2002), p. 227.

아시아 사회주의 국가들과 향후 북한의 변화를 이해하기 위해 사회주의 엘리트에 대한 연구는 여러 질문들에 답해야 할 것이다. 이 글은 몽골의 사례를 통해 사회주의 정당의 형성과 팽창 과정이 어떻게 진행되었는지, 그 배경에 있는 도시화와 고등교육제도가 어떻게 변화했는지, 마지막으로 구 혁명 엘리트 그룹과 신흥 엘리트의 영향력과 특성이 어떻게 달랐는지를 검토했다.

몽골에서 엘리트 세대 간의 단절과 교체가 명확하게 이루어졌다고 한다면, 북한의 세대교체는 상대적으로 공존과 연속의 측면이 더 강할 것으로 보인다. 북한의 정권이 안정적으로 유지되고 있는 것에 대해, 많은 전문가들은 북한 엘리트 집단에 주목해 왔다. 북한 정권의 안정성은 권력 엘리트층 내부에 분파나 분열이 나타나지 않았고, 이들이 권력을 공고하게 구축하는 역할을 하고 있기 때문이다. 이렇게 여러 사회주의, 권위주의 체제들이 상당히 오랫동안 체제가 안정적으로 지속되는 사례들에 대한 연구가 이루어졌는데, 중국, 베트남, 쿠바, 그리고 북한의 사례는 체제 수립의 역사적 기원에 폭력적인 사회 혁명이 있었다는 공통점이 있다. 이런 국가들은 형성 초기에 대안 세력의 파괴, 통일된 지배 정당의 형성, 강력하고 충성도가 높은 안보기구 확보가 이뤄졌기 때문에 매우 이례적인 지속성을 보인다는 것이다.[44]

그럼에도 북한에서도 엘리트 집단의 변화가 이루어졌는데, 김인수는 1945년부터 2006년까지 노동당 중앙위원으로 선출된 394명의 보직 이동 실태를 검토하여 고위층 엘리트가 어떤 경로를 거쳐 엘리트로 성장했는지에 주목했다. 김일성 측근 세력은 주로 군에서 경력을

44 Jean Lachapelle, Steven Levitsky, Lucan A. Way, and Adam E. Casey, "Social Revolution and Authoritarian Durability," *Wolrd Politics*, vol. 72, no. 4 (October 2020), pp. 557-600.

쌓은 반면, 김정일 측근 세력은 주로 김일성종합대학을 졸업하고 함께 노동당에서 근무한 지식인들로 이루어졌다.[45] 향후 김정은으로 대표되는 북한의 3세대 엘리트들이 어떤 사고를 가지고 기성세대 엘리트들과 어떤 관계를 유지하면서 어떤 방향으로 변화를 선택할 것인지가 관건일 것이다.

몽골 사례를 통해 유추하자면, 몽골에서는 전체 인구의 1%인 200~300명이 변화를 주도하는 게 가능했다면, 북한의 인구규모는 약 10배이므로 단순하게 대비하면 북한 엘리트 중 2천 명이 개혁·개방을 선택하면 체제전환이 가능할 것이다. 하지만 몽골과 달리 북한의 세대교체가 김일성 세대, 김정일 세대, 그리고 김정은 세대의 관계 속에서 서서히 나타날 것으로 생각한다면, 그보다 많은 4~5천 명의 선택이 주도적 영향력을 발휘해야 할 것으로 추측해 볼 수 있다. 또한 몽골은 유목민족이고 수도인 울란바타르만 정치적으로 변화를 선택하면 되는 반면, 북한은 농업과 산업 기반이 있고 한국전쟁을 경험한 혁명 세대 때부터 구축한 군의 세력이 강력하며 평양 외에도 발달한 8대 도시가 있으므로, 좀더 폭넓은 엘리트군이 체계적으로 개혁·개방을 선택해야 지속적인 변화가 가능할 것으로 판단된다.

물론 몽골과 결정적으로 다른 점은, 북한은 김일성 체제의 형성과 김정일 체제로의 승계 과정에서 독자적 이념체계를 만들고 우상화가 진행되는 등 최고지도자 한 명에게 모든 권한이 집중된 체제이기 때문에 최고지도자의 결단이 몽골이나 중국에 비해 더 중요하다는 점일 것이다.[46] 그럼에도 불구하고 김정은 체제는 제한적 1인체제로서 통치

---

45 위의 글, p. 79.

46 북한의 경우 중국·베트남과 비교해 당과 군의 권력이 개인에 집중된 수준이 높은 상태가 유지되고 있었다. Wonjun Song and Joseph Wright, 앞의 글, pp. 164, 167.

연합에 의해 뒷받침되고 있으며, 중국의 태자당처럼 전·현직 권력 엘리트의 2~3세대들이 고위직에 진출하는 세대교체도 빠르게 이루어지고 있다. 최근 몇 년 김정은 체제는 특히 2018년 핵-경제 병진노선을 폐기하고 경제노선에 집중하는 것을 만장일치로 결의하였고, 군부보다는 당을 강조하는 흐름을 꾸준히 견지하며 당 중심 네트워크가 작동하는 '정상국가화'를 주장해 왔다. 당의 기능을 정상화하고 영향력과 능력 중심의 인사가 강화되며 일종의 '개발연합'이 형성될 정치적 기반이 조성되고 있다고 평가할 수도 있을 것이다.[47]

북한이 과연 비핵화를 선택하고 개혁·개방을 선택할 이해관계가 충분한지가 쟁점이 될 수 있다. 북한 체제의 정치적 정당성 측면에서 핵보유와 주체사상이 큰 기반이 되고 있어 이를 경제성장으로 보완하고 대체할 만한 이해관계가 형성되어야 하기 때문이다.[48] 하지만 앞서 중국의 사례에서도 살펴보았듯이, 여러 권위주의 체제들에서도 리더십에 대한 지지에는 경제적 성과와 주민들의 경제에 대한 인식이 매우 중요하다는 것이 알려져 있다. 따라서 북한도 중국이나 베트남처럼 정치적 리더십을 유지하며 경제성장을 추구할 수도 있고, 혹은 보다 분명한 대외 안보를 확보하려는 노력의 일환으로, 혹은 장기적인 변화의 결과 몽골처럼 세대교체와 체제전환이 동시에 이루어질 수도 있다.[49]

---

47 송정호, 앞의 글, pp. 40-44. 김일기·이수석, 「최근 북한 노동당의 변화와 당 규약 개정」, 『INSS 전략보고』 no. 102, 국가안보전략연구원, 2020, pp. 1-16. 표윤신·허재영, 「김정은 시대 북한의 국가성격은 변화하고 있는가?: 당·정·군 현지지도 네트워크 분석」, 『한국과 국제정치』 제35권 3호, 2019, pp. 97-122.

48 북한의 김정은에 대한 지지도와 핵보유에 대한 찬성도, 그리고 주체사상에 대한 지지도는 2020년까지도 상당히 높은 수준으로 유지되고 있다. 북한이탈주민들을 통해 조사한 북한 체제에 대한 여론에 대해서는 김학재·엄현숙·문인철·김병로 외, 『북한주민 통일의식 2020』, 서울대학교 통일평화연구원, 2021 참조.

49 이 밖에도 권위주의 체제의 리더십에 대한 대중적 지지에는 공공 안전도 중요하며, 매

세대 교체의 차원에서 북한의 3세대 엘리트의 형성과 관련해 주목할 것은, 북한에서도 최근 몇 년간 지식인을 우대하고 지원하는 정책들이 추진되었고, 과학자 거리와 김일성대학, 김책공대 등 고등교육기관에 대한 중시가 이루어지고 있다는 점이다.[50] 3세대 엘리트 그룹을 형성할 기술관료와 지식인 그룹의 영향력이 강화될 것으로 예상된다.[51] 그리고 해외유학 경험을 지닌 몽골의 제3세대 엘리트들이 대체로 국가의 이익을 강조하면서도 매우 국제주의적인 감각과 개방성을 갖고 있었던 것처럼, 북한 버전의 코즈모폴리턴적 민족주의가 형성될 수 있을 것인지, 3세대 엘리트들이 유연성과 결단력을 지속적으로 보여줄 것인지 주목해야 할 것이다.

결국 엘리트 세대교체로 인한 체제의 변화, 개혁·개방의 속도, 변화의 평화적 성격은 신흥 엘리트 집단이 전체 엘리트 집단에서 차지하는 영향력의 규모와 강도, 그리고 전체 엘리트에 분배되는 권력과 자원의 규모와 관련이 있다.[52] 먼저 3세대 엘리트 그룹의 부상과 엘리

체와 소통에 대한 검열이 이루어지면 지지도에 긍정적이지만, 시민들이 국가의 검열에 대해 알게 되면 부정적 영향을 준다고 한다. Sergei Guriev and Daniel Treisman, "The Popularity of Authoritarian Leaders: A Cross-National Investigation", *World Politics*, vol. 72, no. 4 (October 2020), pp. 601-638.

50 이미경, 「김정은 시기 과학기술교육정책의 특징과 정치적 함의」, 『사회과학연구』 제58권 1호, 2019, pp. 339-367; 변학문, 「북한의 '과학기술 강국' 구상과 남북 과학기술 교류협력」, 『통일과 평화』 제10권 2호, 2018, pp. 81-113.

51 김정은 시기 핵심 엘리트는 로열 패밀리, 혁명 유자녀, 만경대혁명학원 출신 2세대가 핵심 집단 48명 중 21명이다. 이들은 모두 대학 졸업자이고 유학 경험자가 16명(32%), 유학 경험이 없는 엘리트가 20명(42%), 해외방문 경험자가 66.9%에 달하는 것으로 분석되었다. 52%가 당에 속해 있으며, 군은 39%를 차지했다. 오경섭, 「김정은 정권의 핵심 집단 분석: 특성과 응집력을 중심으로」, 『세종정책연구 2013-11』, 2013.

52 한 연구에 따르면, 중국과 비교해 최근 북한의 정치 엘리트들은 다소 고령화되어 있으며, 군부와 당 출신 비중을 보더라도 정치국원 중 군부 출신이 30%, 당 출신이 45%로 전반적으로 당 출신이 60% 이상인 중국보다 군부 비중이 높은 상황임을 고려할 필요가 있다. 이성봉, 「북한 김정은 정권의 엘리트 특성: 중국과의 비교를 중심으로」, 『민족연구』 76호, 2017, pp. 171-197.

트의 특성 변화를 도시화, 교육수준, 국제화, 기술적 역량의 측면에서 좀 더 면밀히 분석해 볼 필요가 있다. 또한 새로운 엘리트들의 각 수준과 이들이 어떻게 분포해 있는지도 중요하게 고려할 지점이다. 예컨대 당의 핵심을 이루고 있는 조직 지도부(약 400명 추정), 북한에서 가장 발전한 도시에 살고 있는 평양시민(약 200만), 그리고 당과 군을 합해 전국에 거주하고 있는 당-군-지식 엘리트(약 400만 추정)는 변화의 방향을 결정하고 이를 따라가는 데 서로 다른 입장을 지닐 수 있다.

그리고 북한이 경제발전을 추구하고 개혁·개방을 추진할 경우 엘리트 집단의 규모가 얼마나 증가할지, 증가할 경우 권력과 자원의 분배 양상과 규모가 어떻게 달라질지에 대해서도 체계적으로 예측할 필요가 있다. 앞으로 북한이 경제를 개방하고 발전을 지향한다면, 북한의 예상 연평균 성장률(최대 약 10%)에 따라 인구당 GDP 성장률도 예상이 가능하다. 이러한 경제성장이 엘리트 집단의 규모와 그들에게 분배되는 정치적·경제적 권력 분배구조에 어떤 영향을 미칠 것이며, 이것이 북한의 엘리트 인사, 등용과 육성, 순환 체계, 나아가 정권의 성격 변화에 어떤 영향을 줄 것인지 몇 가지 경로로 그 시나리오를 예상해 볼 수 있을 것이다.[53]

중국의 경제성장 단계별로 정당, 인사 및 거버넌스 변화를 비교하여, 어떻게 파벌이 형성되고 인사제도와 순환 시스템이 어떻게 변화하는지를 하나의 척도로 삼아 비교해 보는 것도 가능할 것이다. 이는

---

53 북한의 예상 연평균 성장률(최대 약 10%)에 따라 인구당 GDP 성장률도 예상이 가능하다. 김병연, 「통일 시나리오와 한국경제」, 정운찬 편, 『서울대 경제학자 8인이 말하는 한국경제』(율곡출판사, 2017), pp. 223-224. 북한이 중국과의 무역뿐 아니라 한국, 미국 등 주변국과 무역을 할 경우 비교우위로 인해 얻는 이익과 특정국 무역 의존도 변화에 대해서는 정혁·최창용·최지영, 「북한 경제 대외개방과 무역의 이익 수량적 추정」, 『한국경제의 분석』(2019년 12월), pp. 63-130; 정혁, 「북한경제 개방과 남북경협 다자구도 전략」, 서울대학교 통일평화연구원 제79차 통일학포럼 발표(2021년 5월 12일) 참조.

개혁·개방과 교류협력 이후의 사회 내부의 변화에 대비하기 위한 것이기도 하다. 예컨대 독일 통일 전후 구동독이 붕괴된 이후 계층 변화는 전혀 발생하지 않았다. 통일된 이후에도 동독의 상류층은 상층에, 중간층은 중간에, 하류 계층은 하위에 머물렀다.[54] 북한에서 개혁·개방이 내부의 계층 형성과 변화에 어떤 영향을 줄 것인지 예측이 필요하다.[55]

북한의 경제적 개혁·개방에 국제기구가 관여하는 정도와 방식이 북한의 국가역량 발전에 어떤 영향을 줄 것인지에 대한 판단도 필요할 것이다. 지구화된 환경에서 다양한 국가들이 국제기구와 상호작용을 하게 되는데, 대체로 역량이 강한 국가들은 국제기구에 더 관여하면서 강해지지만, 역량이 약한 국가들은 국제기구에 많은 것을 위임하면서 오히려 더 약해질 수도 있다는 분석이 있다. 지구화된 경제환경에서 점점 국가가 정치적 권위만 관리하고 사회경제적 부문에서 개입할 역량을 잃어가는 것이 일반적인 경향이기 때문이다.[56]

북한이 개혁·개방을 선택한다면 완전히 고립된 상태에서 독자적으로 발전하는 것은 불가능하지만, 갑자기 모든 영역을 개방하는 것도 상당한 부작용을 초래할 수 있다. 상대적으로 점진적인 개방과 발전이 이루어지는 것은 분명하겠지만, 그것을 얼마나 조율할 수 있는지가 관

54 미하엘 호프만, 앞의 글. 동서독 통일 전후의 사회계층과 사회구조 변화에 대한 연구는 M. Hofmann and B. Martens, "Generations and Social Structures in Socialist Countries: The German Democratic Republic and East Germany in Comparison with North Korea," *Historical Social Research*, vol. 41, no. 3, 2016, pp. 318-335; Helmut Bremer eds., *Soziale Milieus und Wandel der Sozialstruktur*, VS Verlag für Sozialwissenschaften, 2006, pp. 14, 265, 388 참조.

55 이에 대한 초기연구로는 김병로·김성철, 「북한 사회의 불평등 구조와 정치사회적 함의」, 『민족통일연구원 연구보고서 98-01』, 1998 참조.

56 Sthephan Leibfried, et al. eds., *The Oxford Handbook of Transformations of the State* (Oxford University Press, 2005), pp. 837-838.

건일 것이다. 사람에게 적절한 규모의 네트워크가 있는 것처럼, 국가와 사회, 지역별로 적절한 네트워크의 수와 질을 고려해야 한다. 북한의 발전을 바람직한 방향으로 이끌기 위해 남북 간, 동아시아 차원에서 건전한 네트워크와 지혜의 축적이 필요하다.

2020년 1월 코로나 감염병이 전 세계를 휩쓴 이후, 국제정세는 물론이고 중국 상황에도 많은 변화가 있었다. 전반적으로 개혁·개방과 함께 다양한 분야에서 권력구조의 변화가 이루어지던 중국이 2019년 이후 미·중 갈등과 2020년 이후 코로나 상황을 지나면서 다소 경직적인 정치통제가 이뤄지고 있으며, 시진핑 주석의 장기집권과 관련된 관심들이 커진 상황이다. 이에 대한 전망은 2021년 베이징 동계올림픽 전후의 국제정세와 2022년 중국공산당 제20차 당대회까지 주시해야 할 것으로 보인다.[57]

북한 역시 2019년 이후 남북관계나 북미협상이 교착된 상태가 지속되자 병진노선을 폐기하고 경제발전 노선으로 전환하였다가, 최근의 자연재해, 제제로 인한 경제적 어려움, 코로나 감염병이라는 3중고를 겪으며 다시 정면돌파와 자력갱생을 강조하고 있다. 이는 2021년 제8차 당대회의 선언들로 표출된 바 있다.

한편 최근 북한 연구에서는 핵개발과 대북제제가 지속되는 상황에서 성장한 '장마당 세대'에 대한 논의가 이루어지고 있다. 제세에 대한 자부심과 대외적 개방성, 정치적 결속력을 갖고 있던 '고난의 행군

---

57 조영남, 「2020년 중국 정치의 현황과 전망: 중국의 코로나19 대응 분석을 중심으로」, 『2020 중국정세분석』(국립외교원, 2021), pp. 11-83; 이정남, 「2020년 중국과 시진핑 정권: 시진핑 주석의 장기집권은 가능할 것인가?」, 『아세아연구』 제64권 1호, 2021, pp. 41-73; 백지운, 「'일대일로(一帶一路)'와 제국의 지정학」, 『역사비평』 123호, 2018, pp. 199-232. 중국 공산당 100주년에 대한 평가로는 『황해문화』 111호 특집 "시진핑 시대의 중국, 동행과 파행" 참고.

세대'와 달리, 장마당 세대는 경제적 생존에 더 큰 관심을 갖고 통일이나 거시적 대외상황 변화에 큰 기대를 하지 않는 모습을 보이고 있다. 북한의 새로운 엘리트들과는 다소 다른 입장과 태도를 보이고 있는 셈이다.[58]

한국 사회에서도 최근 소위 MZ 세대에 통일에 대한 기대보다 경제적 어려움과 생존이 더 급한 문제가 되었는데, 앞으로도 남북과 북·미 간의 대화가 지속되지 못한다면 북한에서도 대북제재로 인해 장마당 세대가 겪은 어려움도 지속될지 모른다. 비핵화와 제재, 통일문제에 대한 한국 사회 내부와 남북 간, 북·미 간의 차이들은 여전히 합의와 해법이 현실화될 전망들을 어둡게 하고 있다.

하지만 이 글에서 살펴본 몽골과 중국의 엘리트 사례에 대한 심화된 연구들과 북한의 최근 변화 및 앞으로의 변화 가능성에 대한 분석들은, 가능한 변화들이 이루어졌던 희망의 근거이자, 남북관계가 처한 새로운 조건과 환경 속에서 더 나은 합의와 결정을 하기 위해 주의해야 할 근거들을 제공해 주고 있다.

미중관계와 북한 체제의 상황을 고려한 협상을 다시 시작할 경우, 체제전환과 개혁·개방을 추구한 여러 국가들과의 비교 연구들은 북한에서도 가능한 변화의 유형과 경로들에 대해 알려주고 있다. 북한이 비핵화 협상에 나설 경우 단기적·점진적으로는 중국·베트남식 변화를, 장기적 변화의 결과로서 혹은 우발적 급변의 경우엔 몽골식 변화의 길을 택할 가능성은 열려 있다. 그중 몽골의 사례는 특히 급격한 지정학적 변화와 맞물린 평화로운 세대 교체의 경로와 특징을 보여준 셈이다.

---

58 채경희, 「북한 장마당세대의 의식 특성 비교 연구」, 『한국산학기술학회논문집』 제20권 1호, 2019, pp. 313-322.

| 참고문헌 |

김구섭·차두현, 『북한의 권력구조와 권력엘리트』, 한국국방연구원출판부, 2004.

김병로·김성철, 「북한 사회의 불평등 구조와 정치사회적 함의」, 『민족통일연구원 연구보고서 98-01』, 1998.

김병연, 「통일 시나리오와 한국경제」, 정운찬 편, 『서울대 경제학자 8인이 말하는 한국경제』, 율곡출판사, 2017.

김인수·이민룡, 「북한 권력 엘리트의 직위변동 구조와 정권의 안정성」, 『북한연구학회보』 제13권 2호, 2008.

김일기·이수석, 「최근 북한 노동당의 변화와 당 규약 개정」, 『INSS 전략보고』 no. 102, 국가안보전략연구원, 2020.

김학재, 「중동부 유럽의 탈사회주의 체제전환 비교연구와 북한에의 시사점」, 『남북한 협력과 발전을 위한 기초연구: 남북통합과 전망』, 진인진, 2018.

김학재·엄현숙·문인철·김병로 외, 『북한주민 통일의식 2020』, 서울대학교 통일평화연구원, 2021.

랑글레 필립, 윤대영 옮김, 『베트남 현대사: 통일에서 신공산주의로 1975~2001』, 진인진, 2017.

미하엘, 호프만, 「사회주의 엘리트는 어떻게 되었나?: 구동독과 통일 후 동독지역의 사회구조들」, 『FES-Information-Series 2009-07』, 2019.

백지운, 「'일대일로(一帶一路)'와 제국의 지정학」, 『역사비평』 123호, 2018.

변학문, 「북한의 '과학기술 강국' 구상과 남북 과학기술 교류협력」, 『통일과 평화』 제10권 2호, 2018.

송정호, 「북한의 개혁·개방 추진과 권력 엘리트 변화: 중국·베트남 사례와의 비교를 중심으로」, 『북한연구학회보』 제16권 2호, 2012.

에즈라 보걸, 심규호 외 옮김, 『덩샤오핑 평전: 현대 중국의 건설자』, 민음사, 2014.

오경섭, 「김정은 정권의 핵심 집단 분석: 특성과 응집력을 중심으로」, 『세종정책연구 2013-11』, 2013.

이교덕, 『김정은 체제의 권력엘리트 연구』, 통일연구원, 2012.

이교덕 외, 『김정은 체제의 권력엘리트연구』, 통일연구원, 2012.

이기동,「김정은 유일지도체계의 이행 가능성에 관한 시론적 연구: 권력엘리트 간 수평적 균열을 중심으로」,『한국과 국제정치』 제28권 2호, 2012.
이미경,「김정은 시기 과학기술교육정책의 특징과 정치적 함의」,『사회과학연구』 제58권 1호, 2019.
이상숙,「개혁·개방 시기 중국과 베트남의 정치기구와 권력구조 변화 비교」,『북한학연구』 제8권 1호, 2010.
이성봉,「북한 김정은 정권의 엘리트 특성: 중국과의 비교를 중심으로」,『민족연구』 76호, 2017.
이정남,「2020년 중국과 시진핑 정권: 시진핑 주석의 장기집권은 가능할 것인가?」,『아세아연구』 제64권 1호, 2021.
장용석,「국가사회주의와 국가계급 지배의 동태성: 북한 지배체제 연구에 대한 함의」,『통일문제연구』 제21권 1호, 2009.
장정아,「중국 지식엘리트의 충원문화와 메커니즘」,『아시아문화연구』 제21권, 2011.
전현준,『최근 북한 권력엘리트 변동 분석』, 통일연구원, 2008.
정근식 외,『북한의 대학: 역사, 현실, 전망』, 진인진, 2017.
정근식·채수홍 편,『소련형 대학의 형성과 해체』, 진인진, 2018.
정혁,「북한경제 개방과 남북경협 다자구도 전략」, 서울대학교 통일평화연구원 제79차 통일학포럼 발표, 2021년 5월 12일.
정혁·최창용·최지영,「북한 경제 대외개방과 무역의 이익 수량척 추정」,『한국경제의 분석』, 2019년 12월, 63-130쪽.
조영남,「2020년 중국 정치의 현황과 전망: 중국의 코로나19 대응 분석을 중심으로」,『2020 중국정세분석』, 국립외교원, 2021.
주장환·박정호,「체제 전환기, 중·러 정치 엘리트 비교 연구」,『中蘇研究』 제34권 1호, 2010.
채경희,「북한 장마당세대의 의식 특성 비교 연구」,『한국산학기술학회논문집』 제20권 1호, 2019.
채수홍,『사회주의 베트남의 역사와 정치』, 서울대학교출판문화원, 2019.
최형규,『중국의 파워 엘리트』, 한길사, 2018.
표윤신·허재영,「김정은 시대 북한의 국가성격은 변화하고 있는가?: 당·정·군 현지지도 네트워크 분석」,『한국과 국제정치』 제35권 3호, 2019.
현성일,『북한의 국가전략과 파워엘리트』, 선인, 2007.

Asian Development Bank, *Mongolia: Centrally Planned Economy in Transition*, New York: Oxford, 1992.
Baabar, B., *Almanac: History of Mongolia*, Ulaanbaatar: Nepko, 2016.

Batbayr, Ts., *Modern Mongolia: A Concise History*, Virginia: Pentagon Press, 2007.

Bremer, Helmut, eds., *Soziale Milieus und Wandel der Sozialstruktur*, VS Verlag für Sozialwissenschaften, 2006.

BTI, "BTI 2020 Coutry Report: China." https://www.bti-project.org/en/reports/country-dashboard-CHN.html (검색일: 2021년 8월 1일)

Buzo, Adrian, eds., *Routledge Handbook of Contemporary North Korea*, New York: Routledge 2021.

Case, William, "Low-quality democracy and varied authoritarianism: Elites and regimes in Southeast Asia today," *The Pacific Review*, vol. 22, no. 3, 2009.

Cheng, Li, *China's Leaders: The New Generation*, London: Rowman and Littlefield, 2001.

Cheng, Li, *Chinese Politics in the Xi Jinping Era*, Brookings Institution Press, 2016.

Diamond, Larry, "Thinking about hybrid regimes," *Journal of Democracy*, vol. 13, no. 2, 2002.

Gainsborough, Martin, *Vietnam: Rethinking the State*, London: Zed Books, 2010.

Gandhi, Jennifer and Adam Przeworski, "Authoritarian Institutions and the Survival of Autocrats," *Comparative Political Studies*, vol. 40, no. 11, 2007.

Gehlbach, Scott and Philip Keefer, "Private Investment and the Institutionalization of Collective Action in Autocracies: Ruling Parties and Legislatures," *The Journal of Politics*, vol. 74, no. 2, 2012.

Ginsburg, Tom, "Nationalism Elites, and Mongolia's Rapid Transformation," in Stephen Kotkin and Bruce A. Elleman eds., *Mongolia in the Twentieth Century: Landlocked Cosmopolitan*, Abingdon: Routledge, 1999.

Guriev, Sergei, Daniel Treisman, "The Popularity of Authoritarian Leaders: A Cross-National Investigation", *World Politics*, vol. 72, no. 4 (October 2020).

Hartmann, Michael, *The Sociology of Elites*, London: Routledge, 2007.

Hofmann, M. and B. Martens, "Generations and Social Structures in Socialist Countries: The German Democratic Republic and East Germany in Comparison with North Korea," *Historical Social Research*, vol. 41, no. 3, 2016.

Hou, Yue, *The Private Sector in Public Office*, Cambridge University Press, 2019.

Jowitt, Kenneth, *New World Disorder*, Berkeley, CA: University of California Press, 1990.

Khan, Shamus Rahman, "The Sociology of Elites," *Annual Review of Sociology*, vol. 38, 2012.

Koss, Daniel, *Where the Party Rules: The Rank and File of China's Communist State*, Cambridge University Press, 2018.

Landry, Pierre F., *Decentralized Authoritarianism in China: The Communist Party's Control of Local Elites in the Post-Mao Era*, Cambridge: Cambridge University Press, 2008.

Lachapelle, Jean, Steven Levitsky, Lucan A. Way, Adam E. Casey, "Social Revolution and Authoritarian Durability", *Wolrd Politics*, vol. 72, no. 4 (October 2020).

Leibfried, Sthephan, et al. eds., *The Oxford Handbook of Transformations of the State*, Oxford University Press, 2005.

London, Jonathan D., *Politics in Contemporary Vietnam: Party, State, and Authority Relations*, London: Palgrave Macmillan, 2014.

Mcfaul, Michael, "The Fourth Wave of Democracy and Dictatorship: Noncooperative Transitions in the Postcommunist World", *World Politics*, vol. 54 (January 2002).

Pritchatt, Derek, "The Development of Education in Mongolia," ed., S. Akiner, *Mongolia Today*, London: Kegan Paul International, 1991.

Song, Wonjun and Joseph Wright, "The North Korean Autocracy in Comparative Perspective," *Journal of East Asian Studies* 18, 2018.

State Statistical Office of the MPR, *National Economy of the MPR for 70 Years*, Ulaanbaator: State statistical office of the MPR, 1991.

Svolik, Milan W., *The Politics of Authoritarian Rule*, Cambridge, UK: Cambridge University Press, 2012.

Truex, Rory, *Making Autocracy Work: Representation and Responsiveness in Modern China*, Cambridge University Press, 2016.

Tsai, Lily L., *Accountability without Democracy*, Cambridge, UK: Cambridge University Press, 2007.

Zeng, Jinghan, *The Chinese Communist Party's Capacity to Rule: Ideology, Legitimacy and Party Cohesion*, London: Palgrave Macmillan, 2016.

제2부

몽골과
그 이웃 나라들

제5장

몽중관계의 과거와 현재

이평래
(한국외국어대학교 중앙아시아연구소 연구교수)

1
위험한 중국과 나쁜 중국인

> 몽골인 또는 국가로서 몽골국은 심정적으로 친러반중(親露反中)이다. 사회주의 시절 소련에 문제가 있었다고는 생각하지만, 몽골인은 개별 러시아인 자체에 대해서는 호감을 갖고 있다. 이와 반대로 중국에 대해서는 개인이나 국가 할 것 없이 매우 싫어한다. 러시아인은 소박하지만 중국인은 웃으면서 속으로 무엇을 생각하는지 모르겠다고 생각하는 것이 몽골인의 (중국인에 대한) 인상이다.[1]

네이멍구(內蒙古) 자치구 오르도스(Ordos, 鄂爾多斯) 출신의 몽골족으로 현재 일본 시즈오카대학(静岡大學)에서 교편을 잡고 있는 양하이잉(楊海英)의 말이다. 간단하지만 그의 말은 체제전환 이후 러시아와 중국, 그리고 러시아인과 중국인에 대한 몽골인의 일반적인 정서를 대표한다고 보아도 크게 틀리지 않을 것이다.

필자는 1991년 9월 30일 처음 몽골에 갔는데, 그 무렵 나를 포함한 외국인들은 이와 비슷한 말을 자주 들었다. 1991년은 몽골이 계획경제 체제에서 시장경제 체제로 이행하는 이른바 체제전환기였다. 수도 울란바타르와 각 지방에는 여전히 러시아인들이 많이 살고 있었고, 개혁·개방의 물결을 타고 중국인들(네이멍구 자치구의 몽골인 포함)이 몽골로 밀려들기 시작하였다. 이러한 상황은 필자를 비롯한 외국 연구자들에게 중국(인)과 러시아(인)에 대한 몽골인의 생각을 엿볼 수 있

1 "習近平が「中国人嫌い」な'あの国'を訪問した意図とは?," 『日刊SPA』 (온라인, 2014. 8. 29.). 괄호 안은 필자 추가.

는 좋은 기회를 제공하였다. 그때 나와 같은 외국인들이 가장 자주 들었던 말은 소련과 소비에트 체제에 대한 비판, 그리고 '위험한 중국'과 '나쁜 중국인'에 대한 경멸과 우려였다.

1921년 이후 소련 정부가 사실상 몽골을 식민지처럼 관리했다는 점에서 소비에트 체제에 대한 비판은 충분히 이해가 간다. 소비에트 체제 아래 겪었던 경험담과 더불어, 사회주의 시기의 공포정치와 언론 통제, 숙청 등 소련과 공산체제에 대한 비판이 유행병처럼 번졌다. 그런데 한 가지 이상한 것은 소비에트 체제에 대한 비판과는 반대로 러시아인에 대한 평가는 매우 우호적이었다는 점이다. 20세기 초기 몽골이 중국으로부터 독립하고 현대 사회로 발전하는 과정에서 러시아인의 도움이 지대했다는 것에서부터 개별 러시아인의 품성에 이르기까지 러시아인에 대한 평가는 이상하리만큼 호의적이었다.

> 만일 러시아인들이 없었다면 레닌이 우리를 돕지 않았다면 몽골 역시 존재하지 않았을 것입니다. (중략) 1921년 그리고 제2차 세계대전 직전에 일본군이 몽골을 침략했을 때[2] 러시아인들이 우리를 구해 주었습니다. 우리는 그들에게 많은 것을 빚지고 있습니다.[3]

2012년 가을 반세기 이상 울란바타르 중심부에 자리 잡고 있었던 레닌 동상의 철거에 즈음하여, 로이터 통신 기자의 질문에 대한 에르덴빌렉(D. Erdenebileg, 당시 55세)이라는 한 몽골인 운전사의 대답이

---

2 1939년 5~9월에 몽골인민공화국과 만주국(滿洲國)의 경계인 할힝골(Khalkhin Gol)에서 벌어진 만주-일본 연합군과 몽골-소련 연합군의 전쟁을 말한다. 일본에서는 '노몬한 사건(ノモンハン事件)'이라 부른다.

3 Michael Kohn, "Capitalist Mongolia bids not so fond farewell to Bolshevik Lenin," *Reuters* (온라인, 2012. 10. 10.).

다. 바로 이 때문에 레닌 동상은 체제전환으로부터 10년 후인 2012년 10월 14일까지 울란바타르 도심 한가운데에 머물 수 있었던 것이다. 정리하자면, 한편으로 공산체제의 폭정을 비판하면서도 다른 한편으로 러시아인에게 고마워하는 이중적인 정서가 1990년대 체제전환기 소비에트 체제와 러시아인에 대한 일반 몽골인의 보편적인 정서였다. 그리고 이러한 정서는 큰 줄기에서는 지금까지도 이어지고 있다고 할 수 있는데, 앞서 인용한 에르덴빌렉의 답변이 그 증거이다.

러시아와 러시아인에 대한 평가가 이중적이었다면, 중국과 중국인에 대한 정서는 '위험한 중국'과 '나쁜 중국인'으로 통일되어 있었다. 당시 몽골인의 중국과 중국인에 대한 인식은 '호자(khujaa)'라는 말로 상징되었다. 이 말은 원래 한어(漢語) '화차오(華僑)'에서 온 것으로, 현대 몽골어에서 중국인을 비하하여 이르는 단어로 고정되었다. 체제전환 초기 중국인들이 여러 이유로 몽골로 몰려올 때, 몽골인들은 사람이건 물건이건 나쁜 것은 죄다 호자 탓으로 돌렸다. 호자가 밉다보니 호자의 나라(중국)에서 온 것은 사람이든 물건이든 무조건 싫어하고 폄하하였다. 이 호자의 범주에는 물론 같은 몽골족인 네이멍구 자치구의 몽골인도 포함되었으며, 그들은 소위 '에를리즈(erliiz, 혼혈아)'로 비하되었다. 네이멍구 자치구 출신의 몽골인들이 반쯤 중국화된 혼혈아라는 뜻이다. 최근 몽골과 중국 간 교류의 확대, 특히 경제 방면의 교류가 확대됨에 따라 이전과 같은 극단적 반중국 정서는 많이 해소되었지만, 중국과 중국인에 대한 몽골인의 기본 정서에는 근본적인 변화가 없는 것으로 보인다.

그렇다면 도대체 무슨 이유로 몽골인들의 중국 및 중국인에 대한 인식이 이처럼 어그러졌을까? 이것이 큰 나라와 국경을 맞대고 있는 약소국의 자기방어에서 나온 것인지, 그렇지 않다면 또 다른 이유에서 비롯된 것인지 궁금하지 않을 수 없다.

2
역사 속의 몽중관계

일반적으로 국경을 접하고 있는 나라들이 그렇듯이 역사 속의 몽골과 중국의 관계도 그다지 원만하지 못하였다. 두 나라의 껄끄러운 관계는 고대 농경민과 유목민의 관계로까지 거슬러 올라간다. 도발은 처음 농경민에 의해 시작되었다고 할 수 있는데, 그 상징적 표지가 만리장성이다. 우리 통념 속의 만리장성은 야만적인 북방민 또는 유목민의 침략을 막기 위한 농경민의 방어막이다. 그러나 최근 연구 결과에 의하면 만리장성은 남쪽 농경민들이 초원에서 유목민들을 몰아내고 북방지역을 통제하기 위하여 쌓은 방벽, 즉 침략의 상징물이라는 것이다.[4] 어느 쪽 말이 맞는지는 향후 연구에 의해 좀더 정확히 밝혀질 것이다. 그러나 만리장성 남북의 생태환경만 놓고 보면 후자 쪽의 의견이 맞을 가능성이 있다. 만리장성 남북에는 원래 풀이 무성한 초원이 펼쳐져 있었으며, 이는 이곳이 유목민의 삶의 터전이었다는 것을 말해준다. 그렇다면 그 초원으로 들어가 농경지를 일구고 거기에 말뚝을 박고 인위적 장벽을 축조한 사람은 농경민이니, 침략자는 바로 농경민이었다는 말은 논리적으로 설득력이 있다.

이처럼 농경민에 의하여 만들어진 만리장성을 사이에 두고 유목민과 농경민은 지난 수천 년 동안 공방을 거듭하였다. 이 과정에서 두 집단은 서로에 대한 불신과 편견을 갖게 되었다. 예를 들면 농경민들은 북방민이나 유목민을 일괄적으로 중원과 주변국을 침략하는 흉포

---

4 니콜라 디코스모, 이재정 옮김, 『오랑캐의 탄생』(민음사, 2005), pp. 213-218.

한 집단이자 농사를 모르고 떠돌이 생활을 하는 야만인 또는 문명의 파괴자로 기록하였다.[5] 그리고 이는 『사기(史記)』와 『한서(漢書)』 이래 '인면수심(人面獸心)'으로 대표되는 지난 2천 년 동안 이어져 온 장성 남쪽 농경민들이 갖고 있었던 유목민 상(像)의 핵심이 되었다. 반면에 만리장성 북방의 유목민들은 중원의 한인(漢人) 왕조와 대립하면서 세계의 중심에 군림한다는 중국 황제의 중화주의적 주장이나 중국인이 이적(夷狄)에 갖고 있었던 뿌리 깊은 문화적 우월성을 전혀 인정하지 않았다.[6]

한(漢)나라와 흉노(匈奴)의 대립에서 본격화된 두 집단 간의 대립은 그 후 역사의 흐름 속에서 지배와 피지배 관계를 나눠 가졌다. 원(元)나라 시대(1271~1368) 한인들은 몽골인의 직접적인 지배를 받았고, 청(淸)나라 시대(1636~1911) 몽골인들은 만청(滿淸)의 지배를 받았다. 현재 중국의 역사 교과서에는 정치적 목적에 따라 원대를 남북 분열을 극복하고 중화민족을 통합한 위대한 중화왕조로 기술되어 있지만, 얼마 전까지만 해도 원나라 지배기를 북방의 야만인들에 의하여 중화 문명이 유린된 치욕의 시대로 평가되었다.[7] 잘 알려진 것처럼 청나라 시대는 엄밀하게 말하면 한인들이 몽골족을 지배한 것이 아니다. 그러나 현대 몽골인들의 중국과 중국인에 대한 인식의 뿌리가 주로 이 시기에서 기원하고 있다는 점에서, 청 지배 시기는 현대 몽골과 중국의

5 한(漢)과 흉노(匈奴)의 관계를 이 관점에 따라 탐구한 대표적 연구로 니콜라 디코스모의 위의 책 참고. 한인의 유목과 유목문화에 대한 인식의 역사적 변천에 대해서는 楊海英, 「中國人が語りはじめた遊牧文明」, 『朝倉世界地理講座: 大地と人間の物語 2, 東北アジア』(東京: 朝倉書店, 2009) 참고.

6 ツェデンダンバ・バトバヤル, 「モンゴル人と中国人: 相互の歴史観」, 『学術の動向』, 2003, p. 60.

7 이평래, 「중국 학계의 몽골사 서술 분석」, 『중국학자들의 소수민족 역사서술』(동북아역사재단, 2008), pp. 94-95.

관계를 이해하는 데 매우 중요하다.

청나라 지배 초기 청 정부는 만주족의 발상지인 만주와 몽골 지역으로의 한인의 이주를 엄격하게 금지하였다. 이른바 봉금정책(封禁政策)이 그것이다. 그러나 청나라 후기로 갈수록 이러한 인위적인 통제 정책은 실효성을 잃어, 만리장성을 넘어 많은 한인들이 몽골 초원으로 이주하였다. 한인의 이주는 몽골 사회에 여러 가지 문제를 가져왔다. 이주 한인은 대부분 농경민이었고, 이들에 의하여 목초지가 개간되었다. 목초지 개간은 곧 유목민의 생계 터전의 파괴를 의미하였고, 이는 농경민과 유목민의 사활을 건 생존투쟁으로 이어졌다. 여기에 현지 지배층과 결탁한 '여몽상(旅蒙商)'이라 불리는 한인 상인들과 고리대금업자들의 수탈로 인하여 유목민들의 생활이 피폐해지면서 양자의 대립은 화해불능으로 치달았다. 그 결과 몽골 각지에서는 이른바 반청·반봉건 투쟁이 발생했는데, 전자는 만청의 관리 및 한인 농민과 상인을 겨냥한 것이고, 후자는 그들과 결탁한 몽골의 지배층을 겨냥한 것이었다.[8]

당시 자료에는 한인 농민들의 진출로 목초지를 잃고 방랑하는 유목민들과 한인 상인들의 협잡으로 빚더미에 앉은 유목민들의 비참한 상황이 생생하게 묘사되어 있다.[9] 이 과정에서 유목민의 삶의 터전을 강탈하는 나쁜 한인(한인 농민), 유목민을 속이는 사악한 한인(한인 상인), 이들을 지원하고 몽골인을 탄압하는 포악한 만주 관리라는 인식의 기본 틀이 갖춰졌고, 이러한 인식의 틀이 근현대로 이어졌다. 현대 몽골어에서 감언이설로 남을 속이는 것을 "만주 말을 한다(Manj üg

---

8 이 시기 반청·반봉건 투쟁에 관한 초보적 연구는 이평래, 「20세기 초기 Ar(北) 몽골 왕공들의 정국인식과 독립구상」, 『한국민족학연구』 제3권, 1996 참고.

9 А. Очир и Б. Энхтүвшин, *Монгол улсын түүх, Дөтгөөр боть* (Улаанбаатар: Шинжлэх ухааны академи, Түүхийн хүрээлэн, 2003), pp. 249-273.

khelekh)"[10]라고 표현하는 것도 기본적으로 청 지배 시기를 거치면서 새로 생긴 말이다. 이 시기에 한인 상인과 고리대금업자들이 몽골 유목민들을 속여 경제적 수탈을 자행한 것을 만주 정권이라는 시대 상황을 고려하여 이렇게 표현했던 것이리라.

1911년 신해혁명(辛亥革命)이 발발하자 몽골인들은 그해 12월 29일 청나라로부터 독립을 선언하였다.[11] 그러나 이듬해 성립된 중화민국이 청나라의 계승자임을 자처하고 몽골에 대한 종주권을 주장하면서 몽중관계가 복잡해졌다. 이때부터 러시아(또는 소련)와 중국 사이에 이른바 '몽골문제(蒙古問題)'를 놓고 밀고 당기는 지루한 외교교섭이 시작되었다. 아무튼 역대 중화민국 정부는 몽골의 독립을 인정하지 않다가 장제스(將介石: 1887~1975)의 국민당 정부가 제2차 세계대전 이후 강대국의 압력으로 마지못해 독립을 수용하였고(1946년 1월 5일), 중화인민공화국은 소련의 권유로 1949년 10월 16일 몽골과 외교관계를 수립하였다. 그러나 신해혁명 직후 성립된 중화민국 정부는 물론이고 장제스의 국민 정부, 심지어 마오쩌둥(毛澤東: 1893~1976)의 신중국 정부까지도 독립 승인과 별개로 지속적으로 몽골을 자국의 영토로 편입시키려고 하였다.

예를 들면 마오쩌둥은 1936년 미국 언론인 에드가 스노우(Edgar Snow)와의 회견에서 "중국에서 인민혁명이 성공을 거두면 외몽골공화국은 자체의 의사에 따라 자동적으로 중국 연방의 일부가 될 것입니다"[12]라고 하여 혁명 전부터 몽골의 편입에 대한 확고한 생각을 갖

---

10 Л. Болд и Т. Пүрэвсүрэн, *Монгол хэлний дэлгэрэнгүй тайлбар толь III* (Улаанбаатар: Шинжлэх ухааны академи, Хэл зохиолын хүрээлэн, 2008), p. 1205.

11 1911년 몽골 독립 선언에 대한 것은 이평래, 「1911년 몽골 독립과 민족 통합 운동의 초기 과정」, 『동양사학연구』 104호, 2008, pp. 155-190 참고.

12 에드가 스노우, 신홍범 옮김, 『중국의 붉은 별』(두레, 1985), p. 471.

고 있었다. 그의 의지는 신중국 성립 이후에도 변하지 않았다. 즉 스탈린(Iosif Vissarionovich Stalin: 1878~1953)은 1949년 9월 30~31일 흑해의 휴양지 소치(Sochi)에서 당시 몽골인민공화국 최고지도자 초이발상(Khorloogiin Choibalsan: 1895~1952)과 만났는데, 이때 그는 마오쩌둥이 자신에게 서한을 보내 내외몽골을 통합시켜 중국의 자치국으로 만들자고 제안했다는 사실을 전해 주었다.[13]

중국의 몽골인민공화국 통합 시도에 관한 자료는 그 후에도 확인된다. 즉 사회주의 시기 몽골 지도자 체덴발(Yumjaagiin Tsedenbal: 1916~1991)의 증언에 의하면, 그가 소련공산당 제20차 회의(1956년 2월 14~25일) 참석차 소련 방문 시 회의가 끝난 3월 5일 각료회의 부의장인 미코얀(Anastas Ivanovich Mikoyan)을 만났는데, 그때 미코얀이 자신에게 마오쩌둥이 소련에 두 차례나 몽골인민공화국을 중국에 통합시키는 문제를 제기했음을 전해 주었다 한다.[14] 이 때문이었겠지만 1956년 중국에서 출간된 책에 수록된 지도에는 그 당시 몽골인민공화국과 중화인민공화국의 국경선 표시가 '미정(未定)'을 뜻하는 가는 점선으로 되어 있는 데 반해, 몽골인민공화국과 소비에트 연방의 국경선은 '이정(已定)'을 뜻하는 굵은 점선으로 되어 있다.[15]

그러던 중화인민공화국 정부는 신장(新疆)지역의 대규모 반란과 카자흐스탄으로의 대규모 주민이탈 사태의 발생, 중국과 인도의 국경

---

13 О. Батсайхан, *Монгол үндэстэн бүрэн эрхт улс болох замд 1911-1946* (Улаанбаатар: Шинжлэх ухааны академи, Олон улсын хүрээлэн, 2005), pp. 317-319.

14 Б. Сумьяа, *Гэрэл Сүүдэр: Ю Цэдэнбалын хувийн тэмдэглэлээс* (Улаанбаатар: МАХН-ын Төв хорооны дэргэдэх эрдэм шинжилгээны төв, 1992), p. 91.

15 張時祖編寫, 『祖國的陸界』(上海: 新知識出版社, 1956), pp. 16-17. 미국의 내륙아시아사 연구자인 모리스 로사비(Morris Rossabi) 역시 마오쩌둥의 신중국이 1950년대까지 몽골을 중국의 일부로 생각했다는 것을 강조하고 있다. Morris Rossabi, "On China And Mongolia Since 1990," *USC Annenberg* (온라인, 2018. 2. 20.).

분쟁 및 중국과 소련의 분쟁 등 내외 상황이 어렵게 되자 변계조약(邊界條約, 1962년 12월 26일)을 통해 두 나라의 오랜 현안이었던 몽골과 중국 간의 국경문제를 종결지었다.[16] 이는 외형적으로 몽골의 실질적인 독립을 인정한 것이고, 그때까지 몽골이 불법 점거하고 있다고 여긴 영토를 양보한 것이었다. 문제는 중국 정부의 양보가 몽골에 대한 영유권의 완전한 포기가 아니라 전술적 후퇴였다는 점이다. 중소분쟁 속에서 몽골이 소련 쪽으로 기울자 그들의 환심을 사기 위해 몽골의 실효적 지배 지역에 대한 영유권을 일시적으로 포기한 것으로, 말하자면 어쩔 수 없는 상황에서의 양보였던 것이다. 변계조약이 체결된 10년 후인 1972년 중국에서 출간된 지도에 몽골이 여전히 중국의 영토로 표기되어 있는 것이 이를 말해 준다.[17]

이 과정에서 중국 및 중국인에 대한 몽골인의 불신이 더욱 커졌으리라는 것은 충분히 짐작할 수 있다. 이러한 불신은 중소분쟁 시기 양국의 대립이 격화되고 몽골이 일관되게 친소(親蘇)정책을 견지하면서 더욱 심화되었다. 몽골이 일방적으로 친소정책을 고수한 가장 큰 이유는 만청의 지배를 거치면서 고착화된 중국의 영토적 지배에 대한 불안 때문이었다. 이처럼 중화인민공화국과의 관계가 단절되면서 1980년대 중반 두 나라가 다시 관계 개선에 나설 때까지 몽골인들은 중국의 미디어에 접근하고 중국인과 교류하는 것이 원천적으로 봉쇄되어 있었다. 또한 이 무렵 소비에트의 선전 장치는 중국에 관한 모든 것을 양자택일적으로 평가함으로써 몽골 여론을 교묘하게 조작하였

16 이평래, 「몽골과 중국의 다리강가 領有權 분쟁」, 『동북아역사논총』 37호, 2012, pp. 301-306.

17 오 바트사이한, 「중국 역사학자들의 몽골사 왜곡에 대하여」, 『한국사속의 고구려의 위상』(고구려재단, 2004), p. 408.

다.[18] 전체적으로 이 시기 반중국 정서는 소련 당국에 의하여 치밀하게 기획되고, 친소정책을 고수한 몽골 지도자들에 의하여 국가적 차원에서 조장되었다.[19] 그리고 이렇게 형성된 중국과 중국인에 대한 불신이 1990년대 체제전환 이후까지 이어졌다고 볼 수 있다.

요약하면, 유목민과 농경민의 대립을 거쳐 만청 지배 시기에 틀이 잡힌 반중국 정서가 그 이후의 역사 과정에서 확산되고, 중소대립 시기를 거치면서 더욱 강화되어 현재에 이르고 있다고 할 수 있다. 이 점에서 현대 몽골인들의 반중국 정서는 확실한 역사적 근거를 갖고 있다고 볼 수 있다.

3 체제전환 이후 몽중관계

1980년대 중반 중국과 소련의 관계가 개선되자 몽골과 중국 역시 관계 개선에 나섰다. 몽골 입장에서 보면 1989년부터 소련군이 철수하고 안보에 구멍이 생기면서 중국과의 관계 개선이 더욱 절실해졌다고 할 수 있다. 이런 가운데 양국은 1994년에 신우호협력협정을 체결하여 상호 이해를 강화하였다. 그 후 2003년에 '선린우호 및 상호신뢰의 동반자 관계', 2011년에 '전략적 동반자 관계'에 서명함으로써 두 나라 관계는 새로운 국면으로 진입하였다. 이어 양국은 2013년에 '전략적 동반자 관계를 위한 중장기 행동전략'에 서명하고, 2014년 시진핑

18 ツェデンダンバ、バトバヤル, 앞의 글, p. 61.

19 Mendee Jargalsaikhan, "Lingering anti-Sinic sentiments in post-Communist Mongolia: Why dislike the Chinese?," *VOICES FROM CENTRAL ASIA* 19, 2015, pp. 7-9.

〈표 5-1〉 몽·중 연도별 무역액 추이 (단위: 억 달러)

액수＼연도	2000	2005	2010	2015	2016	2017	2018	2019
무역액	4.0	8.2	34.4	53.0	49.6	67.4	85.4	88.5

출처: 몽골국 통계청 통계연감에 의거하여 작성. *Mongol ulsyn statistikiin emkhetgel* (2019), p. 607.

(習近平: 1953~) 주석의 몽골 방문(2014년 8월 21~22일)을 계기로 '전면적 전략적 동반자 관계'로 두 나라 관계가 최고 단계로 격상되었다.[20]

정치 분야에서의 협력과 더불어 양국은 경제 분야에서의 협력도 강화해 나갔다. 〈표 5-1〉과 같이 2000년에 불과 4억 달러에 불과했던 두 나라 교역액은 2018년에 85억 4천만 달러로 20배 이상 늘어났고, 2019년에는 88억 5천만 달러로 증가했다. 오래전 양국은 2020년에는 이를 100억 달러로 끌어올리기로 합의한 바 있다.

그 결과 2019년 말을 기준으로 중국은 몽골의 제1의 수출대상국이자 제2의 대몽골 투자국 그리고 제1의 교역국으로서, 몽골 경제를 지탱하는 가장 중요한 국가로 부상하였다. 또한 현재 몽골의 가장 중요한 수출품인 광물자원은 80% 이상이 중국으로 수출되고 있으며, 몽골의 주요 광산개발은 대부분 중국이나 중국 회사와 관련이 있다.[21] 이러한 중국에 대한 경제적 의존도는 시간이 갈수록 증대하고 있는데, 1990년 이후 몽골의 총 무역액에서 중국 무역이 차지하는 비중을 보면 이 점이 더욱 선명하게 확인된다.

〈표 5-2〉와 같이 몽골의 대외교역에서 중국이 차지하는 비중은 1990년에는 2.3%에 불과했지만 2019년에는 64.4%로 거의 30배 이상

20 "中蒙關係簡況," 中華人民共和國駐蒙古國大使館 (온라인, 2019. 1. 11.).

21 뭉크낫산·김홍진, 「몽골의 대외교역 동향과 대중국 무역의 과제」, 『몽골학』 61호, 2020, pp. 83-86, 93-95.

〈표 5-2〉 총 무역액 중 대중국 무역액 비중 (단위: %)

비중\연도	1990	1995	2000	2005	2010	2015	2019
중국 무역액	2.3	14.8	34.8	36.4	56.4	62.6	64.4
중국 수입액	2.7	12.2	20.5	25.8	30.5	36.6	33.6
중국 수출액	1.7	17.1	51.2	48.2	84.8	83.7	89.1

출처: 몽골국 통계청 통계연감에 의거하여 작성. *Mongol ulsyn statistikiin emkhetgel* (2017), pp. 403–405; *Mongol ulsyn statistikiin emkhetgel* (2019), pp. 607–609.

증가했다. 당연하지만 양국 간 경제협력은 두 나라 정부의 적극적인 지원에 의하여 이루어지고 있다. 2003년 6월 후진타오(胡錦濤: 1942~) 주석의 몽골 방문 때부터 본격화된 정부 간 협력은 2014년 시진핑 주석의 몽골 방문 때 대규모 투자에서 인프라 건설, 금융협력 등 전 분야에 걸친 24개의 협약 체결로 이어졌다.[22] 또한 2016년 몽골, 중국, 러시아는 중·몽·러 경제회랑 프로그램을 확정하고 32개 사업을 진행하기로 합의하였다.[23] 세 나라는 이들 32개 프로젝트 가운데 중앙철도회랑, 아시아자동차도로망 AH-3 노선, 3국을 통과하는 500KW의 전기 송전사업을 가장 화급한 사업으로 정하고 공동연구를 수행하기로 합의하였다.[24] 아직 시작 단계이기 때문에 성과를 단언할 수는 없지만, 합의된 프로젝트들이 하나하나 추진된다면 몽골과 중국의 경제협력은 더욱 강화될 것이다.

그러나 두 나라 간 경제교류의 확대는 몽골의 독립과 주권 및 안보에 또 다른 문제를 불러왔다. 무슨 이유인지 확실치 않지만, 1990년

22 이평래, 「모스크바와 베이징 사이의 몽골」, 『신흥지역정보 종합지식포탈』, 2014.

23 제성훈·나희승·최필수, Lkhagvadorj Dolgormaa, 『중·몽·러 경제회랑의 발전 잠재력과 한국의 연계방안』(대외경제정책연구원, 2016).

24 G. Munkhnasan, 「신북방정책 실현을 위한 한·몽 경제 및 사회문화 협력 방안」, 『대외경제정책연구원 몽골전문가 세미나』(2018. 11. 20.), p. 9.

대 이후 양국의 우호협력이 확대되면서 몽골국의 현상(status quo)을 부정하는 중국인들의 문제제기가 잦아졌다. 예컨대 1990년대 이후 현재까지 1911년 몽골의 독립선언을 러시아(소련 포함)의 사주에 의한 것으로 비판하는 책과 논문이 눈에 띄게 많이 발표되고 있는데,[25] 여기에서 중국 필자들은 그때 조국의 영토를 상실했다는 취지를 서슴없이 밝히고 있다. 이는 가끔씩 외교문제로 비화되었고, 그때마다 중국 정부는 이러한 견해들이 정부의 공식 입장이 아님을 천명하고 나섰다. 그러나 이는 말 그대로 정부의 공식적인 견해일 뿐이고, 이로 인하여 몽골인들이 느끼는 중국의 위협은 우리가 생각하는 것보다 훨씬 심각하다. 예를 들면 몽골의 대표적인 전략문제 전문가인 하이산다이(L. Khaisandai)는 향후 중국의 경제 진출이 몽골의 안보를 심각하게 위협할 수 있으며, 심지어 중국의 경제 확장이 몽골에 대한 점진적인 흡수를 목적으로 한다고까지 말한 적이 있다.[26] 심각한 것은 중국학자들의 이런 생각이 전근대 자국의 속방(屬邦)에 대한 일종의 계승의식에 기인하고 있으며, 그것이 쉽사리 교정될 기미가 없다는 점이다.

일부 네이멍구 학자들의 전언(傳言)에 의하면, 중국 연구자들은 독립국인 몽골국의 통합을 기정사실화하고 있다고 한다. 따라서 "중국인들은 주석에서 거지에 이르기까지 몽골을 중국의 일부로 여기고 있다"[27]고 단언한 한 몽골 평론가의 평가도 허풍으로만 보기도 어렵다.

---

25 대표적으로 師博, 『外蒙古獨立內幕』(北京: 人民中國出版社, 1993)을 거론할 수 있다. 이 책은 '中華北疆-外蒙古'가 어떻게 하여 러시아와 소련의 사주로 중국에서 떨어져 나갔는지를 시기에 따라 정리하고 향후 '중몽관계'에 대한 저자의 생각을 정리하였다. 학술서는 아니지만 이 책은 20세기 몽골사 전체를 부정하여 외교적 논란을 불러왔다.

26 L. Khaisandai, "Issues in Ensuring Mongolia's economic security and cooperation on the Rise of China," *2011 NAHF-MAS Forum, Globalization and Korea-Mongolia Cooperation*, 2011, pp. 31-34.

27 Ш. Гантулга, "ОХУ-ын ерөнхийлөгч Монголын хувь заяаг эргүүлэх чухал шийдвэр гаргаж магадгүй," *Sonin.mn* (온라인, 2014. 9. 2.).

2000년대 중반 이후 '다야르 몽골(Dayar Mongol, 汎몽골)' 등 극우 민족주의 단체가 출현하여 중국인(네이멍구의 몽골인 포함) 및 중국계 회사 그리고 그들과 관련이 있는 몽골인을 공격하는 사건이 발생한 것도 중국의 영향력 확대에 대한 반작용에서 비롯되었다.[28] 즉 군사력, 경제력, 인구 등 모든 면에서 압도적인 중국에 몽골이 잠식될 수 있다는 위기의식이 그들로 하여금 극단적인 반중국 행동에 나서게 했다고 할 수 있다. 물론 대다수 몽골인들은 이들 극우단체의 이념과 극단적인 행위에 동의하지 않지만, 그들이 내세우는 반중국 정서를 많은 몽골인이 공유하고 있는 것 또한 분명한 사실이다.

이러한 몽골인의 정서를 의식해서인지 시진핑 주석은 2014년 몽골 방문 때 몽골 대통령과 발표한 공동성명에서도 중국은 몽골의 안보를 보장할 것이며 몽골에 대한 팽창 의도가 없음을 몇 번이나 강조하였다. 이는 매우 이례적인 발언인데, 역으로 몽골인이 그만큼 중국의 팽창을 우려하고 있다는 증거이다. 이러한 노력의 결과인지는 알 수 없지만, 근년 몽골에서 실시된 여론조사는 지금까지 언급한 몽골인의 전통적인 중국 인식이 완만하게 변화하고 있음을 확인해 준다.

〈표 5-3〉은 "몽골의 가장 좋은 동반자는 어느 나라입니까?"[29]라는 질문에 대한 2020년 여론조사 결과이다. 설문은 제1 선택과 제2 선택으로 한 사람이 두 나라까지 선택할 수 있게 하였다. 〈표 5-3〉과 같이 현재 몽골 국민은 러시아를 가장 우호적인 나라로 보고 있다. 그것도 타의 추종을 불허할 정도로 압도적이다. 지난 3년 동안의 조사 결과도 대체로 이와 일치한다.

---

28 湊 邦生, 「モンゴル圧倒的な「南の隣人」への反感と現実認識」, 『国際問題』 643, 2015, pp. 30-31.

29 "Улс төрийн барометр" No. 19(53), "*Сант Марал*" *сан* (온라인, 2020. 5.).

〈표 5-3〉 몽골의 가장 좋은 동반 국가 (단위: %)

국명＼선택	제1 선택	제2 선택
러시아	67.8	9.5
중국	5.8	34.0
미국	4.6	11.4
유럽연합	2.3	3.8
일본	6.1	11.8
한국	3.9	9.3
기타	0.3	0.4
무응답	0.8	0.8
모름	8.4	9.8
총계	100	100

이처럼 몽골인이 러시아에 호감을 갖고 있는 데는 몇 가지 이유가 있다. 우선 러시아는 20세기 초 몽골이 외세(만청과 중화민국)의 지배에서 벗어나 독립을 실현하고 현대 국가로 거듭나는 데 결정적 역할을 하였다. 또한 러시아는 몽골 국민의 전통적인 대중국 안보 불안을 해소해 줄 수 있는 가장 든든한 나라이다. 특히 체제전환 이후 중국의 부상과 몽골 경제의 중국에 대한 예속이 심화되면서, 러시아는 중국의 영향력을 견제할 가장 믿음직한 우방으로 인식되고 있다. 사회주의 시기에 건설된 몽·소 합작회사인 에르데네트(Erdenet) 구리광산과 울란바타르 철도회사(UBTZ)가 몽골 경제를 지탱해 주는 가장 견실한 회사라는 점도 러시아에 대한 신뢰를 높이는 데 기여했을 것이다.

우리가 관심을 갖고 있는 중국의 경우 제1 선택은 5.8%로 3위이지만, 제2 선택은 34.0%로 1위로 조사되었다. 참고로 2019년의 같은 여론조사에서는 제1 선택과 제2 선택이 각각 2.4%와 23.3%였고,[30]

30 "Улс төрийн барометр" No. 18(52), "*Сант Марал*" *сан* (온라인, 2019. 3~4.).

〈표 5-4〉 몽골인이 잘 협의하여 일할 수 있는 사람 (단위: %)

국명＼선택	제1 선택	제2 선택
러시아	32.3	14.4
중국	19.3	21.3
미국	1.9	5.2
유럽연합	0.7	2.0
일본	4.6	11.7
한국	28.5	16.4
기타	0.2	0.3
무응답	0.6	1.5
모름	12.0	14.8
총계	100	100

2018년의 경우 제1 선택과 제2 선택이 각각 0.8%와 19.9%로 조사되었다.[31] 두 해의 조사 결과를 2020년과 대조해 보면 조심스럽지만 몽골인의 중국에 대한 선호도가 완만하게 높아지고 있음을 확인할 수 있다. 특히 제2 선택만을 놓고 보면 이 추세가 더욱 뚜렷하게 나타난다.

이어 "몽골인이 어느 나라 사람들과 잘 협의하여 일할 수 있다고 생각합니까?"[32]라는 질문에 대한 응답에서 이 점이 좀 더 분명하게 확인된다. 이 설문 역시 한 사람이 두 나라 사람까지 선택할 수 있도록 하였다. "잘 협의하여 일할 수 있는 사람"이란 말 그대로 몽골인이 사업이나 일을 함께하고 싶은 상대를 가리킨다. 그런데 이 질문에서도 제1 선택의 경우 러시아인이 단연 1위이다. 지난 3년 동안의 조사 결과도 대체로 이와 일치했다. 이 문항에서 한국인은 제1 선택(28.5%)과 제2 선택(16.4%)이 모두 2위에 올라와 있다. 우리가 관심을 갖는 중

31 "Улс төрийн барометр" No. 17(51), "*Сант Марал*" *сан* (온라인, 2018. 3.).
32 같은 곳.

국인의 경우 제1 선택(19.3%)과 제2 선택(21.3%)이 각각 3위와 1위에 올라와 있다. 이를 2019년(11.3%, 11.7%) 및 2018년의 조사 결과(9.8%, 14.6%)와 대조해 보면, 중국인에 대한 우호적인 정서가 해를 거듭할수록 높아지고 있음을 확인할 수 있다. 그리고 이러한 경향이 "몽골의 가장 좋은 동반 국가"를 묻는 설문에서도 나타나고 있어, 중국과 중국인에 대한 몽골인의 인식은 점점 좋아지고 있다고 볼 수 있다.

물론 일부 몽골 지식인들은 이런 조사 결과에 대해서도 사람들이 대답은 그렇게 하지만 실제로 중국과 중국인에 대한 인식에는 근본적인 변화가 없다고 믿고 있다. 그러나 중국과 중국인에 대한 호의적인 정서가 매년 높아지고 있다는 여론조사 결과는 몽골인의 전통적 중국 인식에 모종의 변화가 발생하고 있다고 할 만한 근거가 될 수 있다. 그렇다면 역사 과정에서 형성된 반중국 정서가 팽배한 가운데 동반 국가 및 사업이나 업무의 동반자로서 중국과 중국인에 대한 생각이 좋아지는 현상을 어떻게 해석해야 할까?

우선, 1990년대 이후 중국과의 경제협력 확대로 인해 양국 국민의 접촉이 잦아졌다는 점을 들 수 있다. 〈표 5-2〉와 같이 2019년 대중국 교역은 몽골 전체 교역액의 64.4%를 차지한다. 그중 수입은 33.6%이고, 수출은 무려 89.1%나 된다. 또한 몽골 경제의 중심축인 광물자원의 대부분이 중국계 회사가 관여하거나 중국으로 수출되고 있으며, 극동 시베리아와 중앙아시아 국가들이 그렇듯 몽골의 서민 경제도 상당 부분 중국산 제품에 의존하고 있다. 이 과정에서 양국 국민 간에 접촉이 잦아지고 상대방에 대한 생각에도 모종의 변화가 생겼다고 추측해 볼 수 있다.[33]

몽골의 대표적인 중국 연구자 슈르후(D. Shurkhuu)가 지난 30년

33 湊 邦生, 앞의 글, pp. 34-35.

동안 "중국의 차관과 각종 경제적 지원이 몽골의 사회 및 경제 발전에 일정한 역할을 했을 뿐만 아니라, 두 나라 국민의 상호 이해와 신뢰를 굳건하게 했다"[34]고 평가한 것도 이러한 추측을 가능하게 한다.

물론 중국인 연구자 판샤오쥐(樊小菊)의 지적처럼 "중국과 몽골 간 정치관계는 이미 상당 수준에 도달했지만, 정치 분야의 공감대가 아직 사회 분야의 공감대로 발전되지 못하여 양국 국민 간의 감정에는 여전히 일정한 틈과 오해"[35]가 있는 것은 분명하다. 그녀가 몽·중의 미래협력 과제로서 경제 분야 외에 인적·학술적 교류를 강조한 것도 이 때문일 것이다. 지난 30년의 몽중관계를 조망해 보면 소련 또는 러시아의 독점적 지위가 사라지고, 몽·중 간에 정치 및 경제 교류가 확대되었으며, 이 과정에서 인적 만남이 늘어나 몽골인의 중국과 중국인에 대한 생각이 바뀌게 되었다고 결론지을 수 있다. 그리고 당분간 이러한 추세가 이어질 가능성이 있기 때문에 바트체첵(B. Battsetseg) 전 몽골 외교부 차관의 말대로 "몽중관계는 역사상 가장 좋은 시기"[36]로 가고 있다고 평가할 수 있다.

---

34 Д. Шүрхүү, "Зүүн хойд Ази дахь шинэ нөхцөл байдал ба Хятад, Монголын харилцааны ирээдүй," *МОНГОЛ, ХЯТАДЫН ХАРИЛЦААНЫ ШИНЭ ЭРИН: БОЛОМЖ, СОРИЛТ* (Улаанбаатар: Олон улсын харилцааны хүрээлэн, 2020), p. 21.

35 樊小菊, "東北亞地區新形勢與中蒙關係的未來," *МОНГОЛ, ХЯТАДЫН ХАРИЛЦААНЫ ШИНЭ ЭРИН: БОЛОМЖ, СОРИЛТ* (Улаанбаатар: Олон улсын харилцааны хүрээлэн, 2020), p. 35.

36 С. Мөнхбаатар, "Б. Батцэцэг: Монгол, Хятадын харилцаа түүхэн дэх хамгийн таатай үедээ байна," *Montsame* (온라인, 2019. 10. 16.).

4
현재의 몽중관계

몽골인의 중국과 중국인에 대한 생각의 변화와 별개로, 2016년 말 2017년 초 현대 몽·중 관계사에서 획을 그을 만한 또 하나의 사건이 발생하였다. 한국 언론에도 보도된 것처럼,[37] 티베트의 지도자 제14대 달라이라마(14th Dalai Lama: 1935~)가 2016년 11월 18~23일 몽골을 방문하였다. 2011년 이후 5년 만에 이루어진 그의 몽골 방문은 몽골 불교의 본산인 간단테그칠렝(Gandantegchilen) 사원, 불교 관련 시민단체, 신도들의 초청으로 이루어졌다. 달라이라마는 사회주의 시절인 1979년 처음 몽골을 방문한 이후, 1982년, 1991년, 1994년, 1995년, 2002년, 2006년, 2011년 등 모두 여덟 차례 몽골을 방문했고, 2016년 아홉 번째로 몽골을 찾았다. 달라이라마의 몽골 방문은 항상 중국과의 마찰을 빚어왔을 뿐 아니라, 2014년에는 중국의 압력으로 그의 방몽이 취소되기도 하였다.[38]

2016년 달라이라마의 몽골 방문 역시 중국의 격렬한 반발을 불러왔다. 그 때문에 그의 몽골 방문 하루 전인 2016년 11월 17일 달라이라마 초청 실무단 단장인 간단테그칠렝 사원의 다와프레브(S. Davaaprev) 스님은 달라이라마의 방몽 일정과 목적 등을 상세히 설명

---

37 정주호, 「달라이라마 몽골 방문…中 반발·보복조치 촉각」, *KBS NEWS* (온라인, 2016. 11. 18.).

38 Г. Доржханд, "Хятадын шахалтын улмаас Далай ламын айлчлал цуцлагдав," *Sonin.mn* (온라인, 2014. 8. 21.). 언론보도에 따르면, 달라이라마의 방몽 취소는 중국과의 여러 경제협력을 약속할 시진핑 주석의 몽골 방문(2014. 8. 21.~22.)과 관련이 있다고 한다.

하고 그의 방문이 '순수한 종교 행사'[39]임을 특별히 강조하였다. 달라이라마의 몽골 도착 당일인 11월 18일에는 간단테그칠렝 사원의 언론홍보실장 오드가리드(J. Odgarid) 스님이 브리핑을 통하여 이번 방문은 "정치적 내용이 전혀 담겨 있지 않은 순수 종교적 차원에서 이루어지는 것"임을 강조했으며, 같은 날 뭉흐-오르길(Ts. Mönkh-Orgil) 당시 몽골 외교부장관도 제14대 달라이라마의 이번 방문은 몽골 정부와는 상관없는 일임을 재차 천명하였다. 또한 달라이라마가 한창 방몽 일정을 소화하고 있던 11월 21일에도 간단테그칠렝 사원의 초이잠츠(D. Choijamts) 주지 스님이 직접 나서 "몽골 인구 60%가 불교를 믿고 있고 달라이라마는 몽골에 와서 정치 행사를 하지 않을 것이며 이번 방문을 통하여 사부대중(四部大衆)에게 부처님의 가르침을 설교할 것"[40]이라 하여, 그의 방문에 어떤 정치적 목적도 없다는 점을 부각시켰다.

몽골의 종교 및 정치 지도자들의 이 같은 설명에도 불구하고 중국 정부는 달라이라마의 몽골 방문을 강력하게 비난하였다. 그의 몽골 도착 당일인 2016년 11월 18일 중국 외교부 경솽(耿爽) 대변인은 "달라이라마는 종교의 이름 아래 티베트를 조국으로부터 분리시키려고 하는 정치 망명자"라고 규정하고, "우리는 몽골 측에 양국의 우호관계를 존중하고 티베트 문제에 관한 공식적 입장에 충실하며 달라이라마와 그의 무리들의 몽골 방문을 금지할 것을 강력하게 촉구한다"[41]고 비판하였다. 중국 외교부는 20일에도 경솽 대변인 명의의 성명을 내고

---

39 "Далай лай ламын айлчлал улс төрөөс ангид гэж мэдэгдэв," *News.mn* (온라인, 2016. 11. 17.).

40 Б. Заяа, "Д. Чойжамц: Далай багш Монголд морилохдоо улс төр хийдэггүй," *Montsame* (온라인, 2016. 11. 21.).

41 "Хятад улс Далай ламын айлчлалыг хориглохыг Монголоос шаарджээ," *Ikon* (온라인, 2016. 11. 18.).

"몽골이 중국의 거듭된 취소 요구에도 불구하고 집요하게 달라이라마를 초청했다"고 불만을 표시하고, 몽골 측이 "중국의 핵심 이익과 중대 관심사를 존중할 것"과 "이번 방문이 초래할 부정적 영향을 없앰으로써 양국관계 발전의 장애물을 제거하라"[42]고 압박하였다. 중국 외교부는 달라이라마가 몽골을 떠난 11월 23일에도 성명을 내고 "달라이라마의 방문을 허락한 몽골 측의 잘못된 정책은 중·몽의 정치관계에 틈이 생기게 하고 양측의 협력 발전에 악영향을 끼쳤으며, 따라서 중국 정부는 몽골 측에 중국의 핵심 이익과 관심사를 존중하고 잘못된 행위로 인한 악영향을 제거할 조치를 취하고 중몽관계를 정상으로 되돌려 놓을 것을 촉구한다"[43]고 하였다.

제14대 달라이라마의 몽골 방문에 대한 중국 정부의 비난은 전례 없이 강경하고 직설적이었다. 실제로 중국 측은 몽골 외교부를 통하여 양국 간에 계획된 정부 간 교류를 전면 중단한다고 통보하고, 석탄과 구리 등 대중국 광물 수출품에 대한 통관 수수료를 대폭 인상[44]하는 등 몽골을 전방위로 압박하였다.

중국 정부의 전례 없이 강경한 조치에 대하여 몽골 정부는 2016년 12월 말 하양햐르바(D. Khayankhyarvaa) 당시 인민당 원내 대표를 단장으로 하는 대표단을 중국에 보내 중국공산당 대표 및 외교부 당국자들과의 면담을 통해 이 문제에 대해 사과하고, 에르덴바트(J. Erdenebat) 전 총리의 서한을 중국 총리에게 전달하였다. 에르덴바트 총리는

42 홍제성, 「中, 달라이라마 몽골 방문에 '발끈'…양국관계 경색될 듯」, 『연합뉴스』(온라인, 2016. 11. 21.).

43 Б. Сансар, "БНХАУ-ын талаас Далай ламын айлчлал хоёр орны харилцаанд сэв суулгасан гэж мэдэгдэв," *Olloo* (온라인, 2016. 11. 24.).

44 Г. ТӨГС, "Хятад Монголтой хиллэдэг БҮХ боомтод хураамж ногдуулахаар шийдвэрлэжээ," *Ikon* (온라인, 2016. 12. 2.).

이 서한에서 "몽골은 하나의 중국 정책을 지속적으로 지지하고 있습니다. 달라이라마는 몽골 정부가 초청한 것이 아니며 현 정권에서 다시는 (그를) 초청하지 않도록 노력하겠습니다"[45]라고 약속하였다. 그로부터 한 달 후인 2017년 1월 24일 뭉흐-오르길 전 외교부장관은 왕이(王毅) 중국 외교부장과 전화통화를 갖고 몽·중의 외교현안에 대하여 의견을 교환했는데, 언론보도에 따르면 그때 뭉흐-오르길 외교부장관은 왕이 외교부장에게 티베트 지도자 제14대 달라이라마의 몽골 방문에 대하여 다음과 같이 사과했다고 한다.

> 몽골국은 전통적인 하나의 중국 정책을 일관되게 견지하고, 티베트는 중국의 분리할 수 없는 일부분임을 인정합니다. 우리는 티베트 문제를 중국의 내부 문제로 보아왔습니다. 상호 간에 근본 이익을 존중하는 것은 양국관계 발전의 기본 원칙입니다. 간단테그칠렝 사원의 초청으로 달라이라마가 몽골을 방문하여 몽골과 중국의 우호관계에 악영향을 미친 데 대하여 몽골 정부는 유감을 표합니다.[46]

이에 왕이 중국 외교부장은 다음과 같이 답하였다.

> 몽중관계를 안정적으로 발전시키는 것은 양국과 양국 국민의 기본 권익에 부합되는 것이며, 몽골 측이 그간 언론매체를 통해 공개적으로 밝힌 입장, 즉 자신들의 집권 기간에는 또다시 달라이라

45 "Ерөнхий сайдын захидалд "Уучлалт гуйж байна" гэж дурдаагүй," *Unuudur* (온라인, 2016. 12. 23.).

46 "Монгол, Хятадын харилцаанд сөрөг нөлөө үзүүлсэнд Монголын ЗГ ХАРАМСАЖ байгааг илэрхийллээ," *Ikon* (온라인, 2017. 1. 24.).

마의 몽골 방문을 허가하지 않을 것이라는 약속을 중국 측은 관심을 갖고 보았습니다. 저는 몽골이 양국관계 발전을 위해 중국의 핵심 이익을 존중하고 몽중관계에 발생한 부정적인 영향을 해소하기 위하여 현실적인 노력을 기울이고 있는 것을 기쁘게 생각합니다.[47]

왕이 외교부장의 답변은 "자신들의 집권 기간에는 또다시 달라이라마의 방몽을 허가하지 않을 것이라는 약속"에 방점이 찍혀 있다. 실제로 두 사람이 통화하기 한 달 전쯤에 뭉흐-오르길 전 외교부장관은 한 몽골 언론과의 인터뷰를 통하여 인민당 집권 기간에는 달라이라마를 초청하지 않겠다[48]고 공언했고, 중국 정부는 이 약속을 진정한 사과로 받아들였던 것이다.

제14대 달라이라마의 몽골 방문, 중국 정부의 반발과 제재조치, 몽골 정부의 설명과 사과는 달라이라마의 몽골 방문 때마다 되풀이되는 연례 행사처럼 보인다. 그러나 2016년 말 달라이라마의 몽골 방문, 중국의 반발, 몽골의 사과는 비난 강도와 사과의 수위에서 이전과 전혀 다른 양상을 보여주었다. 자료를 좀 더 찾아보아야 하겠지만, 몽골 정부 당국자들 입에서 달라이라마를 다시는 초청하지 않겠다고 공언한 것은 2016년이 처음이 아닌가 한다. 물론 자신들이 집권하고 있을 때라는 단서를 달았지만, 어떤 정권이 들어서도 이 공언이 지켜질 가능성이 매우 크다. 국제사회에서 중국의 정치 및 경제적 위상이 이전과 비교할 수 없을 정도로 높아졌을 뿐만 아니라, 그 이상으로 정치 및

47 같은 곳.
48 Б. туул, "Ц. Мөнх-Оргил: Засгийн газрын бүрэн эрхийн хугацаанд Далай лам айлчлахгүй," *Montsame* (온라인, 2016. 12. 26.).

경제적 측면에서 중국에 대한 몽골의 의존도 또는 종속도가 심화되었기 때문이다.

이는 곧 몽중관계가 이전처럼 사과와 해명으로 해결될 수 없을 정도로 중국 쪽으로 기울어졌음을 뜻한다. 그리고 이것이 몽중관계의 현재의 모습이다. 이런 점에서 2016년 11월 중순 제14대 달라이라마의 몽골 방문은 몽중관계가 획기적으로 바뀌는 변곡점이 될 가능성도 없지 않다.[49]

2020년 7월 7일 출범한 후렐수흐(U. Khurelsukh, 1968~) 정부의 초대 외교부장관에 중국통이 임명된 것도 최근 몽골에서 중국의 무게를 실감케 하는 대목이다. 엥흐타이왕(N. Enkhtaivan) 신임 외교부장관은 베이징공상대(北京工商大)에서 학사학위를, 몽골국립대 대학원과 미국 스트레이어대(Strayer University) 대학원에서 각각 석사학위를 취득한 직업 외교관이다. 1996년부터 몽골 외교부에 근무하기 시작하여 두 번이나 베이징 주재 대사관에 근무했는데, 외교관으로서 그는 주로 통상 관련 업무를 담당하였다. 따라서 그를 외교부장관으로 발탁한 것은 중국이 몽골 경제에 절대적인 영향을 끼치고 있는 현실을 반영한 것으로 볼 수 있지만, 여기에 필자는 두 이웃(중국과 러시아)에 대한 무게 중심이 중국 쪽으로 좀 더 기울었다는 신호로 볼 여지가 있다고 생각한다.

물론 이러한 견해에 대한 반론도 만만치 않다. 2018년 당시 유엔개발계획(UNDP)에서 중국과 몽골 관련 사업의 수석 개발 이코노미스트로 활동하고 있었던 빌 비케일스(Bill Bikales)가 대표적인 사례이

---

49 『뉴욕타임스』 또한 여러 전문가의 말을 인용하여 "달라이라마를 초청하지 않겠다"는 몽골 외교부장관의 사과를 매우 이례적인 역사적 사건이라고 평가하였다. Edward Wong, "Mongolia, With Deep Ties to Dalai Lama, Turns From Him Toward China," *New York Times* (온라인, 2016. 12. 30.).

다.[50] 그는 2016년 말 달라이라마의 몽골 방문을 몽골이 경제적으로 매우 어려운 시기에 이루어진 특별한 사건(extraordinary event)이라 진단하면서도, "달라이라마를 초청하지 않겠다"는 몽골 외교부장관의 말은 형식적이고 미래의 몽골 정부에 아무런 구속력이 없다고 평가하였다. 오히려 그는 달라이라마의 초청 건은 경제적으로 어려운 시기 최대 교역국인 중국의 위협에 공개적으로 맞선 독립국의 외교 행위라고 높게 평가하였다.

> 몽골은 경제적으로 중국과 매우 밀접하게 연관되어 있지만, 자국의 다방향 외교정책과 지난 11월의 아주 특별한 사건을 통하여 독립적인 정책을 수립하는 데 필요한 모든 것을 할 준비가 되어 있음을 분명히게 보여주었다. 그것이 성공할지, 그리고 얼마나 오래 갈지 두고 보자! 그러나 몽골이 외교관계를 관리하는 능숙한 방식을 과소평가하지 말기 바란다.[51]

이는 2016년의 이른바 11월 사건에 대한 빌 비케일스의 종합평가라 할 수 있다. 다방향 외교정책(multi-directional foreign policy)은 러시아와 중국 사이에서 균형을 잡고 이들의 힘이 과도하게 투사되는 것을 억제하면서 경제 및 안보 협력을 추구하기 위하여 미국, 일본, 한국, 인도, EU 등과 긴밀하게 협력하는 '제3의 이웃 정책'을 동시에 추진하는 것을 말한다. 명시적으로 밝히지는 않았지만, 2016년 11월 사건과 그 결말은 몽골 외교의 승리라는 것이 빌 비케일스의 결론이다.

---

50 Bill Bikales, "China-Mongolia Relations, Trends and Recent Developments," *USC US_China Institute* (온라인, 2018. 5. 8.).

51 같은 곳.

그가 단호하게 몽골의 승리라고 말한 이유는, 당시 몽골이 극도의 경제적 어려움에 처해 있었고, 그 어려움을 극복하는 데 중국의 재정지원이 절박한 상황에서 중국의 경고를 외면하고 달라이라마를 초청했기 때문이다. 전혀 근거가 없는 것은 아니지만, 그의 주장이 철저하게 몽골 편에 선 말이라는 점에서 선뜻 받아들이기가 쉽지 않다.

5
결론

앞에서 우리는 중국 및 중국인에 대한 몽골인의 인식, 그리고 몽골과 중국 관계를 몇 부분으로 나누어 검토해 보았다. 지금까지 논의한 사항을 요약 정리하고 이에 대한 필자의 생각을 더하는 것으로 결론을 대신하고자 한다.

첫째, 중국과 중국인에 대한 몽골인의 전통적인 인식은 매우 부정적이다. 여기에는 물론 역사적 근거가 있는데, 그 발단은 유목민과 농경민의 대립으로까지 거슬러 올라간다. 그리고 몽골이 만청의 지배를 받으면서 이는 하나의 인식의 틀로 자리 잡고, 사회주의 시기 중·소 대립 시기를 거치면서 철저하게 친소 노선을 견지한 몽골 집권층의 여론 조작으로 심화되어 현재까지 이어졌다고 할 수 있다.

둘째, 중국과 중국인에 대한 몽골인의 전통적인 인식은 1990년대 이후 몽·중 간 정치 및 경제적 협력이 증대되면서 복잡한 양상으로 나타난다. 체제전환 이후 상당 기간 중국의 정치 및 경제적 영향력 확대에 대한 반작용으로 반중국 정서가 심화되고 일부에서는 폭력적 양상으로까지 나타났지만, 정치·경제·문화 등 다방면에 걸쳐 양국 국민 간에 교류가 확대되면서 중국과 중국인을 우호적으로 보는 몽골인이 늘어나는 추세를 보이고 있다.

셋째, 2016년 말 제14대 달라이라마의 몽골 방문은 현대 몽·중 관계사에서 전환점이 될 공산이 크다. 지금까지 중국 정부의 강력한 항의와 제재조치에도 불구하고 달라이라마의 몽골 방문을 허용했던 몽골 정부가 역사상 처음으로 다시는 달라이라마를 초청하지 않겠다고 약속하는 일이 일어난 것이다. 필자는 이를 몽중관계가 이전처럼 사과와 해명으로 해결될 수 없을 정도로 중국 쪽으로 기울어진 증거로 해석하였다.

정리하자면, 근자에 와서 몽·중 간에 정치 및 경제적 협력이 확대되면서 중국과 중국인에 대한 몽골인의 인식이 눈에 띄게 좋아졌다. 그렇다고 해서 중국과 중국인에 대한 몽골인의 불안이 완전히 해소된 것은 아니다. 앞서 인용한 여론조사에서 몽골인이 가장 좋은 친구 나라로 러시아를, 몽골인이 잘 협의하여 일할 수 있는 나라 사람으로 러시아인을 선택한 가장 큰 이유는 중국의 영향력에 대한 불안 때문이다. 특히 만청의 지배기에 형성된 중국의 침략과 직접지배에 대한 불안은 몽골인의 안보 불안의 가장 큰 요인이 되고 있다. 이 안보 불안을 완화해 주는 첫 번째 나라가 러시아이고, 두 번째가 '제3의 이웃'인 미국이다. 따라서 몽골 입장에서는 '두 이웃' 사이에서 균형 외교를 하고 이들의 힘이 자국에 과도하게 투사되지 않도록 미국 등 '제3의 이웃'들과 적극적으로 협력하는 것이 최선의 방책이다. 두 이웃 사이의 균형이 깨지거나 '두 이웃'과 '제3의 이웃' 사이의 균형이 깨지면 독립 자체가 유지될 수 없다는 것을 몽골인은 역사를 통하여 잘 알고 있다.

결국 향후 몽중관계는 주로 경제적 요인으로 인해 좀더 밀착될 가능성이 있다. 물론 이로 인한 안보 불안은 러시아와 '제3의 이웃'(미국, 일본, 유럽연합 등 서방국가)에 의탁할 수밖에 없다. 이런 점에서 최근 몽골을 둘러싼 몇 가지 정치 행사는 우리의 주목을 끌기에 충분하다.

먼저 2020년 2월 27일 바트톨가(Khaltmaagiin Battulga: 1963~) 몽골 대통령은 코로나 19로 인하여 어수선한 중국을 방문하여 시진핑 주석 등 중국 지도자들을 만나고 어려움에 처한 중국 인민을 위로하면서 양 3만 두(頭)를 기증하였다. 이에 대한 답방 및 코로나 19 극복을 위한 지원 등의 이유로 왕이 중국 외교부장이 2020년 9월 15~16일 몽골을 방문하였다. 그로부터 1주일 후인 2020년 9월 20~22일에는 엥흐타이왕 몽골 외교부장관이 러시아를 방문하였다. 그리고 트럼프 대통령의 코로나 확진으로 취소되었지만 2020년 10월 7일에는 폼페이오(Mike Pompeo) 미국 국무장관의 방몽이 예정되어 있었으며, 10월 9~10일에는 모테기 도시미쓰(茂木敏充) 일본 외상이 몽골을 방문하였다. 이러한 일련의 외교행사는 몽중관계의 현주소와 강대국들의 이해가 부딪히는 몽골의 지정학적 위치를 상징적으로 보여준다.[52]

52 필자는 다음 기고문을 통해 이 문제에 대한 생각을 발표하였다. 이평래, 「마크 에스퍼 미 국방장관의 방몽과 몽골의 지정학」, 『신흥지역정보 종합지식포탈』, 2019.

| 참고문헌 |

니콜라 디코스모, 이재정 옮김, 『오랑캐의 탄생』, 민음사, 2005.

뭉크낫산, 「신북방정책 실현을 위한 한·몽 경제 및 사회문화 협력 방안」, 대외경제정책연구원 몽골전문가 세미나, 2018년 11월 20일.

뭉크낫산·김홍진, 「몽골의 대외교역 동향과 대중국 무역의 과제」, 『몽골학』 61호, 2020.

오 바트사이한, 「중국 역사학자들의 몽골사 왜곡에 대하여」, 『한국사속의 고구려의 위상』, 고구려재단, 2004.

에드가 스노우, 신홍범 옮김, 『중국의 붉은 별』, 두레, 1985

이평래, 「20세기 초기 Ar(北) 몽골 왕공들의 정국인식과 독립구상」, 『한국민족학연구』 제3권, 1996.

이평래, 「중국 학계의 몽골사 서술 분석」, 『중국학자들의 소수민족 역사서술』, 동북아역사재단, 2008.

이평래, 「1911년 몽골 독립과 민족 통합 운동의 초기 과정」, 『동양사학연구』 104호, 2008.

이평래, 「몽골과 중국의 다리강가 領有權 분쟁」, 『동북아역사논총』 37호, 2012.

이평래, 「모스크바와 베이징 사이의 몽골」, 『신흥지역정보 종합지식포탈』, 2014.

이평래, 「미그 에스퍼 미 국방장관의 방몽과 몽골의 지정학」, 『신흥지역정보 종합지식포탈』, 2019.

제성훈·나희승·최필수, Lkhagvadorj Dolgormaa, 『중·몽·러 경제회랑의 발전 잠재력과 한국의 연계방안』, 대외경제정책연구원, 2016.

樊小菊, "東北亞地區新形勢與中蒙關係的未來," *МОНГОЛ, ХЯТАДЫН ХАРИЛЦААНЫ III ИНЭ ЭРИН: БОЛОМЖ, СОРИЛТ*, Улаанбаатар: Олон улсын харилцааны хүрээлэн, 2020.

師博, 『外蒙古獨立內幕』, 北京: 人民中國出版社, 1993.

張時祖編寫, 『祖國的陸界』, 上海: 新知識出版社, 1956.

楊海英, 「中國人が語りはじめた遊牧文明」, 『朝倉世界地理講座: 大地と人間の物語 2,

東北アジア』, 東京: 朝倉書店, 2009.
湊 邦生, 「モンゴル圧倒的な「南の隣人」への反感と現実認識」, 『国際問題』 643, 2015.
ツェデンダンバ、バトバヤル, 「モンゴル人と中国人: 相互の歴史観」, 『学術の動向』, 2003.

Khaisandai, L., "Issues in Ensuring Mongolia's economic security and cooperation on the Rise of China," *2011 NAHF-MAS Forum, Globalization and Korea-Mongolia Cooperation*, 2011.
Mongol ulsyn statistikiin emkhetgel, 2017, 2019.

Болд, Л. и Т. Пүрэвсүрэн, *Монгол хэлний дэлгэрэнгүй тайлбар толь III*, Улаанбаатар: Шинжлэх ухааны академи, Хэл зохиолын хүрээлэн, 2008.
Батсайхан, О., *Монгол үндэстэн бүрэн эрхт улс болох замд 1911-1946*, Улаанбаатар: Шинжлэх ухааны академи, Олон улсын хүрээлэн, 2005.
Очир, А. и Б. Энхтүвшин, *Монгол улсын түүх, Дөтгөөр боть*, Улаанбаатар: Ш инжлэх ухааны академи, Түүхийн хүрээлэн, 2003.
Сумьяа, Б., *Гэрэл Сүүдэр: Ю Цэдэнбалын хувийн тэмдэглэлээс*, Улаанбаатар: МАХН-ын Төв хорооны дэргэдэх эрдэм шинжилгээны төв, 1992.
Шүрхүү, Д., "Зүүн хойд Ази дахь шинэ нөхцөл байдал ба Хятад, Монголынх-арилцааны ирээдүй," *МОНГОЛ, ХЯТАДЫН ХАРИЛЦААНЫ ШИНЭ ЭРИН: БОЛОМЖ, СОРИЛТ*, Улаанбаатар: Олон улсын харилцааны хүрээлэн, 2020.

온라인 자료
정주호, 「달라이라마 몽골 방문…中 반발·보복조치 촉각」, *KBS NEWS* (2016. 11. 18.). 〈https://m.yna.co.kr/view/AKR20161118086000089〉 (최종 검색일 2020. 11. 9.)
홍제성, 「中, 달라이라마 몽골 방문에 '발끈'…양국관계 경색될 듯」, 『연합뉴스』(2016. 11. 21.). 〈https://www.yna.co.kr/view/AKR20161121075100083〉 (최종 검색일 2020. 11. 9.)
"中蒙關係簡況," 中華人民共和國駐蒙古國大使館 (2019. 1. 11.). 〈http://mn.china-embassy.org/chn/zmgx/sbgx/t1628794.htm〉 (최종 검색일 2020. 11. 9.)
"習近平が「中国人嫌い」な'あの国'を訪問した意図とは?," 日刊SPA (2014. 8. 29.). 〈https://nikkan-spa.jp/705426〉 (최종 검색일 2020. 11. 9.)
Bikales, Bill, "China-Mongolia Relations, Trends and Recent Developments," *USC US_China Institute* (2018. 5. 8.). 〈https://china.usc.edu/bill-bikales-china-

mongolia-relations-trends-and-recent-developments〉(최종 검색일 2020. 11. 15.)

Jargalsaikhan, Mendee, “Lingering anti-Sinic sentiments in post-Communist Mongolia: Why dislike the Chinese?,” *VOICES FROM CENTRAL ASIA* 19 (2015. 1. 9.). 〈https://blogs.ubc.ca/mongolia/2015/lingering-anti-sinic-sentiments-in-post-communist-mongolia-why-dislike-the-chinese/〉(최종 검색일 2020. 11. 15.)

Kohn, Michael, “Capitalist Mongolia bids not so fond farewell to Bolshevik Lenin,” *Reuters* (2012. 10. 10.). 〈https://www.reuters.com/article/idUSLNE89900O20121010〉(최종 검색일 2020. 11. 14.)

Rossabi, Morris, “On China And Mongolia Since 1990,” *USC Annenberg* (2018. 2. 20.). 〈https://china.usc.edu/video-morris-rossabi-china-and-mongolia-1990〉(최종 검색일 2020. 11. 14.)

Wong, Edward, “Mongolia, With Deep Ties to Dalai Lama, Turns From Him Toward China,” *New York Times* (2016. 12. 30.). 〈https://www.nytimes.com/2016/12/30/world/asia/china-mongolia-dalai-lama.html〉(최종 검색일 2020. 11. 20.)

Гантулга, Ш., “ОХУ-ын ерөнхийлөгч Монголын хувь заяаг эргүүлэх чухал шийдвэр гаргаж магадгүй,” *Sonin.mn* (2014. 9. 2.). 〈http://sonin.mn/news/politics-economy/30987〉(최종 검색일 2020. 11. 15.)

“Далай лай ламын айлчлал улс төрөөс ангид гэж мэдэгдэв,” *News.mn* (2016. 11. 17.). 〈http://www.news.mn/r/3176939〉(최종 검색일 2020. 11. 15.)

Доржханд, Г., “Хятадын шахалтын улмаас Далай ламын айлчлал цуцлагдав,” *Sonin.mn* (2014. 8. 21.). 〈http://www.sonin.mn/news/culture/30394〉(최종 검색일 2020. 11. 15.)

“Ерөнхий сайдын захидалд “Уучлалт гуйж байна” гэж дурдаагүй,” *Unuudur* (2016. 12. 23.). 〈http://unuudur.mn/article/93274〉(최종 검색일 2020. 11. 15.)

Заяа, Б., “Д. Чойжамц: Далай багш Монголд морилохдоо улс төр хийдэггүй,” *Montsame* (2016. 11. 21.). 〈https://montsame.mn/en/read/38716〉(최종 검색일 2020. 11. 15.)

“Монгол Улсын статистикийн эмхэтгэл 2017.” 〈https://1212.mn/BookLibrary.aspx?-category=007〉(최종 검색일 2020. 11. 15.)

“Монгол Улсын статистикийн эмхэтгэл 2019.” 〈https://1212.mn/BookLibrary.aspx?-category=007〉(최종 검색일 2020. 11. 15.)

“Монгол, Хятадын харилцаанд сөрөг нөлөө үзүүлсэнд Монголын ЗГ ХАРАМ САЖ байгааг илэрхийллээ," *Ikon* (2017. 1. 24.). 〈http://www.ikon.mn/n/xam〉 (최종 검색일 2020. 11. 15.)

Мөнхбаатар, С., "Б. Батцэцэг: Монгол, Хятадын харилцаа түүхэн дэх хамгийнтаатай үедээ байна," *Montsame* (2019. 10. 16.). 〈https://www.montsame.mn/mn/read/202084〉 (최종 검색일 2020. 11. 15.)

Сансар, Б., "БНХАУ-ын талаас Далай ламын айлчлал хоёр орны харилцаанд сэв суулгасан гэж мэдэгдэв," *Ollo* (2016. 11. 24.). 〈http://olloo.mn/n/36107.html〉 (최종 검색일 2020. 11. 15.)

ТӨГС, Г., "Хятад Монголтой хиллэдэг БҮХ боомтод хураамж ногдуулахаар шийдвэрлэжээ," *Ikon* (2016. 12. 2.). 〈http://www.ikon.mn/n/vyz〉 (최종 검색일 2020. 11. 15.)

Туул, Б., "Ц. Мөнх-Оргил: Засгийн газрын бүрэн эрхийн хугацаанд Далай лама айлчлахгүй," *Montsame* (2016. 12. 26.). 〈https://www.montsame.mn/mn/read/41829〉 (최종 검색일 2020. 11. 15.)

"Улс төрийн барометр" No. 17(51), "*Сант Марал" сан* (2018. 3.). 〈https://830a862d-3fe6-40e6-b731-5a65590fd0cf.filesusr.com/ugd/915e91_2090bf86b6724a3e841d04339369de1f.pdf〉 (최종 검색일 2020. 11. 15.)

"Улс төрийн барометр" No. 18(52), "Сант Марал" сан (2019. 3~4.). 〈https://830a862d-3fe6-40e6-b731-5a65590fd0cf.filesusr.com/ugd/915e91_f5e401ba80e54d0da5bec96e77bf8982.pdf〉 (최종 검색일 2020. 11. 15.)

"Улс төрийн барометр" No. 19(53), "Сант Марал" сан (2020. 5.). 〈https://830a862d-3fe6-40e6-b731-5a65590fd0cf.filesusr.com/ugd/915e91_9a5c34e5b4ba44e786815ab8bc8033d1.pdf〉 (최종 검색일 2020. 11. 15.)

"Хятад улс Далай ламын айлчлалыг хориглохыг Монголоос шаарджээ," *Ikon* (2016. 11. 18.). 〈http://www.ikon.mn/n/vm1〉 (최종 검색일 2020. 11. 15.)

제6장

몽골의 체제전환과 러시아

러·몽 관계사를 중심으로

이문영
(서울대학교 통일평화연구원 부교수)

1
러시아, 고마운 형님 혹은 저주스런 정복자

몽골학자 바이사흐(Kh. J. Bayasakh)의 말처럼 "몽골은 진정으로 놀라운 역사를 가진 나라"다.[1] 몽골은 러시아와 중국을 각각 250년, 100년 가까이 지배했고, 또 러시아와 중국에 의해 70년, 200년 가까이 지배받았다. 러시아와 중국 두 강국을 모두 정복했고, 또 두 나라 모두에 지배당한 나라는 세계 역사상 몽골이 유일하다. 러시아와 중국을 '제국' 몽골이 지배했고, 몽골의 지배에서 벗어나 새로이 '제국'이 된 두 나라가 몽골을 지배했다.

놀랍고 독특한 몽골사의 이 특이성은 무엇보다 지리적 위치에 의해 조건화된 것이다. 한때 몽골이 세계의 절반을 정복한 역사상 최대 제국의 주인일 수 있었던 것은 아시아와 유럽을 '수평'으로 잇는 중앙아시아의 심장부에 위치했기 때문이다. 또 이후 러시아와 중국에 의한 굴욕적 지배 역시 몽골이 양국을 '수직'으로 잇는(나누는) 다리로 기능했기 때문이다. 특히 1911년 12월 최초의 근대 독립국가 선포 이후 현재까지, 몽골은 러시아와 중국에 포위된 내륙국가(landlocked country)이자 '대륙 속의 섬'으로 존재해 왔다. 북으로는 러시아와 3,543km의 국경을, 남으로는 중국과 4,677km의 국경을 접한 몽골은 양 대국으로부터 주권과 영토성을 확보하기 위해 사투를 벌였다. 몽골의 근현대사는 이 사투의 기록에 다름아니다. 몽골의 이러한 지정학적 숙명은 20세기

---

1 Kh. J. Bayasakh, "Mongolia and Russia-China on the Eve of the New Millenium," *China Report*, vol. 36, no. 1, 2000, p. 73.

몽골 근대화와 국민국가 건설의 전 과정은 물론, 21세기 체제전환과 새로운 국가성 확립에도 막대한 영향을 미치고 있다.

몽골의 거대한 두 이웃 중 특히 러시아는 청 제국으로부터 몽골의 독립 과정에 깊숙이 개입한 것을 시작으로, 이후 건설된 근대 몽골 국가의 성격을 온전히 규정했다. '역사상 두 번째로 출현한 사회주의 나라', '소련의 16번째 공화국', '아시아 유일의 소련 위성국' 등 몽골이 지녔던 별명이 보여주듯이, 몽골의 근대화 과정은 소비에트 러시아의 압도적인 영향력 아래 진행되었다. 사회주의몽골인민공화국이 형식적으로는 독립국이었지만, 사실상 '탈식민적 식민지(postcolonial colony)'였다는 주장은 소련의 영향력의 정도를 입증한다.[2]

한편 1990년대부터 진행된 몽골의 탈사회주의 체제전환은 나라 전체를 구조화한 소련식 유산 청산, 즉 탈소비에트화가 그 핵심이었다. 20세기 몽골의 소비에트화와 21세기의 탈소비에트화는 정반대의 방향을 갖지만, 양 세기 몽골 변화의 핵심이 모두 '소비에트'와 긴밀한 연관을 갖는다는 점에서 러시아는 몽골에 여전히 현재적이고 문제적인 키워드다.

---

2 최근 탈소비에트 공간을 탈식민주의 담론의 영역으로 포섭하는 다양한 시도가 나타나고 있다. 기존 탈식민주의 이론은 제1, 2차 세계대전을 전후로 독립한 과거 서유럽 제국의 식민지(아시아, 아프리카, 남미) 경험에 주로 초점을 맞추었다. 반면 '포스트소비에트'와 '포스트콜로니얼' 사이의 연관성을 입증하려는 최근의 시도는 소련 시스템을 하나의 독특한 식민지배 체제로 설명하고자 한다. 이런 맥락에서 '탈식민적 식민지'란 청 제국의 식민지배로부터 몽골의 독립이 소련이라는 새로운 제국의 식민지로의 위치 이동에 불과했음을 의미한다. 특히 몽골은 다른 중앙아시아 국가들과 달리 소련에 직접 포함됐던 공화국도 아니고, 소련과 비슷하거나 때로는 우월한 문명 수준을 보인 동유럽 위성국도 아니었다는 점에서 탈식민주의적 탈소비에트 연구에 매우 적합한 사례로 주목받고 있다. 이에 대해서는 D. Sneath, "Lost in the Post: Technologies of Imagination, and the Soviet Legacy in Post-Socialist Mongolia," *Inner Asia*, vol. 5, 2003, pp. 39-52; O. Myadar, "In the Soviet Shadow: Soviet Colonial Politics in Mongolia," *Inner Asia*, vol. 19, 2017, pp. 5-8 참조.

체제전환 후 몽골에 대한 러시아의 영향력은 과거와 비교할 수 없을 만큼 줄어들었는데, 이는 경제 분야에서 특히 가시적으로 드러난다. 일례로, 1990년 이전 몽골의 대외무역에서 소련 및 사회주의 경제 블록[3]이 차지한 비중은 90%에 달했다. 물론 이 90%의 대다수는 소련과 이루어졌다. 몽골이 민주화·시장화에 착수하기 직전인 1989년에는 몽골 전체 수입의 80%, 수출의 70%가 소련을 상대로 이루어졌다. 하지만 그로부터 사반세기가 흐른 2013년 몽골 대외무역 전체에서 러시아가 차지하는 비중은 고작 15.3%로, 수입의 경우 1989년보다 3배 가까이 줄어든 24.6%, 수출은 1989년보다 무려 50배가량 추락한 1.5%에 불과하다. 이러한 추세는 꾸준히 이어져, 2015년과 2017년에는 몽골 대외무역에서 러시아가 차지하는 비중은 각각 13%, 11.1%까지 떨어진다.[4]

하지만 경제지표만을 근거로 몽골의 체제전환이 탈소비에트, 탈러시아화와 동의어라고 쉽게 단정할 수는 없다. 이를 뒷받침해 주는 흥미로운 사례가 있다. 몽골의 대표적인 독립 여론조사 기관인 상트마랄재단 리서치센터(Research Center of Sant Maral Foundation)는 매년 몽골의 정치·경제·사회·국제관계 전반에 대한 전국 단위 설문조사를 하고 있다. 이중 "몽골에 가장 좋은 파트너는 어느 나라인가?"라는 문항

---

3 코메콘(COMECON)을 말한다. 코메콘은 '경제상호원조회의(Council for Mutual Economic Assistance, CMEA)'의 약칭으로, 사회주의 다자경제협력기구를 대표한다. 소련이 1949년 1월 미국의 대유럽 원조정책인 마셜 플랜을 겨냥해 만들었고, 소련이 붕괴한 1991년 해체되었다.

4 А. Б. Гомбоеви и В. Б. Базаров, "Динамика макроэкономических показателей и внешнеэкономические связи Монголии," *Вестник Бурятского научного центра сибирского отделения РАН*, no. 4(16), 2014, pp. 142, 145, 147; T. Batbayar, "Mongolian-Russian Relations in the Past Decade," *Asian Survey*, vol. 43, no. 6, 2003, p. 959; Sneath, 앞의 글, p. 41; Mongol Bank, *Mongolia's Foreign Trade Review* (Dec. 2015), p. 1; Mongol Bank, *Mongolia's Foreign Trade Review* (June 2017), p. 1 참조.

에서 러시아는 최근 3년 연속 1위를 차지했다. 그 비율은 해가 갈수록 늘어나 2015년, 2016년, 2017년 각각 59.0%, 61.1%, 66.6%의 몽골인이 가장 좋은 파트너 국가로 러시아를 택했다.[5]

몽골의 숙명적인 이웃 러시아와 관련해, 실질적 경제지표와 일반 대중의 대외인식에 드러난 이 극적인 차이는 어디에 기인하는 것일까? 적어도 이는 현재 진행 중인 몽골의 체제전환 과정에, 그리고 그것이 지향하는 미래에 러시아가 여전히 깊이 연루되어 있음을 반증해 준다. 현대 몽골 속 러시아의 초상은 '주권과 영토를 지켜준 고마운 형님'과 '저주스런 정복자' 사이, '엄청난 원조금의 마르지 않는 샘'과 '자원 약탈자' 사이를 오락가락하며 여전히 그 미래와 양가적으로 얽혀 있는 것이다.

이 글은 이러한 문제의식에서 출발한다. 경제지표와 완전히 무관할 수는 없지만, 온전히 그로 환원될 수 없는 양국 간 역사적 상호작용에 대한 검토를 통해 앞서의 차이가 가진 의미에 대해 나름대로 해석해 보고자 한다. 이를 위해 ① 몽골 사회주의 근대화 시기의 경우, 특히 몽골 독립 및 주권 확립과 관련한 러시아의 역할을 중심으로 양국 간 관계를 검토하고, ② 탈사회주의 전환기의 경우 1990년대와 2000년대로 나누어 그 관계 변화를 비교 고찰한 후, ③ 이에 기반해 러시아가 몽골의 체제전환과 미래에 가질 함의에 대해 종합적 평가를 시도한다.[6]

---

5 Sant Maral Foundation, *Politbarometer*, vol. 14(48), 2015, p. 13; *Politbarometer*, vol. 15(49), 2016, p. 27; *Politbarometer*, vol. 16(50), 2017, p. 22.

6 러·몽 관계사(關係史) 관련, 한국 내 선행 연구는 매우 부족한 실정이다. 특히 전문 학술 연구의 경우 제성훈, 석화정, 김보라, 이경완 등의 선구적 논문이 소수 존재하나, 각각 특정 시기나 분야에 제한된다. 이 글은 러시아 학자와 몽골 학자의 관련 연구를 주로 참조하되, 후자의 경우 러시아어나 영어로 된 텍스트를 참고했다. 한국 학자의 선행 연구는 제성훈, 「탈냉전기 러시아-몽골관계의 변화: 지정학적 '완충국' 개념을 중

2
최초의 조우: '몽골-타타르의 멍에'와 범몽골주의의 공포

역사적으로 러시아와 몽골이 언제 처음 만났는지는 몽골을 지리적으로 어떻게 규정하느냐에 따라 달라진다. 몽골을 현재의 영토에 제한하면, 양국 간 최초의 조우는 17세기 무렵 몽골 국경 부근에서 이루어졌다. 하지만 폴란드와 헝가리 등 동유럽까지 위세를 떨친 몽골제국을 염두에 둘 경우, 러·몽 간 최초의 조우는 13세기 현재의 러시아 영토에서 이루어졌다고 말할 수 있다.

1227년 칭기스칸 사후 벌어진 극심한 권력투쟁 결과, 칭기스칸의 장손자 바투 칸(Batu Khaan: 1205~1255)은 1243년 러시아 볼가(Volga)강 근처 사라이를 수도로 킵차크 한국(Kipchak Khanate)을 건설했다. 이를 전후해 랴잔(Ryazan), 블라디미르(Vladimir), 수즈달(Suzdal), 키예프 공국을 비롯, 러시아 전역이 바투의 지배 아래 들어갔다. 13세기 중반 본격적으로 시작된 몽골제국의 러시아 지배는 1380년 드미트리 돈스코이(Dmitry Donskoy: 1350~1389)가 돈(Don)강 근처 쿨리코보(Kulikovo) 벌판에서 마마이(Mamai) 칸이 이끄는 20만의 몽골군을 대파한 후 내리막길을 걷다가, 모스크바 공국의 이반 3세(Ivan III: 1440~1505)가 몽골에 대한 충성 거부를 공식 선언한 1480년에 비로소 막을 내린다. 거

심으로」, 『국제정치논총』 제50권 2호, 2010; 석화정, 「러일 비밀협약과 러시아의 몽골 정책」, 『군사』 92호, 2014; 김보라, 「이웃 국가들을 통해 출해구(出海口)를 확보하고자 하는 몽골의 이해관계와 몽골-러시아 연해주 협력」, 『몽골학』 제50권, 2017; 이경완, 「러시아 동시베리아와 몽골의 전력 협력의 문제와 다자간 협력 방안」, 『시베리아 극동 Issue Paper』 제19권 1호, 2017 참조.

의 두 세기 반에 걸쳐 지속된 몽골 지배의 결과, 당시 러시아 인구의 약 3분의 1이 살육, 약탈, 처형, 유형, 징용 등으로 목숨을 잃었다. 후세의 러시아인은 이 굴욕적인 경험을 '몽골-타타르의 멍에(Mongolo-tatarskoe igo)'라 불렀다.[7]

몽골 지배에 대한 러시아 역사학의 평가는 크게 세 갈래로 나뉜다.[8] 첫 번째는, 몽골 통치가 러시아의 향후 발전에 엄청난 악영향을 끼쳤다는 입장이다. 푸시킨(A. Pushkin), 게르첸(A. Herzen), 벨린스키(V. Belinsky) 등 19세기 러시아의 대표 지성으로부터 포크롭스키(M. Pokrovskij)나 그레코프(B. Grekov) 같은 소련 유명사가들이 이러한 입장을 견지했다. 이들의 주장에 따르면, 몽골 지배로 러시아와 유럽의 문명사적·지성사적 단절이 일어났고, 그 결과 러시아는 서구의 변방으로 추락해 수세기 가까이 발전이 지체되었다. 종교개혁과 르네상스 같은 전(全) 유럽적 발전 과정에서 차단된 것은 물론, 베체(veche)[9] 같은 러시아 고유의 직접민주주의 정치체, 키예프 공국의 발전된 상업, 수공업 시스템이 완전히 몰락하고, 조공을 위한 농업 중심의 봉건적 농노제가 러시아에 뿌리내렸다는 것이다. 이 입장은 러시아 대중에 가장 널리, 또 지속적으로 공유된 것으로, 오늘날까지 러시아인이 '몽골'

---

7 몽골의 러시아 지배에 대해서는 게오르기 베르낫스키, 김세웅 옮김, 『몽골제국과 러시아』(선인, 2017), pp. 483-560; 니콜라스 V. 랴자놉스키, 마크 D. 스타인버그, 조호연 옮김, 『러시아의 역사(상)』(까치, 2013), pp. 106-119 참조.

8 이에 대해서는 Н. К. Тарасов, "Влияние монголо-татарского ига на процесс формирования российской государственности во взглядах евразийца Н. С. Трубецкого," *Вестник Томского государственного университета*, 2012, pp. 113-116; Е. В. Нолев, "'Монголо-татарское иго': идеологический и методологический аспекты исторического дискурса," *Вестник Бурятского государственного университета*, 8, 2013, pp. 92-96; 베르낫스키, 앞의 책, pp. 483-560; 랴자놉스키, 스타인버그, 앞의 책, pp. 113-119 참조.

9 고대 및 중세 러시아(10~16세기)에 존재했던 민회(民會). 전쟁 개시, 지도자 선출 등 공동체의 현안을 결정한 직접민주주의 자치체.

하면 자동적으로 떠올리는 야만성, 호전성, 후진성의 이미지는 이러한 평가에 크게 기인한다.

두 번째는 첫 번째의 변형으로, 수세기에 걸친 지배와 해악에도 불구하고 몽골의 영향이 매우 미미하고 표피적인 차원에 그쳤다는 입장이다. 고중세 러시아사가 솔로비요프(S. Solov'yov)와 플라토노프(S. Platonov)로 대표되는 이 계열의 학자들은 몽골제국 본토와 러시아 사이의 먼 거리, 러시아 지역 공후(公候)를 활용한 몽골의 간접통치 방식 등을 근거로 몽골 지배가 러시아에 의미 있는 변화를 야기하지 않았음을 주장한다.

마지막은 몽골 지배사를 '멍에'로 단순화하기보다, 양국 간 상호작용 속에 보다 적극적으로 의미화하려는 입장이다. 이에 따르면, 비록 당시 러시아 민중이 끔찍한 고초를 겪었을지라도, 적어도 러시아 국가성의 형성과 발전에서 몽골 지배는 매우 긍정적인 역할을 했다. 즉 몽골 극복이라는 지상 과제가 당시 사분오열되어 있던 러시아 공후들 간 적대와 반목을 제압해 '모스크바 공국'이라는 단일한 중앙집권 국가의 탄생을 가능하게 했다는 것이다. 18세기 유명사가 카람진(N. Karamzin)이 이 그룹의 원조에 해당하는데, 그가 "모스크바는 자신의 영광을 칸들에게 돌려야 한다"고 말한 것은 이런 맥락에서이다.[10]

러시아 국가 발전에 있어 몽골 요소를 긍정적으로 인정한 이러한 시각은 특히 러시아의 '아시아성'을 적극 주장한 유라시아주의자에 의해 창조적으로 계승되었다. 구밀료프(L. Gumilev), 트루베츠코이(N. Trubetskoj), 베르낫스키(G. Bernadskij) 등의 역사해석이 이를 대표한다.

10 베르낫스키, 앞의 책, p. 483.

특히 트루베츠코이는 향후 모스크바 공국이 러시아 제국으로, 러시아 제국이 소련으로 발전하게 된 지정학적 상상력의 기원에 몽골제국이라는 원형이 있었음을 주장한다.[11]

몽골 지배기를 러시아 역사에 긍정적인 요소로 보든, 부정적인 요소로 보든, 또는 미미한 변수로 애써 무시하든, 이 모든 입장 뒤에 몽골에 대한 어떤 원형적 공포가 숨어 있다는 사실이 중요하다. '몽골의 멍에'가 남긴 가장 강력한 유산은 바로 이것이다. 광대한 초원을 말을 타고 누비며 눈 하나 깜짝하지 않고 사람의 목을 날려버리는 잔인하고 강력한 칭기스칸의 전사들. 이러한 역사 기억과 이미지는 향후 러몽관계에 간과할 수 없는 요소로 작용했다. 실제 러시아가 19세기 말에서 20세기 초 몽골의 독립 과정에서 한결같이 유지했던 2 트랙(two track) 전략, 즉 중국으로부터의 자치와 독립은 적극 지원하지만, 외몽골과 내몽골을 비롯해 여러 지역에 산재한 몽골 민족 전체의 정치적 통일은 절대로 허용하지 않았던 배경에는 매우 실제적인 지정학적 셈법과 더불어, 제국 몽골이 남긴 공포의 기억도 주요한 요소로 작동했다.[12]

특히 러시아에서 '범몽골주의(Pan-Mongolism)'나 몽골제국은 아시아성 전체를 대표하는 상징 기호로 작동했는데, 이는 유럽과 아시아 사이에 위치하는 러시아의 지정학적 숙명과 관련해 매우 중요한 의미

---

11 Тарасов, 앞의 글, pp. 113-114.

12 한때 레닌의 러시아가 사회주의 세계혁명의 이상 아래 범몽골주의 해방운동의 가능성을 타진하고, 그것과 중국혁명의 성공, 이를 둘러싼 러시아의 이해 사이에서 동요한 것은 사실이나, 스탈린의 일국사회주의론 확립 이후 범몽골주의자들은 모두 폭력적으로 제거됐다. 범몽골주의 및 러시아와의 관련성에 대해서는 В. А. Родионов, "Особенности отношений России/СССР и Монголии/МНР до начала 1990-х гг.," *Россия и Монголия: новая модель отношений в начале XXI века* (Улан-Удэ: Издательство БНЦ СО РАН, 2009b), pp. 49-51; С. Басаев, "Цыбен Жамцарано и панмонголизм," Часть I-III, *ARD* (2015. 7. 29.~31.) 참조.

를 지녔다. 다시 말해 범몽골주의나 몽골 대통일에 대한 경계는 유럽 대 아시아, 문명 대 야만의 대결구도, 그 속에서 부상하는 아시아의 야만적 힘이 유럽과 아시아 사이의 러시아를 먼저 겨냥하리라는 두려움과 결합되어 나타났다. 이 가능한 미래의 공포가 실제 과거 속 멍에의 기억과 결합되는 것은 지극히 자연스런 일이다. 1894년 러시아의 저명한 시인이자 철학자인 솔로비요프(V. Solov'yov)가 아시아로부터 몰려드는 새로운 야만의 예감(일본제국의 발흥과 러일전쟁)을 '범몽골주의'라는 제목의 시로 읊조린 것은 우연이 아니다.[13] 몽골 지배 경험은 이러한 문명사적·심상지리적 맥락에서 향후 러시아의 대몽골 전략에 직간접적인 영향을 미치게 된다.

3 근대 몽골 독립의 보증자, 러시아

17세기, 이번에는 러시아 제국이 몽골로 향한다. 당시 러시아는 적극적인 동진정책으로 서시베리아를 거쳐 알타이, 바이칼, 아무르 등 동시베리아로 진격 중이었다. 하지만 이 시기 러몽관계는 1636년 내몽골을, 1691년 외몽골을 합병한 만주제국, 즉 청나라를 통해 간접적으로 이루어졌다. 1689년 제정러시아와 청 사이의 네르친스크 조약으로 시베리아와 극동지역의 러·중 국경 일부가 확정되고, 그 결과 몽골의 북부와 서부는 러시아로, 남부는 중국으로 나뉘게 된다. 또 1727년 러

13 이 시를 통해 러시아에 '범몽골주의'라는 개념이 처음 소개되었다. В. Соловьев, "Панмонголизм," *Поэзия серебряного века* (Москва: Художественная литература, 1991).

시아와 몽골 국경에 위치한 도시 캬흐타(Kyakhta)에서 러시아와 청이 맺은 통상조약은 네르친스크 조약 이후 활발해진 러·중 간 무역, 그것이 집중적으로 이뤄진 몽골지역에서의 러·중 국경을 조율한 것으로, 몽골 독립 후 그것은 현재의 러·몽 국경으로 계승되었다. 바이칼을 품은 부랴트-몽골이 러시아 영토가 된 것도 이때를 기점으로 해서다. 캬흐타 조약 체결 후 러·몽 국경 부근 무역이 더욱 활발해져, 1795년 해당 지역 거주 러시아인 가구 수는 약 5,500세대에 달했다. 1835년경 그 수는 22,500으로 4배가량 늘어났고, 200개 이상의 정교 성당이 그곳에 세워졌다.[14]

이 시기 러몽관계가 청을 매개로 했다면, 러·몽 간 직접적인 접촉은 청의 배제, 즉 몽골의 독립 시도 속에 본격화되었다. 그 상징적인 기점은 신해혁명(辛亥革命)으로 만주제국이 무너진 후 그 혼란을 틈타 몽골이 독립을 선언한 1911년이다. 내외몽골 합병 후에도 만몽연합의 원칙 아래 티베트 불교를 보호하고 어느 정도의 자치를 허용하는 등 몽골에 관대한 정책을 폈던 청은, 1901년부터 그간의 간접통치를 군사적·행정적 직접통치로 전환하는 신정(新政)정책을 실시한다. 몽골의 완전한 식민화를 겨냥한 가혹한 수탈정책에 몽골인은 크게 분노했고, 당시 전 세계적인 민족해방운동에 힘입어 몽골 민족주의도 크게 진작된 상태였다. 1911년 12월 1일 몽골인은 중국으로부터 독립을 선포하고, 12월 29일 활불(活佛) 젭준담바 호탁트(Jevzundamba Khutagt: 1869~1924, 복드칸) 8세를 황제로 하는 신정(神政) 몽골국을 수립한다.[15]

---

14 Б. Баабар, *История Монголии: от мирового господства до советского сателлита* (Казань: Татарское книжное издательство, 2010), pp. 87, 96–97, 153; Bayasakh, 앞의 글, p. 74; Родионов(2009b), 앞의 글, p. 42.

15 Д. Аюуш, “Влияние северного соседа на независимость Монголии в XX в.,” *Сборник*

러시아가 몽골 독립과 근대국가 형성에 긴밀히 연루되기 시작한 것은 이때부터이다. 몽골은 1911년 독립선언을 전후해 러시아의 승인과 지원을 얻기 위해 각고의 노력을 기울였다. 1911년 8월 페테르부르크로 달려간 몽골 대표는 독립의 공식적 승인은 물론, 이 독립국이 내몽골과 부랴트, 투바, 바르가(Barga)(만주지역 몽골인 거주지) 등을 포함하는 범몽골국가가 되어야 함을 러시아에 설득하려 했다. 하지만 시베리아와 극동에서의 자국의 이해, 중국과의 관계, 러일전쟁 패배 후 내몽골 및 만주 포기를 약속한 일본과의 비밀협정, 특히 이미 러시아에 속한 부랴트를 잃을 위험성, 이와 깊이 연관된 몽골제국 부활에 대한 경계 등 여러 요인으로 러시아는 몽골의 기대를 채워주지 않았다. 러시아는 몽골 독립을 결국 인정하지 않았고, 대신 중국과 몽골 사이 조정자 역할을 자임한다.[16]

그 결과 1912년 11월 3일 러몽우호협정, 1913년 11월 5일 러중선언을 거쳐, 1915년 6월 7일 캬흐타 러·중·몽 3자조약이 체결된다. 러몽우호협정과 러중선언을 조율해 만든 캬흐타 3자조약의 핵심은 몽골의 자치와 중국의 종주권을 동시에 인정하는 것이다. 그리고 이때의 몽골은 오직 외몽골에 제한된다. 캬흐타 조약 2항("외몽골은 자신에 대한 중국의 종주권을 인정한다. 러시아와 중국은 중국 영토의 일부를 구성하는 외몽골의 자치를 인정한다.")이 이를 명시적으로 보여준다. 이 조약으로 몽골은 내정에 대한 배타적 권리, 산업이나 통상 관련 국제조약 체결권을 인정받고, 러시아와 중국으로부터 절대적인 내정불간섭, 일체의 식민

научных статей и докладов на русском языке (Улаанбаатар: Институт международных отношений академии наук Монголии, 2016), pp. 46-48; 이준희, 「20세기 초 몽골 민족주의의 전개: 독립 선언에서 임시정부 수립까지」, 『중국학논총』 제32집, 2011, pp. 231-240.

16 Баабар, 앞의 책, pp. 157-160; Родионов(2009b), 앞의 글, pp. 44-45.

화 시도 불허, 중국군 및 행정 권력 철수 등을 약속받았다. 하지만 종주권 이행과 관련해 중국의 감독을 받아야 했고, 정치나 영토 문제와 관련한 국제조약을 체결할 권리는 제한받았다.[17]

협상 과정을 주도한 것도, 조약의 최대 수혜자도 러시아였다. 당시 몽골 관련 러시아 정부의 기본 원칙은 "약하지만 친한 몽골과 이웃하는 것이 중국과 이웃하는 것보다 낫다"는 것이었다.[18] 이렇듯 처음부터 러시아가 주목한 것은 러·중 사이 '완충국'으로서 몽골의 가치였다. 조약의 결과도 이에 부합한다. 반면 몽골에 사실상의 독립을 허락한 것이나 다름없는 중국이나, 완전한 주권이 아닌, 그것도 단지 외몽골에 국한된 자치권만을 얻은 몽골은 만족하지 못했다.

그럼에도 조약의 결과 몽골은 200년 가까이 이어진 중국의 식민 통치에서 비로소 벗어날 수 있게 되었고, 복드칸(Bogd Khan)을 수장으로 하는 자기 정부, 자기 군대를 가진 국가 운영을 포괄적으로 인정받았다. 한 몽골학자의 주장처럼, 이 조약을 통해 몽골은 "이웃 국가의 내정간섭을 막아줄 국제법적 보증을 얻는 데 성공했고," 이러한 "몽골의 정치적·법적 지위는 이웃하는 두 강국과의 향후 관계의 기초가 되었다."[19] 이때부터 러시아는 중국으로부터 몽골의 주권을 보호해 줄 유일한 보증자로 확고히 자리매김하게 된다. 마침내 몽골은 1921년 중국에서 완전히 독립해 온전한 주권국가가 되는데, 이 또한 러시아의

17 캬흐타 3자조약 전문은 И. Я. Коростовец, *От Чингис Хана до Советской республики* (Улан-Батор: Эмгэнт, 2014), pp. 318-322 참조. 이 책의 저자 코로스토베츠는 캬흐타 조약의 모체가 된 1912년 러몽우호협정을 담당한 러시아 외교관으로 당시 몽골대사를 지냈다. 그 외 세 조약과 선언에 대한 자세한 사항은 Баабар, 앞의 책, pp. 157-160, 185-188, 195-197; E. O. Batsaikhan, *Mongolia: Becoming a Nation-State (1911~1952)* (Ulaanbaatar, 2014), pp. 25-30, 45-46, 75-86 참조.

18 당시 제정러시아의 외무장관 사조노프(S. Sazonov)가 코로스토베츠에게 보낸 편지 중 Баабар, 앞의 책, p. 159에서 재인용.

19 Batsaikhan, 앞의 글, pp. 81, 83.

도움 속에 이루어졌다.

제1차 세계대전과 혁명, 뒤이은 내전으로 러시아가 혼란에 빠져 있을 때, 자치권을 얻은 4년 만에 몽골은 이를 다시 박탈당한다. 1919년 11월 쉬수정(徐樹錚)이 이끈 중국 베이양 정부(北洋政府: 1912~1928) 군대가 당시 몽골의 수도 후레(Khuree, 현재의 울란바타르)를 점령해 복드칸 몽골 정부가 스스로 자치권을 반납하도록 만든 것이다.

1920년 10월, 이번에는 러시아의 운게른(Ungern fon Shternberg) 남작이 반혁명파 백군 세력을 이끌고 몽골에 입성한다. 처음에 몽골인은 운게른을 러시아 차르가 보낸 해방군으로 알고 그를 반겼다. 하지만 쉬수정을 넘어서는 운게른의 폭정을 목격한 후, 또 1920년 6월 25일 보도(Dogsomyn Bodoo), 단장(Soliin Danzan), 수흐바타르(Damdin Sükhbaatar), 초이발상(Khorloogiin Choibalsan: 1895~1952) 등 몽골 독립운동가들이 몽골인민당을 결성한 후, 몽골은 소비에트 러시아(Soviet Russia)와 연합한다. 1921년 3~7월 몽골인민당의 의용군이 소비에트 적군의 도움을 받아 중국군과 운게른을 몰아내고 7월 8일 후레를 해방시킨다. 3일 후인 7월 11일 중국으로부터의 완전한 독립, 복드칸을 제헌군주로 하는 인민입헌정부 수립이 선포되며 몽골인민혁명이 완성된다.[20]

---

20 1921년 7월 11일은 몽골의 혁명기념일로, 유명한 '나담 축제'는 이를 축하하기 위해 시작된 것이다. Коростовец, 앞의 책, pp. 345-349; Баабар, 앞의 책, pp. 239-247; 이호상, 「근대 몽골민족국가의 탄생과 몽골의 미래」, 『한몽경상연구』 제16권 1호, 2005, pp. 25-26; 이준희, 앞의 글, pp. 240-251.

4
몽골과 스탈린: 몽골 주권의 국제적 인정과 소련의 전략

예전 차르 러시아의 몽골 자치정부에 대한 이중적 태도와 달리, 소비에트 러시아는 몽골 인민정부 수립 4개월 만에 공식적인 외교관계를 수립함으로써 몽골의 독립을 적극 인정한다. 1921년 11월 5일 소비에트 러시아와 몽골 정부가 맺은 우호협정은 몽골 독립을 최초로 인정한 국제문서에 해당한다. 이 협정에서 소비에트 러시아는 이전 몽골 자치정부가 불평등한 조건에서 맺은 모든 조약과 협정이 무효임을 선언하고, 이전 차르 정부가 요구한 경제적 특권을 포기할 것을 약속한다. 또 혁명 전 몽골이 러시아에 진 빚을 전액 탕감하고 100만 루블의 차관을 새로 제공할 것을 약속한다.[21]

소·몽(蘇蒙) 간 우호관계는 1924년 5월 20일 복드칸 젭준담바가 서거한 후 몽골에서 군주제가 폐지되고, 같은 해 11월 '세계에서 두 번째 사회주의 국가'인 몽골인민공화국이 출범하면서 더욱 긴밀해진다. 수도 이름이 '붉은 영웅'을 뜻하는 '울란바타르'로 바뀌고, 1925년 당명을 '몽골인민혁명당'으로 바꾼 공산당 일당독재 체제가 헌법에 명기되고, 1930년대부터 '몽골의 스탈린'이라 불리는 초이발상의 통치가 시작되며, 몽골은 '아시아의 작은 소련'이라는 별명에 부합할 친소비에트 체제를 공고히 구축하게 된다.

---

21 소몽협정 전문은 "Советско-Монгольское соглашение об установлении дружественных отношений между РСФСР и Монголией: 5 ноября 1921," in A. C. Георгиева и Н. Г. Георгиев, *Исторический словарь*, 2-ое изд (M., 2012), p. 478 참조.

특히 몽골의 주권과 관련해 소련은 독보적인 보증자 역할을 했다. 1921년 몽골인민혁명 결과 수립된 정부를 인정한 나라는 소련과 티베트, 투바공화국밖에 없었다. 1921년 11월 소련이 이 몽골 혁명정부와 공식 외교관계를 수립하자, 중국은 크게 반발하며 1915년 캬흐타 3자 조약을 지킬 것을 요구했다. 그 결과 1924년 5월 소련이 중국과 최초의 외교관계를 수립하며 맺은 소중협정에 외몽골이 다시 중국의 일부로 적시된다. 이는 중국에서의 공산혁명 성공과 몽골 카드 사이의 함수관계를 고려한 소련과 코민테른의 판단을 반영한다. 물론 이번엔 몽골이 강하게 저항했다.[22]

하지만 1924년 11월 사회주의몽골인민공화국이 출범한 이후 소련은 더 이상 중국의 요구를 받아들이지 않았다. 몽골의 주권문제가 국제적으로 주목받은 것은 1945년 2월 얄타회담을 통해서이다. 잘 알려진바, 스탈린은 소련이 일본과 전쟁을 개시할 조건 중 하나로 외몽골의 현재의 지위(status quo)를 보전해 줄 것을 요구했다. 이에 대한 처칠(Winston Churchill: 1874~1965)과 루스벨트(Franklin Roosevelt: 1882~1945)의 동의는 몽골 독립의 국제법적 기초가 되었다. 그때까지도 마오쩌둥은 외몽골이 다시 중국의 땅이 되리라는 것을 믿어 의심치 않았다. 하지만 1945년 8월 러중협상 결과, 그리고 그해 10월 중국의 요구로 치른 몽골 국민투표에서 100% 독립 지지라는 결과가 나오면서, 결국 중국은 1946년 1월 5일 몽골의 독립과 주권을 인정하고 같은 해 2월 14일 몽골과 정식 외교관계를 맺는다.[23]

---

22 1924년 소중협정에 대해서는 Б. Д. Цыбенов, "Монголия: от статус-кво до юридического признания," *Известия Восточного Института*, 27, 2015(3), pp. 64-66; Н. М. Моллеров, "Советско-Китайский договор 1924 г.," *Документ. Архив. История. Современность*. Вып. 5, 2005, pp. 162-167 참조.

23 1961년 소련의 강력한 지원 아래 몽골이 UN에 정식 가입하고, 그 이듬해인 1962년

몽골인민공화국 수립 이후 그 주권과 영토성을 위협한 것은 중국만이 아니었다. 1932년 일본이 극동과 시베리아로의 제국 확장을 위해 만주에 괴뢰국가를 세운 후, 만주국과 국경을 접한 몽골 동부는 일본의 잦은 도발에 시달렸다. 시베리아 횡단철도가 지나는 길목 부근의 할힝골(Khalkhin Gol)이 주된 타깃이 되었다. 1935년 중반부터 몽골은 할힝골을 국경으로 삼자는 만주국/일본의 영토변경 요구에 시달렸다. 일본의 군사적 위협은 1936년 3월 12일 '소·몽 간 상호원조에 관한 프로토콜' 체결의 직접적 배경이 되었다. "양국 중 어느 하나에 대한 제3국의 위협이나 공격이 있을 경우 군사적 지원을 포함한 모든 수단을 동원해 즉각 서로 돕는다"는 이 협정에 따라 몽골에 소련군이 주둔하게 되었고, 1939년 벌어진 할힝골 전투에 소련군이 참전할 수 있게 되었다. 할힝골 전투는 앞서 설명한 만·몽 국경문제를 두고 소·몽 연합군 대 만주군-일본관동군 사이에 벌어진 전투이다. '제2의 러일전쟁'이라 불리지만, 할힝골 전투에서는 소·몽 연합군이 일본군을 대파하고, 그 결과 일본은 북진을 포기하고 태평양과 동남아로 방향을 돌린다.[24]

몽골이 할힝골의 승리로 자기 영토를 지켜낼 수 있었던 것은 소련의 압도적 전력 지원에 힘입은 바 크다. 실제로 소련 보병의 규모는 일본의 1.5배, 화력은 2배, 비행기 수는 5배였고, 소련은 일본군엔 없

사회주의 경제상호원조회의에 가입함으로써 몽골의 국제법적 지위는 완성된다. 몽골 주권의 국제적 인정 과정은 Ням-Осор Учрал, "Международное признание независимого статуса Монголии," *Власть*, 2011(8), pp. 102-104; Цыбенов, 앞의 글, pp. 64-71 참조.

24 이 전투에서 패한 일본은 그 의미를 축소하기 위해 '전투'가 아닌 '사건', 즉 '노몬한 사건(ノモンハン事件)'으로 부른다. 할힝골 전투에 대해서는 Е. Λ. Катасонова, "Халхин-Гол: 70 лет спустя. Историография проблемы," *Япония-Ежегодник*, 2009, pp. 271-293; Ням-Осор Учрал, "Битва на реке Халхин-гол и независимость Монголии," *Власть*, 2011(9), pp. 127-129 참조.

는 탱크 498대, 장갑차 385대도 지원했다.[25] 피해 역시 몽골군보다 소련군이 압도적으로 커서, 소련군 전체 사상자 수가 25,655명인 데 반해, 몽골군은 895명에 그쳤다.[26]

제정 러시아가 몽골의 자치는 허용하되 독립은 불허했던 것과 비교한다면, 몽골의 주권과 영토성 보호에 있어 소비에트 러시아가 더 적극적이고 충실한 보증자의 역할을 한 것은 부인할 수 없는 사실이다. 여기에 소비에트 러시아, 특히 레닌 시기 고유했던 세계혁명의 이상, 전 세계 프롤레타리아의 연대, 이에 기반한 사회주의·국제주의 같은 이념적 요소가 작동했던 것 역시 분명한 사실이다.[27] 하지만 이러한 이념적 요소와 더불어 현격히 달라진 국제정세 속 소련의 시베리아-극동 정책, 소중(蘇中)관계 변화 같은 현실정치적 요소가 함께 고려되어야 한다. 즉 소련이 몽골의 후견인 역할을 흔들림 없이 해낸 것은 무엇보다 이 시기 소련의 시베리아-극동 전략과 몽골의 이해가 일치했기에 가능한 것이었다. 즉 소련은 자주적인 소비에트 우방국이 시베리아-극동 지역에 존재하는 것이 필요했고, 몽골은 중국으로부터의 완전한 독립이 필요했던 것이다. 앞서 설명한 차이에도 불구하고 소련의 대몽골 정책 역시 차르 정부와 마찬가지로 2 트랙 전략을 결코 벗어나지 않았다는 점이 이를 잘 입증해 준다. 소련은 중국으로부터 몽골의 독립을 승인하는 데 머물지 않고 그 국제적 인정을 이끌어내는 데 앞장섰지만, 몽골인의 궁극적 소망이었던 몽골 민족의 대통일은 허용하지 않았다. 특히 이는 현재 러시아 자치공화국인 부랴트와 투바를 둘러싼 소·몽 간 갈등에서 확연히 드러난다.

25 Катасонова, 앞의 글, p. 289.

26 Википедия, Бои на Халхин-Голе.

27 소·몽 간 형제애(fraternity)에서 서구 식민통치와 소련형 식민통치의 차이를 주장하는 견해도 존재한다. Sneath, 앞의 글, pp. 48-49 참조.

1911년 12월 젭준답바 호탁트(복드칸)를 수장으로 한 최초의 근대 독립국가 선포 후, 몽골 지도자들은 외몽골을 내몽골, 바르가, 부랴트, 탄누 우량하이(Tannu Uryankhai: 투바의 옛 이름)를 포함하는 '대몽골(Great Mongolia)'로 확대하고자 했다. 하지만 18세기 캬흐타 조약으로 일찌감치 러시아 영토가 된 부랴트-몽골은 1923년 5월 '부랴트-몽골 자치공화국'이라는 이름 아래 소비에트 러시아에 포함되었고, 1958년부터는 소련 최고 소비에트의 결정으로 국명에서 '몽골'을 아예 삭제하게 된다.

탄누 우량하이의 경우 상황은 더 복잡하다. 우량하이는 청 제국의 영토였다가 1911년 몽골의 독립선언 후 그 소속이 모호한 상태로 남겨진다. 1921년 몽골인민당 수립 후 당수 단장은 소련 외무부 인민위원 치체린(G. Chicherin)에게 보내는 공식 서한에서 "몽골은 우량하이를 몽골의 뗄 수 없는 일부로 간주한다"는 입장을 명확히 했다. 하지만 소련이 여러 차례 주도한 '소련-몽골-우량하이 3각협상' 결과, 1921년 몽골에 독립적인 '탄누-투바 인민공화국'이 세워지고 1926년 '투바인민공화국'으로 이름을 바꾼 이후, 1944년 소비에트 러시아의 자치공화국으로 편입된다.[28]

28 부랴트와 투바 문제에 대해서는 В. А. Василенко, "'Урянхайский вопрос' в политике России и Монголии (1912~1914)," *Вестник Бурятского государственного университета*, 2012(7), pp. 114-119; Моллеров, 앞의 글, pp. 162-167; Родионов, 앞의 글, pp. 55-56 참조.

5
몽골의 소비에트화: '아시아의 작은 소련'

제2차 세계대전 후 이제 더 이상 어느 누구도 몽골의 독립을 문제 삼을 수 없게 되었지만, 그와 동시에 대몽골 통일의 꿈도 완전히 사라져 버렸다. 몽골의 주권과 영토성은 외몽골에 강고하게 결박되었고, 심지어 몽골을 소련에 편입해 달라는 요청을 몽골인 스스로 스탈린에 전하기까지 했다.[29] 이후 소련형 근대화가 더욱 본격적으로 진행되며 몽골은 '아시아의 작은 소련'으로 굳건히 자리매김한다. 농업 및 목축 집단화가 시작되어 1963년 집단화 과정이 완료되고, 소련의 콜호스(kolkhoz)에 해당하는 네그델(negdel)이 몽골 전역에 조직된다. 그 결과 1960년대 국영농장이나 협동농장에 속하지 않은 농장 비율은 단 1%에 불과했다. 산업화를 통해 유목민이 프롤레타리아로 양성되고, 거대 산업단지가 조성되었다. 도시화 계획으로 1920년대 한 자릿수를 유지하던 도시인구가 1980년대 말에는 전체 인구의 약 60%로 증가했고, 1935년 1만 명이 조금 넘던 울란바타르 인구는 1985년 50배 증가해 당시 인구의 4분의 1을 헤아리게 되었다. 소련식 교육시스템이 도입되고, 몽골 엘리트에게 소련 유학이 필수 코스가 되었다. 1945~1946년 단행된 문자개혁으로 700년 가까이 써 오던 몽골문자 사용이 금지되고 러시아 키릴문자가 이를 대체하게 되고, 당시 몽골인의 90%가 제2

29 А. Михалев, "Советское политическое присутствие в Монголии: помять о героях и риторика преемственности в Российском историческом нарративе," *Ab Imperio*, no. 2, 2009, pp. 301-302; Родионов, 앞의 글, pp. 72-73 참조.

의 공용어인 러시아어를 할 줄 알게 되었다.

몽골의 이러한 사회주의 근대화는 소련의 전폭적인 지원으로 가능했다. 1934년 '울란바타르 식품 콤비나트' 건설을 시작으로 소련은 에르데네트(Erdenet)나 다르항(Darkhan) 지역의 거대 산업단지와 대규모 주택단지 조성, 울란바타르 철도 등의 교통-물류 인프라 건설, 교육-위생시스템 확립, 에르데네트나 몽골로스츠베트메트(Mongol-Rostsvetmet) 같은 소·몽 합작 광산 콤비나트 설립 등에 엄청난 돈을 쏟아부었다. 1961년 소련이 주도한 개발로 다르항, 에르데네트가 현재와 같은 몽골 제2, 제3의 도시가 될 수 있었고, 현재 울란바타르 전기의 70%를 공급하는 TETS-3, TETS-4 발전소 역시 소련이 지어준 것이다. 3대 소·몽 합작기업인 에르데네트, 몽골로스츠베트네트, 울란바타르 철도는 사회주의 몽골 경제의 근간이 되었다. 1960~1980년대 몽골 국가 예산의 절반 이상이 소련 차관이었고, 소련의 원조금이 당시 몽골 GDP의 30% 수준이었다는 각종 통계는 소련의 전폭적인 지원 수준을 함축적으로 보여준다. 앞서 밝힌 것처럼 1989년 몽골 대외무역 전체에서 수입의 80%, 수출의 70%가 소련을 대상으로 이루어졌다.[30]

소·몽 간 정치체제의 유사성도 주목할 만하다. 1924년부터 1991년까지 약 70년의 기간 동안 소비에트 몽골은 '몽골의 스탈린'이라 불린 초이발상과 러시아인 부인을 둔 체덴발(Yumjaagiin Tsedenbal:

30 몽골 사회주의화 및 소련의 역할에 대해서는 С. С. Алабян, "Монголия возвращается в число курпнейших торгово-экономических партнеров России," *Российский внешнеэкономический вестник*, 2012(2), pp. 56-58; М. Н. Миронова и М. В. Потапенко, "Современные тенденции экономического сотрудничества Монголии с Китаем и Россией," *Известия Тульского государственного университета*, 2016, p. 13; Sneath, 앞의 글, pp. 40-43; Myadar, 앞의 글, pp. 10-24; Родионов(2009b), 앞의 글, pp. 58-67; Михалев, 앞의 글, pp. 299-307 참조.

1916~1991) 단 두 사람의 통치자만을 두었다. 이들의 친소비에트적 입장은 소련과 유사한 권위주의적 통치 스타일, 장기독재로 이어지며 몽골과 소련 사이의 유사성을 더욱 강화하는 결과를 낳았다. 1930년대 스탈린의 대반동과 유사한 정치적 비극이 몽골에도 똑같이 전개되었고, 1940년 몽골의 새 헌법은 1936년의 소련 헌법(일명 스탈린 헌법)을 모범으로 정초되었다.

1960~1970년대 첨예하게 전개된 소중분쟁 당시 몽골은 전적으로 소련의 편에 섰다. 초이발상이 정치적 반대자를 '반소비에트'란 명목으로 처단했다면, 체덴발은 '중국 스파이'라는 딱지를 붙여 제거했다. 1966년 브레즈네프와 체덴발이 '소·몽 우호 및 상호원조 20년 조약'을 맺은 것은 바로 이 소중분쟁을 배경으로 한 것이다. 제3국(즉 중국) 침입 시 군사적 수단을 포함하여 가능한 모든 수단을 공동으로 취할 것을 약속한 이 조약 5항과 부속 비밀조항에 근거해 소련군의 몽골 주둔 및 미사일 기지 설립이 개시되었다. 향후 20년간 몽골을 거쳐간 소련군 총수는 200만 명을 헤아리며, 최고를 기록한 1979년 한 해에만 12만 명의 소련군이 몽골에 주둔했다.[31]

몽골 정치·경제·사회 전체를 관통한 소비에트화의 이러한 과정과 그 결과 확립된 소·몽 간 체제적 유사성, 안보적 긴밀성, 경제적 상보성, 정서적 친밀성은 '소련과 몽골 인민 사이의 형제애'라는 신화를 낳았다. 할힝골의 영예가 상징하듯이, 몽골의 독립과 주권, 영토 보전 과정을 전폭 지원한 러시아에 대한 역사 기억이 이 신화의 필수불가결한 구성요소였음은 재론의 여지가 없다. 몽골에서는 "러시아는 몽

31 소중분쟁과 소몽우호조약에 대해서는 T. Batbayar, "Geopolitics and Mongolia's Search for Post-Soviet Identity," *Eurasian Geography and Economics*, vol. 43, no. 4, 2002, p. 332; Родионов(2009b), 앞의 글, pp. 61-65; Михалев, 앞의 글, p. 305 참조.

골의 큰형님"이라는 이미지가, 러시아에서는 "닭이 새가 아니듯 몽골은 외국이 아니다"라는 유머가 대중의 인식에 깊이 뿌리내린다. 하지만 70여 년에 걸쳐 구축된 이러한 신화는 1990년대 탈사회주의 물결 속에 신속하게 해체되기 시작한다.

6 몽골의 탈사회주의 체제전환과 러시아 요소

1) 탈소비에트에서 반소비에트로: 1990년대

몽골의 탈사회주의화가 개시된 것은 1988년 12월 인민혁명당 중앙위원회가 '신칠렐(Shinechlel)' 정책을 공식 채택하면서부터이다.[32] 사실 몽골이 '작은 소련'이었던 것처럼, 이 정책 역시 '몽골판 페레스트로이카'에 해당한다. 몽골의 사회주의화가 소련 없이 불가능했듯이, 몽골의 탈사회주의화 역시 소련의 변화가 선행되지 않았다면 불가능했다. 몽골 개혁·개방을 관통한 '신(新)사고'의 핵심 역시 "소련 없이도 살아가야 한다"였다.[33]

시간이 흐를수록 민주화·시장화로의 급속한 사회개혁을 이끈 슬로건은 '탈소비에트'를 넘어 '반소비에트'로 나아가고, 소련이 경제위기의 원흉, 부정적 과거 유산의 원천으로 비판되기 시작한다. 소·몽

32 '신칠렐'은 몽골어로 '개혁·개방'을 뜻하며, 이 정책은 경제활성화, 국민 삶의 질적 향상을 위해 코메콘 경제권 탈피, 시장경제제도 도입을 제1의 목적으로 삼았다. 루브산 남난수렌, 「몽골의 민주주의: 이행과 정착을 중심으로」, 『사회과학연구』 제52집 1호, 2013, p. 66.

33 위의 글, p. 73.

모델의 취약성, 소몽관계의 진짜 실체에 대한 의문이 강력히 제기되고, '고마운 큰형님' 러시아가 실은 몽골의 주권을 제한하고 발전을 가로막은 주범이 아닌지 의심된다. 몽골 초대 대통령인 오치르바트(Punsalmaagiin Ochirbat: 1942~)가 소련 관리에 건넨 다음 말은 이러한 분위기를 잘 요약해 준다.

> 당신네 인민은 몽골인들을 언제까지 공짜로 먹여 살릴 거냐고 묻는다. 우리 인민은 도대체 소련은 언제까지 우리 부를 헐값에 사 갈 건지 묻고 있다.[34]

당시 소련은 몽골이라는 짐을 벗어버리려 했고, 몽골은 소련이라는 굴레에서 벗어나고자 했던 것이다. 특히 1991년 러시아에 옐친(Boris Yeltsin: 1931~2007) 정부가 등장하고 그해 12월 소련이 해체된 후, 또 몽골의 경우 1990년 일당독재 폐기와 최초의 자유선거 실시, 1992년 민주주의 헌법 제정 이후, 러시아는 강력한 친서구 정책을, 몽골은 중국 및 미국과의 관계 정상화에 적극 나선다.[35]

소몽관계의 급격한 변화에 따라 1989년부터 소련의 원조금이 대폭 삭감되고, 당시 몽골에 주둔하던 약 10만의 소련군 철수가 시작된다. 그 결과 1989년 몽골 GDP의 53%를 차지하던 소련의 원조금이 1991년 7%로 대폭 감소하고 1992년엔 그 지급이 전면 중단되며, 같은 해 소련군 철수가 완료된다. 군인뿐 아니라 소련에서 온 건설자, 경영인, 전문가들이 몽골을 스스로 떠나거나 추방되었고, 도심의 스탈린

34 Родионов(2009b), 앞의 글, p. 70에서 재인용.

35 1990년대 몽골 민주화에 대해서는 남난수렌, 앞의 글, pp. 70-90; 정태일, K. 어넝, 「몽골 민주화 이행과정의 분석」, 『유라시아연구』 제11권 4호, 2014, pp. 103-107 참조.

동상과 '몽골 스탈린' 초이발상의 동상이 철거되었다.[36]

전통적 소몽관계의 가파른 변화, 사회 전반에 퍼진 반소비에트 정서에도 불구하고, 1990년대 몽골의 대외정책에서 러시아는 여전히 중요한 위치를 차지하고 있었다. 1993년 옐친과 오치르바트 대통령이 맺은 '러몽우호관계와 협력에 대한 조약', 1994년 발표된 몽골의 '대외정책구상(Concept of Foreign Policy)'이 이를 잘 보여준다. 1993년 러몽조약은 1966년 소몽조약을 대체하는 것으로, 1966년 조약이 집단안보조약의 성격이 강했다면 1993년 조약은 군사·안보 보증자로서 러시아의 기존 역할을 완전히 무효화했다는 특징을 갖는다. 이 조약의 4항, 즉 "러시아는 외국군, 핵무기 및 기타 대량살상무기의 자국 배치나 통과를 불허하는 몽골 정책을 존중한다"가 이를 잘 보여준다.[37] 이러한 중대 변화에도 조약 전체는 정치·경제·사회·문화 등 전방위적 러몽협력의 중요성을 여전히 역설하고 있다. 한편 1994년 몽골의 대외정책 구상 역시, "전통적 관계 및 몽골 경제의 특수성을 감안하여 (중략) 러시아 및 중국과 우호관계를 유지하는 것이 몽골 외교정책 활동의 최우선 순위임"을 뚜렷이 하고, 미국·일본·독일·한국·인도 등과의 관계는 두 번째 순위에 두고 있다.[38]

하지만 1990년대 내내 러몽협력의 새로운 가능성은 다만 서류상에 머물고, 러시아의 중요성은 원칙적인 차원에서 선언되었을 뿐이다. 실제에 있어서는 몽골 사회 전반에 걸쳐 러시아의 위상이 극적으로

---

36 Родионов(2009b), 앞의 글, pp. 68-69; Михалев, 앞의 글, p. 302; В. А. Родионов, "Эволюция подходов руководства России и Монголии к двусторонним отношениям," *Вестник Волгоградского университета*, Сер. 4, no. 2(18), 2010, p. 135.

37 "Договор о дружественных отношениях и сотрудничестве между РФ и Монголией" (1993. 7. 3.).

38 "Concept of Mongolia's Foreign Policy," *The Mongolian Journal of International Affairs*, vol. 2, 1995, p. 58.

〈표 6-1〉 1990년대 몽골의 대러시아 교역량 (단위: 백만 달러)

연도	수출	수입	전체
1990	517.5	716.2	1233.7
1995	68.9	208.0	276.9
1997	39.9	160.5	200.4
1999	48.2	149.8	198.0

추락하고 양국관계가 급속히 냉각, 해체되었다. 그 결과가 가장 극적으로 가시화된 것은 역시 경제 분야이다. 1990년대 몽골 경제 내 러시아의 위상 변화는 〈표 6-1〉[39]에서 확연히 드러난다.

1990년 소·몽 간 총 교역규모가 12억 3,300만 달러로 몽골의 대외무역 전체에서 러시아가 차지하는 비중이 78%였던 데 비해, 1999년 그것은 각각 1억 9,800만 달러, 22.7%로 급감한다. 불과 10여 년 사이 몽골의 대러시아 수출은 약 10분의 1로, 수입은 5분의 1, 총무역량은 6분의 1 이상 줄어들었다. 1990년대 몽골 경제 내 러시아의 위상 변화는 그 정치적·군사적·사회문화적 위상 변화를 직접적으로 반영한다.

2) 러시아의 귀환과 전략적 파트너십: 2000년대

1990년대 해체된 전통된 러몽관계는 1990년대 말에 이르러 다시 회복의 조짐을 보이게 된다. 이는 1990년대 중후반 국가 생존을 위협한 심각한 경제위기와 이를 계기로 한 국가정책의 근본적 궤도 수정이 러시아와 몽골 양국 모두에 요구되었기 때문이다. 특히 '제국 부

39 〈표 6-1〉은 В. А. Родионов, "Основные сферы российско-монгольского двустороннего взаимодействия," *Россия и Монголия: новая модель отношений в начале XXI века* (Улан-Удэ: Издательство БНЦ СО РАН, 2009а), p. 121의 표와 Bayasakh, 앞의 글, p. 78의 표를 합친 것이다.

활', '강한 러시아 재건'을 모토로 삼은 푸틴(Vladimir Putin: 1952~, 재임: 1999~2008, 2012~)의 등장과 더불어 구소련 구성 공화국 및 예전 동맹국을 적극적으로 견인해 낼 외교정책이 더욱 절실해지고, 경제적으로도 옐친의 친서구 정책의 한계를 보상할 (신)동방정책, 아시아 귀환정책이 고려되면서 몽골의 지정학적 중요성이 재고되기 시작한다.

몽골 역시 러시아의 부재로 인한 경제적 어려움, 이를 대체한 중국의 급속한 부상, 그것이 야기하는 익숙한 공포 등 여러 요인으로 러시아 요소를 다시 진지하게 고민하게 된다. 1990년대 몽골의 키워드가 '탈소비에트'였다면, 2000년대의 그것은 '러시아의 귀환', 그리고 양국 간 '전통적 동맹' 관계를 대체할 '전략적 동반자 관계'의 확립이었다.

1996년 러시아 외무장관 프리마코프(E. Primakov), 1999년 새 외무장관 이바노프(I. Ivanov)의 몽골 방문이 변화의 예고편이었다면, 2000년 11월 푸틴의 몽골 방문은 변화의 본격적인 시작을 알리는 신호탄이었다. 이는 1974년 브레즈네프 방문 이후 무려 26년 만에 이루어진 러시아 정상의 몽골행으로, 푸틴과 당시 몽골 대통령 바가반디(Natsagiin Bagabandi: 1950~, 재임 1997~2005)의 정상회담 결과 '울란바타르 선언'이 발표된다. 푸틴의 방문은 1990년대 지속된 러시아와 몽골 사이의 "상호 망각의 지대를 허물어 버렸다."[40]

이후 러·몽 정상과 고위관리의 상호 방문과 접촉이 줄을 잇는다. 2003년 푸틴과 바가반디의 알마티(Almaty) 회동, 2006년과 2008년 몽골 대통령 엥흐바야르(Nambaryn Enkhbayar: 1954~, 재임 2005~2009)의

40 이는 러시아 동아시아 국제정치학자 루쟈닌(S. Luzjanin)의 표현이다. Е. В. Нолев, "Современная отечественная историография российско-монгольских отношений: в поисках новых концептулальных моделей," *Власть*, 2015(9), p. 147에서 재인용.

모스크바 방문, 2007년 푸틴과 엥흐바야르의 비슈케크(Bishkek) 회동, 2009년 메드베제프(Dmitry Medvedev: 1965~) 러시아 대통령의 몽골 방문, 2010년 몽골 대통령 엘벡도르지(Tsakhiagiin Elbegdorj: 1963~, 재임 2009~2017)의 러시아 방문, 2014년 푸틴의 몽골 방문 등이 그러하다. 활발한 접촉의 결과 2000년대 러시아와 몽골 사이 맺어진 국가 간, 정부 간 조약 및 협정 수는 150여 개를 넘어선다. 이 중 2000년 푸틴과 바가반디의 '울란바타르 선언', 2006년 푸틴과 엥흐바야르가 서명한 '모스크바 선언', 2009년 메드베제프와 엘벡도르지의 '전략적 파트너십 발전에 관한 선언'이 주목할 만하다.[41]

1993년 러몽조약을 계승한 2000년 '울란바타르 선언'은 양국 간 무역자유화, 철도요금 및 관세 할인, 몽골 경제를 지탱해 온 3대 러·몽 합작기업(에르데네트, 몽골로스츠베트메트, 울란바타르 철도)의 효율성 제고 및 현대화, 러시아 에너지의 안정적 수급 노력, 양국 국민의 상호방문 자유화 및 비자 서비스 개선 같은 러·몽 간 숙원사업을 주요 의제로 다루었다. 이 외에도 가스·석유·전력 공급라인 구축 거대 프로젝트 공동참여, 시베리아 횡단철도와 몽골철도를 이용한 유럽-아태 철도노선 구축, 러·몽·중 간 3각수송망 논의 등 동북아시아 역내 흐름과 연결된 메가 프로젝트로부터 생태안보, 국제 테러리즘, 마약, 조직범죄 등에 대한 공동대응 등이 총망라되었다.[42]

---

41 이상 1990년대 후반부터 2000년대의 러몽관계에 대해서는 Г. Наран-Оюун, "Российско-монгольское сотрудничество (1990-2000-е гг)," *Вестник Бурятского университета*, 2011(7), pp. 159-162; Э. Ганхуяг и Ли Сяо На, "Монголо-российские экономические отношения в начале XXI века: динамика и проблемы," *Вопросы теории и пактики*, no. 12(86), 2017, pp. 205-208; В. Б. Базаров, "Российско-монгольский политический диалог в постсоветский период," *Известия Восточного института*, 3(27), 2015, pp. 74-77; 제성훈, 앞의 글, pp. 179-185 참조.

42 "Улан-баторская декларация" (2000. 11. 14.).

'울란바타르 선언' 이후 이어진 협상 결과, 러몽관계의 가장 큰 걸림돌이었던 몽골의 대러 부채문제가 두 차례에 걸쳐 완전히 해결된다. 2003년부터 이루어진 협상으로 2005년 러시아는 약 110억 달러에 달하는 몽골 총부채의 98%를, 2010년에는 남은 부채액 1억 7,420만 달러의 97.8%를 탕감했다. 그 결과 몽골이 갚아야 할 돈은 380만 달러에 불과해졌다. 이를 약속한 2010년 협정은 2016년 1월 푸틴에 의해 비준되었고, 2011년 러시아는 1억 2,500만 달러의 새로운 차관 제공을 약속했다.

한편 러·몽 간 전략적 동반자 관계가 2006년 푸틴과 엥흐바야르가 서명한 '모스크바 선언'에 최초로 언급되고, 이는 2009년 메드베제프와 엘벡도르지가 맺은 '전략적 파트너십 발전에 관한 선언'으로 결실을 맺는다. 20여 년을 끌어온 비자 면제 협정도 2014년 푸틴의 몽골 방문 기간 중 해결되었고, 2016년 러시아 외무장관 라브로프(Sergei Lavrov)의 몽골 방문으로 양국은 '전략적 파트너십 발전 중기 프로그램'을 체결한다.[43] 2000년대 러몽관계는 과거의 이념적·형제적 동맹관계에서 벗어나 국가 이익을 최우선으로 한 전략적 동반자 관계, 선린관계 위에 안착했다고 평가될 수 있다.

43 Базаров, 앞의 글, pp. 82-85; Алабян, 앞의 글, p. 59; "Соглашение между Правительством РФ и Монголии об урегулировании финансовых обязательств Монголии перед РФ" (2016. 1. 31.).

7
21세기 몽골의 미래와 러시아

1990년대 몽골 내 러시아의 위상 하락이 경제지표에 즉각적으로 반영된 것과 달리, 2000년대 시도된 위상 회복은 아직까지는 주목할 만한 경제적 임팩트를 만들어 내지 못하고 있다. 〈표 6-2〉[44]를 살펴보자.

〈표 6-2〉에서 확인할 수 있는 것처럼, 체제전환 전 러시아가 몽골 전체 대외무역에서 차지했던 비중(80%)의 회복은 고사하고 2000년대에도 러시아의 비중은 갈수록 낮아졌고, 앞에서 밝힌 바와 같이 2015년에는 13%, 2017년에는 11.1%까지 떨어졌다. 특히 수출 부문에서의 비중이 매우 약하다. 러시아에 같은 몽골 자치공화국이 2개나 있다는

〈표 6-2〉 2000년대 몽골의 대러시아·대중국 교역량 (단위: 백만 달러)

연도	러시아			중국		
	수출	수입	전체	수출	수입	전체
2005	27.2 (2.6%)	417.9 (35.5%)	445.2 (19.9%)	513.2 (48.2%)	303.2 (25.7%)	816.4 (36.4%)
2007	58.5 (3.0%)	745.0 (36.1%)	803.5 (20.0%)	1411.4 (72.5%)	568.9 (27.6%)	1980.3 (49.4%)
2009	68.2 (3.6%)	772.8 (36.2%)	841.0 (20.9%)	1393.9 (73.9%)	538.6 (25.2%)	1932.5 (48.0%)
2011	96.3 (2.0%)	1624.7 (24.6%)	1721.0 (15.1%)	4439.9 (92.2%)	2023.9 (30.7%)	6463.7 (56.6%)
2013	61.8 (1.5%)	1561.9 (24.6%)	1623.6 (15.3%)	3706.3 (86.8%)	1822.6 (28.7%)	5528.9 (52.0%)

44 〈표 6-2〉는 Гомбоев и Базаров, 앞의 글, pp. 142, 145, 147에 제시된 자료에 기반해 작성하였다. 괄호 안의 %는 각 항목 몽골 교역량 전체에서 차지하는 비중을 뜻한다.

점을 감안하면 더욱 그렇다. 2000년대 전체에 걸쳐 평균적으로 몽골 수출의 단 2.5%가 러시아로 향할 뿐이다. 반면 수입에서 러시아의 비중은 평균 31%대를 유지하고 있다.

물론 과거 한 나라 대외무역의 80%가 한 나라와만 이루어진 것 자체가 매우 비정상적인 것이었다. 따라서 수출 부문의 관계 발전이 기대되기는 하지만, 적어도 러·몽 양자관계 측면에서 보자면 현재와 같은 교역 구조는 과거 위계적 동맹관계의 기형성을 극복한 것으로 평가될 수 있다. 하지만 여기에 중국 변수가 더해지면 평가는 완전히 달라질 수 있다. 예전 소·몽 경제관계의 기형성이 현재 중몽관계에 그대로 재현되고 있기 때문이다. 1989년 2%에도 못 미치던 몽골 대외무역 내 중국 비중은, 〈표 6-2〉에서 드러나듯이 2010년대 50%를 훌쩍 뛰어넘어 2015년 62.1%, 2017년 67.4%까지 치솟았다.[45] 특히 2010년대 들어 몽골 수출의 약 90%가 중국 한 나라로만 향하고 있다. 극심한 경제적 의존성은 안보적 취약성으로 이어지기 마련이다. 현대 몽골에 러시아가 새로이 소환된 가장 큰 이유가 바로 이에 근거한다.

앞서 제기된 의문, 즉 러시아와 관련해 실질적 경제지표와 대중의식에 드러난 극적인 차이의 비밀 역시 중국 변수를 개입시킬 때 보다 적절한 해답을 얻을 수 있다. 앞에서 밝혔듯이, 위축된 경제지표와는 대조적으로 상트마랄재단 리서치센터의 여론조사 중 "몽골에 가장 좋은 파트너는 어느 나라인가?"라는 문항에서 러시아는 최근 3년 연속 1위를 차지했다. 그 비율은 해가 갈수록 늘어나 2015년, 2016년, 2017년 각각 59.0%, 61.1%, 66.6%였다. 놀랍게도 같은 설문조사에서 중국을 선택한 비율은 각각 1.3%, 1.6%, 0.6%에 불과해, 중국은 최근 2년

45 2015년 비율은 Mongol Bank(Dec. 2015), p. 1, 2017년 비율은 Mongol Bank(June 2017), p. 1 참조.

연속 꼴찌를 기록했다.[46] 최근 3년간 평균 60%를 훌쩍 넘어선 중국의 몽골 대외무역 비중과 10%대를 간신히 웃도는 러시아의 비중, 최근 3년간 평균 60%를 상회하는 러시아에 대한 몽골인의 호감도와 겨우 1%대에 불과한 중국 호감도 사이에 일종의 뒤집힌 거울 관계가 존재한다고 말할 수 있다. 그리고 이 거울은 과거 중국으로부터 독립과 주권을 지켜준 러몽관계가 21세기 버전으로 재생되는 과정을 되비쳐 춘다.

단지 과거와 달라진 점이 있다면, 각각 200여 년, 70여 년에 걸쳐 중국과 소비에트 식민 지배를 모두 경험한 몽골은 더 이상 러시아만을 절대적 대안으로 선택하지 않는다는 것이다. 이는 몽골 대외정책의 근간인 '제3의 이웃 정책', 이를 관통하는 '사이의 전략'과도 맞닿아 있다.[47] 제3의 이웃을 통해 러시아와 중국 '사이에', 더 나아가 러·중과 제3국 '사이에' 존재하고자 하는 몽골은 러시아와의 미래 역시 소비에트 과거의 계승과 극복 '사이' 어딘가에서 구하고자 한다. 1990년대 확립된 몽골 외교의 '다(多)중심 정책'처럼, 이 시기를 지나며 몽골인의 대러시아 인식 또한 다변화되었다. 현대 몽골 속 러시아의 초상은 '독립과 주권을 지켜준 고마운 형님'과 '저주스런 정복자', '엄청난 원조금의 마르지 않는 샘'과 '자원 약탈자' 중 어느 하나에 고착되지 않는다. 몽골인의 대러시아 인식은 양자 모두에 걸쳐 있으며, 양자 모두에 일말의 진실이 자리한다.

---

46 3년간 2, 3위는 일본이나 미국이, 4위는 유럽 국가가 차지했고, 한국의 경우 중국과 5, 6위를 다퉈 사실상 최하위에 위치한다. Sant Maral Foundation, *Politbarometer*, vol. 14(48), p. 13; *Politbarometer*, vol. 15(49), p. 27; *Politbarometer*, vol. 16(50), p. 22.

47 '제3의 이웃 정책'에 대해서는 Б. Баясгалан, *Монголия в тисках ее соседей* (Berlin: LAP Lambert Academic Publishing, 2014), pp. 139-156; Нолев(2015), 앞의 글, pp. 146-147 참조.

몽골의 향후 발전에 보다 중요한 것은 긍정적·부정적 방향 양편 모두로 공유된 러·몽 관계사를 어떻게 미래지향적인 자산으로 변형시키는가에 있을 것이다. 과거 소몽관계의 불평등성, 일방성, 독점성이 다시 반복되지 않도록 하는 것과 동시에, 오랜 시간 공유한 역사로 다져진 물질적 토대와 심리정서적 기반을 발전적으로 활용하는 것이 그 관건이 될 것이다.

이때 물질적 토대란 영토적 근접성, 지정학적 상호 가치 외, 소·몽 간 긴밀한 경제협력의 결과 여전히 유효하게 남아 있는 경제적 상보성을 의미한다. 특히 현재에도 여전히 몽골 전체 수입의 3분의 1이 러시아를 대상으로 한다는 점, 그 주를 이루는 석유 및 석유제품, 전력의 경우 러시아 외 다른 대안을 찾지 못하고 있다는 점이 신중히 고려되어야 한다. 또 에르데네트, 몽골로스츠베트메트, 울란바타르 철도 같은 러·몽 합작기업의 경제적 가능성도 적극 타진될 필요가 있다.

예를 들어 1978년 소·몽 합작으로 설립된 에르데네트 광산 콤비나트의 경우, 소비에트 시절은 물론 1990년대 몽골이 극심한 경제난에 봉착했을 때 그 버팀목이 되어 주었다. 당시 수출의 30~50%가 에르데네트가 생산하는 구리와 몰리브덴으로 채워졌다. 2000년대에도 이러한 경향은 이어져, 2006년 에르데네트가 벌어들인 돈은 총 국가 수입의 31.4%, 총 대외무역의 26.6%, 몽골 GDP의 10.1%, 몽골 전체 산업생산의 39.2%를 구성했다.[48] 2016년 에르데네트와 몽골로스츠베트메트의 러시아 지분(49%)을 소유한 러시아 국영기업 로스테흐(Rostekh)가 이를 모두 몽골에 매각해 현재 두 기업은 온전히 몽골의 것이

48 Д. Галбаатар, "Доля совместного предприятия 〈Эрдэнэт〉 в развитии экономики Монголии," *Горный информационно-аналитический бюллетень*, 2008.

되었다.[49] 하지만 두 기업 모두 여전히 러시아 인프라와 기술로 운영된다는 점에서 러시아와의 협력은 아직도 긴요하다.

한편 1949~1955년 기간 동안 소련 자본과 기술로 지어진 울란바타르 철도는 여전히 러·몽 간 50 대 50의 지분으로 공동 운영된다. 2000년대 이래 러시아는 예전의 소극적 태도를 버리고 이 철도의 현대화, 시베리아 횡단철도 및 중국 철도와의 연계 및 확장 계획에 발 벗고 나서고 있다. 몽골 물류의 60%를 실어 나르는 국내 유일의 철로라는 점에서 울란바타르 철도의 러·몽 현대화 사업이 몽골 경제에 가지는 의미는 매우 크다.[50]

이 모든 물리적·경제적 토대와 그에 기반한 발전 가능성은 그에 상응하는 역사적·심리정서적 토대와 조화를 이룰 때 보다 높은 현실성을 확보할 수 있다. 앞서 살펴본 것처럼, 제정 러시아가 몽골의 독립 과정에 긴밀히 연루되기 시작한 이래 오랜 시간 이어져 온 러·몽 간 공생이 우정 어린 연대로만 해석될 수 없음은 자명하지만, 몽골인이 러시아에 대해 여전히 우호적인 감정을 갖고 있다는 것 역시 마찬가지로 부인할 수 없는 사실이다. 중국군과 운게른으로부터 후레를 해방시킨 소비에트 적군, 남의 나라 땅 할힝골에서 죽어간 소련 병사, 몽골 주권을 지켜낸 스탈린의 고집과 배포, 학교를 세워주고 병원을 지어주고 길을 닦아준 '키 큰 북쪽 친구' 등 오랜 시간 축적되어 온 역사 기억과 이미지가 (무)의식의 차원에서 작동하리라 충분히 추정할 수 있다. 할힝골 전투 40주년 기념으로 지어진 주코프 박물관이 탈소비에트 체제전환 와중에도 철거되지 않고 리모델링을 거쳐 여전히 많은 몽골

---

49 А. Джумайло, "'Ростех' расстался с советским прошлым," *Коммерсантъ* (2016. 6. 29.).

50 В. В. Грайворонский, "Модернизация железнодорожного транспорта в Монголии и роль российско-монгольского сотрудничества," *Восточная аналитика*, 2011, pp. 123-130.

인이 방문하는 주요 유적 중 하나로 적극 관리되고 있다는 사실에 유념할 필요가 있다.[51]

이처럼 수세기에 걸쳐 축적된 눈에 보이지 않는 자산을 향후 몽골의 미래를 위해 발전적으로 활용하는 지혜가 발휘되어야 하며, 몽골 체제전환의 미래와 러시아의 상호 연루를 말할 수 있는 것은 이 때문이다.

---

51 할힝골 전투를 대승으로 이끈 소련의 주코프(G. Zhukov) 장군은 이후 몽골의 영웅이자 소·몽 우호의 상징으로 부상했다. 할힝골 전투 40주년인 1979년, 주코프를 기리는 박물관이 울란바타르 중앙광장 부근에 건립되어 아직까지 운영되고 있다. 주코프 박물관 사례는 체제전환 후 몽골에서 소·몽 공동의 역사 기억과 그 의미가 사회문화적으로 어떻게 재구성되고 있는지를 보여주는 흥미로운 사례이다. 또 이는 몽골 내 러시안 디아스포라를 대상으로 한 현 러시아 정부의 '동포(Sootechestvenniki) 프로젝트'와도 긴밀한 연관이 있다. 주코프 및 주코프 박물관에 대해서는 Михалев, 앞의 글, pp. 302-305, 309, 314 참조.

| 참고문헌 |

게오르기 베르낫스키, 김세웅 옮김, 『몽골제국과 러시아』, 선인, 2017.

김보라, 「이웃 국가들을 통해 출해구(出海口)를 확보하고자 하는 몽골의 이해관계와 몽골-러시아 연해주 협력」, 『몽골학』 제50권, 2017.

니콜라스 V. 랴자놉스키, 마크 D. 스타인버그, 조효연 옮김, 『러시아의 역사(상)』, 까치, 2013.

루브산 남난수렌, 「몽골의 민주주의: 이행과 정착을 중심으로」, 『사회과학연구』 제52집 1호, 2013.

석화정, 「러일 비밀협약과 러시아의 몽골 정책」, 『군사』 92호, 2014.

이경완, 「러시아 동시베리아와 몽골의 전력 협력의 문제와 다자간 협력 방안」, 『시베리아 극동 Issue Paper』 제19권 1호, 2017.

이준희, 「20세기 초 몽골 민족주의의 전개: 독립 선언에서 임시정부 수립까지」, 『중국학논총』 제32집, 2011.

이호상, 「근대 몽골민족국가의 탄생과 몽골의 미래」, 『한몽경상연구』 제16권 1호, 2005.

정태일, K. 어넝, 「몽골 민주화 이행과정의 분석」, 『유라시아연구』 제11권 4호, 2014.

제성훈, 「탈냉전기 러시아-몽골관계의 변화: 지정학적 '완충국' 개념을 중심으로」, 『국제정치논총』 제50권 2호, 2010.

Batbayar, Tsedendamba, "Geopolitics and Mongolia's Search for Post-Soviet Identity," *Eurasian Geography and Economics*, vol. 43, no. 4, 2002.

Batbayar, Tsedendamba, "Mongolian-Russian Relations in the Past Decade," *Asian Survey*, vol. 43, no. 6, 2003.

Batsaikhan, E. O., *Mongolia: Becoming a Nation-State (1911-1952)*, Ulaanbaatar, 2014.

Bayasakh, Kh. J., "Mongolia and Russia-China on the Eve of the New Millenium," *China Report*, vol. 36, no. 1, 2000.

"Concept of Mongolia's Foreign Policy," *The Mongolian Journal of International Affairs*, vol. 2, 1995.

Myadar, Orhon, "In the Soviet Shadow: Soviet Colonial Politics in Mongolia," *Inner Asia*, 19, 2017.

Sneath, David, "Lost in the Post: Technologies of Imagination, and the Soviet Legacy in Post-Socialist Mongolia," *Inner Asia*, vol. 5, 2003.

Алабян, С. С., "Монголия возвращается в число курпнейших торгово-экономических партнеров России," *Российский внешнеэкономический вестник*, 2012(2).

Аюуш, Д., "Влияние северного соседа на независимость Монголии в XX в," *Сборник научных статей и докладов на русском языке*, Улаанбаатар: Институт международных отношений академии наук Монголии, 2016.

Баабар, Б., *История Монголии: от мирового господства до советского сателлита*, Казань: Татарское книжное издательство, 2010.

Базаров, В. Б., "Российско-монгольский политический диалог в постсоветский период," *Известия Восточного института*, 3(27), 2015.

Василенко, В. А., "'Урянхайский вопрос' в политике России и Монголии (1912-1914)," *Вестник Бурятского государственного университета*, 2012(7).

Баясгалан, Б., *Монголия в тисках ее соседей*, Berlin: LAP Lambert Academic Publishing, 2014.

Галбаатар, Д., "Доля совместного предприятия 〈Эрдэнэт〉 в развитии экономики Монголии," *Горный информационно-аналитический бюллетень*, 2008.

Ганхуяг, Эрдэнэбаяр и Ли Сяо На, "Монголо-российские экономические отношения в начале XXI века: динамика и проблемы," *Вопросы теории и пактики*, no. 12(86), 2017.

Гомбоев, А. Б. и В. Б. Базаров, "Динамика макроэкономических показателей и внешнеэкономические связи Монголии," *Вестник Бурятского научного центра сибирского отделения РАН*, no. 4(16), 2014.

Грайворонский, В. В., "Модернизация железнодорожного транспорта в Монголии и роль российско-монгольского сотрудничества," *Восточная аналитика*, 2011.

Джумайло, А., "'Ростех' расстался с советским прошлым," *Коммерсантъ* (2016. 6. 29.).

Катасонова, Е. Л., "Халхин-Гол: 70 лет спустя. Историография проблемы," *Япония-Ежегодник*, 2009.

Коростовец, И. Я., *От Чингис Хана до Советской республики*, Улан-Батор: Эмгэнт, 2014.

Миронова, М. Н. и М. В. Потапенко., "Современные тенденции экономического сотрудничества Монголии с Китаем и Россией," *Известия Тульского государственного университета*, 2016.

Михалев, А., "Советское политическое присутствие в Монголии: помять о героях и риторика преемственности в Российском историческом нарративе," *Ab Imperio*, no. 2, 2009.

Моллеров, Н. М., "Советско-Китайский договор 1924 г.," *Документ. Архив. История. Современность*. Вып. 5, 2005.

Наран-Оюун, Г., "Российско-монгольское сотрудничество (1990-2000-е гг)," *Вестник Бурятского университета*, 2011(7).

Нолев, Е. В., "'Монголо-татарское иго': идеологический и методологический аспекты исторического дискурса," *Вестник Бурятского государственного университета*, 8, 2013.

Нолев, Е. В., "Современная отечественная историография российско-монгольских отношений: в поисках новых концептулальных моделей," *Власть*, 2015(9).

Родионов, В. А., "Основные сферы российско-монгольского двустороннего взаимодействия," *Россия и Монголия: новая модель отношений в начале XXI века*, Улан-Удэ: Издательство БНЦ СО РАН, 2009a.

Родионов, В. А., "Особенности отношений России/СССР и Монголии/МНР до начала 1990-х гг.," *Россия и Монголия: новая модель отношений в начале XXI века*, Улан-Удэ: Издательство БНЦ СО РАН, 2009b.

Родионов, В. А., "Эволюция подходов руководства России и Монголии к двусторонним отношениям," *Вестник Волгоградского университета*, Сер. 4. no. 2(18), 2010.

Тарасов, Н. К., "Влияние монголо-татарского ига на процесс формирования российской государственности во взглядах евразийца Н. С. Трубецкого," *Вестник Томского государственного университета*, 2012.

Учрал, Ням-Осор, "Битва на реке Халхин-гол и независимость Монголии," *Власть*, 2011(9).

Учрал, Ням-Осор, "Международное признание независимого статуса Монголии," *Власть*, 2011(8).

Цыбенов, Б. Д., "Монголия: от статус-кво до юридического признания," *Известия Восточного Института*, 27, 2015(3).

온라인 자료

Mongol Bank, *Mongolia's Foreign Trade Review* (Dec. 2015 & June 2017). 〈https://www.mongolbank.mn/documents/annualreport/2015e.pdf; https://www.mongolbank.mn/documents/annualreport/2017e.pdf〉

Sant Maral Foundation, *Politbarometer*, vol. 14(48), March-April 2015.

Sant Maral Foundation, *Politbarometer*, vol. 15(49), March 2016.

Sant Maral Foundation, *Politbarometer*, vol. 16(50), March 2017.
〈http://www.santmaral.mn/en/publications〉 (최종 검색일 2020. 11. 20.)

Басаев, С., "Цыбен Жамцарано и панмонголизм," Часть I-III. *ARD* (2015. 7. 29~31.). 〈http://asiarussia.ru/articles/8477; http://asiarussia.ru/articles/8486/; http://asiarussia.ru/articles/8512〉 (최종 검색일 2020. 11. 20.)

Википедия, Бои на Халхин-Голе. 〈https://ru.wikipedia.org/wiki/%D0%91%D0%BE%D0%B8_%D0%BD%D0%B0_%D0%A5%D0%B0%D0%BB%D1%85%D0%B8%D0%BD-%D0%93%D0%BE%D0%BB%D0%B5〉

"Договор о дружественных отношениях и сотрудничестве между РФ и Монголией" (1993. 7. 3.). 〈http://docs.cntd.ru/document/8314343〉 (최종 검색일 2020. 11. 20.)

Соловьев, В., "Панмонголизм," *Поэзия серебряного века*, Москва: Художественная литература, 1991. 〈http://rupoem.ru/solovev/panmongolizm-xot-slovo.aspx〉 (최종 검색일 2020. 11. 20.)

"Советско-Монгольское соглашение об установлении дружественных отношений между РСФСР и Монголией: 5 ноября 1921." In А. С. Георгиева и Н. Г. Георгиев, *Исторический словарь*, 2-ое изд. М., 2012. 〈http://doc20vek.ru/node/3213〉 (최종 검색일 2020. 11. 20.)

"Соглашение между Правительством РФ и Монголии об урегулировании финансовых обязательств Монголии перед РФ" (2016. 1. 31.). 〈http://docs.cntd.ru/document/902264242〉 (최종 검색일 2020. 11. 20.)

"Улан-баторская декларация" (2000. 11. 14.). 〈http://docs.cntd.ru/document/901783748〉 (최종 검색일 2020. 11. 20.)

제7장

몽골의 체제전환 모델과 북한

김병로
(서울대학교 통일평화연구원 부교수)
바바르
(전 몽골사회민주당 당수)

1
약소국 몽골의 생존력

인구 320만의 작은 나라 몽골. 프랑스의 5배 되는 넓은 땅에 적은 인구가 살고 있고 러시아와 중국이라는 강대국에 포위되어 있는 몽골은 북한에 그다지 매력적인 나라는 아니다. 1921년 사회주의 종주국인 러시아 다음으로 일찍이 사회주의 국가를 수립하였으나 1990년 7월 복수정당제를 실시하고 1992년 새로운 헌법 제정으로 사회주의를 역사의 뒤안길로 내팽개친 몽골을 북한이 모델로 삼을 리는 없다. 더욱이 한국과 국교수립을 단행한 1990년 3월 이후 몽골·북한 관계는 급속도로 냉각되고 무역도 급격히 위축되어 몽골은 북한의 관심으로부터 멀어졌다.

몽골은 비교적 성공적인 정치민주화와 시장경제로의 체제전환을 무리 없이 추진한 대표적인 나라다. 과거 공산주의 유산을 완전히 제거하고 전격적인 체제전환을 한 터라 몽골 모델이 북한의 관심에서 비켜서 있는 것은 사실이다. 북한 학자들은 개혁·개방과 관련하여 "우리도 어떻게 하면 효율적인 경제시스템으로 바꾸는지는 잘 안다. 우리가 원하는 것은 경제를 바꾸면서도 그것이 정치 혼란으로 이어지지 않는 복안을 마련하는 것이다"라며 자신들의 고민을 토로한다. 과거 집권층이 개혁·개방 이후에도 그대로 존속하는 카자흐스탄이나 권위주의 개발에 성공한 싱가포르에 북한이 관심을 갖는 이유다.

이런 점에서 북한은 이미 스웨덴이나 태국 모델에 관심이 있음을 피력한 바 있다. 매들린 올브라이트(Madeleine Albright) 전 미국 국무장관은 그녀의 회고록 『마담 세크리터리(*Madam Secretary*)』(2003)에서 김정일 위원장이 스웨덴식 사회주의 모델이나 전통을 고수하며 시장경제를 유지하는 태국 모델에도 관심을 갖고 있다고 했다.[1] 북한은 2009년 개정헌법에서 '공산주의'를 국가목표에서 삭제하고 사회주의를 추구하는 것으로 좌표를 수정하고 국가발전의 진로를 고민하고 있다. 러시아와 중국은 규모가 큰 나라로 북한과 같은 작은 나라가 답습하기에 적합하지 않다. 특히 자유시장과 사회주의를 혼합한 중국식 모델에 대해서는 비판의 목소리가 강하다. 냉전 시기에도 북한은 중국이 수정주의로 간다고 판단하고 세계 공산주의 혁명의 중심지가 평양으로 옮겨졌다고 선언하기도 했다.

그렇다면 사회주의 대국 사이에서 생존력을 키워 가는 여러 작은 나라들을 대안으로 고려해 볼 수 있을 것이다. 베트남과 몽골은 이런 점에서 매력적이며, 북한의 크기와 국력을 고려하면 베트남보다는 몽골이 더 친화성이 있다. 경제와 정치를 동시에 민주화하는 모델로서 몽골은 매력적인 대안은 아니지만, 작은 나라의 생존 방식이라는 점에서 관심을 기울여 볼 만하다. 찰스 암스트롱(Charles King Armstrong)이 『약자의 횡포(*Tyranny of the Weak*)』(2013)에서 지적하듯, 몽골과 북한은 사회주의 국가로서 러시아와 중국이라는 강대국의 지배로부터 정치적 독립을 유지해야 하는 고민을 공유하고 있다. 특히 북한은 과거 김정일 위원장이 자주 언급했듯이 종심이 짧은 나라여서 중국과 같은 대국의 사정과는 다르다. 이런 점에서 김정은 위원장이 집권한 이후 외국 정상으로 몽골 대통령을 가장 먼저 초청하여 관심을 표명한 점은 눈여겨볼 만하다. 2013년 10월 김정은 집권 이후 최초로 몽골 대통령을 평양으로 초청하여 김일성종합대학에서 연설하도록 하였다. 몽골

---

1 임동원 전 통일부장관도 김정일을 만났을 때 그가 태국이나 스웨덴식 입헌군주제에 관심이 많다고 했다고 했다. 실제 북한 내부에서 이와 관련된 연구를 했다는 소문도 흘러나왔다. 즉 김일성 일가를 장기적으로 국왕으로 앉히고 실권은 내각의 수반인 총리나 대통령에게 물려주는 식이다.

은 작은 나라이고 러시아와 중국 사이에서 뛰어난 생존 전략을 구사하며 개혁·개방을 이끌어 온 경험이 매력적인 대안으로 떠오를 수도 있다.

이 장에서는 몽골의 탈사회주의 경험이 북한에 어떤 시사점을 주는지 탐색해 보려 한다. 몽골 모델이 북한이 공식적으로 추구하는 모델은 아니지만, 관심을 보이는 대목이 어디인지를 북몽관계의 역사를 통해 검토해 보고자 한다. 김정은 집권 이후 외국 정상으로서는 몽골 대통령이 가장 먼저 북한을 방문했다는 점에서도 양국은 서로를 필요로 하는 바가 있을 것이다. 이런 점에서 체제전환과 발전 과정에서 몽골이 북한과 어떤 관련성을 갖고 있는지 살펴보고자 한다.

2 몽골과 북한의 전통적 우호

몽골은 1948년 10월 15일 북한과 국교를 수립한 이후 전통적 우호관계를 유지해 왔다. 구소련에 이어 두 번째로 북한과 수교함으로써 일찍이 양국관계를 발전시켰다. 중국이 1950년 몽골에 대사관을 개설했으니 북한이 중국보다 앞선 것이다. 한국전쟁 시기에는 4만 400필의 말, 1만 두(頭)의 소, 8만 마리의 양와 염소, 2만 벌의 모피, 4,500벌의 방한 외투, 1만 켤레의 가죽 부츠, 5만 장의 양가죽, 3천 톤의 육류 등을 지원하며 양국의 친선을 과시하였다.[2]

특히 한국전쟁 시기 전쟁고아들을 데려와 보살펴 준 나라로서

2 장명화, 「몽골을 본다 16: 변화하는 몽골-북한 관계」, 『RFA』(2010. 1. 28.).

북·몽 양국은 특별한 관계를 유지했다. 1952년 몽골 정부는 4~7세의 북한 고아 200여 명을 수용하여 7년 동안 유치원과 초등학교 교육을 실시한 후 1959년 북한으로 돌려보냈다. 휴전협정이 체결된 지 3년 뒤인 1956년에 제작된 몽골의 기록영화에는 김일성 주석이 10일간의 몽골 공식 방문기간에 북한의 전쟁고아원을 찾는 모습이 나온다. 북한과 몽골의 교류에 힘쓰겠다는 아이들의 다짐에, 김일성 주석은 이 아이들을 친자식처럼 키워준 몽골 정부에 깊은 감사를 표했다고 영화는 전한다.[3]

이 고아원 건물은 지금도 몽골의 수도 울란바타르 남쪽에 있는 복드산 근처에 남아 있다. 그러나 이 건물을 찾기가 쉽지는 않았다. 그곳 사정을 잘 아는 몽골 안내원을 동반하고 '북한고아원'에 관한 정보를 수집하여 찾아 나섰지만 번번이 실패했다. 2003년 이곳을 방문했을 당시에는 뚜렷하게 남아 있던 고아원 건물이, 이후 주변의 개발과 아파트 단지 등으로 과거의 모습을 찾을 수 없었기 때문이다.

결국 과거의 고아원 모습은 2008년 대구MBC 6·25특집 HD 다큐멘터리 「몽골로 간 북한 전쟁고아」(대구MBC 김형출 PD) 프로그램에서 볼 수 있었다. 분홍색 2층으로 지어진 고아원 건물은 10년 전까지만 해도 과거의 모습을 그대로 지니고 있었다. 당시 상황을 기억하고 있는 막사르(2008년 당시 85세)는 본인의 상관인 재난안전부의 '사라우잘상'이라는 분이 북한고아원 책임자로 파견되었으며, 약 20명의 인원이 함께 파견 근무를 했다고 한다. 이 고아원은 몽골 교육부에 속하는 '조선아동학교'라는 이름으로 운영되었다. 북한에서는 몇 명의 교사와 함께 이 학교의 교장으로 김태일을 파견하였다. 고아원의 회계를 맡았

3 위의 글.

출처: 대구MBC 6·25특집 다큐멘터리 「몽골로 간 북한 전쟁고아」(2008)

〈그림 7–1〉 북한 아이들을 수용했던 고아원 건물

던 반친 다르쯔를 비롯하여 고아원에 근무했던 몽골인 생존 가족들을 통해 당시 고아원 상황이 어느 정도 알려졌다.

1956년 몽골 영화제작소가 만든 「이웃나라 귀빈」이라는 다큐멘터리는 이 고아원을 방문한 김일성의 모습과 이곳에서 교육받고 있던 어린이들의 활동을 고스란히 담고 있다. 이곳에 온 아이들은 대체로 북한의 같은 지역에서 왔다고 증언하는 것으로 보아, 전쟁이라는 다급한 상황에서 체계적 대책을 세우지 못하고 특정 지역에서 발생한 고아들을 서둘러 해외에 보냈음을 짐작할 수 있다. 다큐멘터리에는 모든 아이들이 교복을 입고 있고 여자 아이들은 단발머리를, 남자 아이들은 모두 빡빡 깎은 머리를 하고 있었다. 러시아와 몽골 전통예술을 공연하는 장면, 조국을 위해 "노력영웅이 되겠다," "영웅단원이 되겠다" 고 다짐하는 어린이의 모습, 친구와 장난치는 모습 등 다양한 장면들이 담겨 있다. 전쟁 중인 북한 상황과 비교하면 이곳 학생들은 상대적으로 양질의 교육을 받았음을 알 수 있다.

서울대학교 환경대학원 박사과정에 재학 중인 몽골 유학생 쿨란(Khulan)으로부터 몽골역사문서보관소에 보관되어 있는 북한고아원 관련 자료를 하나 받을 수 있었다. 바트투르(J. Battur)가 지은 『21세기 몽골과 남북한의 관계』라는 단행본인데, 그중 「북한 학교 관련 문서(1952~1959)」 자료를 친절하게 번역하여 보내주었다.[4] 이 문헌은 몽골에서 교육받고 성장하여 귀국한 북한 고아들과 관련된 많은 자료를 담고 있다. 당시 한국전쟁에서 부모와 이별하여 고아가 된 많은 북한의 아이들을 사회주의 국가에서 수용하여 교육시켰는데, 몽골은 1952년 197명의 고아를 받아들였다. 아이들은 처음 몽골에 들어왔을 때 4~7세로 유치원을 다녔으며, 몽골 정부는 1953년 그들을 위한 학교를 설립했다. 유치원과 학교에서 10여 명의 교사와 80여 명의 직원 등 총 68~110명이 일했다.

이 자료에 따르면 북한고아원은 두 곳에서 운영된 것으로 나타난다. 자이상(Zaisan) 전망대 아래 2층짜리 노란색 건물로 북한의 전쟁고아들이 주로 이곳에서 생활하며 교육을 받았다. 그러나 여름에는 울란바타르 외곽에 위치한 별도의 건물에서 교육을 받았다고 기록되어 있다. 이 여름학교는 울란바타르에서 20km 떨어져 있는 샤르가 모리트(Sharga Morit) 지역에 위치하며, 홀과 식당, 샤워실을 갖춘 편리한 시설이었다고 한다.

아이들에게 북한어문학을 제외한 모든 수업은 몽골어로 가르쳤고, 러시아어로 중복해서 가르쳤다. 5~6명의 북한 교사들은 모국어를 가르쳤다. 모든 수업은 하루에 4~5시간, 1주일에 27시간 이루어졌으며, 북한어, 몽골어, 수학, 미술, 음악, 체육을 가르쳤다. 1학년부터 몽골 일반 학교를 다닐 수 있게 할 목적으로 몽골어 수업으로 진행되었다. 수업 일정과 교육 내용의 경우, 몽골과 북한 양국의 공교육 커리큘

4 J. Battur, *20-р зууны Монгол Солонгосын харилцаа* (УБ: Адмон, 2004).

럼을 고려하여 반영하였고, 몽골인민공화국 계몽부(현 교육부)장관이 승인한 교육과정을 준수하였다. 정규교육 일정 이외의 시간에는 몽골 교사들이 아이들을 돌보았는데, 매일 16시부터 22시까지는 사범대 출신 초등교육 교사들이, 22시부터 오전 9시까지는 직원들이 아이들을 맡았다.[5]

차츰 아이들이 몽골어를 익혀 몽골어로 출간된 책들을 읽고 몽골어로 자연스럽게 대화할 수 있게 되었는데, 그중 몽골 문학을 관심 있게 읽었다. 아이들은 아침 7시에 일어나 저녁 9시에 잠자리에 들었고, 수업은 오전 9시부터 12시까지 진행되었다. 담임교사는 몽골 교사들이었다. 매주 영화나 연극을 관람하고, 체스, 음악, 노래, 무용, 미술, 공예 동아리에 참여했다. 계몽부에서 북한학교에 자동차를 제공하였으며, 5천 권의 서적을 갖춘 도서관도 만들어 주었다.

모든 아이들은 의료진의 관리 아래 보호되고 있었다. 1956년만 해도 시설보호 인원은 98명이었고 예산 1,270,000투그릭(tugrik, 몽골 화폐 단위)이 투여되었다. 몽골인민공화국 계몽부장관은 1956년 9월 13일 199호령에 의해 이 북한학교의 이름을 '몽골인민공화국 계몽부 소속 울란바타르 북한학교'(이후 '울란바타르 북한학교'로 약칭)로 변경하였다.

1957년 아이들의 일부는 초등학교를 졸업하여 1957~1958년 학기에는 울란바타르 2번과 6번 학교 5학년에 편입했다. 초등학생들은 그대로 북한학교에서 교육받았다. 아이들은 학교교육뿐 아니라 영화, 서커스 공연을 관람했고, 당시의 대표적 산업단지, 육류공장, 인쇄소, 철강 공장, 유리 공장, 제빵 공장 등 여러 공장도 견학했다. 그리고 노

5 위의 책, pp. 90-91.

동영웅 훈장 수여자 다바자브(D. Davaajav),[6] 국가최고교사 훈장 수여자 덴스마(Densmaa)와 알흐자브(Alkhjav), 국가최고배우 훈장 수여자 곰보수렝(Ch. Gombosuren)과 소드놈(Sodnom) 등 유명인사들이 찾아와서 격려했다.

몽골인민공화국 정부 초청으로 북한의 제1위원장 김일성을 비롯한 정부 대표단이 몽골을 방문하기도 했다. 방몽기간 중인 1956년 7월 16일 이들은 북한 고아들을 수용한 학교와 시설들을 둘러보았고, 아이들은 배운 지식과 장기 자랑을 선보였다. 울란바타르 북한학교는 몽골 장관위원장 체덴발과 북한 제1위원장 김일성에게 명예학생(pioneer)증을 수여하였는데, 이 행사에서 김일성은 "미국 제국주의자들이 일으킨 전쟁으로 고아가 된 우리 아이들이 몽골에서 건강하게 자라고 있어 진심으로 감사드린다. 향후 북한과 몽골의 우호, 우정, 협력이 보다 확대되어 강화될 것이다"라고 말했다.

여기서 생활하던 197명의 아이들 중 6명은 1953년 황달로 인하여 사망하였고, 1955년 2명이 먼저 귀국했다. 남자아이 109명, 여자아이 80명, 총 189명이 후에 함께 귀국했다. 1959년 5월 27일 양국의 협약에 의해 학생들은 오후 1시 40분 울란바타르-베이징 행 기차에 올랐는데, 그중 한 명은 5월 26일 맹장에 걸려 이들과 함께 가지 못하고 나중에 귀국했다. 학생들이 북한까지 가는 비용은 몽골 정부가 부담했다. 학생들을 인수하러 북한 대표단이 5월 18일 몽골에 들어왔는데, 그 대표단은 북한 계몽부 차관, 여성위원회 부위원장, 계몽부 직원으로 구성되었다. 북한 정부는 울란바타르 북한학교의 교사와 직원 중

6 몽골의 광산 노동자. 몽골에서 노동영웅 훈장은 1956년에 도입되었고, 1957년 다바자브는 그 첫 수여자였다. 2000년 그의 동상이 광산 도시 날라이흐(Nalaikh)에 세워졌다. - 편자

특별한 노력과 열정을 지닌 이들에게 훈장을 수여했다.

이렇게 한국전쟁으로 고아가 된 북한의 아이들이 1952년 9월 19일 몽골에 들어왔다가 1959년에 귀국했다. 귀국하기 전 아이들은 몽골인민공화국 제1위원장이자 장관위원장인 체덴발에게 다음과 같은 편지를 써서 보냈다.

> 몽골 부모님들의 사랑과 돌봄 아래 7년 동안 잘 지냈습니다. 오늘 저희가 귀국하게 되었고, 그동안 저희를 친자식처럼 돌봐 주신 몽골 위원장님과 부모님들께 진심으로 감사드립니다! 아름다운 나라 몽골, 몽골 부모님들의 뜨거운 사랑, 울란바타르시, 교실, 숙소, 샤르가 모리트 별장(여름학교)을 잊지 않겠습니다. 몽골 아이들과 맺은 우정이 우리 두 나라의 아이들 마음속에 영원히 남을 것입니다. 몽골에서 배운 교육을 앞으로 더욱 발전시켜 항상 모범인으로 살겠습니다! 미국의 늑대들, 이승만 같은 이들을 반드시 쫓아내어 조국을 평화적으로 통일시키기 위한 투쟁에 참여하여 부모님을 잃은 복수를 반드시 할 것입니다! 몽골 부모님들이 오랫동안 건강하시기를 기원하겠습니다!
>
> 1959년 5월 20일
>
> 몽골 북한학교 학생 일동[7]

한국전쟁 당시 몽골과 같이 북한의 전쟁고아들을 받아들인 나라는 여럿이다. 중국이 가장 많은 2만 명의 전쟁고아를 받아들였고, 루마니아 1,500명, 불가리아 500명, 헝가리 200명, 폴란드 200명, 체코

7 Battur, 앞의 책, p. 94.

200명 등 동유럽에서 총 4,000여 명을 수용하였으며, 구소련처럼 밝혀지지 않은 수까지 포함하면 해외로 나간 북한의 전쟁고아 수는 3만 명 정도 될 것으로 추정된다. 당시 동유럽에서는 북한의 전쟁고아 문제가 널리 소개되었고, 미 제국주의의 침략에 맞서 용감하게 싸우는 북한에 대한 연대의식과 구제활동이 자발적으로 일어났다. 동유럽 국가들은 전쟁 대피 차원에서 북한 전쟁고아들을 받아들이기로 결정했다.

전쟁 시기 해외에 이송되어 교육받은 아이들은 귀국 이후 '혁명유자녀학원'(이후 '혁명학원'으로 변경)에서 북한의 엘리트로 성장하였다. 이들이 북한 사회에서 차지하는 위상과 역할은 막중하다. 북한 주민들이 그들의 지도자를 '어버이'라 부르는 것은 단순한 수사적 표현이 아니라 전쟁 시기 부모를 잃은 고아들이 자신들을 보살펴 준 김일성 주석을 실제로 아버지로 부른 데서 기인한다는 설명도 있다. 전쟁고아로서 혁명학원에서 교육 받은 몽골의 북한고아원 출신들이 성인이 되어 당시 고아원에서 대모로 불린 여성을 북한으로 초청하여 옛정을 나누는 장면이 언론에 보도되기도 하였다.[8] 이 여성은 2007년 세 번째 북한 방문을 마치고 세상을 떠났다. 몽골뿐 아니라 전 세계로 나갔던 북한의 전쟁고아들이 어떤 아이들이었는지, 북한으로 귀국한 이후 북한에서 어떻게 성장하고 어떤 사회적 역할을 하고 있는지는 앞으로 연구해야 할 주제이다.

한국전쟁 시기 물적 지원과 고아 보호에 대한 고마움을 표시하기 위해 북한은 1961년 몽골과 러시아 국경지대인 알탄볼락(Altanbulag)에 학생 300명 규모의 학교를 지어 주었다.[9] 6~18세의 학생들을 교육

8 통일미래길잡이/외국인대학생기자단, "A Mongolian woman who mothered 200 North Korean orphans, Mongolian Shindler," 통일부 (온라인, 2016. 7. 10.).

9 "Mongolian school a diplomatic channel to Pyongyang," *The Straits Times* (온라인, 2015. 10. 6.).

하는 이 학교는 북한처럼 김일성 주석의 사진을 교실에 걸어두었다. 1989년 민주화의 진행으로 혼란스러운 상황에서도 이 학교에 대한 북한의 지원은 중단되지 않았으며, 김일성 주석 100주년인 2012년에는 교실 리모델링까지 해주었다.

북한은 1968년 인구가 적은 몽골에 북한 주민을 이주시켜 경제발전에 도움을 얻으려는 계획을 시도한 바 있다. 1968년 5월 양국 간 광산 채굴과 소금 채취 등의 경제협력을 위한 목적으로 산업, 농업, 지질학 등 각 분야의 전문가들로 이루어진 북한의 경제시찰단이 몽골을 방문했다. 주민 8만 명을 몽골에 정착시키는 구상을 한 것이다.[10] 북한은 몽골에서 나는 석탄과 소금, 목재를 채취하는 대가로 일정액을 몽골 정부에 지급하는 대신, 북한 이주민들이 어업이나 수렵, 원자재 채취까지 할 수 있도록 추가로 허용해 달라고 요구했다. 북한 주민들이 머물 곳으로 몽골의 수도 울란바타르에서 500km가량 떨어진 장소도 제시했다. 몽골의 거절로 성사되지는 않았지만, 북한은 일찍부터 몽골과의 경제협력을 생각하고 있었다.

1990년까지 두 나라의 관계는 정상적으로 이뤄졌고 때로 우호적인 분위기도 있었다. 정부와 공산당 교류를 통해 고위급 방문과 실무자급 교류가 빈번했다. 김일성 주석은 1956년과 1988년 두 번 몽골을 방문하였다. 바트뭉흐(Jambyn Batmönkh: 1926~1997) 총리가 1986년 북한을 방문한 적이 있는데, 당시 북한이 갑자기 김일성 주석이 서거했다는 뉴스를 전 세계로 타전함으로써 큰 관심을 끌었고, 공교롭게도 바트뭉흐 총리가 평양에 있던 때라 총리에게 세계적 이목이 집중되기

10 Balazs Szalontai, "A Korean Autonomous Territory in Mongolia?: North Korean economic nationalism has a exploitative side, which can backfire," *NK News* (온라인 2016. 5. 13.).

도 하였다.

양국의 무역교류는 많지는 않았으나 지속적으로 유지되었다. 규모는 작았지만 교환학생과 유학생도 꾸준히 이어졌다. 문화와 미술 교류도 이루어졌고, 노동조합을 통한 관광객 교환 및 노동자 교류도 지속되었다. 1988년 김일성이 몽골을 방문했을 때에는 몽골 측에서 타왕 톨고이(Tavan Tolgoi) 석탄 광산을 공동으로 사용할 것을 제안하여 성사되었다.

3 탈냉전 이후 몽골·북한 관계[11]

1990년 3월 26일 몽골이 한국과 수교한 이후 북한의 반발로 북몽관계는 매우 긴장되었다. 공산주의 국가 중 한국과 전격적으로 수교를 한 나라는 헝가리 다음으로 몽골이 두 번째였다. 이후 폴란드가 한국과 수교하였는데, 북한은 헝가리와 폴란드를 반역자로 신랄하게 비난했으나 몽골에 대해서는 심하게 비난하지는 않았다. 물론 평양에 있던 몽골대사를 초치하여 엄중히 비판하였으나, 적어도 언론이나 출판물에서는 비판의 수위를 조절했다. 그만큼 몽골과 북한의 관계는 역사적으로 오랜 선린의 관계가 있었고 주민들도 좋은 감정을 갖고 있었다. 전통적으로 돈독한 관계를 유지하던 몽골을 갑자기 반역자라고 부르자니 서로 간에 감정이 훼손될 수 있어 자제한 것이라 생각된다.

11 이 절은 몽골 사회민주당을 창당하여 초대 당대표를 지낸 바바르 전 의원의 기고문이다. 이 책의 출판을 위해 탈냉전 이후 북몽관계에 관한 글을 특별히 기고해 주었다. 바바르 의원은 1996~2000년 몽골 재정부장관을 지냈으며, 북한을 20여 차례 방문한 바 있고, 현재는 동북아협회(North East Asia Association)의 대표로 활동하고 있다.

1990년 이후 몽골과 북한의 우호관계는 사실상 거의 중단되었다. 이는 몽골이 한국과 적극적인 관계를 추진하는 과정에서 상대적으로 북한을 소홀히 했기 때문일 수도 있다. 몽골은 한국 비자를 가지고 있거나 가진 경력이 있던 몽골 시민들의 북한 국경 통과를 금지시켰다. 1990년 당시 중단된 무역 부채 60만 루블이 남아 있었고, 울란바타르와 평양에는 두 나라의 대사관이 소극적이긴 하지만 근무를 하고 있었다. 몽골은 언론의 자유를 허용하기 때문에 북한을 비판하고 비웃는 자료가 신문에 게재되기도 했다. 북한대사관은 그때마다 몽골에 문제를 제기했다. 김정일 위원장이 집권한 후 그의 어머니에 대한 책을 몽골어로 번역하여 몽골에 보급하기도 했다. 또 북한이 제안하고 자본을 직접 출자하여 울란바타르에 동양철학대학교를 설립하고 주체사상 교실을 설치하였다.

1996년 몽골에서 민주주의 세력이 처음으로 국가 권력을 장악했다. 한·몽 국회의원 모임이 결성되어 회장으로 국회의원 바바르(Babaar)가 선출되었다. 1997년에 바바르가 비서 바상후(Baasankhuu)와 함께 몽골대사관 초청으로 평양을 방문했다. 바바르는 평양을 방문하기 전 일본을 방문하여 시장에 남아 있는 태국 쌀을 달라고 요청하였고, 일본은 4톤의 쌀을 보내주는 대가로 한국전쟁 전에 결혼하여 당시 북한에 체류하고 있던 일본 여성 1,800명의 일본 방문을 요청하였다. 또 일본은 미국과 의논하여 북한이 엄청난 기아에 직면하고 있음을 증명하기 위해 언론사 아서시트(Arthur's Seat)와의 인터뷰 허가를 원했다. 북한 외무성 차관은 몽골대표단을 환대하기 위해 이러한 조건들을 들어 주었다. 우선 1,800명의 1%인 18명의 일본 여성을 일본에 보냈다. 또 아서시트가 북한이 직면한 기아 실태와 영양실조에 노출된 아이들 사진을 전 세계로 내보내는 것을 처음으로 허용하였다. 그러나 일본 정부는 일본 여성 전부를 돌려보내야만 약속을 이행한 것이라 주장하여 약속한 쌀을 제공하지 않았다.

1998년 몽골 국회의원 21명과 외무부장관이 북한을 방문하였다. 국회의원의 3분의 1이나 되는 많은 인원이 북한을 찾은 것은 드문 일이었다. 그때부터 몽골 정부는 북한에 식량을 지원하기 시작했다. 1999년에 몽골항공으로 10톤의 고기와 통조림 및 식품을 평양에 보내 주었고, 몽골항공과 고려항공 사이의 직통 항공노선 계약도 체결했다. 매년 10톤 이상의 육류를 북한에 공급하기로 하였고, 20톤의 주류도 기증하였다. 이즈음 국제원자력기구(IAEA) 사무총장 선출 과정에서 몽골 정부가 남북의 가교 역할을 한 경험도 있다. 이집트 사람이 총장 후보로 나섰는데, 몽골 정부가 한국 후보자를 제안하고 이를 북한과 의논하여 처리함으로써 몽골이 남북협력을 견인하기도 하였다.

1999년 5월 김대중 대통령의 몽골 방문을 계기로 북몽관계는 최악의 상황에 직면하였다. 북한이 울란바타르에서 대사관을 철수한 것이다. 곧바로 몽골 외무부 국가비서가 평양을 방문하였고, 논의 끝에 북한대사관을 다시 개설하기로 합의하였다. 몽골은 대사관 신축을 지원하고 건물 인테리어와 자동차 휘발유 공급 등을 약속했다. 또 몽골에 북한 근로자를 보낼 때 근로자의 세금을 면제해 주는 혜택을 주기로 하였고, 2000년 국회에서 북한 노동자에 대한 세금 면제가 결정되었다. 이 결정이 특별한 이유는 몽골이 일하는 외국 노동자에게 세금을 면제해 준 유일한 사례였기 때문이며, 이 결정은 지금까지도 유효하다. 이 계약들은 아마르자르갈(Renchinnyamiin Amarjargal: 1961~) 총리[12]의 평양 방문 때 승인되었다.

이 시기 북몽관계가 개선된 배경에는 북한이 7월 1일 대대적인

---

12 1998년 엘벡도르지 대통령 시기 외교부장관. 1999~2000년 총리를 역임했으며, 2000년에 사임했다가 2004년 무소속 후보로 다시 국회의원에 당선되었다. - 편자

'7·1경제개혁'을 추진하기 위해 2000년 6월 한국과 정상회담을 추진하고 과거 불편했던 사회주의 국가와의 관계를 복원하며 유럽연합과 호주, 필리핀, 터키, 캐나다 등 자본주의 국가들과 외교관계를 수립하는 외교정책의 변화가 있었다. 2002년 7월 19~20일에는 러시아 푸틴(Vladimir Putin: 1952~) 대통령의 평양 방문과 일본 고이즈미(小泉純一郎: 1942~) 수상에 대한 평양 초청 등으로 관계 개선의 분위기가 한층 고조되었다. 이 점에서 2000년대 초반 북몽관계 개선은 다분히 북한의 필요에 의해 재개되었다고 볼 수 있다.

2013년 10월에는 북한 최고인민회의 김영남 상임위원장의 초청으로 몽골 대통령과 국가총리 3명, 외무부장관 3명이 평양을 방문했다. 그동안 장관급 방문은 몇 차례 있었으나 국빈 방문은 드물었다. 몽골 대통령들은 평양 방문을 자신의 이름을 세계에 알릴 좋은 기회로서 중요하게 생각한다. 그러나 김정일이나 김정은 등 최고지도자들과는 면담을 하지 못했다. 몽골은 북한에 갚아야 할 부채 70만 달러를 현금으로 가져다주면서도 지도자를 만나지 못해 속았다는 느낌도 갖고 있었다. 그러나 2013년의 엘벡도르지 대통령의 방문은 성공적이었다. 그의 제안과 중재로 북일회담이 두 번이나 울란바타르에서 개최되었고, 실제로 북한으로 강제 송환된 일본 여성이 낳은 딸이 일본에 있는 할머니와 할아버지를 만나는 일도 있었다. 지난 20년간 몽골에서 조직된 국제 및 지역 회의에는 북한 대표들이 여러 번 참석했는데, 다른 나라가 아닌 몽골에서 개최되었기 때문에 북한이 참석할 수 있었다. 울란바타르 시장이 발의한 동북아시아 눈 내리는 도시의 시장 모임[13]에 평양 시장도 참석하였다.

---

13 Northeast Asian Mayors' Forum을 뜻한다. 2014년 울란바타르 시장이 발의하여 결성된 회의로 환경, 에너지 등 사회·경제적 주제로 매년 개최되고 있다. - 편자

그러나 두 나라 사이에 무역관계는 여전히 개선되지 않고 있다. 외국 투자자로서 몽골 사업가들이 북한의 법을 신뢰하기 어려워 신중한 태도를 취하는 데다, 몽골이 북한으로부터 수입할 물품도 별로 없기 때문이다. 평양에 상점을 낸 몽골 사업가들도 이익을 북한 화폐로 받아 난감해 하는 경우가 많다. 또 나진항 항만시설 사용료와 관련하여 여러 번 북한에 제안하였으나 투자법률을 이해하기 어려워 몽골의 개인 투자자들이 취소하는 경우도 많다. 하지만 북한이 일반구매 방식을 통해 병원과 식당을 울란바타르에 설립하여 성공적으로 운영하고 있는 사례도 있다.

몽골이 북한에 관심을 두고 있는 것은 노동력이다. 두 나라가 체결한 계약에 따라 몽골은 북한의 노동자를 1만 명까지 받아주기로 했다. 하지만 이제까지 몽골에 온 북한 노동자는 5천 명을 넘지 않는데, 그 이유는 몽골 시장에서 북한의 노동력 수준이 높지 않기 때문이다. 이들은 대부분 도로 등 건설 분야에서 일한다. 하지만 뇌물 때문인지 건설과 상관없는 교사와 군인들이 노동자로 파견되기도 한다. 또 결핵 환자를 보내 몽골에서 사망한 경우도 몇 번 있었다. 전공이 맞는 노동자들은 일도 잘하고 노동규율을 잘 지켜 몽골 사업가들이 선호한다.

1990년대 중반부터 탈북난민들이 몽골에 들어오기 시작했다. 몽골 정부는 몽골에 이미 들어온 탈북난민들을 보호하기로 결정하고, 탈북난민들의 요구대로 이들을 한국과 미국으로 보냈다. 2008년 한국으로 온 탈북난민 2만 명 중 7~8천 명은 몽골을 통해서 왔다. 2008년 베이징 올림픽 시기부터 중국이 국경 통제를 강화하면서 탈북난민들이 많이 줄었다. 북한이 몽골과 우호적 관계를 악용하여 문제가 생긴 경우도 있다. 2000년에 북한인이 몽골에서 위조 달러를 사용하다 체포된 적이 있으며, 몽골의 고위층 군인에게 뇌물을 주고 전투기 엔진을 구입하여 비밀리에 국경을 넘는 경우도 있었다. 이 외에도 많은 문제들이 있지만, 몽골 정부는 이를 문제 삼기보다 가급적 경고만 하고 넘어가는 분위기이다.

4 탈사회주의 체제전환 경험과 몽골·북한 관계

1) 급진적 체제전환

몽골은 충격요법으로 사유화를 진행한 사례이다. 1989년부터 시작된 민주화 바람은 정치다원주의 제도 수립과 1992년 헌법 개정으로 평화적 민주화로 이어졌다. 몽골도 한국과 같이 학생과 청년들이 민주화의 주축이었다. 정치·경제·사회에서의 광범위한 민주화가 진행되었는데, 한국에서는 학생 등 2천 명 이상의 희생을 치른 반면, 몽골에서는 평화적 민주화가 진행되었다. 이 시기 몽골은 사회주의 체제가 붕괴되고 민주화의 바람이 거세게 불었다. 몽골은 정치적 다원화와 전면적 자유시장경제로 빠르게 전환하였으며, 탈사회주의 체제전환 유형 가운데 급진적 방식을 선택한 대표적인 나라이다.

몽골의 정치민주화는 한국과 비슷하다. 사회주의 시기에는 정당이 하나였지만 1992년 민주화 직후 여러 개의 정당이 생겨났다. 그러나 지난 30여 년 동안의 정당은 크게 인민당(인민혁명당)과 민주당 둘로 압축된다. 경제는 사회주의에서 자본주의로 전환되었는데, 사회주의를 오랫동안 경험한 몽골 사람들은 사회주의를 억압적인 제도로, 자본주의는 인간적이고 민주화된 제도로 생각한다. 마르크스주의는 자본주의를 사람이 사람을 잡아먹는 사회, 자본가가 노동자를 착취하는 사회라고 비판하지만, 몽골은 자본주의를 '인간적으로 민주화된 사회'

라 규정한다. 물론 이는 헌법에 규정된 바로서의 자본주의를 의미하며, 실제 몽골 경제의 현실은 사람이 사람을 잡아먹는 사회가 되었다.

몽골은 사회적 시장경제를 택하지 않고 자유시장경제를 선택하였다. 1990년에 몽골인민혁명당은 이 개혁을 2년 내 완성하겠다고 하고 민주당은 97일 만에 해낼 수 있다고 하여, 서로 경쟁적으로 자유시장경제로 전환하기 위해 뛰어들었다. 그만큼 급격한 방식으로 체제전환이 진행되었다. 가축과 기업을 빠르게 사유화했고 가격자유화를 실시하였다. 물론 그 결과 농업이 붕괴하고 가공산업이 침체되었다.

경제체제 전환은 다음 세 시기로 진행되었다. 첫째, 1990~1993년의 큰 위기, 둘째, 경제가 상당히 성장한 1994~2000년의 시기, 마지막으로 완만한 변화가 진행된 2000~2002년의 시기이다. 경제개혁은 경제 부문에서 국가의 독점을 제거하고 사적 소유를 최적의 수준에서 달성하는 것이다. 그리고 가격의 자유화를 추진한다. 현재 산업 부문의 생산은 GDP의 48%를 차지하며 공적개발원조(ODA)의 역할이 매우 크다. 사유화의 종류와 기준을 정하는 국가위원회가 있으며, 이 기구를 통해 법률적으로, 그리고 실질적으로 어느 정도까지 사유화할지, 국가 소유와 지분을 어떻게 유지할지 등을 결정한다.

몽골이 지향하는 경제 모델은 일본식 수출주도형 산업 모델이다. 몽골에서 만난 여성 경제학자 소소르바람(Enkhtsetseg Sosorbaram)은 몽골의 경제 모델은 수입대체형 산업과 수출주도형 산업 두 모델이 혼합된 형태라고 하였다. 몽골은 내륙국가이면서 외부로 나가는 육로가 러시아와 중국에 완전히 막혀 있는 봉쇄된 나라이다. 몽골이 처한 이 지정학적 위치는 몽골의 모든 것을 결정한다. 냉전 시기에는 구소련의 식량생산 기지였으며, 지금은 중국과 경제협력을 하고 있다. 몽골은 가공산업을 발전시키려는 비전을 갖고 있고, 또한 해상으로 진출하려는 의지가 강하다.

2) 몽골 모델의 취약점

몽골 경제에서 구리 광산이 차지하는 비중은 막대하다. 울란바타르에서 9시간 떨어진 곳에 오유 톨고이(Oyu Tolgoi, OT)라고 부르는 구리 광산이 있는데, 여기에서 생산되는 소득은 40~60억 달러로 몽골 GDP 116억 달러의 절반에 해당한다. 울란바타르에서 2시간 거리에 있는 타왕 톨고이(Tavan Tolgoi, TT)는 석탄 광산으로 이 또한 몽골 GDP의 30%를 차지한다. 2016년의 경우 구리와 석탄이 총 수출액의 85%를 차지했고 그중 60.7%가 중국으로 수출되었다. 광물과 석탄은 몽골의 경제와 안보에서 중요한 전략 상품이다.

소소르바람은 몽골 경제가 2012년까지 좋았는데 이후 민주당이 집권하면서 급속이 악화되었다고 비판했다. 즉 엘벡도르지(Tsakhiagiin Elbegdorj: 1963~, 재임 2009~2017) 대통령 집권 시기의 포퓰리즘적 정책으로 인해 경제가 나빠졌다는 것이다. 이는 인민혁명당을 지지하는 입장에 기반한 비판으로 여겨진다. 공식 자료들은 몽골의 1인당 GDP가 6천 달러, PPP(구매력평가)지수가 1만 2천 달러라고 하지만, 현지 사람들은 1인당 GDP가 3~4천 달러 정도라고 한다. 2005년 화폐 가치가 하락했고 2016년에 또 평가 절하되어 소득이 감소했다는 것이다.

탈사회주의 변화는 법률과 교육 제도도 변화시켰다. 2017년 서울대학교 통일평화연구원과 몽골의 빌릭연구소(Bilig Institute)가 공동으로 워크숍을 개최한 바 있다. 이날 함께 점심식사를 한 빌릭연구소 소장이자 변호사인 바트사이항(Ulziisaikhan Batsaikhan)은 몽골에서 법조인이 되려면 법학과 학부를 졸업하여 시험을 치르는데, 1년에 1천 혹은 2천 명 정도가 시험에 응시하며 합격자는 40~100명 정도에 불과하다고 했다. 현재 몽골에서 변호사는 6만 명 정도이며, 변호사협회에 가입하려면 2년의 실무경력이 있어야 한다. 식사 자리에 동석한 어느 사립 중등학교 영어 교사는 한 반에 학생 수가 15명 정도이며 향학열이 매우 높다고 설명했다.

그러나 몽골의 민주화와 자유화가 초래하는 문제도 심각하다. 몽골주재 오송 대사는 몽골은 정경유착 정도가 아니라 정경일치라고 지적하였다. 국회의원이 회사 사장을 하는 것은 물론, 방송국과 언론사까지 소유하고 체육협회 회장까지 맡기도 한다. 몽골의 가장 큰 부자로 몽골에서 가장 크고 비싼 '보디(Bodi)'센터와 골롬트 은행(Golomt Bank) 주인은 볼드(L. Bold)라는 전직 국회의원이며, 2위로 꼽히는 부자도 현직 국회의원 토야(D. Tuya)이다. 보양그룹(Buyan Holding Company) 회장인 자르갈사이항(B. Jargalsaikhan)도 공화당 당수 겸 현직 국회의원이며, 에렐그룹(Erel Group) 회장인 에르덴바트(B. Erdenbat)[14]도 신민주사회당 당수 겸 현직 국회의원이다. 현직 국회의원들이 거대 회사를 소유·운영하며 부와 권력을 동시에 갖고 있어 정경일치라는 말이 실감난다.

무엇보다 몽골의 가장 큰 문제는 해외로 진출할 수 있는 지리적 조건이 차단되어 있다는 점이다. 중국에는 경제적 도움을, 러시아에는 군사적 도움을 받아야 하는 몽골의 처지는 경제를 중국에, 군사를 미국에 의존하는 한국과 다르지 않다. 정치와 경제, 어느 것을 우선적으로 고려할 것이지가 중요하다. 경제적 생존을 우선적으로 모색해야 하지만, 정치외교적 맥락을 전혀 고려하지 않고서는 몽골의 비전을 실현할 수 없다. 저녁식사 시간에 "Do you have any choice?"라는 질문으로 좌중을 즐겁게 해 주었던 엥흐사이항(J. Enkhsaikhan) 전 UN 몽골대사의 말이 떠오른다. 몽골이 전략을 선택하는 데는 여러 이유가 있지만, 사실 거기에는 그렇게 할 수밖에 없는 숙명 같은 것이 존재했던 것

---

14 에르덴바트는 현재 사기와 자금세탁 혐의로 재판 중이며, 2020년 8월 1심에서 7년형을 선고받았다. - 편자

이다. 러시아와 중국이라는 두 슈퍼파워를 이웃으로 두고 있는 몽골로서는 그 길을 가지 않을 수 없는 어쩔 수 없는 지정학적 조건들이 이미 주어져 있다고 보아야 하지 않을까?

3) 사면초가 돌파전략

이러한 난관을 타개하기 위해 몽골이 택한 외교정책이 바로 '제3의 이웃 정책'이다. 현실적으로 몽골의 최우선은 러시아와 중국에 대한 정책일 수밖에 없다. 중국과 러시아를 기본으로 하면서 제2 정책으로 경제적으로 발전하고 정치적으로 민주화된 국가들과의 관계를 발전시키는 것이다. 1992년 '제3의 이웃 정책'을 시작할 때에는 미국, 유럽연합(EU), 인도가 주요 대상국이었다가, 2011년 관련 규정을 개정하면서 한국이 포함되었다. 몽골은 아시아 국가들과의 관계를 개선하는 것을 목표로 하고 있으며, 이는 몽골이 세계 모든 국가와 우호적 관계를 수립하여 어느 나라도 적대시하지 않고 이념 갈등이나 전쟁이 발발할 때 중립을 견지한다는 뜻이다. '제3의 이웃 정책'은 경제적으로 발전하고 정치적으로 민주화된 국가와 외교관계를 발전시킨다는 명분을 내세웠지만, 그 속내는 중국과 러시아로부터 벗어나려는 외교다변화 전략일 것이다.

몽골은 북한과 1948년 외교관계를 수립한 이래 긴밀한 관계를 맺어 왔으나, 1990년 3월 한몽수교 이후 관계가 악화되었다. 1999년 8월에는 경제난으로 인해 울란바타르 주재 북한대사관이 폐쇄되었다. 반면 한국과는 교류가 급증하여, 한국에 거주하는 3만 명의 몽골 노동자들이 벌어들이는 외화가 2006년에는 몽골 GDP의 16%를 차지할 만큼 대단했다. 폐쇄되었던 북한대사관은 2004년 8월 다시 문을 열어 2009년 10월 리철광 대사, 2013년 4월 홍규 대사, 2018년 1월 오승호 대사가 임명되었다. 현재 몽골 건설현장에서 일하는 북한 노동자의 규모는 정확히 알 수 없으나 6천 명 정도로 파악되고 있다. 과거에는 10명 정도의 국비유학생이 몽골에 있었으나 지금은 모두 귀국하였다. 최근 UN의 대북제재로 계약이 종료된 근로자들이 북한으로 돌아가고 있다. 몽골 학생들도 평양에서 유학한 사람이 많다. 몽골에서 한국어를 하는 사람들은 대개 북한에서 조선어를 배웠다. 그러나 최근에는 한국에서 한국어를 배워 온 사람들이 많다.

2014년 몽골과 북한의 총 교역 규모는 61만 1,700달러, 2015년 151만 5,900달러, 2016년 210만 8,400달러, 2017년(11월 기준) 229만 2,300달러 등으로 성장하고 있다. 몽골은 2016년부터 북한으로 담배를 수출하기 시작하여 2016년부터는 대북수출 1위 품목을 기록하고 있다. 담배가 전체 수출액의 92%를 차지하며 양털 이불이 6.9% 등이다. 2015년에는 밀이 주요 수출 품목이었다. 몽골이 북한으로부터 수입하는 물품은 의약품이 전체 수입액의 78%를 차지하며, 식품이 22%로 두 번째를 차지한다.

몽골은 지리적으로 중앙아시아에 속하지만, 경제적 지역으로서 동북아시아에 관심이 많다. 러시아 극동, 한반도, 중국의 동북지역, 일본을 포함하는 이 지역이 세계 경제발전에서 중심이 될 가능성이 있기 때문이다. 따라서 몽골은 이 지역에서 공동 권익을 강화하고 무역 및 경제 활동에 적극적으로 참여하며 지역 통합화에 공헌하려고 노력한다. 수년 동안 우호관계가 있어 온 북한과 관계를 발전시키지는 못해도 이미 구축해 온 관계를 끊지 않는다는 믿음은 북한에 대한 몽골의 일관적 외교 원칙이다.

5
평화의 중재자

1) 뛰어난 몽골의 중재 기술

몽골은 2013년 한반도 문제를 해결하기 위한 동북아 안보에 대한 울란바타르 대화 이니셔티브(Ulaanbaatar Dialogue Initiative on Northeast Asian Security, UBD), 일명 울란바타르 대화를 제안하였다. 6+1회담으로 알려진 이 회담은 동북아시아의 안정과 평화에 관건이 되는 한반도 문제에 개입하여 남북 대화와 협력의 가교 역할을 함으로써 동북아시아에서 몽골의 위상을 높이고자 하였다.

울란바타르 대화는 그 정신(spirit)이 중요하다. 6자회담은 국가 간 공식 회담이라 딱딱하게 진행될 수밖에 없는데, 울란바타르 대화는 비공식적 차원에서 허심탄회한 대화를 진행할 수 있다는 장점을 갖고 있다.

엘벡도르지 대통령은 2013년 울란바타르에서 개최된 제7차 민주주의 공동체 각료회의를 계기로 헬싱키 프로세스를 모델로 한 '울란바타르 대화 이니셔티브'를 발의하였다. 그 후 2014년 6월 17일 제1차 '울란바타르 대화 이니셔티브' 국제회의를 개최하였다. 트랙 1.5로 이루어진 이 회의에는 몽골, 한국, 중국, 러시아, 일본, 미국, 네덜란드, 독일, 영국의 연구기관 대표단이 참석하였으며, 동북아시아 안보 위험, 경제 및 인프라 협력, 역내 신뢰 강화 방안에 대해 의견을 교환하였다.

몽골의 중재 기술은 뛰어나다. 적은 인구로 넓은 땅을 다스리는 나라 몽골, 칭기스칸이 세계를 제패할 때도 인구는 고작 200만이었다. 이 적은 인구로 어떻게 세계를 통치할 수 있었는가? 이에 대해 몽골 사람들은 기후조건 때문에 이동했다고도 하고, 또 자신들이 정복한 것이 아니라 다른 나라들이 도와달라고 하여 도움을 주다 보니 그렇게 되었다고 하기도 한다. 다른 나라 사람들이 몽골에 와서 타국 사람들을 막아달라고 하거나 중재해 달라고 부탁하여 응하다 보니 넓은 땅을 차지하게 되었다는 것이다.

몽골 모델이 북한에 주는 의미는 크다. 특히 납치자 문제 해결을 위해 북·일 대화를 주선하고 북한을 방문하여 김일성종합대학에서 '자유'에 관한 연설을 하는 등 북한의 개혁·개방을 위해 동분서주하는 엘벡도르지 대통령의 모습을 보면, 몽골이 북한의 변화와 발전을 위해 역할을 하기로 결심한 것이 아닌가 하는 추측이 든다. 엘벡도르지 대통령은 2013년 10월 28~31일 평양을 방문하였는데, 이는 김정은 집권 이후 첫 외국 정상의 방문이었다. 공식적으로는 김영남 최고인민회의 상임위원장의 초청에 의한 방문이었으며, 김정은 위원장과의 면담은 이뤄지지 않았다.

엘벡도르지 대통령의 평양 방문과 장성택의 관계는 석연치 않은 점들이 많다. 그의 김일성종합대학 연설(2013. 10. 31)은 폭발적 내용을 담고 있다. "어떤 폭정도 영원히 지속할 수 없다," "자유는 모든 개인이 자신의 발전 기회를 발견하고 실현하게 하며, 이는 인간 사회를 진보와 번영으로 이끈다"는 등, 그는 자유에 대해 열정적으로 역설했다. 공식적으로는 북한 최고인민회의 김영남 위원장의 초청이었지만, 당시 북한의 정황으로 보면 실권을 쥐고 있던 장성택 당 행정부장이 초청했을 가능성이 농후하다. 김정은 집권 이후 장성택은 김정은의 후견인으로서 막강한 권력을 행사하고 있었고, 중국과의 긴밀한 관계 속에 북한의 경제개방을 주도했다. 김정일의 선군(先軍) 정치를 김정은의 선경(先經) 정치로 전환하려기 위해 대대적인 정책과 전략을 추진 중이었다.

장성택 부장이 엘벡도르지 대통령을 초청하여 북한의 개혁·개방을 추구하려 했다는 가설에 입각하여 다음과 같이 추정해 볼 수 있다. 즉 장성택 부장이 북한의 개혁·개방을 추진하기 위해 몽골 대통령을 초청하였으나 그 사이 장성택에게 변고가 발생했고, 엘벡도르지 대통령은 위기에 처한 장성택 부장을 살리기 위해 준비된 원고에 없던 과감한 발언으로 '장성택 구하기'를 시도한다. 그는 "자유를 중시하는 제도는 한 번 실수를 한 사람에게 새로운 기회를 주는 체제이고, 그런 민주체제에서만 나라가 발전할 수 있다," "몽골은 2009년 사형제도를 철폐했다"는 등 폭탄발언을 쏟아냈다. 몽골 대통령의 이 연설은 원고에 없었던 것으로 동행한 수행대표들도 깜짝 놀랐다고 한다. 방문단 일행 중 하나였던 엥흐사이항 전 UN 몽골대사가 엘벡도르지 대통령이 준비된 원고에 없던 내용으로 연설을 했다는 사실을 확인해 주었다. 물론 대통령 자신은 2016년 5월 한국을 방문했을 때, 북한에서 '자유'에 대해 발언했던 것은 본인이 대학 때부터 지녔던 신념 때문임을 강조할 뿐, 장성택과의 관련성을 시사하지 않았다. 위험에 처한 장성택 부장의 신변에 대해 몰랐다면 굳이 발언할 필요가 없는 내용들, 즉 실수한 사람에게 다시 한번 기회를 주어야 한다거나 몽골에서 사형제도를 폐지했다는 말은 할 필요가 없었을 것이다.

민간대화 채널로도 2016년 11월 14~16일 한반도와 동북아시아 평화를 위한 민간대화 '울란바타르 프로세스' 첫 정례 대화가 개최되었다. 울란바타르 프로세스는 '무장갈등예방 국제연대' 동북아시아위원회의 주도로 열린 2015년 첫 회의에서 발족하였다. 한국에서는 참여연대, '평화를 만드는 여성회'가 참여하였고, 북한에서는 조선평화옹호 전국민족위원회(KNPC)의 오룡일과 김종훈이 참여하였다.

2) 몽골이 북한문제에 적극적인 이유

표면적으로는 동북아시아의 평화와 안보를 위해서라고 말하고 있지만, 몽골이 북한문제에 적극적인 가장 본질적인 이유는 경제적 필요 때문이 아닌가 생각된다. 사실 몽골 사람들의 심장에서부터 나오는 몽골의 경제적 환경에 대해 듣기 전에는 '갇힌 땅(land-locked)'이라는 말이 피부에 와 닿지 않는다. 바다로 진출할 수 없다는 몽골의 좌절감은 생각보다 큰 것이다. 바다가 국경으로 맞닿아 있다는 것은 대단한 의미로서, 이는 세계 어느 나라로든 자유롭게 드나들 수 있다는 것을 뜻한다.

3면이 바다로 둘러싸인 반도국가인 한국으로서는 그 혜택을 실감하기 어렵다. 통일에 관해 강연할 때 필자는 우리나라가 3면이 바다이고 나머지 한 면조차 철조망으로 막혀 있어 영락없는 섬이라고 탄식한 적이 많다. 그런데 몽골 사람들에게는 이러한 탄식이 한가한 소리에 불과하다. 국경이 중국과 러시아로 완전히 막혀 있다는 좌절감이 너무나 크다. 게다가 두 나라가 힘으로 상대할 수 없는 너무나 큰 나라라는 좌절감이 더욱 큰 것 같다.

워크숍에 발표자로 참가한 시스미식 몽골법학원 원장은 '갇힌 땅'의 현황에 대해 실감나게 설명하였다. 몽골 경제의 가장 큰 문제는 바다가 없다는 것이다. 바다를 갖고 있지 않은 나라는 인접한 나라의 협력과 허락을 받지 않으면 수출을 할 방법이 없다. 경제발전의 원동력인 광물자원이 있어도 수출할 방법이 없다. 중국과 러시아 외에 제3국으로 수출하려 해도 중국과 러시아를 경유하지 않으면 안 된다. 한국으로 석탄을 수출하려고 해도 중국과 러시아를 통과해야 한다. 이러한 구조가 몽골의 가장 큰 불안정 요소이다.

따라서 몽골의 자원은 중국과 러시아로 수출할 수밖에 없고, 두 나라 사이에서 치우치지 않는 외교정책을 펴야 한다. 예컨대, 러시아는 40%의 관세를 매기고 있지만 중국은 그보다 낮기 때문에, 정치를 생각하면 러시아에 수출해야 하지만 결국 경제를 고려하여 중국으로 수출할 수밖에 없다. 그러나 석탄을 수출할 때 몽골은 가격을 정할 수 없고 수입국인 중국이 정한다. 중국이 북한이나 호주에서도 석탄을 수입할 수 있다는 이유로 몽골을 압박하면 몽골은 협상에 응할 수밖에 없다. 최근에도 중국이 국경 몇 곳을 막고 몽골의 석탄 수출 길을 차단하며 가격협상을 했다. 중국의 압박은 정말 심각하다.

몽골은 북몽관계를 활용하여 북한이 다른 국가나 단체들과 대화할 수 있도록 숨통을 틔워주는 역할을 할 수 있다는 사실을 강조한다. 2016년에는 납북된 일본인 문제를 해결하기 위하여 도쿄-평양 간의 대화를 울란바타르에서 열기도 했다. 찰스 암스트롱은 몽골이 한반도 문제에서 솔직한 브로커 역할을 해 왔음을 짚으면서, 몽골이 북한과 한국 모두가 신뢰할 수 있는 유일한 나라임을 강조한다. 이 중재자 역할을 자처하며 몽골은 북한과 한국을 통해 해양으로 진출할 기회를 노리고 있다.

경제적인 면에서도 몽골과 북한의 관계는 점점 더 중요해지고 있다. 몽골은 북한의 나진 항구를 사용하고 싶어 한다. 육지에 둘러싸인 몽골 입장에서는 바다와 닿아 있는 북한의 지리적 특징은 매우 유익하다. 2013년 전반기 몽골의 국유회사 HB오일(HBOil JSC)이 북한의 국영 정유회사 승리화학공장의 지분 20%를 사들였다. HB오일이 원유를 나선경제특구에 있는 승리화학공장으로 보내면 거기서 가공된 정유를 몽골로 재수입하는 것이다.[15] 그러나 이 합작사업은 강화된 대북제재로 인해 2017년 1월 공식 중단되었다.

---

15 "Mongolian president's visit to North Korea aimed at increasing ties," *South China Morning Post* (온라인 2013. 10. 28.).

6
몽골 모델과 북한의 미래

사회주의에서 자유민주주의와 시장경제로 급격하고 전면적으로 전환한 몽골의 모델은 북한에 매력적이지 않다. 북한도 미래의 발전 모델로 몽골을 염두에 두고 있지 않다. 그러나 몽골은 냉전 시기 소련 모델을 답습하다가 탈냉전 이후 중국의 영향을 받는 나라라는 점에서 구조적으로는 북한이 참고할 부분이 많다. 물론 몽골과 달리 북한에는 중국에 대한 일정한 선호가 존재한다. 몽골은 청나라 때 내몽골과 외몽골로 분단되어 반중정서가 저변에 깔려 있으나, 북한은 한국전쟁 때 중국인민해방군의 지원을 받았고, 중국의 경험이 북한에 들어오면서 중국식 발전 모델의 영향을 받았기 때문이다. 중국의 대약진운동을 모방한 북한의 천리마운동이 그 대표적인 예다. 그럼에도 건국 초기 정치·경제·교육·법 등 여러 영역에서 북한은 소련 모델을 이식하여 소련식 유산이 남아 있다. 사회주의 유산을 유지하면서 개혁과 변화를 추진한 몽골의 경험은 북한에 교훈을 줄 수 있을 것이다.

그러나 무엇보다 몽골 모델이 북한에 매력적인 이유는 몽골이 처한 대외적 상황, 즉 두 거대 강대국에 끼어 있는 약소국으로서의 생존전략이 남다르기 때문이다. 중국은 나라가 너무 커서 북한 상황에 잘 맞지 않을 뿐 아니라, 북한과 국경을 맞대고 있어 경제적으로 흡수당할 위험성이 높다. 북한이 중국의 도움을 필요로 하면서도 중국을 경계하는 이유가 바로 여기에 있다. 그 점에서 북한은 중국보다는 베트남에 더 관심을 기울인다. 따라서 베트남에서 중요한 회담도 많이 하고 북한의 관료와 학자, 전문가를 대상으로 한 지식공유 프로그램을 운영하면서 베트남 모델에 관심을 보여 왔다. 그러나 베트남 역시 경제발전에서 북한보다 한참 앞서고 그 규모도 커치면서, 최근에는 북한의 실상과 맞지 않는다고 보는 것 같다.

이러한 상황에서 몽골은 지리적으로 가깝고 자원이 풍부하다는 점에서 베트남보다 매력이 있다. 중국과 달리 국경이 바로 인접해 있지도 않고, 특히 인구가 적어 무역을 해도 흡수당할 위험성이 적다. 만만치 않은 대국들 사이에서 몽골은 북한이 두려움 없이 대할 수 있는 상대이자, 여러 면에서 안심할 수 있는 나라이다. 1960년대 북한이 몽골에 대규모 이민을 구상했던 경험을 보더라도, 북한은 몽골에 대해 매력과 친화성을 갖고 있다. 또한 동북아시아 국가의 일원으로서 몽골은 동북아시아의 복잡하게 얽힌 역사적 문제들을 중재할 도덕적 권위를 갖고 있다. 몽골 또한 무엇보다 갇혀 있는 내륙에서 동해로 진출해야 하는 열망과 필요로 인해, 북한과의 협력과 북한의 도움이 절실하다. 그 점에서 몽골은 한반도의 긴장 완화와 북한의 미래를 위해 활용할 수 있는 매력 있는 모델이다.

| 참고문헌 |

강재홍, 『지금은 유라시아시대: 몽골에서 통일대륙을 외치다』, 우공이산, 2015.

강톨가 외, 김장구·이평래 옮김, 『몽골의 역사』, 동북아역사재단, 2009.

금희연, 「제6장 몽골의 체제 전환과 민주화 과정에 관한 연구: 역대 총선과 대선을 중심으로」, 『통일전략』 제9권 2호, 2009.

김시윤·순두자브 창찰돌람·이두희·김정렬, 「몽골의 체제 전환 성과와 향후 발전전략의 모색: 발전의 주도자로서 정부의 역할」, 『대한정치학회보』 제24권 1호, 2016.

바야르 체체크, 「몽골 사회주의 체제 전환의 정치경제」, 연세대학교 대학원 석사학위논문, 2001.

송병구, 「민주화 이후 몽골 정치의 변화와 전망: 총선과 대선을 중심으로」, 『21세기 중앙아시아의 지속과 변화』 제4차 중앙아시아 연합학술대회, 한양대학교 백남학술정보관, 2012. 12. 8.

양길현, 「몽골 민주화의 추동요인과 진전과정: 1990년 총선과 1992년 총선을 중심으로」, 『國際政治論叢』 제38권 2호, 1998.

엥흐체첵, 「시장경제 도입 후 몽골 경제의 발전과정에 따른 빈곤문제의 대두와 해결방안에 관한 연구」, 광운대학교 대학원 석사학위논문, 2010.

외교통상부 동북아3과, 『몽골개황』, 외교통상부, 2011.

이재연·오승곤, 「시장경제체제 전환 이후 몽골의 금융위기와 예금자 보호」, 『아시아연구』 제14권 2호, 2011.

이재영, 『몽골 광물자원 개발 현황과 한국의 진출방안』, 대외경제정책연구원, 2011.

이재영·이시영·두게르 간바타르, 『신아시아 시대 한국과 몽골의 전략적 협력 방안』, 대외경제정책연구원, 2010.

이정진, 「몽골의 민주주의 정착과 외교정책 방향」, 『新亞細亞』, 2009.

이창수·송백훈, 『몽골 경제 발전전략: CGE분석 및 사례연구』, 대외경제정책연구원, 2013.

장명화, 「몽골을 본다 16: 변화하는 몽골-북한 관계」, 『RFA』, 2010.

한국수출입은행, 『몽골 국가현황 및 진출방안』, 개별국 보고서, 2010.

Enkhsaikhan, Jargalsaikhan, "Mongolia's status: The case for a unique approach," *Asian Affairs, An American Review*, vol. 25, no. 4, 2001.

Nelles, Wayne, "Meeting Basic Needs, Embracing the World and Protecting the State: Balancing Human and Traditional Security in the New Mongolia," *Asian Perspective*, vol. 25, no. 3, 2001.

Battur, J., *20-р зууны Монгол Солонгосын харилцаа*, УБ: Адмон, 2004.

온라인 자료

대구MBC 6·25특집 다큐멘터리, 「몽골로 간 북한 전쟁고아」(2008년 6월 27일 방영). https://www.youtube.com/watch?v=1xq8hLWdzYg (최종 검색일 2021. 2. 19.)

통일미래길잡이/외국인대학생기자단, "A Mongolian woman who mothered 200 North Korean orphans, Mongolian Shindler," 통일부(2016. 7. 10.). 〈http://unikoreablog.tistory.com/6230〉 (최종 검색일 2020. 11. 20.)

"How is life for North Korean citizens?" 〈https://www.quora.com/How-is-life-for-North-Korean-citizens〉 (최종 검색일 2021. 2. 19.)

"Mongolian president's visit to North Korea aimed at increasing ties," *South China Morning Post* (2013. 10. 28.). 〈https://www.scmp.com/news/asia/article/1341414/mongolian-presidents-visit-north-korea-aimed-increasing-ties〉 (최종 검색일 2020. 11. 20.)

"Mongolian school a diplomatic channel to Pyongyang," *The Straits Times* (2015. 10. 6.). 〈http://www.straitstimes.com/asia/east-asia/mongolian-school-a-diplomatic-channel-to-pyongyang〉 (최종 검색일 2020. 11. 20.)

Szalontai, Balazs, "A Korean Autonomous Territory in Mongolia?: North Korean economic nationalism has a exploitative side, which can backfire," *NK News* (2016. 5. 13.). 〈https://www.nknews.org/2016/05/a-korean-autonomous-territory-in-mongolia/〉 (최종 검색일 2020. 11. 20.)

제3부

비핵화로 가는 먼 길

제8장

몽골 안보의 도전

생존안보와 경제안보를 중심으로

김성철
(서울대학교 통일평화연구원 교수)

1
서론

13세기 초반 칭기스칸과 그의 후예들에 의해 세워진 몽골은 유라시아 전역으로 세력을 확장하면서 육상 및 해상 교통로를 발달시키고 기독교·이슬람교 등 종교는 물론 지리학·천문학·수학 등 다양한 학문을 전파하기도 하였다. 쿠빌라이(Kublai Khan: 1215~1294)는 1271년 원(元)을 건국하여 중국 전 지역과 몽골을 통할하면서 제국을 보다 제도화하고 강화하는 데 성공했다. 하지만 원은 14세기 들어 제위문제를 둘러싼 내부 분열로 국력이 약화되다가 난징(南京)을 중심으로 성장한 명(明)에 의해 북쪽으로 밀려나는 수모를 당했다.

17세기에 접어들어 몽골은 존속 자체가 위기에 처한다. 급기야 만주족이 1636년 내몽골을 복속시켰으며, 이후 청(淸)이 1691년 돌론노르 협정(Dolonnor Convention)을 통해 외몽골까지 복속시키고, 1717년에는 몽골 전 지역을 장악하였다. 청은 줄곧 내외몽골을 분할통치(devide and rule)하는 동시에 한족과 만주족을 몽골지역에 이주시키는 등 몽골에 대해 동화정책을 추진했다.

1911년 신해혁명과 함께 청이 멸망하자 외몽골은 독립을 선언하였다. 1921년에는 소련의 후원으로 몽골공화국을 선포하였고, 1924년에는 몽골인민공화국이라는 이름의 몽골 최초로 헌법을 보유한 친소(親蘇) 사회주의 국가를 건설하였다. 하지만 몽골은 소련공산당과 이데올로기의 영향하에서 외부와의 단절과 대서방 적대로 점철된 역사를 기록해 왔다. 더욱이 내외몽골의 통일은 불가능하게 되었다. 몽골인민공화국은 1946년 중화민국으로부터 독립을 인정받았으며, 소련의 중재로 1949년 중화인민공화국과 수교하여 대중국 관계를 국가 대국가의 관계로 발전시켰다.[1] 1949년의 수교는 두 가지 의미를 지니는데, 하나는 몽골이 중국으로부터 독립된 국가임을 확인 및 인정하는 것이고, 다른 하나는 내외몽골의 통일이 무망하게 되었음을 뜻하기도 했다.

냉전기 몽골은 친소정책을 취함으로써 중국과의 관계가 순탄할 수 없었다. 1960년대 중반 중소분쟁이 격화되는 와중에 몽골은 소련과의 연대를 강화하고 반중국 입장을 택했다. 1966년 몽·소 우호조약에 근거해 이듬해 소련군이 몽골 영토 내에 주둔하고 핵무기를 배치하게 되자, 몽골은 중·소 간 분쟁의 완충제가 아니라 소련의 대중국 공세전략의 발판이 되어 대중 무력충돌 및 핵전쟁에도 연루될 수 있는 상황에 놓이게 되었다.

1991년 소련의 해체에 힘입어 몽골은 비로소 강대국의 영향에서 벗어나 대내적으로는 민주주의, 대외적으로는 자주노선을 모색하게 되었다. 1911년 몽골의 독립선언이 중국으로부터의 주권회복을 위한 것이었던 반면, 1991년의 독립은 소련 영향권으로부터의 주권회복을 의미하였다.

이상과 같은 흥망의 역사 속에서 몽골인들은 명실상부한 독립국가 및 주권국가를 건설하고 유지하는 것을 가장 중요한 과제로 여겼다. 따라서 냉존 종식 후 몽골의 대외정책은 자신을 둘러싸고 있는 두 강대국과의 관계를 동시에 균형 있게 관리하는 데 중점을 두었다.

1993년 몽골은 러시아와 새로운 몽·러 우호협력조약(Treaty of Friendship and Cooperation)을 맺어, 1966년 조약에서 상호 군사지원 조

---

1 Alan J. K. Sanders, *Historical Dictionary of Mongolia* (Lanham, MD: Scarecrow Press, 2010), pp. 217-218; 김선호, 『내몽골, 외몽골』(한국학술정보, 2014), p. 29.

항을 삭제하고 몽골의 주권에 대해 러시아의 확약을 받았다. 그리고 1994년 중국 리펑(李鵬: 1928~2019) 수상의 울란바타르 방문을 계기로 몽·중 우호협력조약을 체결해 양국 간 주권, 독립, 영토, 불간섭 원칙 등을 존중한다는 약속을 받았다.

몽골은 넓은 영토와 자원에도 불구하고 인구와 경제규모가 작은 약소국인 데다, 러시아와 중국에 포위된 내륙국가로서 역외 진출이 제한되는 지정학적·지경학적 한계로 인해 안보 취약성을 지닌 국가이다. 몽골은 국제환경이 안정되어야만 자신의 안보가 보장될 수 있다고 인식한다. "호수가 고요하면 오리가 조용하다(Duck is calm if the lake is calm)"는 몽골의 격언은 안보환경의 중요성을 매우 적절히 지적하고 있다. 여기서 호수는 국제환경이며 오리는 몽골이다. 또 약소국인 몽골은 시스미식 몽골 법학원장의 지적처럼 "강대국은 원하는 것을 하는 나라이고 약소국은 할 수 있는 것을 하는 나라"[2]라는 점을 인식하고 있다. 시스미식의 말은 국제정치의 본질을 꿰뚫는 것인 동시에 구체적으로는 몽골 대외정책의 현실적 한계를 보여준다.

몽골은 중국과 러시아 간의 균형적 관계를 추구하는 것만으로 자신의 안보를 확보할 수 있다고 믿지 않는다. "달걀을 하나의 바구니에 담아서는 안 된다(Do not put all eggs in one basket)"는 표현처럼, 몽골은 대중·대러 관계에만 의존하지 않고 다변화한 외교를 모색해 왔다.[3] 한 예로 '제3의 이웃 정책'은 여타 국가와 관계를 강화하여 지정학적·지경학적 고립의 한계를 벗어나려고 의도한 것이다. '제3의 이웃'의 대상이 된 나라는 미국·일본·독일·한국 등과 같은 정치경제적으로 선진

2 Jugnee Shishmishig, "Transition to Democracy: 1992 Constitution of Mongolia and National Security Issues."(서울대학교 강연, 2018년 1월 23일)

3 Jargalsaikhan Enkhsaikhan, "Mongolia's Quest for Security and Prosperity."(서울대학교 강연, 2017년 10월 31일)

국들이다.

이 글은 냉전 이후 몽골이 추진해 온 대외전략, 특히 생존안보와 경제안보를 둘러싼 전략을 분석한다. 오늘날 몽골은 전형적인 약소국이면서도 독특한 '국가 안보의 개념'을 정립하고 대외정책을 추진하고 있다. 이 글에서의 구체적인 질문은 ① 내륙국, 약소국으로서의 한계를 극복하기 위한 대외전략을 어떻게 특징지을 수 있는가, ② 몽골이 왜 단독국가 비핵지대화를 그토록 집착하며 추진하려 했는가, ③ 중국의 '일대일로(一帶一路)'[4]가 몽골의 안보에 어떤 영향을 미치는가 등이다.

지금까지 몽골에 관한 연구는 주로 한몽관계에 초점이 주어졌고, 몽골 내부에 관한 연구도 정치제제의 변화, 특히 민주화에 관한 분석이 주류를 이루었다. 그러나 몽골이 약소국이면서도 비핵지대화를 추진하면서 UN 외교를 강화하였고, 중국·러시아뿐만 아니라 여타 UN 안보리 상임이사국인 미국·영국·프랑스 등과 연계하여 자신의 안보를 추구해 왔다는 점에 주목할 만하다. 이는 동남아 약소국들이 주로 미국과 중국 한쪽에 경도되거나 또는 양국 사이에서 전략적 균형을 추구해 왔던 점과 구별된다. 그러면서도 몽골은 중국의 '일대일로'의 영향으로부터 예외적일 수 없는바, 약소국으로서의 취약점은 여타 주변국들과 크게 다르지 않을 수 있다. 이 점에 대한 면밀한 분석이 필요하다.

이 글은 냉전 이후 몽골의 생존안보와 경제안보를 분석하면서, '다원적 연루전략(multi-dimensional entanglement strategy)'이란 개념을 개발한다. 분석 대상으로, 하나는 단독국가 비핵지대(결과적으로는 비핵

---

4 영어 명칭은 "One Belt and One Road"로, 2017년부터 "Belt and Road Initiative"로 대체되었다.

지위)를 통한 생존안보의 추구이고, 다른 하나는 점증하는 대중국 의존 속에서의 경제안보 문제이다. 다원적 연루전략으로 몽골은 비교적 성공적으로 생존안보를 유지했다고 평가되나, 경제안보에서는 대중국 의존성의 심화로 인한 리스크를 드러내고 있는 것으로 평가된다. 종합하자면, 몽골은 외부 군사력에 의한 안보 위협보다는, 경제적 의존성에 의한 독립 및 주권의 잠식 위협에 직면하고 있다고 할 수 있다.

2 국가 안보의 개념과 '다원적 연루전략'의 발전

몽골은 소련의 영향권에서 벗어나 1992년 신헌법을 공포해 인권, 시민민주주의 사회, 국가주권과 독립을 정의하였으며, 이를 국가 안보 전략과 대내외 정책의 근간으로 삼아 왔다. 신헌법 채택은 몽골이 제국주의나 유목국가의 전통보다는 지극히 서구화된 민족국가로의 진입을 선언한 것이라고 볼 수 있다. 칭기스칸과 그 후예들이 창조한 화려한 제국의 역사와 자유로운 유목민적 생활 패턴은 아직도 몽골인의 삶 속에 남아 있는 것이 사실이다. 하지만 신헌법과 이에 기초한 안보 전략 및 대내외 정책의 원칙들로 인해 제국주의적 유산은 이미 '박물관의 전시물'이 되었다고 해도 과언이 아니며, 오늘날의 몽골은 현실주의적 국가 개념에 근거하게 되었다고 볼 수 있다.[5]

몽골 의회인 국가대호랄(The State Great Hural)이 1994년 채택한

5 Tsedendamba Batbayar, "Geopolitics and Mongolia's Search for Post-Soviet Identity," *Eurasian Geography and Economics*, vol. 43, no. 4, 2002, p. 327.

「국가 안보의 개념」과 「외교정책의 개념」은 신헌법의 정신을 구현하기 위한 문헌들로서 각각 2010년과 2011년에 개정되었으며, 지금도 독립과 주권을 보장하는 기본 틀로서 역할하고 있다. 이들 두 문헌은 몽골이 더 이상 한 국가와의 동맹에 의존하지 않으며 개방된 외교정책을 추진하는 독립국가임을 보여준다. 그러나 약소국의 경험에 비추어 보아 국가안보는 생존의 문제이므로 외교정책은 국가안보를 위한 수단으로 간주된다.

「국가 안보의 개념」에서는 다음 여섯 가지 안보를 열거하고 있는데, 생존안보(existential security), 경제안보(economic security), 국내안보(internal security), 인간안보(human security), 환경안보(environmental security), 정보안보(information security)가 그것이다. 이 중 생존안보와 경제안보는 헌법, 특히 1조 1항 "몽골은 독립된 주권 공화국이다(Mongolia is an independent, sovereign republic)"에서 규정한 국가를 수호하기 위한 주된 개념이라고 할 수 있다. 생존안보는 외부 위협으로부터 국가 존속을 위한 독립과 주권을 보장하는 것이며, 경제안보는 시장경제를 보호하고 지정학적·지경학적 한계 속에서도 국민의 삶을 보장하려는 것이다.

특기할 만한 것은 시장, 에너지, 교통 등을 외부에 의존해야 하는 상황에서 경제가 안보와 별개의 개념이 아니라 안보의 정의에 포함되어 있다는 점이다. 특히 2010년 개정된 「국가 안보의 개념」은 경제안보에 대한 국가의 의무를 기술하면서 어느 한 주체(국가)에 대한 경제 의존을 회피할 필요성을 강조하고 있다. 이와 같은 목표를 위해서 「국가 안보의 개념」은 '제3의 이웃' 개념[6]을 도입하는 동시에, 어느 한 국

6 '제3의 이웃' 개념은 「국가 안보의 개념」이 2010년 개정될 때 삽입되었으나, 학자들 사이에서는 1990년대 초반부터 두 강대국 중국과 러시아에 대한 카운터밸런싱

가가 대몽골 외국인 직접투자의 3분의 1 이상을 초과하지 않도록 명시하고 있다.[7]

생존안보와 경제안보가 몽골의 중요한 안보개념인 만큼, 이 두 가지를 중심으로 분석하고자 한다. 생존안보와 경제안보는 다른 네 가지 안보의 근간이기도 해서 이 두 가지 안보가 훼손되면 다른 안보도 위협받게 된다.

우선, 몽골의 생존안보를 이해하기 위해서는 1990년대 '단독국가 비핵지대(Single-State Nuclear-Weapon-Free Zone)'를 인정받으려던 몽골 정부의 노력을 면밀히 분석할 필요가 있다. 냉전기 몽골에는 소련군이 주둔하고 있었으며, 이들은 재래식 무기는 물론 핵무기를 보유하고 있었다. 중소분쟁이 심화되자 중국도 다수의 핵무기를 중·소 국경 및 중·몽 국경지역에 배치하고 있었기 때문에, 중소분쟁이 비화되면 몽골이 이에 연루되어 핵 전쟁터가 될 수 있었다. 따라서 냉전 종식 후 비핵지대 추구를 통한 안보확약을 획득하려는 몽골의 정책은 당연한 역사적 사물이기도 하다.

다음에서 살펴보는 바와 같이, 몽골 정부의 단독국가 비핵지대를 구축하려는 노력(결과는 비핵지위의 인정)은 P5의 협력에 기초해 생존안보를 확보하는 데 일정한 기여를 하였으며, 그 결과 몽골은 오늘날 중국과 러시아로부터 직접적인 생존위협을 받지는 않는 상황이다. 또 몽골은 약소국임에도 불구하고 중국과 러시아 사이에서 균형을 유지하는 동시에 동맹 배제 원칙을 견지하여, 오히려 생존안보의 위협을 미

(counterbalancing)으로서의 '제3의 이웃 정책'이 사용되었다. 엥흐사이항과의 메일 교환, 2018년 3월 23일.

7 National Security Concept of Mongolia (2010) 참조. "3.2.2.2. Design a strategy whereby the investment of any foreign country does not exceed one third of overall foreign investment in Mongolia."

연에 차단하는 약소국 외교의 성공 사례를 보여준다.

한편 오늘날 몽골이 당면한 문제는 중국에 대한 경제적 의존이 급속히 증가하고 있다는 점이다. 경제적 의존성은 당연히 안보의 위협으로 나타날 가능성이 높다. 많은 자유주의 학자들은 경제적 상호의존성이 안보문제에서 갈등을 줄이거나 안보협력에 기여할 것으로 보았다. 현실주의 학자들의 반박 논리에도 불구하고 경제적 상호의존성을 강조하는 자유주의 학자들의 주장이 상당한 호응을 받아 왔던 이유는, 냉전 종식 후 지구화가 진척되면서 정부가 통제할 수 있는 경제 영역이 축소되고 상대적으로 기업, 집단, 개인 등의 경제적 역할과 활동 영역이 확대되었기 때문이다.[8]

경제적 상호의존과 안보협력은 지구화라는 맥락 속에서 2개의 바퀴로 간주되었다. 지구화 과정에서 새로운 다자적 국제협력기구의 출현과 활성화로 이 같은 주장은 더욱 정당화되었다. 그러나 경제적 의존성이 비대칭적일 때 안보에 미치는 영향은 어떠한가? 여기서 무역의 정치적 측면을 논한 앨버트 허시먼(Albert O. Hirschman)의 고전적 논의를 들여다 볼 필요가 있다. 허시먼은 강대국에게는 무역이 약소국에 대한 강제력 행사의 수단이 될 수 있다고 설명하였다. 강대국은 군사력이 아닌 무해한(harmless) 무역을 통해서도 상대국의 자본, 투자, 노동의 흐름을 조정함으로써 경제적 선택을 제한한다는 것이

---

8 Solomon W. Polachek, "Conflict and Trade," *Journal of Conflict Resolution*, vol. 24, no. 1, 1980, pp. 55-78; Mark Gasiorowski and Solomon W. Polachek, "Conflict and Interdependence: East-West Trade and Linkages in the Era of Détente," *Journal of Conflict Resolution*, vol. 26, no. 4, 1982, pp. 709-729; Solomon W. Polachek and Judith A. McDonald, "Strategic Trade and the Incentive for Cooperation," ed., Manas Chatterji and Linda Rennie Forcey, *Disarmament, Economic Conversion, and Management of Peace* (New York: Praeger, 1992), pp. 273-284; Edward D. Mansfield and Brian M. Pollins, *Economic Interdependence and International Conflict: New Perspectives on an Enduring Debate* (Ann Arbor, MI: University of Michigan Press, 2003) 등 참조.

다.[9] 허시먼은 이 같은 논리가 나치 세력의 확장은 물론 냉전기 미국과 남미 국가들의 관계, 그리고 소련과 동구 국가들의 관계에도 적용된다고 보았다. 허시먼의 분석에서 중요한 것은, 강대국이 무역을 통해 더 많은 이익을 얻는다는 점보다도 무역의 수혜국인 약소국이 강대국에 의존하게 된다는 점이다.

오늘날 경제적 비대칭성의 의미는 허시먼이 분석했던 것보다 훨씬 복잡하다. 경제적 의존성은 무역에서만 발생하는 것이 아니며, 투자와 원조 등에서도 생긴다. 또한 경제적 의존성은 경제관계의 종속관계에 그치지 않고 독립 및 주권의 침식과 같은 정치적·안보적 함의를 지닌다. 예를 들어 몽골의 석탄, 구리 등 대중국 광물 수출은 국가 예산의 주요 부분을 차지하는데, 중국은 수출 경로인 국경 통제를 통해 이들 가격을 조절하기도 한다. 몽골에서는 노후 철도의 개선 및 철도 건설에 있어 러시아식 광궤와 중국식 표준궤 사이에서의 선택을 둘러싸고 국내정치가 요동치며 갈등한다. 러시아와 중국은 이 같은 문제의 핵심에 있다. 몽골은 전략적 안보자원인 에너지를 러시아에 의존하고 있는 만큼 경제와 안보는 직결되어 있다. 한마디로 경제적 의존성은 안보의 의존성을 의미하며, 따라서 독립 및 주권의 침해를 초래할 수도 있다.

이런 배경에서 몽골은 주변 강대국인 중국과 러시아에 대한 과도한 의존을 회피하고자 '제3의 이웃 정책'을 구사하고 있다.[10] '제3의

---

9 Albert O. Hirschman, *National Power and the Structure of Foreign Trade* (Berkeley, CA: University of California Press, 1945, expanded ed. 1980).

10 '제3의 이웃 정책'은 「국가 안보의 개념」 중 생존안보에 명기되어 있다. National Security Concept of Mongolia (2010), "3.1.1.5. Pursuant to a "third neighbor" strategy, bilateral and multilateral cooperation with highly developed democracies in political, economic, cultural and humanitarian affairs shall be undertaken."

이웃 정책'이 이론적으로는 중국과 러시아를 밸런싱(balancing)할 수 있는 타 세력과의 협력을 상정한 매우 현실주의적 전략인 것은 사실이다.[11] 하지만 실제로 이 정책이 중·러 양대 강대국에 대한 의존, 특히 대중 경제적 의존성을 완화시키고 독립과 주권을 보장하는 등 국가안보에 기여하는지는 의문이다. 특히 중국의 광물자원 수요 증가에 따른 몽골의 대중무역에 대한 집중뿐 아니라, '일대일로'의 확장이 몽골의 국내정치와 경제에 미치는 영향이 '제3의 이웃 정책'에 의해 상쇄된다고 보기는 힘들다.

그럼에도 불구하고 몽골은 중·러 강대국과 양자적 관계에 의한 안보협력을 강화하는 것 이상의 전략을 구사하고 있음에 틀림없다. 몽골의 안보를 비핵지대 주장을 바탕으로 UN 안보리 상임이사국인 P5의 이익이 얽히고설키게 하여 몽골에 대한 어느 한 강대국의 야심이 불가능하게 의도하고 있다. 이 같은 '단독국가 비핵지대'를 위한 노력, 국제규범의 존중, '제3의 이웃 정책'을 합쳐 필자는 '다원적 연루전략'이라고 칭한다.

몽골의 다원적 연루전략은 한 강대국을 위협으로 여기며 밸런싱하거나 이를 위해 다른 강대국에 편승하는 것이 아니다. 대체로 약소국은 밸런싱이나 편승 중 한쪽을 택하는 경향이 있지만, 몽골의 전략은 어느 쪽을 택하는 것이 아니다. 그렇다고 몽골이 동맹 포기를 앞세운다고 해서 헤징 전략을 취하고 있는 것만도 아니다. 즉 몽골의 전략은 주변 국제환경의 불확실성 속에서 일시적으로 긴장 완화와 갈등회피를 모색하려는 소극적이고 수세적인 것이 아니다. 몽골의 다원적 연루전략은 지정학적으로 자신의 안보에 직접적 이해관계를 지닌 중

11 Batbayar(2002), 앞의 글, p. 333.

국과 러시아는 물론 미국·영국·프랑스 등이 몽골의 비핵지위를 매개로 몽골의 안보에 얽히도록 만들려는 것이었다.

몽골의 다원적 연루전략은 '제3의 이웃 정책'에서도 드러나는바, 특히 경제안보를 위해 다양한 선진국들과의 관계를 증진하는 방식으로 구사하고 있다. 1990년대부터 2000년대 전반까지의 몽골의 안보전략이 정치·군사적 생존(예를 들어 비핵지위에 대한 P5의 공동선언)에 중점을 두었던 반면, 2000년대 중반 이후 중국의 부상과 함께 몽골은 경제안보에도 첨예한 관심을 가지게 되었다. 무역, 투자, 금융, 노동 등에서의 몽·중 간 협력 확대는 기회인 동시에, 몽골의 비대칭적 의존으로 인한 안보 위협의 요인이 될 수 있다. 특히 시진핑(習近平: 1953~) 중국 국가 주석에 의해 제창된 '일대일로'는 속도와 범위에 있어서 주변 약소국들에 경제적 기회와 정치적 불확실성을 동시에 던져주고 있다.

다원적 연루전략은 에벌린 고(Evelyn Goh)가 말하는 '총체적 얽히기 전략(omni-enmeshment)'과는 다르다. '총체적 얽히기 전략'은 경쟁하는 강대국들에게 동시에 관여하는 약소국의 안보 전략으로, 유사한 처지의 타 약소국들과 함께 집단적으로 미미하나마 균형적인 역할을 수행하려 하기도 한다. 하지만 전략의 핵심은 불확실한 상황에서 안보 리스크를 감소하기 위한 헤징이라고 할 수 있다. 에벌린 고는 동남아 국가들이 미·중과 동시에 상대하는 전략을 '총체적 얽히기 전략'으로 설명하고 있다.[12]

이와 달리 몽골의 다원적 연루전략은 중국·러시아를 포함한 P5를 끌어들여 안보확약을 획득하는 것으로, UN 외교, 강대국 외교, 제

12 Evelyn Goh, "Great Powers and Hierarchical Order in Southeast Asia: Analyzing Regional Security Strategies," *International Security*, vol. 32, no. 3, 2007/2008, pp. 113-157.

3국 외교를 결합한 다차원적인 적극적 생존 전략이다. 이런 맥락에서 몽골은 국제법과 규범에 근거한 협력에 호소하는 대외정책을 추구하는바, 단독국가 비핵지대 추구, '제3의 이웃 정책', 다자기구들에서의 중첩적 멤버십, 다양한 파트너십 구축 등의 방식이다. 다원적 연루전략의 본질적 목표는 내륙국, 약소국의 취약성, 즉 지정학적 및 지경학적 고립을 극복하고 「국가 안보의 개념」의 핵심인 독립 및 주권을 보존하는 데 있다.

3
생존안보:
단독국가 비핵지대화 노력을 중심으로

냉전이 종식되고 비로소 러시아로부터 사실상의 주권을 회복하면서 몽골은 자국의 안보를 비핵지대 개념과 연관시켜야 할 필요성을 인식하게 되었다. 이런 인식의 배경에는 1960년대와 1970년대 중반 중소 분쟁의 와중에서 핵전쟁의 위험, 즉 몽골이 자신의 의지에 반하여 직면해야 했던 생존 위협의 역사가 있었다.

1966년 소련과 몽골은 우호협력조약을 체결하였고 이듬해부터 소련군이 몽골에 주둔하게 되었다. 그 규모는 1969년에 절정에 이르렀는데, 4개 사단, 6만~7만 5천 명이었다. 몽골에 주둔한 소련군은 핵 및 화학무기 탄두를 장착한 중장거리(intermediate range) 탄도미사일로 무장하고 있었다. 주(駐)몽골 소련군의 증강은 중국의 핵능력 개선에 대해 모스크바 지도부에서 대두된 선제타격 가능성에 대한 논의와 관련된 것으로 알려지고 있다. 소련은 중국의 핵증강을 우려하면서 선제타격 가능성을 미국과도 협의하였으나, 실현되지는 않았다. 따라서 소련은 자체적으로 중·소 국경지역 및 몽골 내 군사력을 증강시켰다. 중·소 사이의 군사적 충돌 가능성은 1979년 중국-베트남 전쟁으로 재차 고조되기도 했다.[13] 따라서 냉전 후 몽골이 이 같은 주변 강대국 간 핵전쟁 연루의 악몽으로부터 벗어나려 했던 것은 너무도 당연한 일이었다.

원래 비핵지대라는 개념은 핵확산 방지라는 관점에서 나온 발상으로, 특정 지역 내 타 국가들에 의한 핵무기의 생산, 실험, 배치, 통과를 불허하여 핵무기로부터 자유로운 지역을 설정하는 국제적 합의로 실현된다.[14] 1992년 9월 UN총회 연설에서 오치르바트(Punsalmaagiin Ochirbat: 1942~) 몽골 대통령은 단독국가 비핵지대를 선언하고 국제적으로 이 같은 지위를 인정받기 위해 노력할 것이라고 말했다. 단독국가 비핵지대 선언의 근거는 UN총회 결의안 3261(1974년)에 의거한 1976년 UN 군축위원회의 특별보고서에 비핵지대 설정과 관련하여 제시된 원칙에 "대륙 전체나 대규모의 지리적 지역을 포함하는 여러 국가들의 집합뿐 아니라 국가들의 소규모 집합, 심지어 개별 국가들"이라 명기되어 있다.[15] 단독국가 비핵지대를 선언할 당시 몽골 정부는

13 Jargalsaikhan Enkhsaikhan, "Mongolia's Nuclear-Weapon-Free Status: Concept and Practice," *Asian Survey*, vol. 40, no. 2, 2000, pp. 344-345.

14 최초의 NWFZ 발상은 NPT 서명 10년 전인 1958년 폴란드가 서독의 핵무장과 소련 핵무기 배치를 우려하여, 폴란드를 위시하여 체코슬로바키아, 동독, 서독을 포함한 중부유럽 비핵지대를 구성하는 라파키 플랜(Rapacki Plan: 폴란드 외무장관 이름을 따옴)을 제창한 것이 그 시작이라 할 수 있다. 그러나 동서 냉전의 격화 속에 이 같은 이상은 국제적 관심을 얻지 못했다. Jozef Goldblat, "Nuclear-Weapon-Free Zones: A History and Assessment," *The Nonproliferation Review*, vol. 4, no. 3, 1997, pp. 18-32.

15 United Nations, "Comprehensive Study of the Question of Nuclear-Weapon-Free Zones in All Its Aspects: Special Report of the Conference of the Committee on Disarmament," A/10027/Add.1, 1976, Chapter III. Concept of Nuclear-Weapon-Free Zones, B. Principles for the Establishment of Zones: Relevance of Regional

실제로 이 "개별 국가들"이란 표현을 중요한 근거로 삼았다.

단독국가 비핵지대 선언은 UN 안보리 상임이사국인 P5를 제외한 타 국가 및 지역에서의 핵확산을 방지하려는 NPT 체제의 규범에 부합하는 것으로, 몽골의 의도는 무엇보다도 생존안보를 확보하려는 데 있었다. 몽골은 비핵지대 선언에 대한 P5의 공동 확약을 얻으려 하였는바, 어느 한 강대국, 특히 중·러가 일방적으로 몽골의 안보를 위협하는 경우 여타 강대국들이 개입하게 하는 전략적 계산을 담고 있었던 것으로 파악된다.

이 점에서 몽골의 단독국가 비핵지대 선언은 국제규범에 대한 단순한 순응이라기보다는 자국의 생존안보를 위해 강대국들의 이해가 상호 얽히도록 하는 복합적 전략이었다. 구체적으로 다음 세 가지 계산이 있었던 것으로 보인다.

첫째, 강대국들이 약소국 안보와 연루되게 하려는 것이다. 몽골이 단독국가 비핵지대 선언을 통해 P5의 공동성명을 확보하고 특히 몽골 안보에 관한 확약을 얻어내기만 한다면, 강대국들은 몽골에 자신의 안보 자산을 투자하면서도 몽골을 둘러싼 분쟁이나 전쟁을 상호 회피할 것이라는 셈이다.

둘째, P5 중 몽골에 인접한 강대국인 중국과 러시아를 미국·영국·프랑스 등 서방 강대국이 일정 정도 견제하도록 할 수 있다는 점이다. 중국과 러시아의 지배에 대한 트라우마가 있는 몽골로서는 서방 강대국을 자국의 안보에 관여시켜, 이들을 통해 두 인접 강대국으로부터의 안보 위협을 일정 부분 차단하는 효과를 가지는 셈이다. 이는 밸

Consideration, para. 90(a), p. 31 참조. "Obligations relating to the establishment of nuclear-weapon-free zones may be assumed not only by groups of States, including entire continents or large geographical regions, but also by smaller groups of States and even individual countries."

런싱이나 편승과는 다른 방식의 힘의 균형이다.

셋째, P5의 지지와 확약은 곧 국제평화와 안보를 지향하는 최고의 국제기구, 즉 UN으로부터의 지지와 몽골 안보의 국제적 정당성을 의미한다는 점이다. P5에 대한 안보 의존은 국제규범에 맞는 안보 연대라는 의미이며, 어떤 한 강대국로부터의 주권침해의 가능성을 정당하게 배제한다는 뜻이다. 이상과 같은 몽골의 접근은 약소국들이 흔히 택하는 편승, 중립, 동맹과는 다른 독특한 전략이다.

그러나 강대국들은 곧바로 약소국의 의도대로 움직이지 않았다. 몽골의 단독국가 비핵지대 선언은 러시아나 중국과 협의를 거치지 않았기 때문에, 이들은 선언에 깔린 계산이 오히려 자신의 이익에 배치되는 않는지 우려하기도 했다. 이를 두고 몽골 내에서는 단독국가 비핵지대 선언에 대한 비판의 목소리도 나왔다. 또 몽골 정부는 단독국가 비핵지대 설정을 통한 안전보장의 성공 여부를 P5의 공동선언 및 확약에 걸었던 점 이외에 구체적인 로드맵을 가지고 있지 않았던 것도 사실이다.[16]

몽골이 당면했던 가장 큰 난관은 P5 국가들이 '단독국가'에 의한 비핵지대 설정을 수용하지 않는 점이었다. 오치르바트 대통령의 선언에 대해 중국·영국·미국·프랑스는 각각 몽골의 '비핵지위'를 존중할 것을 약속한다고 발표하였다. 러시아는 1993년 1월 몽골과 우호협력조약을 체결하고 여기서 몽골이 자국 영토 내에 외국군, 핵 및 기타 대량살상무기의 진입과 통과를 허용하지 않는 정책을 존중한다고 기술함으로써 몽골의 '비핵지위'를 지지하였다.[17]

---

16 Jargalsaikhan Enkhsaikhan, "The Role of Small States in Promoting International Security: The Case of Mongolia," *Journal for Peace and Nuclear Disarmament*, vol. 1, no. 2, 2018, pp. 1-31.

17 "The Russian Federation will respect Mongolia's policy of not admitting the

하지만 P5는 몽골 정부의 '단독국가 비핵지대'를 인정하거나 공동으로 어떤 안보확약을 약속하지는 않았다. 이들 강대국들은 '단독국가 비핵지대'가 '지역에 기반한 비핵지대(regional NWFZ)'의 개념을 훼손할 수 있다고 우려한 것으로 보인다. 즉 몽골의 단일국가 비핵지대를 인정해 주면 다른 비핵국가들에 전례(precedent)를 남겨주어 다른 약소국들도 단독국가 비핵지대를 원하게 되어, 강대국들은 자신의 외교안보 정책에서 특정 국가와 전통적 동맹 및 파트너십을 유지하는 것이 곤란해질 것을 우려했을 가능성이 있다. 단독국가 비핵지대가 정말 유용한 안보 수단이라고 여겨지면 약소국들은 강대국과의 동맹보다 이런 대안을 추구할 수 있기 때문이다.

이런 가운데 1997년 4월 몽골은 UN 군축위원회에 비핵지대 설정의 원칙에 관한 워킹 페이퍼(A/CN.10/195)를 제출하였는바, 이 문서는 지역기반 비핵지대의 설정 원칙에 상응하면서도 단독국가 비핵지대 설정을 위한 가이드라인에 추진 일정까지 제시하였다.[18] 그러나 단독국가 비핵지대의 선례를 남기지 않으려는 P5의 입장은 요지부동이었다. 몽골은 단독국가 비핵지대에 대한 대안으로 중앙아시아 비핵지대(Central Asian Nuclear-Weapon-Free Zone)에 가입하는 것도 고려하였으나, 중국과 러시아는 이것에도 반대하였다. 몽골이 중앙아시아 국가들과 국경을 접하고 있지 않다는 이유에서였다.[19]

---

deployment on and transit through its territory of foreign troops, nuclear and other weapons of mass destruction."

18 "Establishment of Nuclear-Weapon-Free Zones on the Basis of Arrangements Freely Arrived at among the States of the Region Concerned: Working Paper Submitted by Mongolia" (A/CN.10/195) (온라인 1997. 4. 22.).

19 "Nuclear-Weapon-Free Status of Mongolia," *NTI* (온라인 2017. 2. 3.); Jargalsaikhan Enkhsaikhan, "Mongolia's Status: The Case for a Unique Approach," *Asian Affairs: An American Review*, vol. 27, no. 4, 2001, p. 226.

강대국들의 미온적 태도 또는 온건한 반대에 직면한 몽골은 우회 전술로서 비동맹회의에서의 지지확보를 택하였다. 1995년 콜롬비아의 카르타제나(Cartagena)에서 개최된 제11차 비동맹회의에서는 몽골의 단독국가 비핵지대가 지역의 안정과 신뢰구축에 기여할 것이라고 보고되었으며, 1997년 인도 델리에서 열린 비동맹 장관급 회담에서 각국 대표는 몽골 비핵지대의 제도화에 대한 지지와 UN총회에서의 논의를 지지한다고 밝혔다.

비동맹회의에서의 지지는 UN총회에서 상당한 효력을 발휘했다. 1998년 12월 제53차 UN총회는 '몽골의 국제안보 및 비핵지위(Mongolia's International Security and Nuclear-Weapon-Free Status)' 제하의 53/77[D] 결의안을 채택하였는데, 여기에는 P5 국가들도 참여하였다. 결의안은 몽골이 원래 원했던 '단독국가 비핵지대' 대신에 '비핵지위(nuclear-weapon-free status)'만을 인정하였고 P5의 공동지지 성명이 없었다는 아쉬움이 있었다. 하지만 몽골의 안보에 대한 UN의 지지가 하나의 결의안으로 채택되었다는 점, 그리고 P5를 포함한 UN 회원국들이 몽골의 독립, 주권, 경제안보를 강화하기 위해 몽골 정부와 협력하기로 했다는 점 등이 성과라면 성과라고 할 수 있다.[20]

하지만 P5의 미온적 태도에 따라 53/77[D] 결의안의 이행이 어려움을 겪게 되었고, 따라서 몽골은 비핵지위 용어에 기초하면서 안보확약을 확보하려는 노력을 지속할 수밖에 없었다. 2000년 2월 3일 몽골 국가대호랄은 몽골 비핵지위법(Law of Mongolia on Its Nuclear-Weapon-Free Status)을 채택하였고, 2월 28일 주 UN 대사 엥흐사이항

20 United Nations Digital Library, A/RES/53/77[D], "Mongolia's International Security and Nuclear-Weapon-Free Status," 1999. 〈http://digitallibrary.un.org/record/265341〉 (최종 검색일 2020. 11. 9.)

이 이를 UN 사무총장에게 제출하였다. 비핵지위법의 주요 내용은 핵무기와 관련된 일체의 행위(생산, 실험, 배치, 처리, 운송) 및 핵 폐기물의 운송까지 금지하는 것이었는데, 국내법 제정을 통해 비핵지위에 관한 몽골 정부의 의지를 국제적으로 재확인하려는 목적이 담겨 있었다.

마침내 2001년 10월 P5는 몽골의 비핵지위와 관련한 안보확약 '공동성명'을 통해 53/77[D] 결의안의 이행에 몽골과 협력해 나가기로 확인하고, 몽골에 1995년의 UN 안보리 결의안 984에 근거한 네거티브 확약 및 포지티브 확약을 확인하였다. 네거티브 확약이란 핵국가들이 개별적으로 NPT에 속한 비핵국가에 핵무기 불사용을 약속하는 것이고, 포지티브 확약이란 비핵국가가 핵무기의 공격을 받을 경우 UN 헌장에 의거해 안보리가 즉각 대응하는 것이다.[21]

그러나 이 두 가지의 확약은 일반적인 것으로 어느 국가를 특정하지는 않았다. 즉 중국(핵무기 선제 불사용 독트린 견지)과 여타 4개국은 핵무기 불사용에 관해서 몽골을 특정하여 보장하지 않았다. P5는 여전히 어떤 특정 국가만을 위한 법적 구속력을 지닌 확약을 해줄 의향이 없었으며, 공동성명으로 자신들이 할 만큼 했다(enough is enough)는 입장이었다. 하지만 몽골은 이에 만족할 수 없었다.[22]

P5로부터 안보확약을 획득하려는 몽골의 집요한 노력은 2012년 9월 17일에야 일정한 결실을 이루게 되었다. 이날 몽골 및 P5 UN 대사들은 몽골의 비핵지위에 관한 병행 선언(parallel declarations)에 서명한 것이다. 그중 하나의 선언문은 P5가 2000년 10월 몽골 안보확약에 관한 공동성명을 재확인하고 "몽골의 비핵지위를 위반할 어떤 행동도 하지 않는다"는 것이고, 다른 하나의 선언문은 몽골이 NPT상

---

21 "United Nations Security Council Resolution 984" (S/RES/984) (온라인 1995. 4. 11).
22 Enkhsaikhan, 앞의 글, pp. 404-435.

의 '비핵국가'로서의 공약을 충실히 따르며 2000년의 국내 비핵지위법을 견지한다는 내용을 담았다. 이로써 몽골은 자신이 원했던 것과 가장 가까운 형태로 구속력을 지닌 P5와의 공동약속을 이루게 되었다.[23]

몽골의 비핵지위에 관한 노력(보다 크게는 다원적 연루전략)은 다음과 같은 복합적인 생존안보의 특성을 지닌 것으로 평가할 수 있다.

첫째, 몽골의 단독국가 비핵지대 추구(결과는 비핵지위)는 도덕적 호소를 통해 몽골에 대한 강대국들의 관심을 끄는 정책이라기보다는 P5 강대국들의 이익을 몽골의 안보에 접합, 결합하려는 매우 구체적인 의도를 가지고 있었다는 점이다. 즉 몽골의 단독국가 비핵지대 실현 및 P5 공동선언에 대한 노력은 지극히 현실주의에 기초한 생존안보를 위한 외교였다. 몽골이 이를 도덕적·규범적 측면에서 적극 활용한 것은 오히려 비핵지위를 수용한 이후였다.[24]

둘째, UN 안보리 상임이사국인 핵강대국들이 몽골 안보와 관련한 병행 선언문에 서명하여, 지형적으로 몽골을 포위하는 중국과 러시아 어느 한 국가로부터의 안보위협 또는 담합에 의한 안보위협을 미·영·프 등의 타 강대국들이 견제토록 하였다는 점이다. 이를 실현하기 위해 몽골은 어느 강대국과도 동맹을 맺지 않았다. 한마디로, 몽골의

---

23 U.S. Department of State, "Five Permanent UN Representatives Support Mongolia's Nuclear- Weapon-Free Status" (온라인 2012. 9. 18.).

24 동북아 안보를 위한 몽골의 이니셔티브인 울란바타르 대화와 울란바타르 프로세스는 각각 2014년과 2015년에 출범하였다. 울란바타르 대화는 정부가 후원하고 전략연구소(Institute for Strategic Studies)가 주관하는 비공식적 1.5 트랙으로서 1년 1회 관료들이 개인 입장에서 참석하며 선언문을 발표하지 않는다. 핵문제가 반드시 핵심은 아니고 오히려 인프라 혹은 에너지 같은 협력 용이한 주제가 다루어지며, 멤버십이 개방적이어서 북한도 여기에 참여하고 있다. 울란바타르 프로세스는 비정부기구인 블루배너(Blue Banner)가 후원하는 것으로 시민사회 인사들로 구성되어 있고, 채트햄하우스 룰을 따라 비공개이며 비정치적 이슈를 다룬다. 북한도 참여하고 있다.

생존안보 정책은 고도의 외교적 노력과 정치력을 통해 일정한 성과를 이루었다고 볼 수 있다.

주목할 것은, 몽골의 국가안보, 특히 생존안보는 '제3의 이웃 정책'에 의해서 보완되고 있다는 점이다. 2010년 「국가 안보의 개념」 문서에 의하면, '제3의 이웃'으로서 미국, NATO 및 EU 회원국, 아시아-태평양 지역 국가 등을 명시하고 있다. 미국과의 교류협력은 1998년부터 미군 주도의 군사교육훈련 지원으로 발전하였는데, 2001년 9·11테러를 계기로 양국 군사협력은 더욱 진전되었다. 사건 발생 후 몽골은 즉각 미국의 반테러 전쟁을 지원한다는 의미에서 미군 항공기의 자국 영공의 통과를 허용하는 한편, 미국은 200만 달러 규모의 국경 경비용 통신장비를 지원하는 형태로 원조를 제공하였다. 2003년 이라크 전쟁이 발발하자 몽골은 130여 명의 군대를 파병하여 미국과의 반테러 공조를 과시하는 동시에, 양국 군은 이른바 칸 퀘스트(Khan Quest) 연합훈련을 개시하였다. 이런 가운데 2005년 부시(George W. Bush: 1946~, 재임 2001~2009) 미 대통령의 울란바타르 방문을 계기로 양국관계는 절정에 달했는바, 몽골 방문 직전 부시 대통령은 이글 텔레비전(Eagle TV)과의 인터뷰에서 몽골의 '제3의 이웃' 슬로건에 호감을 표시했고, 방문 당시 몽골 수상은 미국을 '제3의 이웃'이라고 표현하였다.[25] 이듬해부터 칸 퀘스트 훈련은 다국적 훈련으로 발전해 독일, 프랑스, 일본, 한국, 싱가포르, 인도, 캐나다 등이 참가하게 되었다.

이어서 2007년 10월 부시 대통령은 밀레니엄 챌린지 어카운트(Millennium Challenge Account)를 활용해 2억 8,500만 달러 규모의 원조

25 Edgar A. Porter, "Mongolia, Northeast Asia and the United States: Seeking the Right Balance," *Ritsumeikan Journal of Asia Pacific Studies*, vol. 26, 2009, p. 13; Peiran Wang, "Mongolia's Delicate Balancing Act," *China Security*, vol. 5, no. 2, 2009, p. 20.

〈표 8-1〉 몽골의 파트너십 구축 내용

포괄적 전략적 파트너십 (comprehensive strategic partnership)	중국(2014), 러시아(2019)
전략적 파트너십 (strategic partnership)	일본(2010), 인도(2015), 미국(2019)
포괄적 파트너십 (comprehensive partnership)	독일(2011), 한국(2011), 터키(2016), EU(2017)
확장적 파트너십 (expanded partnership)	캐나다(2004), 카자흐스탄(2007), 호주(2007)

주: 1) 인도와는 2009년 포괄적 파트너십을 맺고 2015년 전략적 파트너십으로 발전; 일본과는 1997년 포괄적 파트너십을 맺고 2010년 전략적 파트너십으로 발전; 중국과는 2011년 전략적 파트너십을 맺고 2014년 포괄적 전략적 파트너십으로 발전.

2) 확장적 파트너십에 대해서는 엥흐사이항과의 메일 교환에 근거함(2018년 3월 23일).

출처: Narangoa(2012), pp. 81-82; India Ministry of External Affairs(2015); Krishna(2017); *People's Daily* Online (2016. 10. 2.).

를 약속하였고, 이 중에서 1억 8,800만 달러 정도를 철도 개선용으로 활용하도록 했다. 미국의 영향력 확대를 우려한 러시아가 1억 5천 달러 규모의 저리 원조 제공을 약속하자, 2009년 5월 몽골은 이를 수용하고 미국의 원조를 차단하였다.[26] 하지만 미국의 대몽골 원조는 지속되어 2016년에는 2,840만 달러에 달하는 교육·개발·보건 분야에 대한 지원이 제공되었다. 2017년 1월 27일 양국은 로널드 레이건(Ronald Reagan: 1911~2004, 재임 1981~1989) 행정부 시기 MOU 채택을 계기로 시작된 외교관계 30주년을 기념하기도 했다.[27]

이 밖에도 몽골은 중국 및 러시아와는 물론이고 '제3의 이웃'으로서 여러 국가들과 파트너십을 구축하고 있다(〈표 8-1〉 참조). 그러나 중

26 Alan M. Wachman, "Suffering What It Must?: Mongolia and the Power of the 'Weak'," *Orbis*, vol. 53, no. 4, 2010, p. 595.

27 Bolor Lkhaajav, "30 Years of US-Mongolia Relations," *The Diplomat* (온라인 2017. 2. 2).

국은 몽골의 '제3의 이웃 정책'으로 미국이 개입하는 점에 대해 예민하게 보는바, 이는 몽·미 간의 관계 발전이 미국의 대중국 포위전략이라고 인식하기 때문일 것이다.

4
중국의 부상과 경제안보 리스크

냉전 종식 직후 탈소비에트 과정에서 몽골 지도자들이 경제적 비대칭성이 안보에 미칠 영향에 대해 얼마나 심각하게 인식하고 있었는지는 정확히 알 수 없다. 하지만 분명한 것은 몽골은 경제 자체를 안보로 인식하면서 1994년 이래 안보 개념의 문서에 명시하고 있다는 점이다.

오늘날 몽골의 안보위협은 러시아나 중국의 직접적 군사개입보다는 지경학적(geoeconomic) 요소, 즉 내륙국인 몽골이 인접한 강대국 중국에 경제적으로 의존할 수밖에 없는 구조에서 비롯된다고 할 수 있다. 실제로 이런 위협의 징후가 드러나고 있으며, 이에 대해 몽골 엘리트층에서는 대중국 비판 발언 또는 정부의 중국 의존 정책에 대한 비판적 발언이 쏟아져 나오고 있다. 예를 들어 곰보수렝 아르슬란(G. Arslan)은 중국의 경제진출이 독립국가 몽골의 생존에 직결된 문제로서, 장차 '중국의 식민지'가 될 수도 있는 중요한 문제라고 발언하기도 했다.[28]

중국의 대몽골 경제진출에 대한 위협 인식은 새 밀레니엄의 시작 이전부터 드러나기 시작했다. 몽골전략연구소(Institute for Strategic

28 Wachman, 앞의 글, p. 595.

Studies, Mongolia)가 발간하는 『전략연구(*Strategic Studies*)』에 게재된 논문들의 내용을 분석한 한 연구에 따르면, 1993년부터 1997년까지 대중 위협 인식이 상승했다가 이후 10년간 저하되었고, 2008년부터 재상승한 것으로 나타났다.[29] 1990년대 중반은 양자관계가 정치적으로 발전하던 시기였고, 2008년 이래는 몽골의 대중국 경제의존이 심화되기 시작하던 시기이다. 따라서 이러한 인식의 변화는 정치적 관계의 진전이 오히려 과거의 기억을 재생시켜 위협 인식을 증가시켰다는 점, 경제관계의 발전으로 위협 인식이 감소했다는 점, 그러나 경제의존이 심화되면서 위협 인식이 다시 상승했다는 점 등으로 요약할 수 있다. 중국은 1998년 이래 몽골의 최대 투자국이었고 1999년부터는 최대 무역상대국이 되었다. 그런데 몽골의 무역 전체에서 중국의 비중이 1999년 27%에서 2010년 56%, 2013년 61%로 증가 추세를 나타내다가, 2016년에는 58%를 기록하였다. 2010년 중반 약 60%대를 유지한 셈이다. 수출은 2016년 기준 전체의 78%를 차지하는바, 주로 광물자원의 수출이라는 점이 눈에 띄고, 수입은 전체의 31%로서 주로 소비품이라는 점이 주목할 만하다.[30] 즉 몽골인의 위협 인식의 상승은 무엇보다도 중국에의 경제의존 심화와 함께 천연자원 유출에 대한 불안감과 적대감에 기초하고 있다고 할 수 있다.

몽골의 중국에 대한 위협 인식은 광물자원의 수출과 관련하여 두드러진다. 석탄·동·금·철 등 광물 수출이 2016년 기준으로 전체 수출의 85%를 차지하였으며, 이 중 60.7%가 대중국 수출이었다. 주목할

29 Itgel Chuluunbaatar, "Critical Distance: Analyzing China Threat Perception in Mongolia" (MA Thesis in the Department of International Relations, School of International, Political and Strategic Studies, Australian National University, November 1, 2013), pp. 14-15.

30 Ministry of Foreign Affairs of Mongolia, "Mongolia-China Relations" (온라인 2015. 4. 15.); World Bank, "World Integrated Trade Solution" (온라인).

점으로, 허시먼의 이론처럼 중국이 약소국의 무역의존을 강제력 발휘의 수단으로 활용함으로써 장차 몽골의 생존안보를 위협하지 않을까 하는 우려이다. 실제 중국 정부가 몽·중 국경의 석탄수입 통로를 일시적으로 폐쇄하여 가격하락을 유도한 후 통로를 재개해 저가로 수입한 사례가 있다.[31] 몽골은 고질적인 재정적자를 기록하기 때문에 광산 개발과 광물 수출을 적자보존의 중요한 수단으로 삼는바, 강대국인 중국은 자신에게 의존적인 수출입 구조에서 몽골의 독립성과 주권을 침해하는 상황을 낳고 있는 것이다.

중국에 대한 경제의존은 외국인직접투자(FDI)가 중국 기업에 집중된 데서도 나타난다. 중국의 FDI는 1990년대 24% 정도(1991년 기준 1,112만 달러)에서 2000년대 초반에는 47% 정도로 상승하였고, 2010년에는 51%(17억 6천만 달러), 2012년에는 56%(20억 달러)로 지속적으로 상승하였다. 더욱이 이 같은 비율은 2위인 캐나다의 8%와 3위인 네덜란드의 6%에 비해 압도적으로 높다.[32] 중국의 FDI는 중국인 노동자의 유입을 동반하고 있다는 점이 주목할 만하다. 2000년부터 2009년까지 중국인 여행자 수는 500명에서 25,000명으로 증가하였는데, 이는 같은 기간 러시아인 여행자의 10배에 해당한다. 중국인 여행자 중 많은 이들이 중국 투자기업의 노동자들로서 2010년 기준으로 법적으로 등록된 노동자가 16,675명이었다. 이 외에도 이와 동일한 수 또는 2배 정도의 불법 노동자가 몽골에 거주하고 있을 것으로 추정된다.

---

31 Jugnee Shishmishig, "Transition to Democracy: 1992 Constitution of Mongolia and National Security Issues," Paper presented at the workshop on "Mongolia in Transition: Market, Democracy, and Geopolitics." Ulaanbaatar: Mongolia, August 23, 2017.

32 Jeffrey Reeves, "Mongolia's Evolving Security Strategy: Omni-enmeshment and Balance of Influence," *The Pacific Review*, vol. 25, no. 5, 2012, p. 592에서 재인용.

FDI는 일반적으로 현지 노동자를 고용하지만, 중국의 경우 투자기업들이 본국 노동자를 고용하고 있다. 따라서 중국의 FDI가 증가하고 있음에도 불구하고 몽골의 실업률(2016년 3반기 기준 9.4%)[33]이 감소하는 데 전혀 도움이 되지 않고 있다.

몽골 정부도 대중국 의존을 완화하기 위해 노력을 경주하고 있다. 앞서 언급한 '제3의 이웃 정책'은 경제적인 측면에서 이런 노력의 일환임에 틀림없다. 냉전 시기에는 소련의 원조가 몽골 GDP의 30%를 차지할 정도였지만, 냉전 종식 후에는 대몽골 원조 공여 주체가 매우 다양화되었다. 개별 국가로서 일본이 가장 중요한 원조국이 되어 전체 원조액의 3분의 1을 차지하고, 한국·호주 등 10개국이 원조를 제공하고 있으며, 미국은 군사원조 또는 군사적 목적을 위한 원조에 치중되어 있다. 국제기구로서는 1992년 몽골이 회원국인 된 세계은행(WB), 국제통화기금(IMF), 아시아개발은행(ADB) 등이 있으며, 이들은 주로 일본과 함께 공여기관 회의를 통해 주요 의제를 결정해 왔다. 냉전 종식 직후에는 긴급구호와 인도주의 지원이 중심을 이루었으나, 점차 장기적인 개발지원으로 전환하여 경제사회 전반의 무질서를 극복하고 새로운 기회를 창출하는 인프라 구축, 인간 개발, 농업 및 축산업 진흥 등으로 선회하였다. 국제금융기구의 경우 나름의 특성에 따라 IMF는 몽골 정부의 재정적자 시정을 위한 거시경제정책, 금융정책, 재성성책을 지원하며, WB는 빈곤퇴치, 자영업 개발 등에 치중하고, ADB는 교통, 통신, 에너지, 농업, 자원 등에 관한 원조를 제공하고 있다.[34]

몽골 정부의 이민정책은 중국의 영향력을 일부 견제하는 역할을

33 National Statistics Office of Mongolia, "Home Page/Key Figures: Unemployment Rate."

34 Tsedendamba Batbayar, "Foreign Policy and Domestic Reform in Mongolia," *Central Asia Survey*, vol. 22, no. 1, 2003, pp. 51-53.

하고 있는 것으로 보인다. 정부는 이민자 유입을 전체 인구의 1% 미만으로 제한하는 정책 가이드라인을 지키고 있다. 이런 맥락에서 2018년 초 몽골 국가대호랄은 2020까지 3년 동안 이민자 허용 수를 100명으로 정하였고, 러시아 30명, 중국 30명, 기타 40명으로 할당하였다.[35] 이는 특히 중국의 경제진출에 동반한 중국인의 대량 이민 유입에 따른 인구구성의 혼란과 정치적 영향을 회피하려는 의도라고 볼 수 있다.

2010년에 개정한 「국가 안보의 개념」에서는 어느 한 국가의 외국인직접투자가 전체의 3분의 1을 초과하지 않도록 명시했는데, 이는 중국을 의식한 것임에 틀림없다. 이런 맥락에서 몽골은 광산업계에서 중국의 영향력을 제한하려는 정책을 취하기도 했다. 예를 들면 고비(Gobi) 사막 내에 위치한 타왕 톨고이(Tavan Tolgoi) 탄광은 세계 최대 규모의 양질의 코크탄 75억 톤을 매장하고 있는 것으로 추정되는데, 2011년 당시 중국 석탄회사 션화그룹(Shenhua Group)이 40%, 러시아계 몽골업체가 36%, 미국의 피바디 에너지(Peabody Energy)가 24%의 지분으로 참여할 것으로 알려졌으나, 곧바로 몽골의 국가안보위원회(National Security Council) 결정에 의해 취소되었다. 이후 중국의 션화그룹, 일본의 수미모토(Sumitomo Corporation), 홍콩에 상장된 몽골광산회사(Mongolian Mining Corp)의 컨소시엄 결성 시도도 몽골 의회의 반대로 무산되었다. 이후 석탄가격 하락과 함께 몽골 국영기업인 에르데네스 타왕 톨고이(Erdenes Tavan Tolgoi)가 타왕 톨고이에 대한 라이선스를 보유하고 지분의 50%를 가지며, 나머지는 몽골 시민과 외국 투자자에게 개방해 개발한다는 것으로 알려졌다.[36]

---

35 "Mongolia Receives 100 Immigrants in 2018-2020," *Eagle TV Mongolia* (온라인, 2018. 2. 9.).

36 Li Narangoa, "Mongolia in 2011: Resources Bring Friends and Wealth," *Asian Survey*, vol. 52, no. 1, 2012, p. 84.

이상의 사례는 몽골 정부의 대외경제 의존, 특히 대중 의존을 회피하려는 노력을 보여주는 것이면서도, 기술과 자본이 필수인 상황에서 향후 어떻게 대응할지 주목할 대목이다.

우려할 것은, 몽골 내 정권교체와 정책변화에 따른 일관성의 결여와 국제적 신용하락으로 인해 결과적으로는 중국에 대한 의존성이 높아진다는 점이다. 예를 들어, 오요 톨고이(Oyu Tolgoi)의 동과 금광 및 타왕 톨고이의 탄광개발과 철도연결 문제에서 몽골은 정책의 일관성 부족 때문에 러시아의 불신과 비판의 대상이 된 바 있다. 러시아는 오요 톨고이에 관심을 가지고 친러 성향의 엥흐바야르(Nambaryn Enkhbayar: 1954~, 재임 2005~2009) 대통령에게 접근하였으나, 2009년 그가 재임에 실패하고 서구주의자 엘벡도르지(Tsakhiagiin Elbegdorj: 1963~, 재임 2009~2017)로 정권이 교체되면서 정작 광산개발 계약은 몽골 측과 캐나다 이반호(Ivanhoe Mines) 사이에 이루어졌다. 오요 톨고이에서 고배를 마신 러시아는 타왕 톨고이 탄광의 이권에 개입하기 위해 2010년 몽골의 부채 1억 7,200만 달러의 97.8%를 탕감해 주기도 했으나, 앞서 언급한 바와 같이 석탄가격의 하락으로 해외 기업과의 계약이 없었던 일이 되면서 러시아의 노력은 결실을 얻지 못하고 말았다.[37] 또한 탄광 개발과 연계해 러시아가 공들여 온 철도 연결도 실현되지 못했다.

러시아는 타왕 톨고이 탄광과 초이발상을 연결하는 철도를 건실하고 이를 기존 철도와 연계하여 러시아의 항구 바니노(Vanino)와 보스토치니(Vostochnyi)로 연결하기로 논의를 진척시켰다. 이 노선은 중국의 톈진(天津)항으로 연결하는 것보다 거리상 훨씬 멀어 탄광 관계

37 Sergey Radchenko, "Sino-Russian Competition in Mongolia," ed., Gilbert Rozman and Sergey Radchenko, *International Relations and Asia's Northern Tier* (New York: Palgrave Macmillan, 2018), pp. 111-125.

자들에 의해 비판의 대상이 되었지만, 러시아와의 관계 유지, 몽골 내 낙후한 동서 운송로의 인프라 개선 등 다중적인 목적을 지닌 것이기도 했다.[38]

그러나 2014년 4월 몽골 정부는 타왕 톨고이 탄광으로부터 몽·중 국경으로 철도를 연결하고 추가로 2개의 철도를 몽·중 국경으로 연결하는 법안을 국가대호랄에 제출하여 러시아로부터 강도 높은 비난을 받았다. 더욱이 이들 철도는 러시아의 광궤(1,520mm)가 아닌 중국의 표준궤(1,425mm)를 이용하는 것이었다. 같은 해 10월 국가대호랄이 이 계획을 승인함으로써, 철도문제에 있어서도 몽골은 러시아의 신용을 잃고 중국에 의존하는 결과를 초래하였다.[39]

동북아시아에서 중국의 영향력 확대는 2013년부터 시진핑 주석이 주도하는 '일대일로'의 추진 과정에서 눈에 두드러지고 있다. 인프라를 중심으로 연계(connectivity)에 초점을 두는 일대일로, 그중에서도 6대 경제회랑 중의 하나인 '중·몽·러 경제회랑'은 몽골에 경제적 기회이면서도 안보적 위협이라고 볼 수 있다. 지정학적인 측면에서 몽골은 중국의 유라시아에의 영향력 확장에서 중요한 통로 중 하나이다. '일대일로'와 '중·몽·러 경제회랑'은 현재 추진 중이므로 이것이 가져올 파급 효과를 예단하기는 이르지만, 고질적 재정적자를 겪는 몽골이 가속화되는 중국의 경제적 진출을 어떻게 감당할 수 있을지 의문이다.

'중·몽·러 경제회랑'은 중국 중앙정부의 주도로 추진되는 만큼 내몽골과 동북3성(랴오닝성, 지린성, 헤이룽장성) 등의 지방정부들도 나름의 개발정책과 밀접하게 연관시키고 있다. 이들 지방정부는 '중·몽·

38 Narangoa, 앞의 글, p. 85; Cecilia Jamasmie, "Mongolia Readies to Revive Its Giant Tavan Tolgoi Coal Mine," *Mining.com* (온라인 2016. 9. 9.).

39 Radchenko, 앞의 글, pp. 127-145.

러 경제회랑'에 대한 관련 계획들을 발표하고 철도 및 고속도로와 같은 교통 및 물류 인프라 구축에 힘을 기울이고 있다. 이들 지방정부의 정책은 중국의 중앙정부가 2015년 발표한 '접경지역개발개방계획'에 근거하여, 많은 거점도시들이 중점개발개방 시범구, 국가급 철도 통상구, 국가급 도로 통상구 등으로 지정되기에 이르렀다. 중국 측이 공개한 교통 및 물류 인프라 구축 사업은 크게 다섯 가지인데, ① 국제운송로 건설, ② 철도, 도로 신설 및 철도 현대화를 통한 3국 간 수송능력 제고, ③ 국제통관 및 복합수송 연계, ④ 항공운송 서비스 연계, ⑤ 정기 국제컨테이너 수송열차를 통한 교통물류 허브 구축 등이 그것이다.[40]

인프라에 기반한 허브 확장은 철도 및 고속도로의 신설, 현대화에 기여하는 동시에, 접경지역의 무역을 촉진하고 상품무역의 구조를 확대 개선하는 것을 목적으로 한다는 점이 특기할 만하다. 접경지역 무역은 농산물, 광산물, 건축자재, 제지제품, 방직류 등 다양한 상품의 교역을 확대하는 동시에, 경제협력 단지를 건설하여 하이테크 상품 생산 및 정보기술 교환 등의 확대를 꾀하기도 한다. 즉 접경지역의 경제협력 단지는 단순히 물류의 확대뿐만 아니라 투자, 생산, 무역, 기술교류 등이 일체화된 국경경제 활성화를 의도하고 있다는 것이다.[41]

몽골은 중국의 인접국으로서 효율적인 운송체계에 따른 수혜사가 되겠지만, 안보적 관점에서 본다면 다음과 같은 문제점이 있을 수 있다. 첫째, 몽골은 인프라 구축에 따른 역외 접근의 혜택을 누리겠지만, 중국은 몽골 내 자원개발 및 운송에 보다 적극적으로 개입할 것이

40 이현주·이백진·어은주·김원배·송쿠이, 『일대일로에 대응한 초국경 개발협력 추진전략 연구: 중-몽-러 경제회랑을 중심으로』(대외경제정책연구원, 2016), pp. 70-71.

41 위의 책, p. 89.

라는 점이다. 또 철도·도로 등 인프라 건설 과정에서 중국인의 자본, 기술은 물론 노동인력의 유입으로 정치경제적 파장은 매우 클 것이다.

둘째, 산업지형의 변화로 인한 몽골 내 정치관계의 변화 가능성이다. 중국과의 접경지역이 경제협력단지 중심으로 변화할 수 있는바, 이곳에의 인구집중 및 도시형성은 몽골 내 중앙-지방 간 관계에 변화를 미칠 가능성이 있다. 즉 지방에 대한 중앙의 통제와 규제에 한계가 발생할 수 있는바, 이는 접경지역의 도시화로 인한 사회경제적 역할 증대 때문이기도 하며, 이들 지역에 대한 중국의 영향력 때문이기도 하다.

셋째, 접경지역 산업의 성격과 관련된 것으로, 유통 및 제조업과 함께 광물자원의 제련 등도 포함될 수 있는바, 이로 인해 환경안보를 해칠 가능성도 있다. 한마디로 중국의 일대일로의 확대 및 이로 인한 몽·중 접경지역의 활성화는 몽골에 경제적 기회와 함께 정치적 도전을 가져다준다.

5 결론

이 글에서는 몽골의 '다원적 연루전략'이란 개념을 개발하고, 이 맥락에서 약소국으로서 몽골이 처한 생존안보와 경제안보 문제들을 분석하였다. 몽골은 비핵지위를 획득하는(원래는 단독국가 비핵지대 추구였음) 동시에 P5 강대국들을 자신의 안보에 연루시키고 '제3의 이웃 정책'을 통해 내륙국가라는 지정학적 한계를 극복하여 생존안보를 보장하려는 노력이 일정한 성과를 거둔 것으로 평가된다. 몽골의 이 같은 전략은 자신의 안전보장을 위해 국제법과 규범을 존중하면서 UN 외교,

강대국 외교, 제3국 외교 등을 결합한 주도면밀한 것으로 다른 약소국들에서는 쉽게 찾아보기 힘들다.

생존안보에서의 일정한 성과와는 달리, 경제안보에서 위협은 점차 증가하고 있는 것으로 보인다. 몽골은 대중 의존성 증대로 독립 및 주권이 침해당할 수 있는 취약성을 안고 있다. 몽골이 광물자원 수출을 통해 재정적자를 보충할 수밖에 없어서 특히 그러하다. 중국의 경제적 진출은 '일대일로'를 통한 인프라 구축, 접경지역 개발 면에서도 심화되고 있다. 몽골이 구소련으로부터 독립한 후 절차적 민주주의를 성취하는 데는 성공했지만, 빈번한 정권교체, 엘리트 부패, 투명한 제도의 미비 등 내부적으로 많은 문제점을 안고 있다. 이 같은 점들이 중국의 경제적 영향으로부터 몽골의 독립과 주권이 침해당할 수 있는 더욱 취약한 환경을 만들고 있는 것으로 파악된다.

중국의 영향을 일정 부분 상쇄할 수 있는 국가로 러시아가 있지만, 러시아의 대중 견제력은 공개적이지 않으며 실효성에서도 의문이다. 중국과 러시아는 미국 및 유럽을 견제하는 데 협력해야 하므로 상대방에 대한 견제를 자제하고 있다. 하지만 유라시아 대륙에 대한 영향력을 둘러싸고 양국은 경쟁관계일 수밖에 없으며, 특히 몽골에서 중국의 영향력이 압도하게 되는 것은 시간문제라고 보아야 할 것이다.

몽골 안보에의 위협은 강대국들로부터의 군사적인 협박이나 강압보다는 대중국 경제적 의존에 따른 독립 및 주권의 훼손 가능성에 있다고 보아야 한다. 즉 오늘날 몽골의 안보는 정치경제적 관점에서 분석해야 비로소 그 위협의 요인과 본질을 제대로 평가할 수 있다.

이 글은 몽골의 사례에 국한한 분석이지만 비교분석에 관해 다음과 같은 시사점을 줄 수 있다. 첫째, 비대칭적 경제관계의 정치적 함의이다. 중국 정부 및 기업의 주변국에 대한 경제적 진출, 특히 '일대일로'의 확산은 대부분 비대칭성 맥락에서 이루어지고 있다. 비대칭성은 몽골의 사례에서도 볼 수 있듯이 중국에 대한 의존성을 증대할 뿐 아니라 주권과 독립성을 훼손할 가능성이 높아진다는 점에서 문제가 된다. 군사적 개입이나 위협은 아니라도 이는 강대국-약소국 간의 관계에서 강제력의 발생 가능성을 높일 것임에 틀림없다.

둘째, 이 같은 비대칭성을 상승시키는 국내적 요인에 관한 것으로, 특히 경제협력과 관련한 정책 결정의 불투명성 문제이다. 상대적으로 투명성이 낮으면 비대칭성을 회피하기 위한 사회적 논의가 저조하고 부패의 정도도 높아질 것이다. 국내 정치의 투명성 여부는 외부로부터의 자원의 유입, 즉 투자와 원조의 유용한 활용과 밀접한 관련이 있다.

셋째, 비대칭성의 정치적 결과에 대응하는 약소국의 전략이다. 지금까지는 약소국들이 밸런싱이나 편승 중 택일하는 것이 주 전략인 것으로 이해되어 왔으나, 몽골의 사례는 보다 복합적인 대응전략이 있을 수 있음을 보여준다. 약소국의 전략을 밸런싱이냐 편승이냐의 이분법에서 벗어나 보다 면밀하게 분석해야 할 필요가 있다.

| 참고문헌 |

김선호, 『내몽골, 외몽골』, 한국학술정보, 2014.

이현주·이백진·어은주·김원배·송쿠이, 『일대일로에 대응한 초국경 개발협력 추진전략 연구: 중-몽-러 경제회랑을 중심으로』, 대외경제정책연구원, 2016.

Batbayar, Tsedendamba, “Geopolitics and Mongolia’s Search for Post-Soviet Identity,” *Eurasian Geography and Economics*, vol. 43, no, 4, 2002.

Batbayar, Tsedendamba, “Foreign Policy and Domestic Reform in Mongolia,” *Central Asia Survey*, vol. 22, no. 1, 2003.

Chuluunbaatar, Itgel, “Critical Distance: Analyzing China Threat Perception in Mongolia,” MA Thesis in the Department of International Relations, School of International, Political and Strategic Studies, Australian National University, November 1, 2013.

Enkhsaikhan, Jargalsaikhan, “Mongolia’s Nuclear-Weapon-Free Status: Concept and Practice,” *Asian Survey*, vol. 40, no. 2, 2000.

Enkhsaikhan, Jargalsaikhan, “Mongolia’s Status: The Case for a Unique Approach,” *Asian Affairs: An American Review*, vol. 27, no. 4, 2001.

Enkhsaikhan, Jargalsaikhan, “Mongolia’s Quest for Security and Prosperity.” (서울대학교 강연, 2017년 10월 31일)

Enkhsaikhan, Jargalsaikhan, “The Role of Small States in Promoting International Security: The Case of Mongolia,” *Journal for Peace and Nuclear Disarmament*, vol. 1, no. 2, 2018. DOI: 10.1080/25751654.2018.1526628

“Establishment of Nuclear-Weapon-Free Zones on the Basis of Arrangements Freely Arrived at among the States of the Region Concerned: Working Paper Submitted by Mongolia.” (A/CN.10/195) (1997. 4. 22.)

Gasiorowski, Mark and Solomon W. Polachek, “Conflict and Interdependence: East-West Trade and Linkages in the Era of Détente,” *Journal of Conflict Resolution*, vol. 26, no. 4, 1982.

Goh, Evelyn, "Great Powers and Hierarchical Order in Southeast Asia: Analyzing Regional Security Strategies," *International Security*, vol. 32, no. 3, 2007/2008.

Goldblat, Jozef, "Nuclear-Weapon-Free Zones: A History and Assessment," *The Nonproliferation Review*, vol. 4, no. 3, 1997.

Hirschman, Albert O., *National Power and the Structure of Foreign Trade*, Berkeley, CA: University of California Press, 1945, expanded ed. 1980.

Mansfield, Edward D. and Brian M. Pollins, *Economic Interdependence and International Conflict: New Perspectives on an Enduring Debate*, Ann Arbor, MI: University of Michigan Press, 2003.

Narangoa, Li, "Mongolia in 2011: Resources Bring Friends and Wealth," *Asian Survey*, vol. 52, no. 1, 2012.

Polachek, Solomon W., "Conflict and Trade," *Journal of Conflict Resolution*, vol. 24, no. 1, 1980.

Polachek, Solomon W. and Judith A. McDonald, "Strategic Trade and the Incentive for Cooperation," ed., Manas Chatterji and Linda Rennie Forcey, *Disarmament, Economic Conversion, and Management of Peace*, New York: Praeger, 1992.

Porter, Edgar A., "Mongolia, Northeast Asia and the United States: Seeking the Right Balance," *Ritsumeikan Journal of Asia Pacific Studies*, vol. 26, 2009.

Radchenko, Sergey, "Mongolia's Evolving Security Strategy: Omni-enmeshment and Balance of Influence," *The Pacific Review*, vol. 25, no. 5, 2012.

Radchenko, Sergey, "Mongolia Hangs in the Balance: Political Choices and Economic Realities in a State Bounded by China and Russia," ed., Rozman Gilbert and Sergey Radchenko, *International Relations and Asia's Northern Tier*, New York: Palgrave Macmillan, 2018.

Radchenko, Sergey, "Sino-Russian Competition in Mongolia," ed., Rozman Gilbert and Sergey Radchenko, *International Relations and Asia's Northern Tier*, New York: Palgrave Macmillan, 2018.

Reeves, Jeffrey, "Mongolia's Evolving Security Strategy: Omni-enmeshment and Balance of Influence," *The Pacific Review*, vol. 25, no. 5, 2012.

Sanders, Alan J. K., *Historical Dictionary of Mongolia*, Lanham, MD: Scarecrow Press, 2010.

Shishmishig, Jugnee, "Transition to Democracy: 1992 Constitution of Mongolia and National Security Issues," Paper presented at the workshop on *Mongolia in Transition: Market, Democracy, and Geopolitics*, Ulaanbaatar: Mongolia, August 23, 2017. (서울대학교 강연, 2018년 1월 23일)

United Nations, “Comprehensive Study of the Question of Nuclear-Weapon-Free-Zones in All Its Aspects: Special Report of the Conference of the Committee on Disarmament,” A/10027/Add.1, 1976.

Wachman, Alan M., “Suffering What It Must?: Mongolia and the Power of the ‘Weak’,” *Orbis*, vol. 53, no. 4, 2010.

Wang Peiran, “Mongolia’s Delicate Balancing Act.” *China Security*, vol. 5, no. 2, 2009.

온라인 자료

“China, Mongolia, Agree to Cement Comprehensive Partnership,” *People’s Daily* (2016. 10. 2.). 〈http://en.people.cn/n3/2016/1002/c90000-9122760.html〉 (최종 검색일 2020. 11. 9.)

India Ministry of External Affairs, “Joint Statement for India-Mongolia Strategic Partnership” (2015. 5. 17.). 〈http://www.mea.gov.in/bilateral-documents.htm?dtl/25253/Joint_Statement_for_IndiaMongolia_Strategic_Partnership_May_17_2015〉 (최종 검색일 2020. 11. 9.)

Jamasmie, Cecilia, “Mongolia Readies to Revive Its Giant Tavan Tolgoi Coal Mine,” *Mining.com* (2016. 9. 9.). 〈http://www.mining.com/mongolia-readies-revive-giant-tavan-tolgoi-coal-mine/〉 (최종 검색일 2020. 11. 9.)

Krishna, Vaishali, “Advancing Strategic Partnership is the Key to Russia-Mongolia Existing Relationship,” *The Dialogue* (2017. 1. 20.) 〈http://covermongolia.blogspot.com/2017/01/gom-reiterates-dbm-payment-tdb-pays.html#_Advancing_strategic_partnership〉 (최종 검색일 2020. 11. 9.)

Lkhaajav, Bolor, “30 Years of US-Mongolia Relations,” *The Diplomat* (2017. 2. 2.). 〈https://thediplomat.com/2017/02/30-years-of-us-mongolia-relations/〉 (최종 검색일 2020. 11. 20.)

Ministry of Foreign Affairs of Mongolia, “Mongolia-China Relations” (2015. 4. 15.). 〈http://www.mfa.gov.mn/?p=29545&lang=en〉 (최종 검색일 2020. 11. 9.)

“Mongolia Receives 100 Immigrants in 2018-2020,” *Eagle TV Mongolia* (2018. 2. 9.). 〈http://eagle.mn/r/40556〉 (최종 검색일 2020. 11. 9.)

National Statistics Office of Mongolia. “Home Page/Key Figures: Unemployment Rate.” 〈http://www.en.nso.mn/stat_main〉 (최종 검색일 2020. 11. 9.)

“Nuclear-Weapon-Free Status of Mongolia,” *NTI* (2017. 2. 3.). 〈http://www.nti.org/learn/treaties-and-regimes/nuclear-weapon-free-status-mongolia/〉 (최종 검색일 2020. 11. 9.)

U. S. Department of State, "Five Permanent UN Representatives Support Mongolia's Nuclear-Weapon-Free Status" (2012. 9. 18.). 〈https://2009-2017.state.gov/r/pa/prs/ps/2012/09/197873.htm〉 (최종 검색일 2020. 11. 9.)

United Nations Digital Library, A/RES/53/77[D], "Mongolia's International Security and Nuclear-Weapon-Free Status," 1999. 〈http://digitallibrary.un.org/record/265341〉 (최종 검색일 2020. 11. 9.)

"United Nations Security Council Resolution 984." (S/RES/984) (1995. 4. 11.) 〈http://unscr.com/en/resolutions/doc/984〉 (최종 검색일 2020. 11. 9.)

World Bank, "World Integrated Trade Solution." 〈https://wits.worldbank.org/countrystats.aspx〉 (최종 검색일 2020. 11. 9.)

제9장

핵의 세계에서 몽골의 국익 추구하기

엥흐사이항
(블루배너 의장)

1
서론

냉전이 종식되고 사반세기가 지났지만 핵무기 문제의 긴급성은 증대하고 있다. 이 사실은 북한의 핵개발 프로그램에 관한 나날이 증가하는 신문의 헤드라인뿐 아니라 JCPOA(Joint Comprehensive Plan of Action)[1]의 체결을 보아도 알 수 있다. 2015년 핵확산 금지조약(NPT) 검토회의가 성과를 내지 못하는 등 NPT 체제의 약화도 이러한 상황을 말해 준다. 이 회의에서 새로운 유형의 핵무기 개발, 전투용 극초음속 기술의 도입, 사이버 공격, 낮아진 핵무기 사용의 진입 장벽, '더 많은 사용 가능한 핵탄두'를 장착한 저위력 무기(low yield weapons)의 개발, 그런 무기를 '비대칭적' 위협으로—예컨대 "전략적 효과를 발휘할 수 있는" 새로운 비핵무기를 저지하는 용도로—사용할 가능성의 증대 등의 사안에 대해 논의했지만, 어떠한 결의안도 채택하지 못했다. 또한 다른 핵보유국에 대한 핵무기의 선제적 사용에 대한 논의도 존재한다.

일반적으로 존재하는 반대의 합의에도 불구하고, 군사 독트린에서 핵무기의 역할은 커지고 있다. NPT 체제가 약화된 데다 핵무기 제조 지식이 더 이상 비밀이 아니게 되면서 테러리스트들이 핵무기에 접근할 위험도 커지고 있다. 이런 이유로 UN 사무총장 안토니우 구테흐스(Antonio Guterres)는 2017년 12월 31일 밤 트위터에 올린 영상 연설에서 "핵무기에 대한 전 세계적인 불안이 냉전 이래 가장 고조되고

1 2015년 7월 비엔나에서 이란의 핵개발 프로그램에 관한 포괄적인 공동 행동계획(JCPOA)이 이란, 미국, 영국, 프랑스, 독일, 러시아, 중국, 그리고 유럽연합 간에 체결되었다.

있다"고 지적한 것이다.

핵 르네상스와 더불어 사회경제적인 분야에서 원자력 에너지의 활용에 대한 관심의 증가로 말미암아, 여러 국가들이 큰 혜택을 누릴 기회를 얻고 있다. 농축 우라늄 혹은 플루토늄의 재가공이 원자력 에너지의 개발로 인해 가능해졌다. 그러나 핵연료 활용 주기의 국면이 국제적으로 공개되지 않거나 그에 대한 핵사찰이 강화되지 않을 경우 핵무기 개발의 위험은 항상 존재한다.

이런 우울한 상황과 대비되는, 상당한 정치적 중요성을 띠는 긍정적인 사건이 최근 발생했다. UN총회가 핵무기를 금지하는 협상을 승인했고, 2017년 7월 7일 핵무기 금지조약(Treaty on the Prohibition of Nuclear Weapon)의 채택을 의결했던 것이다. 이 조약은 핵무기의 활용이나 핵무기를 활용한 위협 및 핵무기의 개발, 시험, 생산, 비축, 배치 및 이동과 더불어 이들 금지된 활동을 지원하거나 조장하는 것도 금지했다. 조약 문건은 찬성 122표, 기권 1표, 반대 1표의 결과로 채택되었다. 네덜란드는 반대 투표를 했고 싱가포르는 기권했다. 합법적인 핵보유국 다섯 나라(P5)와 사실상의 핵보유국 네 나라, 그리고 NATO 회원국 및 미국과 조약을 체결한 동맹국을 포함한 69개국이 협상에 참가하지 않았다.

조약의 옹호자들은 이 조약이 핵무기에 "낙인을 찍어(stigmatize)" 궁극적인 핵 제거의 '촉매' 노릇을 할 것이라고 믿는다.[2] 협상과 금지조약의 채택은 국제기구를 포함한 국제사회의 압도적 다수의 국가들이 핵무기 금지와 궁극적인 제거가 인류 전체에 이로우며 모든 국가

---

2 Ray Acheson and Thomas Nash, "A Treaty Banning Nuclear Weapons: Developing a legal framework for the prohibition and elimination of nuclear weapons," *Reaching Critical Will*, vol. 36, 2014.

들이 그 목표를 달성하는 데 힘써야 함을 강조하고 있다.

핵전쟁의 위험을 감소시키는 또 하나의 효과적인 수단은 지역 수준에서 핵보유국의 출현을 예방하는 것이다. 어떤 지역에서 핵보유국이 출현하지 않을 것이라는 데 대한 합의는 비핵지대(Nuclear-Weapon-Free Zones, NWFZ)를 확립함으로써 보장된다. 이런 이유로 NPT는 지역별로 비핵지대의 설립을 장려하고 있다. 비핵지대는 핵무기의 획득을 금지할 뿐 아니라 해당 지역 내 핵무기의 존재 역시 금지한다.[3] 현재 전 세계 다섯 곳의 인구밀집 지역에 비핵지대가 설립되었는데, 라틴아메리카와 카리브해 지역(틀라텔롤코 조약, Treaty of Tlateloco), 남태평양(라로통가 조약, Treaty of Rarotonga), 동남아시아(방콕 조약, Treaty of Bankok), 아프리카(펠린다바 조약, Treaty of Pelindaba), 중앙아시아(세미팔란틴스크 조약, Treaty of Semipalatinsk)이다. 2017년 현재 이들 비핵지대에 속하는 국가는 총 114개국이다. 이런 조치에 의거하여 5개 핵보유국은 비핵지대의 지위를 존중하여 이들 지역과 지역 내 국가들을 상대로 핵무기를 사용하거나 사용하겠다고 위협하지 않을 뿐 아니라 조약에 위반하는 어떠한 행위에도 기여하지 않을 것을 약속하는, 법에 기반한 안보보장을 제공하는 데 동의했다. 현재 중동과 동북아시아에 비핵지대를 수립하기 위한 논의들이 존재하지만, 이 두 지역에는 사실상의 핵보유국들이 있는 탓에 실현하기가 쉽지 않을 것이다.

미국이 한국에 배치했던 전략 핵무기를 회수한 이후, 1992년 2월 한국과 북한은 한반도의 비핵화 공동선언에 서명했다. 그 선언은 "핵전쟁의 위험을 제거함으로써", 특히 "평화와 평화통일에 유리한 환경과 조건을 조성하는" 것을 목표로 했다. 그 목표를 위해 두 국가는 핵

---

3 John Simpson and Darryl Howlett, *The Future of the Non-Proliferation Treaty* (New York: St. Martin's Press, 1995), p. 86.

무기의 사용 혹은 실험, 제조, 생산, 도입, 보유, 비축, 배치를 금지하는 데 동의하고, 핵에너지를 평화로운 목적으로만 사용하며 핵의 재처리 혹은 우라늄 농축시설을 보유하지 않을 것을 약속했다. 그러나 1993년 3월 북한이 NPT를 탈퇴하면서 비핵지대 합의안의 실현이 어려워졌다.[4] 이어진 사태, 특히 북한의 핵개발 프로그램은 한반도에서 양국 간 비핵지대 수립의 구상을 좌절시켰다.

1975년 UN에서 나온 「비핵지대 문제의 모든 측면에 관한 포괄적 연구(Comprehensive Study on the Question of Nuclear-Weapon-Free-Zones in All Its Aspects)」는 비핵지대의 잠재적 참여국을 포함하여 비핵지대를 확립하는 문제의 모든 측면을 다루고 있다. 그 연구는 "비핵지대의 수립과 관련한 의무는 대륙 전체나 넓은 지리적 권역을 포함하는 국가군뿐 아니라 적은 수의 국가집단, 심지어 하나의 국가가 단독으로도 책임질 수 있다"[5]고 밝히고 있다. 나아가 1976년 UN총회는 그 연구가—그것이 촉발시킨 후속 논의와 논평 및 제안들과 더불어—비핵지대와 관련된 하나의 국가나 국가들의 모든 노력을 고무하고 비핵지대를 수립하는 데 활용되리라는 희망을 표명했다.[6]

핵보유국(소비에트 연방)의 동맹국이었던 몽골은 자국 영토에 소련의 군사기지 설립을 허용했고, 그 과정에서 이중용도 미사일(dual use missile)과 비행기를 자국에 배치해야 했다. 몽골은 중·소 간 이데올로기 갈등과 분쟁이 발발하자 소련 편에 설 것을 택했으며, 그럼으로써 두 이웃 나라 사이에 군사적 충돌이 발발할 경우 완충지 역할은 물론 소련 편에서 대중국 군사행동의 발판이 될 위험까지 짊어지게 된 것

---

4 위의 책, p. 96.

5 UNGA(UN총회), 30th Session, Official Records, document no. 27A (A/10027/add. 1, p. 31).

6 UN총회 결의안 31/70, 8절 참고.

이다. 또한 몽골은 중국의 반격 목표가 되는 위험도 감수해야 했다. 핵무기가 사용될 경우 몽골의 영토는 미국 핵공격의 목표가 될 수도 있었다. 1969년 중·소 국경분쟁이 발발하여 양측에서 천 명 이상의 군인들이 사망했을 때,[7] 소련은 한동안 중국의 핵시설에 대한 선제타격 계획을 고려했다. 소련과 바르샤바 협정(Warsaw Pact)을 맺은 동맹국들은 그 계획을 통보받자 미국의 반응을 살폈다. 다행히도 소련의 '의사 타진'에 대한 미국의 반응은 부정적이었다. 소련의 그러한 군사행동은 제3차 세계대전의 개시로 간주되었던 것이다.

이 사건은 몽골에 냉혹한 교훈이 되었다. 그리하여 소비에트 블록이 해체되고 미래의 외교정책 노선을 새롭게 선택해야 했을 때, 몽골은 독자적으로 국익을 추구하고 강대국과는 동맹을 맺지 않기로 결정했다. 몽골이 가장 먼저 취한 외교행동 중의 하나는 1975년에 발간된 UN 보고서 「비핵지대 문제의 모든 측면에 관한 포괄적 연구」를 숙지하고 1969년의 교훈을 새겨 몽골을 비핵지대로 선언하며 그 지위를 국제적으로 승인받기 위해 노력하기 시작한 것이었다.

이 장에서는 '단독국가 비핵지대(Single-State NWFZ)'를 제도화하고자 했던 몽골의 외교정책을 분석한다. P5는 그 구상을 승인하기를 주저했다. 단독국가 비핵지대 정책을 지원할 경우 전통적인 지역 기반 비핵지대를 수립하는 데 방해가 될 뿐 아니라, 자신들의 지정학적 계산과 정책을 복잡하게 할 반갑지 않은 선례를 남길 것이라 믿었기 때문이다.

7 1969년에 발발한 전바오섬(珍寶島, Damansky Island) 전투를 말한다. 중·소 국경의 우수리강 안에 놓인 작은 섬(중국명 전바오다오, 러시아명 다만스키)에서 벌어진 이 전투에서 중국은 사망 71명, 부상 88명, 소련은 사망 58명, 부상 94명을 기록했다. - 편자

2
몽골의 지정학적 현실

지리적으로 또 현실적으로 몽골은 오늘날 세계에서 가장 큰 위험에 노출된 국가 중 하나이다. 몽골은 역사적으로 적국이었던 두 나라와 국경을 접하고 있는데, 그 두 나라는 현재 UN 안전보장이사회에서 거부권을 행사할 수 있는 상임이사국이자 국제적으로 승인받은 핵보유국이다. 동북아시아는 강대국들의 이해가 지속적으로 충돌하는 곳이지만, 이 지역에는 국가 간 경쟁관계를 적절하게 조정해 줄 다자안보시스템이 존재하지 않는다. 오늘날 핵의 위력은 지정학적 위력으로 표출된다. 안보와 외교정책에서 이런 현실을 외면할 수 없다.

1980년대 후반 중소관계가 정상화된 후 냉전이 종식되고 소비에트 블록에 이어 소비에트 연방이 해체되었다. 주변 제3국의 영토를 활용하여 상대를 공격하지 않겠다는 중·소 간의 결의는 몽골의 지정학적 환경을 근본적으로 변화시켰다. 국내적으로도 몽골은 자국민과 자국 역사로부터 힘과 지혜를 끌어내어 평화로운 민주혁명을 이룩했다. 이런 변화는 몽골에 과거의 편향적인 친소련 정책을 포기하고 두 이웃 국가 사이에서 보다 균형 잡힌 정책을 추진할 수 있는 기회를 열어주었다. 그리하여 몽골은 300년 만에 처음으로 자국의 국가 이익을 독립적으로 규정하고 추구할 기회를 갖게 되었다.

이 새로운 지정학적 환경에서 몽골은 '브레즈네프(Brezhnev)' 형태든 '먼로(Monroe)' 형태든 주권을 제한하는 어떤 형태의 독트린도 모두 거부하는 다축 외교정책(multi-pillared foreign policy)을 채택했다. 새로운 민주헌법을 채택한 이후 몽골이 가장 먼저 착수한 일은 '국가 안보'와 '외교정책'의 개념을 상세히 규명하여 채택한 것이다. 1994년

6월 몽골의 국가대호랄(The State Great Hural)이 채택한 관련 문건들은 몽골의 외교정책이 앞으로 정치적 현실주의와 비동맹, 국익 추구에 기반할 것이라 선포했다. 몽골의 지정학적 위치를 염두에 두면서, 이 문건들은 또한 외교정책의 우선순위가 정치적·외교적 수단을 통한 안보와 핵심 국익의 수호에 있음을 공표했다.

안보를 확보하는 데 정치적·외교적 수단은 한계가 있다. 이웃 국가나 가까운 '동반자(partner)' 국가들이라 할지라도, 그들이 위기의 순간에 몽골을 돕기 위해 자국의 핵심 이익을 희생할 것인지에 대해 몽골은 회의적이다.[8] 그렇기 때문에 국가만의 고유한 '레드라인(red lines)'(스스로 부여한 레드라인)을 정하는 문제가 외교정책의 중요한 부분이 되는 것이다. 몽골은 자국의 국익을 옹호하면서도 이웃 국가와 동반자 국가들의 정당한 이익을 존중하기로 결의했다.

현실적으로 말해 몽골은 대국들로부터 홀로 자신을 지켜낼 수 없다. 반면 몽골은 한 국가에 지나치게 의존하면서 동등하지 않은 동맹관계의 아우 노릇을 하는 것의 위험성을 잘 알고 있다. 그래서 몽골은 동맹을 맺지 않고 이웃 국가들의 이익 사이에서 균형을 맞추는 정책을 추구하기로 결정한 것이다. 특히 후자의 정책 목표(균형자 역할-편자)를 우선시하기로 결의했다. 이웃 국가들에 대한 이 같은 접근이 양국 모두로부터 똑같은 거리를 유지한다거나 모든 사안에 대해 동일한 입장을 취한다는 뜻은 아니다. 그것은 이웃 국가들과 신뢰를 강화하고 모든 면에서 선린관계를 유지하며 상호 호혜적인 협력을 발전시키는 것을 뜻한다.

---

8 역사에는 강대국이 다른 강대국의 입장에 부응하기 위해 작고 약한 '동맹국'을 포기한 사례들이 많다. 이런 '달래기'의 사례들과 제2차 세계대전의 발발 양상은 역사가와 정치학자들의 기억에 아직도 생생하다.

몽골의 새 외교정책에서 참신한 것은 '제3의 이웃', 즉 미국, 독일, 일본, 한국, 터키 등 경제가 발달한 민주주의 국가들과 정치 영역뿐 아니라 경제 영역에서도 적극적으로 관계를 발전시켜 그들의 이익을 몽골과 연결시킨다는 구상이다. 그 정책의 초점은 '제3의 이웃' 국가들과 공식적인 관계를 유지하기보다는, 두 이웃 국가의 합법적인 이익에 영향을 주지 않으면서 '제3의 이웃' 국가들의 정치적·경제적 이익을 몽골의 이익과 연계시키는 것이다.

새 외교정책이 강조하는 세 번째 지점은 아시아로의 전환, 특히 동북아시아와 중앙아시아 역내의 정치적·경제적 포럼 및 조직에 참여하는 것이다. 몽골은 자신의 국익을 염두에 두면서 동북아시아 지역의 국가들과 긴밀히 협력하며 그들과 폭넓은 관계를 발전시키기로 결정했다.

3 핵무기에 대한 몽골의 도전

핵의 시대가 도래한 이래 몽골은 핵무기에 반대해 왔다. 몽골이 냉전과 중소분쟁 시기에 얻은 교훈 중의 하나는 핵보유국과 동맹관계를 맺거나 그들의 핵무기를 자국에 배치하는 것이 위험하다는 것이었다. 자국의 안보를 동맹국, 특히 강대국의 안보와 연계시키는 것은 양날의 칼이다. 핵보유국과 동맹관계를 맺는 것, 특히 자국 영토에 핵무기나 그 무기 체제의 일부를 배치한다는 것은 자국의 영토를 다른 국가의 핵공격의 정당한 표적으로 만드는 것이다.

1960년대 중반부터 1980년대 중반 몽골인들은 중·소 간의 대결에 휘말릴지 모른다는 위협을 느꼈다. 양국 간의 대립이 절정으로 치달아 국경지역에서 군사적 충돌이 벌어졌던 1969년 소련의 무기고에는 1만 기 이상의 핵탄두가 존재했고, 중국 또한 50기가량의 핵탄두를 보유하고 있었다.[9] 당시 소련은 6만에서 7만 5천 명 규모의 군대를 몽골에 배치하고 있었는데, 거기에는 탱크부대 2개 사단과 자동화 소총부대 2개 사단 및 성격이 불분명한 공군부대가 포함되어 있었다. 어떤 부대는 이중용도 중거리 탄도미사일도 보유하고 있었다. 이 분쟁 상황에서 몽골은 확고하게 소련을 지지했다. 자국 영토에 소련 군대의 배치를 허용함으로써 몽골은 중국을 견제하기 위한 전략적 완충국을 넘어 잠재적으로 소련이 중국 북부지역, 아마도 베이징까지 진격할 수 있는 전격전(blitzkrieg) 유형의 군사 공세를 개시할 발판 노릇을 했던 것이다. 중국이 그런 상황을 좌시하지 않았으리라는 것은 명백했다.

1969년 소련은 잠깐이나마 중국의 핵시설을 겨냥한 선제적 핵공격을 구상한 적이 있다. 당시 소련의 군사전문가와 전략가들이 다음과 같은 글을 남긴 것은 우연이 아니다.

> 재래식 전쟁, 그리고 파괴를 도모하는 막대한 규모의 즉각적인 핵전쟁과 아울러 한두 곳의 군사작전 현장에서 핵무기를 제한적으로 사용하는 전쟁을 배제해서는 안 된다.[10]

또 다른 상황도 상정되었다. 즉 중국은 소련의 적국이므로, 소련과 바르샤바 협정 동맹국이 한편이 되고 미국과 나토가 한편이 되어 전쟁이 벌어질 경우 소련과 중국 사이에 2차 전선이 형성될 것이므로,

---

9 Robert S. Norris and Hans M. Kristensen, "Global nuclear weapons inventories, 1945-2010," *Bulletin of Atomic Scientists*, vol. 66, no. 4, 2010, p. 81.

10 V. Sokolovsky and M. Cherednichenko, "Voyennaya strategiya I yeye problemy" (Military strategy and its problems), *Voyennya Mysl'*, no. 10, 1968, p. 36.

이때 소련군의 배치 면적이 매우 넓어지는 만큼 핵무기가 사용될 가능성이 크다는 것이다.[11]

문서와 자료들은 1969년 중·소 국경분쟁이 핵교전으로 이어질 수 있었음을 보여준다. 이 사실은 미국의 전 국무성 장관 헨리 키신저(Henry Kissinger), 전 주미 소련대사 아나톨리 도브리닌(Anatoly Dobrynin), 중국의 학자 류천산(Liu Chenshan)을 위시한 미국·소련·중국의 정치가와 학자들이 냉전이 종식된 이후에 펴낸 글들을 통해서도 확인할 수 있다.[12]

예컨대, 2010년 5월 류천산은 중화인민공화국 초기 중국이 다섯 차례에 걸쳐 미국의 핵 위협을 받은 사례들을 상술하는 연구를 발표했다. 이 글에서 저자는 가장 위험했던 시기가 (양측 합쳐서 대략 1,000명의 목숨을 앗아간 군사적 충돌이 벌어진) 중·소 국경분쟁이 최고조에 달했던 1969년이었다고 구체적으로 밝히고 있다. 키신저에 따르면, 소련은 자신들이 중국의 핵무기고에 정밀타격을 할 경우 미국의 반응을 '떠보기 위해' 미국 측에 접근해 왔다. 소련대사 도브리닌은 당시 소련의 지도자 브레즈네프에게 소련의 '의사 타진'에 대한 미국의 부정적인 반응을 전했다는 기록을 남겼다. 중국이 핵공격을 받는다면 이를 제3차 세계대전의 개전으로 간주하겠다고 미국이 경고했다는 것이다.

당시 지정학적 계산에서 미국은 중국보다는 소련을 더 큰 위협으로 느꼈다. 미국은 더 강해진 중국이 소련의 힘을 견제할 것이라 판단하여 중국과 외교관계 수립을 고려했던 것 같다. 만약 미국이 소련

11 "Voyenniy entsiklopedicheskii slovar" (Military Encyclopedic Dictionary), *Sovyetskaya Entsiklopediya* (Moscow, 1983), p. 842. 훗날 사전에 정해진 범위 안에서 핵전쟁을 수행하는 것의 실질적 불가능성을 인정함으로써, 소련 군사 이론가들은 '제한된 핵전쟁'이라는 개념을 폐기했다.

12 "USSR planned nuclear attack on China in 1969," *The Telegraph* (온라인 2010. 5. 13.).

의 정밀타격 계획에 중립적 태도를 취했다면, 그때 발발했을지도 모를 중·소 간의 무력충돌은 1962년의 쿠바 미사일 사태와는 비할 바가 아니었을 것이다.

아시아 사회주의의 중요 '전진기지'로서[13] 몽골의 영토는 발발할지 모를 중·소 간 충돌에서 전략적인 역할을 맡게 될 판이었다. 소련과 몽골이 맺은 동맹관계와 브레즈네프 독트린(Brezhnev Doctrine)[14]의 성격상, 소련은 핵무기나 화학무기를 포함한 무력사용을 몽골 측과는 진정한 의미에서의 협의 없이 독자적으로 최종 결정했을 것이다. 몽골은 무력사용 직전이나 사후에 그 결정을 통보받았을 것이다. 즉 몽골인들은 자국 영토에서 무력을 사용하는 결정 과정에서 어떤 목소리도 낼 수 없었을 것이다. 따라서 몽골의 '전략적인 교두보' 역할이란 무력충돌이 발발할 경우 몽골이 전장(戰場)이 될 것이며, 핵무기도 사용되었으리라는 것을 뜻했다. 이런 위험한 상황은 결단코 다시는 되풀이되어서는 안 된다.

이런 문제를 해결하는 길은 두 가지였다. 첫 번째는 소련이 압도적인 핵전력을 보유하여 핵을 보유한 다른 어떤 국가나 연합 세력이 소련 영토나 소련의 군사기지를 공격하는 것을 확실히 단념시키는 것이고, 두 번째는 몽골에 소련의 군사기지가 존재하지 않도록 하는 것이었다. 1970년대 후반과 1980년대 초반에는 두 시나리오 모두 상상하기 힘든 것처럼 보였다. 첫 번째 시나리오는 미·소 간 핵전력이 거의 대등한 데다 재래식 무기는 미국과 NATO 쪽이 우월했기 때문에 실현될 수 없었다. 또한 경제위기로 인해 소련은 군사 부문의 투자를

---

13 대부분의 기간 동안 중국은 이 '아시아 사회주의'라는 관념에서 배제되었다.

14 사회주의 국가 중 어느 나라든 그 생존이 위협받을 때 다른 사회주의 국가는 이에 개입할 권리를 가진다는 내용으로, 1968년 소련공산당 서기장 브레즈네프가 소련의 체코 침공을 정당화하기 위해 발표했다. - 편자

줄이고 경제에 더 많은 투자를 해야 했다. 두 번째 시나리오는 중소관계가 점진적으로 정상화되고 중국이 몽골, 베트남, 아프카니스탄에 주둔한 소련 군대의 철수를 요구하면서 보다 현실성이 높아졌다. 고르바초프(Mikhail Gorbachev: 1931~)의 '신사고(New Thinking)', 1986년 7월의 블라디보스토크 이니셔티브(Vladivostok Initiative), 그리고 1988년 9월 아시아-태평양 지역의 안보 증진을 위한 크라스노야르스크 7조 프로그램(Krasnoyarsk seven-point program)은 모두 소련이 몽골에서 자국의 군대와 기지를 점차적으로 철수할 것이라는 사실을 말해 주고 있었다. 결국 1988년 UN총회 연설에서 고르바초프는 소련 군대 대부분이 몽골에서 "곧 철수할 것"이라 발표했다.

'신사고'에 따라 소련과 몽골은 중국과의 관계를 정상화하는 조치를 취하기 시작했다. 소련 군대가 철수하자 몽골은 소련의 핵우산에서 탈퇴할 수 있게 되었고, 자국 영토 어디에서도 핵과 관련된 군사훈련이 시행되지 않도록 보장받았다. 소련 군대의 철수에 이어 소비에트 블록과 소비에트 연방의 해체는 몽골을 둘러싼 지정학적 환경을 완전히 새롭게 변화시켰다. 몽골의 민주적 변화 또한 새로운 국내 환경을 조성했다. 이 모든 상황은 변화하는 지정학적 환경에서 국가의 안보를 보장하는 최선의 방식과 수단을 찾아야 한다는 문제의식을 제기했다.

4
자국 영토를 비핵지대로 선언하다

국제관계의 긍정적인 변화, 냉전 종식으로 발생하는 평화 배당에 대한 기대, 그리고 군사적 대치의 감소로 인해 몽골은 상당히 낙관적인 태도로 핵 위험에 대한 극복 방안을 모색할 수 있게 되었다. 펠린다바

(Pelindaba, 아프리카)와 방콕(남서아시아)에서 비핵지대 협상이 진전되고 한반도에서 두 한국이 비핵화 공동선언을 채택하자, 몽골도 이에 고무되어 핵의 세계에서 안보를 보장받을 길을 찾기 시작했다. 몽골은 더 이상 소비에트 핵우산의 보호를 받지 않게 된 데다 강대국와의 동맹관계도 없었고 자국 영토에서 러시아 군대와 기지가 철수한 상태였다. 미래에 발발할지 모를 중소분쟁에서 비동맹과 중립정책을 채택한 것은 주효한 대응이었지만, 그것만으로는 한계가 있었다. 자국의 안보뿐 아니라 지역의 신뢰와 안정에 기여할 적극적인 외교정책이 필요하다는 이해가 공유되었다.

러시아 군대가 철수하면서 몽골은 핵무기의 위협으로부터 벗어났다. 그러나 세계에 핵무기가 존재하고 강대국 간의 경쟁이 존재하는 한 강대국들은 다른 강대국과 경쟁하면서 타국의 영토를 활용하려는 유혹을 느낄 것이고, 어떤 국가도 그런 위협으로부터 자유로울 수 없다. 1969년 몽골의 영토가 연루된 중소분쟁과 같은 위험한 상황이 다시 일어나지 않도록 하는 것이 중요했다. 그런 사실을 되새기면서 몽골은 지역의 신뢰와 군비 축소에 기여하고자 자국 영토를 비핵지대로 선언한 것이다. 당시 몽골은 1975년 UN의 연구보고서 「비핵지대 문제의 모든 측면에 관한 포괄적 연구」에 구체적으로 명시된 "개별 국가도 비핵지대를 설립할 수 있다"는 대목을 의식했다.

단독국가 비핵지대 선언을 준비할 때 몽골은 다음과 같은 사안들을 중요하게 고려했다. 즉 인접한 이웃 국가들과 여타 핵보유국이 몽골의 이 계획을 이해하고 지지하며 그 실현을 위해 협력할 것인지, 몽골의 지정학적 위치를 생각했을 때 비핵지대가 몽골에 실질적인 변화를 만들어낼 수 있을지, 국제관계의 긍정적인 변화가 장기적인 추세인지 아니면 단기적인 긴장 완화인지, 소극적 안보보장(negative security assurance)에 관해 P5와 '효과적인 국제질서'를 협상하려는 비핵국가의 입장은 무엇인지, 그래서 몽골의 단독국가 비핵지대화의 계획이 그들의 다자간 공동노력을 교란하는 것은 아닌지 등이 그것이다.

몽골의 단독국가 비핵지대화 계획은 1992년 9월 민주적으로 선출된 최초의 몽골 대통령인 오치르바트(Punsalmaagiin Ochirbat: 1942~, 재임: 1990~1992)에 의해 시행되었다. UN총회의 토론에서 그는 몽골이 아시아-태평양, 나아가 전 세계의 군비축소와 신뢰구축에 기여하기 위해 자국 영토를 비핵지대로 선포하고 그 지위를 국제적으로 승인받기 위해서 노력하겠다고 밝혔다.[15] 오치르바트의 계획을 알고 있던 사람들은 많지 않았지만, 몽골의 외교정책을 주시하던 대다수는 그것이 원칙적으로 몽골의 이익에 부합하고 지역의 안정과 예측 가능성에 기여한다고 여겨 지지를 보냈다. 물론 중국 및 러시아와의 관계에 부정적인 영향을 미칠 것이라 우려하는 목소리도 있었다. 그런 신중론은 몽골이 두 이웃 국가와 미리 협의하지 않은 데서 기인한다. 신중한 것도 중요하지만, 그런 의견이 정책을 무력화하거나 저해해서도 안 될 일이었다.

몽골이 단독국가 비핵지대화 계획을 발표한 이후에 벌어진 상황을 보면, 몽골이 두 이웃 국가나 미국 혹은 여타 핵보유국과 미리 상의했더라도 그들이 그리 협조적이지 않았으리라는 것을 알 수 있다. 몽골로서는 두 이웃 국가와 여타 국가들이 표명했을 유보적 태도에도 불구하고 이 계획을 밀고나가기 어려웠을 것이며, 따라서 사전 논의 없이 추진하기로 한 결정은 전략적으로 옳은 것이었다.[16] 또한 두 이웃 국가가 몽골의 계획을 자신들의 이익에 반하는 것으로 오해할 수

15 1992년 9월 25일의 발언.

16 다른 모든 비핵지대도 명시적으로 P5와 상의하지 않은 채 확립되었다. 그들과 사전 논의를 할 경우 P5가 회담이나 협상을 중지시킬 기회를 갖게 되기 때문이다.

있다는 의견을 수용하여, 필요하다면 적절한 방식으로 몽골의 비핵지대화 계획이 "적대적 상황이 발생할 때 두 국가가 제3의 주변 국가의 영토나 영공을 침해하지 않겠다"고 선언한 중·러 공동성명과 궤를 같이하는 것임을 강조해야 했다.[17]

인접한 이웃 국가의 반응에 대한 신중론 외에, 몽골이 꼭 비핵지대가 되어야 하는지 의문을 표하는 의견도 있었다. 비핵지대 수립에 몰두하기보다 30~50년 후 핵무기를 확보할 가능성을 열어두면서 원자력의 평화적인 활용에 더 큰 관심을 두어야 한다는 것이다. 또한 비핵지대의 계획을 낭만주의적 태도의 표출로 보거나 이웃 국가의 동의를 얻기 힘든 공허한 구상으로 여기는 이들도 있었다. 외교부 내에서는 지지하는 견해가 일반적이었지만, 비동맹운동(Non-Aligned Movement, NAM) 진영 내부에서 의견이 갈려 전적으로 지지하지 않을 수 있고 또 군비축소회의(Conference on Disarmament, CD)가 이미 비핵국가에 안보보장을 제공하는 사안을 다루고 있으므로, 몽골의 이 계획은 비동맹운동이나 군비축소회의에 도움이 되지 않을 것이라는 우려가 있었다.

비핵지대 계획은 당시 전략적으로 중요한 외교정책의 목표였지만, 국내문제의 의제 순위에서 밀려나 있었다는 점도 지적해야 할 것이다. 핵의 위험은 먼 일인 반면, 국내경제의 혼란상을 정리하고 치솟는 물가상승을 억제하며 해외투자를 끌어와야 하는 필요야말로 급선무였다. 또한 비핵지대화의 계획을 추진하는 방법에서 몽골은 명확하게 규정된 최종목표도, 그것을 실현할 로드맵도 없었다. 그 계획의 성

17 이런 메시지는 후에 UN총회 결의안(1988년 53/77 D)의 본문에 반영되었다. 이 결의안은 "지역의 평화, 안보, 그리고 안정성을 강화하는 중요한 요소로서 몽골과 이웃 국가들 간의 균형 잡힌 친선관계"를 승인하고 지지를 표명했다.

패는 P5와 비동맹운동, UN 가입국들로부터 얼마나 폭넓은 지지를 확보하느냐에 달려 있다고 생각했고, 초기 단계에서는 일단 시도해 보고 착오를 교정해 나가는 방식으로 접근했던 것이다. 따라서 당시 최우선 과제는 그 계획의 국내적·국제적 중요성을 명확하게 설명하고 이웃 국가와 타 국가들의 가능한 반응을 고려하면서 추진하는 것이었다. 짧게 말하면 이 계획은 '전략적' 인내와 끈기 그리고 고정관념에서 벗어난 사고가 필요했다.

비핵지대화 계획이 발표되었을 때 국내적으로나 국제적으로 큰 반향은 없었다. 몽골은 그것이 즉각적으로 거부되거나 전적인 지지를 받을 것이라고 기대하지 않았으며, P5와 진실한 대화를 나누면서 공동으로 이 문제에 대응할 수 있기를 희망했다. P5의 거부 결정이 없었으므로, 실제로 몽골은 P5와 상호적 관계 속에서 이 계획을 추진할 기회를 누릴 수 있었다.

몇 달 후 몽골의 비핵지대화 계획은 1993년 러시아와 체결한 '러·몽 우호관계와 협력에 대한 조약'에 반영되어 인정받게 되었다. 이 협정에서 러시아는 자국 영토에 외국 군대나 핵무기 등의 대량살상무기가 배치되거나 통과하는 것을 허용하지 않는다는 몽골의 정책을 존중하기로 약속했다. 비록 이 조항은 몽골의 비핵지대화 계획에 대해서는 어떠한 언급도 하지 않았지만, 이 계획을 추진하는 데 의미심장한 첫 진전이었다.

비핵지대 구상을 추구하고 실현하기 위한 최초의 구체적인 실행 계획은 나중에 나왔다. 바로 1995년 국제사회가 NPT에 대한 검토회의를 준비하기 시작할 때였다. 당시는 P5가 NPT의 무기한 연장에 관심을 보였기 때문에 NPT에 대한 다른 국가들, 특히 비핵국가들의 지지가 필요한 때였다. 많은 비핵국가들이 보았을 때 NPT의 무기한 연장은 P5와 그들이 보유한 핵무기의 영속화를 간접적으로 승인하는 것을 뜻했다. 따라서 그들 사이에는 NPT의 무기한 연장에 대해 주저하는 의견이 존재했다. 어떤 국가는 다른 의견에 개방적이었고, 어떤 국가는 "울타리에 걸터앉아(sitting on the fence)" 회의 분위기가 어느 방향으로 흘러갈지 관망하고 있었다.

5
비핵지대화에 대한 광범위한 정치적 지원

핵 안전보장의 제공이라는 사안에서 P5는 통일된 입장을 취하고 있었으므로, 몽골이 그들로부터 신뢰할 만한 안전보장을 양자적 토대에서 확보한다는 구상은 불가능하지는 않더라도 매우 어려운 일이었다. 현실적으로 최선의 방법은 NPT 검토회의와 UN총회를 활용하는 것이었다. UN 가입국 중 압도적인 다수는 핵감축 및 핵확산 억지 계획을 지지했다. 그 시도는 해볼 만했다.

1993년 초 미국은 NPT에 가입한 다른 비핵국가들에 그랬던 것처럼, 몽골이 NPT의 무기한 연장을 지지해 줄 것을 요청하였다. 몽골은 미국의 이 같은 요청을 자국의 비핵지대화 실현을 위한 레버리지로 활용했다. 다시 말해 NPT 연장을 지지하는 대가로 미국이 몽골의 비핵지대화에 힘을 보태줄 것을 요구한 것이다. 이에 대해 미국은 현재 미국이 NPT의 내용과 정신을 충실히 이행하고 있는 것만으로도 몽골에 충분한 핵 안전보장이 이루어지고 있다고 응답했다. 다시 말해 미국이 핵무기를 사용할 경우 UN 안전보장이사회의 협조를 구할 것이며, 핵보유국과 동맹관계에 있지 않은 비핵국가를 공격하지 않겠다는 약속을 지키는 것만으로도 몽골은 미국으로부터 실질적인 핵 안전보장을 받고 있다는 논리였다. 미국은 몽골의 비핵지대화 구상에 별도로 지지를 표명할 법적·실용적 이유가 없으며, (그 구상을 지지한다 하더라도) 미국이 NPT에 가입한 모든 비핵국가에 대해 이미 제공하고 있는 안전보장 이상의 약속을 담보할 수 없다고 밝혔다. 미국은 몽골 정부의 비핵지대화 계획을 지지하기 위해서는, 적어도 보다 뚜렷하고 구체적인 추진 방향에 대한 이해가 필요하며 그 구상에 핵 안전보장에 대한 미국의 기존 입장이 명기되어야 한다는 조건을 내세웠다. 이에 몽골은 추진 계획에 대한 세부 사항과 함께 그 계획이 주변 지역의 안보와 안정에 어떻게 기여할 수 있는지에 대해 미국 정부에 설명했다. 미국 정부는 몽골의 구상을 문서화하여 발간할 것을 제안했다.

이후 몇 달 동안 양국은 미국에서 발간할 문서의 형식과 내용에 대해 논의했다. 이 과정에서 양국은 미 국무부가 몽골 정부의 비핵지대화 결정을 높이 평가하며 몽골이 1995년에 개최될 NPT 이행 검토회의에서 NPT의 무기한 연기를 지지하기로 의결한 점을 환영한다는 성명을 발표하기로 합의했다. 성명에는 핵보유국과 동맹을 맺지 않은 비핵국가에 대한 미국의 적극적·소극적 안전보장에 의해 몽골이 혜택을 받고 있다는 내용도 명시하였다. 미 국무부의 성명은 1993년 10월 6일 공식 발표되었으며, 곧이어 중국, 영국, 프랑스도 각각 몽골의 결정을 지지하는 성명을 발표했다. 그러나 러시아는 별다른 지지 성명 없이 1993년 몽골과 맺은 우호협정의 내용을 충실히 이행할 것을 재차 약속하는 데 그쳤다. 또한 이들 P5 국가들은 몽골 정부의 결정에 대한 개별적인 성명의 발표가 그들이 표시할 수 있는 최대치의 지지 방식임을 명확히 했다. 몽골은 이들 5개국이 공동 지지 성명을 발표하도록 방법을 모색했으나, 프랑스가 다른 핵보유국과 공동성명을 발표할 의사가 없다고 밝힘으로써 그 계획은 무산되었다.

P5가 공동성명을 거부함에 따라 몽골은 다른 국가들, 특히 비핵

국가들에 지지를 요청하기로 했다. 1995년 몽골은 NAM 소속국들의 지지를 이끌어 내기 위해, 그해 콜롬비아의 카르타헤나(Cartagena de Indias)에서 개최된 제11차 NAM 회의에서 자국의 비핵지대화 계획을 공론화했다. 회의 참가국들은 긍정적인 반응을 보였으며, 회의의 최종 문서에서 몽골의 자국 영토 비핵지대화 선언을 "해당 지역의 안정과 신뢰구축을 위한 훌륭한 공헌"으로 평가했다. 이는 110여 개국 정부 수반들에 의한 지지 성명으로 정치적으로 크게 고무적인 것이었다. 또한 이는 몽골이 비핵지대화 구상 추진 과정에서 성공적인 첫걸음을 내딛었을 뿐 아니라 이를 발전시켜 나갈 추동력을 얻었음을 의미했다. 아울러 1997년 4월 뉴델리(New Delhi)에서 개최된 NAM 소속국 장관급 회담의 참가자들도 비핵지대의 자격을 획득하고 제도화하려는 몽골의 노력을 환영함에 따라, 몽골의 비핵화를 위한 다자간 협력 계획은 한층 추진력을 얻게 되었다.

6 합법적 비핵지대 지위를 얻기 위한 UN총회 참가

몽골은 NAM 국가들의 지지를 이끌어 내긴 했으나, P5에 신뢰성 있는 안전보장을 요구해 온 비핵국가들이 회원 대다수를 차지하는 UN총회에서 전폭적인 지지를 얻는 것이 추가적으로 필요했다. 이들 국가 중 일부는 이미 공식적으로 비핵지대에 포함된 상태였고, 일부는 자국 및 주변 지역의 비핵지대화를 추진 중에 있었다.[18] 물론 현실적으로

18 당시 아프리카와 남아시아 지역을 신설 비핵지대로 규정하는 조약의 최종 결의안 작

몽골의 가장 중요한 협상 대상은 몽골에 핵 안전보장을 제공하는 주체인 P5, 그중에서도 특히 국경을 맞대고 있는 중국과 러시아였다. 그러나 (우선 지지 세력을 넓혀 가는) 포괄적 접근 방식은 몽골이 국제사회에서 이 문제를 부각시키는 데 더 큰 정치적 지렛대와 폭넓은 홍보의 장을 마련해 주었다.

몽골은 모든 회원국을 협력 대상으로 간주했다. 자국의 비핵지대화 구상을 공론화하는 과정에서 몽골은 이 문제를 주권 평등의 원리와 주변 및 관련국들의 국익을 고려한 기존 비핵지대 관련 원칙과 규범의 관점에서 접근하고자 했다. 이 과정에서 몽골은 서두르지 않았고, 당장 UN총회에서 해당 사안을 표결에 부칠 필요성도 없다고 판단하였다. 이러한 접근 방식은 다른 국가들이 몽골의 구상에 대한 폭넓은 이해를 바탕으로 적극적으로 몽골에 협력할 수 있도록 유도하기 위한 것이었다.

1) 몽골이 UN총회에 제출한 첫 결의안

향후 중앙아시아 비핵지대화의 가능성을 포함하여, 몽골의 비핵지대화 구상 전반에 대한 중국과 러시아의 입장을 타진해 볼 수 있는 최적의 장소는 군축과 국제안보 문제를 다루는 UN총회 제1위원회였다. 1996년 몽골은 키르기스스탄과 함께 공동으로 중앙아시아 비핵지대 결의안을 작성하여 회원국들에게 회람시켰다.[19] UN총회는 중앙아시아 비핵지대 구상을 환영했으며, 참여 희망국 중 이미 자체적으로 비핵지대를 선언한 몽골의 결정을 높이 샀다. 아울러 UN총회는 P5를 포함한 UN 회원국들이 해당 공동결의안을 지지하고 결의안이 통과될

성을 두고 이해 당사자국 간 협상이 이미 이루어지고 있었다.

19 1996년 10월 29일 UN총회 문서A/C.1/51/L.29 참조.

수 있도록 협력할 것을 요청했으며, 그 취지를 폄훼하는 결정을 하지 않기를 당부했다.

그러나 결의안에 대한 P5의 반응은 미적지근했으며, 키르기스스탄 외의 다른 중앙아시아 국가들은 "자국 정부의 입장이 확정되지 않았다"는 이유를 들어 결의안 발의에 참여하지 않았다. 특히 P5의 미온적 반응은 몽골이 중앙아시아 비핵지대에 참여하는 것이 쉽지 않음을 암시했다. 몽골은 P5의 입장을 좀 더 정확히 알아보기 위해, 자국과 국경을 마주하는 러시아와 중국의 입장을 우선 타진했다.[20] 이에 러시아와 중국은 몽골이 중앙아시아 5개국 어디와도 국경을 마주하고 있지 않는 관계로 중앙아시아 비핵지대에 참여하는 것을 찬성하기 힘들다는 입장을 밝혔다. 몽골이 중앙아시아 비핵지대에 참여할 경우 러시아 영토의 50km 정도가 해당 지대에 묶이게 되는데, 러시아 입장에서는 이를 수용할 수 없었다. 중국 역시 러시아의 동의 없이는 찬성할 수 없다는 이유로 입장을 보류했다.[21]

이처럼 러시아와 중국의 반대가 명확해지자, 몽골은 1975년 발간되어 이듬해 UN 결의안을 통해 채택된 「비핵지대 문제의 모든 측면에 관한 포괄적 연구」 보고서를 근거로 '단독국가 비핵지대'의 추진을 위한 준비에 착수하게 된다.[22]

---

20 뒤에 설명하겠지만, 몽골의 차선책은 이제까지 시도된 적이 없는 '단독국가 비핵지대'의 구상이었다.

21 이후에 미국의 입장도 결의안 추진에 걸림돌이 되었다. 미국은 추후 이란의 비핵지대 가입 가능성을 차단하고자, 중앙아시아 5개국 이외 국가가 해당 비핵지대에 참여하는 것에 반대했다.

22 「비핵지대 문제의 모든 측면에 관한 포괄적 연구(Comprehensive Study on the Question of Nuclear-Weapon-Free-Zones in All Its Aspects)」에 대한 결의안은 1976년 12월 10일 채택되었다.

2) '단독국가 비핵지대' 개념의 추진

몽골의 단독국가 비핵지대의 구상을 UN총회 의제에 올리기 위한 첫 단계는 UN총회 심의 보조기구 중 하나인 UN 군축위원회(United Nations Disarmament Commission, UNDC)가 1997년 봄 '미래의 비핵지대 설립을 위한 가이드라인' 작성을 시작할 즈음 단독국가 비핵지대 설립 가능성 여부를 안건으로 올리는 것이었다. 이 같은 계획에 맞춰 몽골은 UN 군축위원회가 주재하는 실행 회의 둘째날 통상적으로 다국가 비핵지대가 성사되기 어려울 경우 단독국가의 비핵지대를 허용하는 내용을 골자로 하는 제안서를 제출하였다.[23] 이 제안서는 단독국가 비핵지대 구성의 원리를 기술하고 그 구성에 필요한 모범적인 합의 형태를 제시했으며, 기존의 집단 혹은 전통적 비핵지대 구성의 가이드라인에 '단독국가 비핵지대'의 개념을 포함하기 위해 필요한 논의의 단계도 제시하였다.[24] '단독국가 비핵지대' 개념에 대한 UN 토론의 필요성을 강조하기 위해, 몽골은 앞서 자국의 비핵지대화 구상을 선언했을 당시 핵보유국들이 약속했던 내용들을 근거로 제시하며 이 국가들도 원칙적 차원에서 몽골의 단독국가 비핵지대 개념에 사실상 동의했음을 강조했다.

예상했듯, 다수의 개발도상국가들은 비핵지대 구성에 대한 몽골의 새로운 접근 방식을 환영했다. 이들은 1975년 UN이 발간한 「비핵지대 문제의 모든 측면에 관한 포괄적 연구」 보고서의 내용을 언급하며, 비핵지대 구성에서 개별 국가의 다양성과 고유성이 존중되어야 한다는 몽골의 입장에 적극 동의했다. 한편 P5의 우려를 불식시키기 위해 몽골은 자국이 제시한 '단독국가 비핵지대' 개념이 주변 및 관련

---

23 1997년 4월 22일 UN총회 문서 A/CN/10/195 참조.

24 1996년 10월 29일 UN총회 문서 A/C.1/51/L.29 참조.

국가들의 안보적 이해관계를 충분히 고려하고 있으며 다른 국가나 그 동맹국의 안보를 침해하지 않는다는 점을 확인시켰다. 그러나 이에 대해 P5는 아무런 입장 표명도 하지 않았다.

이후 몇몇 개발도상국들이 중요 의제에 관한 일반 토의에서 몽골의 제안을 다루게 되자, P5의 대표들은 몽골 측 대표단을 만났다. 이들은 몽골의 경우는 특수한 경우라 예외적으로 허용할 수 있으나, 이 시점에서 '단독국가 비핵지대'를 집단적 혹은 전통적 의미에서의 비핵지대와 같은 것으로 제도화하는 것은 적절치 않으며, 그것이 기존의 안보질서에 어떠한 영향을 미칠지 면밀히 검토할 시간이 더 필요하다고 답했다.

네팔과 아프가니스탄을 비롯한 몇몇 개발도상국 대표들은 새로운 비핵지대 형성과 관련하여 몽골과 양자 간 접촉 의사를 타진하기도 했다. 그러나 결국 P5 국가들 전체의 반대로 몽골이 제시한 '단독국가 비핵지대' 개념은 1999년 합의된 최종 가이드라인에 포함되지 못했다. 이는 비핵지대 구성 가이드라인은 당사국들의 의견 합의를 바탕으로 작성되어야 한다는 UN 내부의 규칙에 의거한 결정이었다.

3) 몽골의 비핵지위를 위한 별도의 UN총회 결의

몽골은 UN 군축위원회를 통해 단독국가 비핵지대 구성의 가능성을 타진하는 한편, 그 결과 여부와 상관없이 UN총회 본회의, 그중에서도 군축과 안보를 담당하는 제1위원회에서 몽골의 비핵지대 구상이 검토되어야 한다고 판단하였다. 이에 따라, 1997년 여름 몽골은 P5 내의 기류를 탐색하기 위한 방책으로 결의안 하나를 작성하였다. 머리말에서 이 결의안은 개별 국가가 단독으로 비핵지대를 구성할 수 있는 권리를 인정한 1975년의 「비핵지대 문제의 모든 측면에 관한 포괄적 연구」를 언급했다. 아울러 결의안 본문에서는 핵무기로부터 자유로운 국가로서 몽골의 지위를 인정하고 지원하며 이웃 국가와 다른 핵보유국들도 그 지위를 제도화하는 데 협력할 것을 촉구했다.

1997년의 결의안에 대해 특히 P3(미국, 영국, 프랑스)이 난색을 표했다.[25] 이들 국가는 단독국가 비핵화의 구상에서 '지대(zone)'라는 단어를 쓰지 않을 것을 요구했으며, 해당 결의안에 대해 자국의 법률 전문가들과 함께 면밀히 검토할 필요가 있다고 주장했다. P3은 또한 몽골이 별도의 제도화를 통해 비핵지대 지위를 인정받으려 하는 데 우려를 표했다. 이들은 P5의 지지 없이는 몽골의 구상 자체가 정치적 타격을 입을 수밖에 없다면서 이 결의안을 1997년 총회 기간 중 상정하지 말라고 권고했다. 또한 이들 3국은 울란바타르에서는 몽골 외교부를 상대로, 제네바와 뉴욕에서는 몽골 외교 대표단에게 공동 항의하는 방식을 통해 결의안에 대한 불쾌감을 드러냈다. P3은 몽골이 몽골의 비핵지대화를 천명한 오치르바트 대통령의 선언(1992년)에서 더 나아가 단독으로 국제법이 보장하는 비핵지대의 지위를 누리고자 하는 것은 비핵지대의 구성 원칙을 어기는 것이며 제도의 근본 취지 자체를 거스르는 일이라 경고했다. 덧붙여 비공식적인 경로를 통해 홍보된 결의안을 UN총회에 상정하려는 시도는 "조급하고 비생산적이며 하등 도움이 되지 않는" 방식이므로 몽골이 해당 결의안을 제1위원회에 상정하지 말 것을 재차 요구했다.

한편 러시아와 중국은 P3의 공동 항의에 대해 인지하고 있으나 자국과 몽골과의 우호관계로 인해 이에 동참할 수 없다고 밝혔다.

결의안을 둘러싸고 감정 싸움이 깊어지자, 유럽연합(EU) 의장국인 룩셈부르크가 몽골과 P3 간의 중재를 주선했다. 룩셈부르크는 양

25 러시아와 중국은 이미 몽골과 각각 양자 간 우호협력 조약을 맺은 터라, 핵문제와 관련하여 P5의 일원으로서 몽골과 협상하는 것을 선호하지 않았다.

쪽이 의견차를 좁혀 의미 있는 합의에 이를 수 있도록 돕고자 했다. 그 일환으로 유럽연합 대표단은 몽골 대표단에게 현 상황에서 최선은 몽골이 양보하여 UN총회에 결의안을 상정하지 않는 것이라 조언했다. 이듬해(1998년) 핵보유국과 유럽연합 및 그 외 국가들이 몽골의 비핵지대화 구상에 대해 새로운 결의안을 만들고 합의에 도달할 전망이 있으니 인내심을 가지고 지켜봐 달라는 의미였다. 이와 함께, 몽골이 차후 비핵지대화 구상을 추진할 경우 공식적으로는 '지대(zone)'라는 용어 대신 의미가 좀더 모호한 '지위(status)'라는 표현을 쓸 것을 제안했다. 이후 몽골과 미국 대표단은 관련 사안에 대한 양측의 입장을 정리하기 위해 수차례 만남을 가졌다.

4) 총회 결의안의 기초(起草)

1998년의 UN총회를 준비하면서 몽골 측은 '몽골의 안보와 비핵지위(Mongolia's Security and Nuclear-Weapon-Free Status)'라는 제목의 야심찬 결의안 원고로 자신들의 구상을 내놓았다. 이 원고는 12항의 전문(preambular)과 8항의 본문(operative paras)으로 이루어졌다. 비핵지위 수립에 대한 몽골의 결정을 환영하는 전문에 이어, 본문에서는 몽골의 이 지위를 제도화하기 위해 UN 사무총장의 협조를 요청하는 내용이 담겨 있었다. 그러나 P5는 몽골의 비핵지위를 인정하고 제도화하는 문제를 논의할 준비가 되어 있지 않았다.

몽골과 (P5를 대표하는) 미국 간의 비공식적인 논의와 몽골의 야심찬 결의안을 고려하여, P3은 몽골 외교정책의 목표를 달성하는 데 도움이 될 것으로 보이는 다음 네 가지 정치적 구상을 제안했다.

첫째, 1998년 몽골은 투르크메니스탄이 1995년 상정했고 만장일치로 채택된 것과 유사하게 '몽골의 영구 중립성'의 인정을 요구하는 결의안을 상정할 수 있다.

둘째, 1999년에 몽골과 지역 내 국가들 간의 협력과 친선을 증대시키기 위한 추가 UN총회 결의안—발칸지역 국가들 간의 친선관계 증진에 관한 일련의 결의안을 촉발시켰던 유사한 안—을 상정할 수 있다.

셋째, 몽골은 1996년 러시아, 중국, 카자흐스탄, 키르기스스탄 간에 체결된 것과 비슷한 국경안보 조약을 이웃 국가들과 체결할 수 있다. 이 조약은 재래식 무기에 대한 투명한 조치에 집중한 것으로, 군사작전의 사전 통보, 군사활동의 규모와 지리적 범위 제한을 포함하며, 조약 체결국 군대는 다른 체결국을 공격하거나 위협하는 군사행동을 할 수 없으며 국경지역의 평화와 안정을 교란해선 안 된다는 합의를 포함할 수 있다.

넷째, 1993년에 맺은 몽·러 우호협력 조약에서, 공식적으로 러시아는 핵무기와 기타 대량살상무기를 자국 영토에 배치하는 것을 금지하는 몽골의 정책을 존중하기로 밝혔다. 몽골은 중국으로부터도 비핵지위(non-nuclear status)에 관한 조약에 준하는 승인을 이끌어 내도록 추구할 수 있다.

P3은 몽골이 이러한 구상을 검토한 후 곧바로 응답해 주기를 희망했다. 몽골은 러시아와 중국도 이 제안을 알고 있는지 문의했고, 그렇다는 답변을 들었다. P3의 제안에 대한 몽골의 답변은 다음과 같았다.

첫째, 몽골은 이 문제에 관한 3단계 접근에 동의한다. 즉 (비핵지대 지위만을 강조하지 않기 위해) 몽골의 국제안보 지위에 대한 제53차 UN 총회의 결의안을 채택하고 몽골의 대외안보 사안에 대해 이웃 국가들과 3자조약을 체결하며, 최종적으로 3자조약이 완성된 후 2차 UN 결의안으로 마무리하는 것이다.

둘째, 1998년 몽골은 원칙적으로 합의된 바 비핵지위를 환영하고 인정하는 결의안을 상정할 수 있다. 이 결의안은 몽골의 독립·주권·

영토의 보존을 강화하고 역내 안정성을 제고하는 데 비핵지위의 중요성을 인정하고 몽골과 이웃 국가의 친선에 기반한 균형 잡힌 관계를 환영하며, 또한 몽골의 이웃 국가뿐 아니라 기타 핵보유국들이 몽골 국가 안보의 중요한 토대로서 몽골의 비핵지위를 제도화는 데 협조하도록 요청하고, 나아가 모든 국가가 몽골의 이 지위를 존중하도록 요구할 것이다.

셋째, 몽골은 자국의 안보와 비핵지위에 관련하여 이웃 국가들과 일반적인 정치적 성격의 조약을 체결할 수 있다. 그 조약은 어느 정도는 몽골의 비핵지위를 다룰 것이므로 P3이 (규약이나 공동선언 등) 어떤 형태로든 그 조약에 지지를 표명할 수 있다.

넷째, 2000년에 열릴 제55회 UN총회에서 위에서 언급한 P3의 조약 체결과 지지 표명을 환영할 수 있고, 모든 국가에 몽골의 비핵지위를 존중하고 지지할 것을 요청할 수 있다.

이 같은 몽골의 회신에 부록으로 첨부된 결의안 초안은 이전에 제출한 야심찬 초안과 별로 다르지 않았다.[26] 양측의 입장과 제안의 내용이 분명해졌으니, 이제는 양측 모두가 받아들일 수 있는 UN총회 결의안을 기초할 차례였다.

5) 악마는 디테일에: 첫 번째 결의안 문안을 둘러싼 협상[27]

몽골 측의 결의안 초안을 검토한 P5는 '유효한 국제법적 근거(sound

26 기존 초안에 '안보' 등 몇몇 문구가 추가된 것은 몽골이 단지 비핵지위에만 초점을 맞추지 않고 보다 폭넓은 접근 방식을 취하기로 한 입장을 반영한 것이다.

27 UN총회 1차 결의안 협상 과정에 대한 보다 자세한 분석은 다음 자료를 참조한다. Jargalsaikhan Enkhsaikhan, "Converting a Political Goal to Reality: The First Steps to Materialize Mongolia's Nuclear-Weapon-Free Status," *The Mongolian Journal of International Affairs*, no. 17, 2012, pp. 16-56.

international legal basis)'나 '비핵지위의 제도화(institutionalizing the status)'와 같은 문구, 혹은 이를 암시하는 내용들이 결의안에 들어가는 것에 반대했다. P5는 비핵화와 관련해 어떠한 새로운 국제법적 제도—기구, 기관, 혹은 기타 국제적 조치 및 활동을 요구하는 단체—를 창설하는 데 반대한다는 입장을 강조했다.

며칠 후 미국은 P5의 입장에 대해 몽골 측이 답변하기도 전에, 개별적으로 결의안 형태를 취한 몇 가지 아이디어를 제시해 왔다. 미국 측 안은 몽골의 비핵지위를 "인정하고 지지한다" 대신 몽골의 비핵지위 선언에 "관심을 기울인다"라는 문구를 넣었고, 몽골의 이웃 국가들과 핵보유국들이 몽골의 비핵지위를 제도화하는 데 협력하도록 "유도한다" 대신 UN 회원국들에게 "몽골의 지위를 특별히 존중할 것을 부탁한다"고 기입했다.

한편 미국의 안에 몽골이 정식으로 답변하기도 전에 P3은 3국이 별도로 회동을 가진 후 공동결의안을 작성하기로 결정했음을 통보해 왔다. 이처럼 연달아 이어진 미국과 P3의 변덕에 몽골은 당황스러울 수밖에 없었으나, 적어도 어떤 형태의 결의안이 진행되고 있음은 확실해졌다. 문제는 그 결의안의 의도와 핵심이 무엇이냐였다.

P3의 결의안은 비핵지위의 '제도화'에 대한 요구 및 관련 단어의 사용에 다시 한번 반대를 표명했다. 또한 미국은 러시아와 중국이 이들 3국이 공동결의안을 작성하고 있음을 인지하고 있지만 공동결의안 작성에는 참여하지 않을 것이라 알려 왔다. 이는 두 국가가 몽골의 비핵지위에 대해 이미 의견을 표시한 터라 P3과 같이 공동결의안 작성에 나서는 것이야말로 기존 정책의 일관성을 해치리라는 판단 때문이었다.

그러나 얼마 지나지 않아 몽골 측은 P5 대사들의 회동을 통해 결국 5개국 공동결의안 작성에 합의했다는 통보를 받았다. 미국은 몽골에 두 가지 버전의 결의안을 제시했다. A안은 미국, 영국, 러시아와 프랑스가 공동 작성한 것이고, B안은 A안에 대한 몽골 측의 반박을 고려한 안이었다. A안은 러시아가 참여했다는 사실을 제외하면 사실상 기존 미국 측 결의안을 재탕한 것에 지나지 않았다. 몽골의 비핵지위를 "인정하고 지지한다"가 아니라 단순히 몽골의 비핵지위 선언에 "관심을 기울인다"고만 언급하였고, 몽골의 비핵지위의 '제도화'에 관한 언급은 전혀 없었다. 당연히 몽골로서는 A안을 받아들일 수 없었고 이는 애초 작성에 참여했던 4개국도 인지하고 있었으므로 몽골의 입장을 좀더 반영한 B안을 추가로 작성하였던 것이다.

B안은 A안과 크게 다르지 않았으나 적어도 세 가지 중요한 차이점을 담고 있었다. 하나는 "관심을 기울인다"라는 문구가 "환영한다"로 바뀌고 본문에 두 단락이 새로 추가되었다는 점이다. 새로 추가된 단락은 러시아와 중국의 협력을 요청하는 내용이었다. 해당 단락은 이들 국가가 "3자 간 협의를 통해 몽골이 독립 유지, 주권 보호, 영토 보전, 국경 안전, 생태 균형, 비동맹 외교정책과 비핵지위를 유지할 능력을 강화해 나갈 수 있도록 협조"해야 함을 강조하였다. 또한 이들 열거한 내용과 관련하여 몽골에 지원이 필요할 경우 중국이나 러시아가 UN 사무총장 및 유관 기관에 지원을 요청할 것을 장려했다.

B안은 몽골의 비핵지위 구상을 공식적으로 긍정하고 이를 위해 중국·러시아·몽골 3국의 공동 노력을 강조했다는 점에서 진일보한 면이 있었다. (몽골의 비핵지위 개념에 대해 두 이웃 국가와 3자조약을 맺는 것을 목표로 한다는 점에서 그러하다.) 그러나 1차 결의안은 이후 후속 결의안들의 주춧돌이 될 것이므로 몽골은 B안에 만족할 수 없었다. 여전히 B안은 몽골의 주요 요구사항을 충분히 반영하지 못하기 때문이었다. 이런 이유로 몽골은 자신들이 작성한 최초의 원안을 바탕으로 B안의 조항 몇 가지를 덧붙여 C안을 작성했다.

몽골 측이 새로 작성한 C안의 핵심은 몽골이 비핵지위를 얻었음을 공식 선언하면 UN은 이를 환영하고 중국과 러시아에 몽골이 이 지위를 유지·강화할 수 있도록 적극 협력하도록 요청한다는 것이었다. (이 부분은 B안 본문의 세 번째 단락에도 간접적으로 암시되어 있긴 하다.) 또한 C안에서 몽골은 비핵지대화 구상 초기에 P5가 별도로 지지 성명을 냈던 점을 상기시키는 등 기존의 (야심찬) 비핵화 구상 제안 중 일부를 되살리고자 했다. 이 과정에서 몽골은 비핵지위를 얻는 것이 국가 안보를 보장하는 중요한 수단 중 하나임을 강조하고, 아울러 그렇게 얻은 지위를 통해 지역의 안정과 신뢰구축에 기여할 것이라는 확신을 주었다. 또한 C안의 본문은 러시아와 중국이 몽골의 경제안보 강화에 협력할 것을 요청했다. 또한 B안이 3자협력에 중점을 두되 P3의 역할에 대해서는 별다른 언급이 없었던 점을 감안하여, C안은 P3은 물론 UN 회원국 전체에 몽골의 지위를 존중하고 지지할 것을 요구했다.

C안은 10월 19일 P5에 전달되었다. 러시아는 몽골 측 결의안을 충분히 검토하고 중앙정부와 상의하기 위해 2~3일의 말미를 요구했다. 중국은 몽골 측 안에 찬성하면서도 몽골과의 협력 의무가 왜 P5 전체가 아닌 몽골의 두 이웃 국가인 중국과 러시아에만 국한하느냐는 의문을 제기했다. 중국은 몽골이 UN 사무총장을 통해 러시아 및 중국과 3자협력을 모색한다는 문구도 삭제하는 게 낫겠다고 제안하였다.

P5와 몽골 사이 몇 차례 피드백이 오간 뒤 마침내 결의안에 대한 합의가 이루어졌다. 결의안 최종본은 따로 투표 없이 UN총회 제1위원회에 상정되었다. UN 주재 미국대사인 그레이(Robert T. Grey)는 결의안이 촉구하는 정치적 협력을 통해 몽골과 결의안 작성에 참여한 모든 국가들이 안보와 관련해 큰 혜택을 볼 것이라고 말했다. 그는 해당 결의안은 몽골이 처한 특수한 지정학적 위치와 안보 상황을 주요

하게 고려했으며, 이 결의안을 지지하는 데 미국이 큰 역할을 했음을 강조했다. 또한 그레이 대사는 이 결의안이 단독국가 비핵지대 설립을 옹호한다는 항간의 오해를 바로잡고 싶다고 했다. 결의안 본문을 면밀히 검토해 보면 몽골은 단순히 비핵지대를 넘어 국제 안보를 증대시키기 위한 매우 광범위한 조치를 모색하고 있으며, 이 광범위한 접근은 몽골과 국제사회 모두에 중대한 안보적 혜택을 가져올 것이라고 덧붙였다.

6) 비핵지위의 입법화

2000년 발의된 UN총회 결의안 53/77 D에 대한 후속 조치로 국가대호랄은 국가 차원에서 몽골의 비핵지위를 규정하는 법안을 채택했다. 이 법안은 어떤 방식으로든 자국 영토에 핵무기를 배치하거나 이동을 허용하는 것을 불법화했으며, 이를 위반하는 행위를 범죄로 규정했다. 이 사안이 사회 전체에 미치는 중요성을 고려하면서, 이 법안은 비정부기구(NGO)나 심지어 개인조차도 법이 제시하는 의무 안에서 이 법의 시행에 대한 공적 감독을 수행하고 국가기관에 의견을 제출할 수 있게 허용하고 있다.

2005년 이러한 목적을 위해 설립된 NGO 블루배너(Blue Banner)는 설립 이래 세 차례나 당국의 요청에 따라 이 법의 입법화 추진 과정을 검토했고, 후속 조치에 관한 제안을 정부에 제출했다.

7) 안보보장을 확보하기 위한 노력

다소 주춤하긴 했지만 P5는 몽골의 집요한 설득에 응하여 몽골에 어떤 형태의 안보보장을 제공하는 데 동의했다. 다른 비핵지대들과 마찬가지로 몽골의 입장은 법적으로 구속력 있는 보장을 확보하거나, 미국, 러시아, 영국이 우크라이나, 벨라루스, 카자흐스탄에게 제공한 것과 유사하게 P5와 안전보장에 관한 양해각서(MOU)에 함께 서명하는 것이었다. 첫 번째 제안은 즉각 거부되었고, 두 번째 제안과 관련하여 서면 제안서가 교환되었다. 몽골은 주권에 내재하는 권리행사를 자신들의 이해에 복속시킴으로써 일종의 혜택을 확보하는 경제적 강제조항의 금지를 약속하는 양해각서를 원했다.[28] 얼마간의 협상 후 P5는 몽골의 안전보장과 관한 별도의 성명을 발표하기로 결정했다.

약속대로 2000년 10월 P5는 UN과 공동으로 몽골의 적극적·소극적 안보보장 모두를 제공한다는 성명을 발표했다.[29] 몽골은 이를 비핵지위를 제도화하는 초기 단계로서만 반겼을 뿐이다. 내용 면에서 볼 때 이 성명은 '냉전'적 방식으로 작성된 것이었다. 즉 이 성명은 P4(비핵지대나 비핵국가에 무조건적인 안보보장을 제공하기로 한 약속이 몽골에도 적용될 것을 선언했던 중국은 제외되었다.)가 몽골을 상대로 핵무기를 사용하거나 사용하겠다고 위협하지 못하게 하는 조건을 있는 대로 열거하고 있었다.

이러한 공동성명의 내용은 몽골이 두 이웃 국가와 그 밖의 P3과 맺은 친선관계와도 너무나 대조되는 것이었다. P5는 탈냉전시대에 이러한 '만능형(one size fits all)' 접근 방식이 몽골의 경우에 들어맞지 않는다는 것을 알고 있었다. 그러나 그들은 그 사실을 인정하지 않았다. P5는 자신들이 몽골에 충분히 양보했다고 주장했다. 몽골 입장에서 볼 때 P5는 이 문제를 충분히 다루지 않았으며, '잘못된 것을 바로잡

28 우크라이나의 핵확산 금지조약 가입에 관한 안보보장을 위한 양해각서 참조. Emily Bailey, Richard Guthrie, Darryl Howlett, and John Simpson, eds., *PPNN Briefing Book - volume II: treaties, agreements and other relevant documents, seventh edition* (Southampton: Univeresity of Southampton, 1999), pp. 1-6.

29 그 의미인즉, P5는 몽골에 핵무기를 사용하거나 사용한다고 위협하지 않을 것이며, 몽골이 그러한 핵공격이나 위협을 받을 경우 UN 안전보장이사회는 "해당 헌장에 의거하여 필요한 도움을 제공하기 위해 즉각" 조치한다는 뜻이다.

기 위해서는' 몽골에 대한 맞춤형의, 법적 구속력을 가진 안보보장을 제공해야 했다.

8) '잘못된 것을 바로잡으려는' 노력

P5의 공동성명이 발표된 후, 몽골과 P5 양자 모두가 수용할 수 있는 안전보장을 제공할지 여부와 그 방식에 관한 논의가 오랜 기간 단속적으로 진행되었다. 2001년 9월 몽골의 제안으로 P5와 몽골 대표들이 일본의 삿포로에서 비공식적인 모임을 열고 몽골의 지위와 상황을 어떻게 더 진전시킬 것인지에 대해 논의했다. 그 모임에서는 몽골의 비핵지위를 명확하게 규정하기 위해 몽골이 두 이웃 국가와 해당 사안에 대해 3자조약(최소주의 모델)을 체결하거나 P5+몽골조약(최대주의 모델[30])을 체결할 것을 권고했다.

삿포로 권고안에 기반하여 몽골은 러시아와 중국에 몽골의 비핵지위를 규정하는 3자조약을 체결하자고 제안했다. 2002년 조약의 전체적인 내용을, 다시 2007년 상대국의 서면 논평을 염두에 둔 조약의 초안을 제시했다. 이 초안에는 P3이 핵보유국으로서 3자조약에 지지를 표명하는 서명란을 마련해 두었다. 2009년 몽골과 두 이웃 국가는 스위스 제네바에서 몽골의 조약안을 논의하기 위한 두 번째 자리를 마련했다. 조약 내용에 대한 견해를 교환한 후, 러시아와 중국은 협상이 진정한 의미를 지니기 위해서는 P3이 포함되어야 하며 그들의 참여를 약속받는 것이 몽골이 할 일이라는 의견을 밝혔다. 그러나 P3은 어떠한 형태의 조약안을 검토하거나 법적으로 구속력 있는 안전보장을 몽골에 제공하지 않겠다는 종전 입장만을 되풀이했다. 그런 조치는

30 A maximalist model 2002년 3월 20일 A/57/59 문서 참조.

다른 나라에 선례를 제공할 것이기 때문이었다.

9) P5와 몽골의 병행선언

P3의 원칙적인 입장을 고려하여, 몽골은 P5가 몽골의 비핵지위를 존중하고 그 지위의 침해에 기여할 어떠한 행위도 하지 않겠다고 공동선언 형식으로 약속한다면 법적으로 구속력 있는 안보보장을 고집하지 않기로 결정했다. 2012년 9월 P5와 몽골은 몽골의 비핵지위에 관한 병행 선언(parallel declarations)에 서명했다.

몽골의 선언은 몽골의 핵확산 금지조약 및 그와 관련하여 자국 영토에 핵무기 배치를 허용하지 않겠다는 약속을 재확인했다. 몽골의 비핵지위를 존중하고 그 지위를 침해할 어떤 행위도 하지 않겠다는 P5의 공동선언은, 구체적으로 말하면 그들이 자신의 방어시스템(들) 이나 대응시스템(들)에 몽골을 참여시키지 않는 것을 포함하여 미래에 발발할지 모를 핵경쟁에 몽골을 연루시키지 않겠다는 내용을 담고 있었다. 그런 의미에서 P5의 선언은 몽골의 국익에 부합할 뿐만 아니라 시공간이 전략적 군사자원이 되는 시대에 역내의 안정성과 예측 가능성에도 기여하는 것이었다. P5의 공동선언을 통해 몽골과 몽골의 영토가 P5 간에 상대국을 공격하는 데 동원되지 않을 것이라는 보장을 받았기 때문이었다.

7
결론

국제사회에 제기된 모든 계획은 특정한 국내외적 상황에서 특정한 목적을 위한 것이다. 어떤 안은 성공했고 어떤 안은 그렇지 못했다. 협력과 상호 이해야말로 타협과 합의의 진정한 기초이다. 각각의 사례에 대한 본문의 분석은 다른 국가들에 실질적으로 도움이 될 풍부한 경험을 제공한다. 단독국가 비핵지대 수립으로 가는 하나의 선례로서 몽골이 비핵지위를 획득하는 과정에서 겪은 경험을 공유하려는 이유는 바로 이 때문이다. 핵을 보유한 5개국과 논의하고 협상한 몽골의 경험은 어떻게 대국과 소국이 협력하여 공동의 이익과 도전에 대처할 수 있는지를 보여주는 독특한 사례이다.

몽골의 비핵지위를 제도화하는 가장 합리적이며 최선의 방법은, P5가 차별적인 정책을 철회하고 러시아와 중국이 몽골과 3자조약을 체결하는 것이다. 몽·중·러 3자조약에서 몽골의 비핵지위를 명확히 규정하고 P3으로 하여금 그 조약을 지지한다는 조항에 서명하도록 해야 한다. 몽골의 비핵지위를 제도화하고 그것이 동북아시아 역내의 안보보장 구조의 핵심 요소로 자리잡게 하는 것은 세계 공동의 대의에 기여하는 동시에, 개별 국가들에 영감을 불러일으키는 선례가 될 것이다. 또한 몽골의 경험은 그리 멀지 않은 미래에 동북아시아 비핵지대 수립이라는 목표를 추구하는 데에도 도움이 될 것이다.

비핵지위의 추동은 여전히 진행 중인 과업이다. 몽골이 비핵지위를 제도화할 때 단독국가 비핵지대를 수립하는 것이 가능하다는 분명한 사례를 제공하게 될 것이며, 그렇게 함으로써 미래에 '맹점'과 '회색지대'를 제거할 수 있을 것이다.

동북아시아에서 몽골의 역할은 다음 두 가지에서 찾을 수 있다. 첫째, 동북아시아 비핵지대를 수립할 가능성과 조건을 논의하는 비공식적 프로세스를 추구하고 지원하는 것이다. 몽골은 이미 그렇게 하고 있다. 정치적·외교적 수단을 통해 안보를 보장받은 직접적인 경험의 보유국으로서, 몽골은 동북아시아 지역에 비핵지대를 수립할 가능성과 방법을 찾기 위해 역내 국가들과 비공식적 통로로 협력할 수 있다고 믿는다. 물론 그것은 쉽지 않고 또 용기와 정치적 의지, 인내를 필요로 하겠지만, 몽골의 사례는 그런 노력이 당장은 아니더라도 가능한 일임을 보여주었다.

둘째, 동북아시아 비핵지대 프로세스가 시작된다면, 몽골은 비핵지위를 제도화하는 과정에서 대처해야 했고 또 대처하고 있는 난관과 관련한 경험을 공유하고, 나아가 다양한 구상을 제시할 수 있을 것이다.

| 참고문헌 |

Acheson, Ray and Thomas Nash, "A Treaty Banning Nuclear Weapons: Developing a legal framework for the prohibition and elimination of nuclear weapons," *Reaching Critical Will*, vol. 36, 2014. 〈http://www.article36.org/wp-content/uploads/2014/04/AR06_TREATY_REPORT_27.4.14.pdf〉 (최종 검색일 2020. 11. 9.)

Bailey, Emily, Richard Guthrie, Darryl Howlett, and John Simpson, eds., *PPNN Briefing Book - volume II: treaties, agreements and other relevant documents, seventh edition*, Southampton: University of Southampton, 1999.

Enkhsaikhan, Jargalsaikhan, "Converting a Political Goal to Reality: The First Steps to Materialize Mongolia's Nuclear-Weapon-Free Status," *The Mongolian Journal of International Affairs*, no. 17, 2012.

Norris, Robert S. and Hans M. Kristensen, "Global nuclear weapons inventories, 1945-2010," *Bulletin of Atomic Scientists*, vol. 66, no. 4, 2010.

Simpson, John and Darryl Howlett, *The Future of the Non-Proliferation Treaty*, New York: St. Martin's Press, 1995.

Sokolovsky V. and M. Cherednichenko, "Voyennaya strategiya I yeye problemy," (Military strategy and its problems), *Voyennya Mysl'*, no. 10, 1968.

"USSR planned nuclear attack on China in 1969," *The Telegraph* (2010. 5. 13.). 〈http://www.telegraph.co.uk/news/worldnews/asia/china/7720461/USSR-planned-nuclear-attack-on-China-in-1969.html〉 (최종 검색일 2020. 11. 9.)

"Voyenniy entsiklopedicheskii slovar'" (Military Encyclopedic Dictionary), *Sovyetskaya Entsiklopediya*, Moscow, 1983.

UN총회 30th Session, Official Records, document no. 27A (A/10027/add.1)

UN총회 결의안 31/70, 8절

UN총회 문서 A/C.1/51/L.29 (1996. 10. 29.)

UN총회 문서 A/CN/10/195 (1997. 4. 22.)

UN총회 문서 A/57/59 (2002. 3. 20.)

제10장

아시아-태평양 지역의 안보 위기

강대국 사이에 위치한 몽골

크리스토프 블루스
(영국 브래드퍼드대학 교수)

1 서론

몽골은 지정학적으로 강대국들의 힘의 균형의 안장점(saddle point)에 위치해 있다. 그 자체로 적대국가가 없어 밀접한 관계의 동맹국을 필요로 하지 않으나, 세계 안보를 결정짓는 중요한 지역 안보 복합체 주변부에 놓여 있다. 이러한 상황은 몽골이 동아시아 안보의 역학구조를 파악하고 있어야 함을 의미하며, 나아가 강대국 사이에 발생할 갈등의 중재자 역할을 일정 범위 내에서 수행할 수 있는 기회가 열려 있음을 시사한다.

1921년에서 1990년까지 몽골은 소비에트 연방의 일부는 아니었으나 소비에트 블록에 속한 공산국가였다. 1990년 유럽의 공산주의 붕괴와 소련의 해체로 인해 몽골은 국가운영 및 지정학적 측면에서 국가의 입지를 재정립할 기회를 얻었고, 이후 두 강대국 사이에 위치한 완숙한 민주국가로 부상하게 되었다. 몽골 주변의 양대 강대국 중 하나인 러시아는 민주주의 제도가 온전히 기능하지 못하는 포스트 공산국가(post-communist country)였고, 다른 하나인 중국은 독재정치와 명목상 공산주의 체제를 유지하되, 경제 영역에서 국가 부문의 영향력을 감소시키고 국제무역을 통해 본격적인 경제성장을 도모하고 있다. 이들 사이에서 몽골이 추구한 뚜렷한 외교정책의 방향은 두 세력 간의 균형 유지였다.

2000년까지 몽골 외교정책의 주요 원칙은 가능한 많은 주변 강국들과 우호관계를 증진하여 주변 지역의 지정학적 문제에 모든 강대국들의 참여를 유도하는 전방위 외교 그물망(omni-enmeshment)을 구축하는 것이었다. 이들 국가에는 비아시아권 국가인 미국도 포함되었는데, 이는 미국이 태평양 지역에 큰 영향력을 행사하는 강국이기 때문이다.

2000년 이후 몽골은 제프리 리브스(Jeffrey Reeves)가 고(Goh)를 인용하여 말한 "영향력의 복합 균형(complex balance of influence behaviour)"으로 전환하였다. 영향력의 균형 전략을 취하는 국가는 특정 행위자에 대한 의존성을 줄이기 위해 지역 내 권력 분배에 영향을 주는 외교정책을 도입한다. 2000년 이후 몽골이 취한 영향력 균형 전략은 미국과의 양자 간 군사협력, 러시아와의 군사관계 재정립, 아시아 지역 내 전략 국가 및 기구들과의 군사협력, 그리고 간접적으로 중국을 견제하기 위해 베이징 정부와 지속적인 우호관계를 유지하는 형태로 나타났다. 아울러 고(Goh)는 중국에 대한 지나친 경제적 의존도를 관리하기 위해 동남아시아 국가들이 영향력의 복합적 균형 전략을 취하는 방식에 대해서도 기술한 바 있다.[1]

2
동북아시아 지정학의 변화된 역동성

제2차 세계대전 이후 미국은 세계적인 강대국으로 부상했다. 반면 이 시기 소련은 유럽에 위협이 되기는 했으나 전쟁에서 큰 피해를 입은 터라 전후 재건에 우선순위를 두고 있었다. 당시 중국은 영향력이 미약했으며 내란에 휘말린 상태였다. 한편 유럽 국가들은 식민지 지역에서 탈식민화 물결이 거세게 일어남에 따라 세계 각지에서 영향력이

1 Jeffrey Reeves, "Mongolia's Evolving Security Strategy: Omni-enmeshment and Balance of Influence," *The Pacific Review*, vol. 25, no. 5, 2012, p. 590.

급격히 쇠퇴했다. 이 시기의 미국은 전쟁으로 인한 본토의 피해가 거의 없었으며, 유일하게 전 세계에 운용 가능한 해군을 보유하고 있었다. 미 해군은 1950년대 대만해협 위기(Taiwan Strait Crisis)[2] 당시 중국의 턱밑까지 진출하여 국제항로를 확보하며 바다의 지배자로 군림했다. 이후 국제관계 구조는 미국과 소련이라는 양대 핵보유 초강대국 간의 갈등으로 재편되기 시작했으며, 동북아시아의 지정학 구조도 예외는 아니었다.

같은 시기 중·소 간의 갈등 양상 또한 점차 확산일로에 있었다. 이로 인해 소련의 동아시아 정책의 초점은 중국의 영향력을 억제하는 데 맞춰졌으며, 이는 몽골과 중국의 관계에도 큰 영향을 미쳤다. 이 시기 소련 해군은 주변 지역은 물론 전 세계에 상당한 군사력 투사 능력(power projection capabilities)을 발휘할 수 있을 만큼 확장되었으며, 점차 미국의 해양 지배력을 위협하기 시작했다.[3] 소련의 공군 전투 자산과 중거리 핵미사일은 한국과 일본에 큰 위협이 되었다. 한반도의 비무장지대는 냉전시대 동서양의 분계선이 되었고, 미국은 태평양 지역의 해군 및 공군 자산 배치에 더해 오키나와와 한반도에 자국 군대를 주둔시켰다. 대중관계는 더욱 복잡해졌는데, 미국은 공산권 세력인 중국의 확장을 억제하기 위해 대만에 안보보장을 지속하면서도, 다른 한편에서는 소련의 야심을 견제하기 위해 중국과 전략적 관계를 맺는 모순적인 정책을 추진했다.

냉전의 종식은 이러한 국제관계 구조에 근본적 변화를 가져왔다. 소련의 붕괴와 중동부 유럽 국가들의 민주화로 인해, 미국은 막강한

---

2 1차 대만해협 위기는 1954년, 2차 대만해협 위기는 1958년에 발발했다. - 편자

3 Christoph Bluth, *Soviet Strategic Arms Policy Before SALT* (Cambridge: Cambridge University Press, 1992).

군사력과 경제력을 바탕으로 재래식 군사력을 전 세계에 투사할 능력을 갖춘 압도적 초강대국의 지위를 회복하였다. 이 시기를 일컬어 '단극의 시기(unipolar moment)'라 부른다.[4] 냉전의 종식은 서구 민주주의의 승리일 뿐 아니라 권위주위에 대한 자유진영의 승리이기도 했다. 이는 국제규범과 자유주의적 가치에 기초한 새로운 세계질서가 가능하며, UN을 통한 집단안보 또한 현실화될 것이라는 생각을 불러일으켰다. 동북아시아에서 대외무역 개방을 통해 경제개발과 근대화에 역점을 두면서 중국의 위상은 극적으로 변화했다. 소련의 해체와 러시아의 국제사회 내 역할 변화에 따라 중러관계도 적대적 관계에서 동반자 관계로 변화하였다. 소련의 위협이 사라짐에 따라 동북아시아 안보에서 러시아의 역할은 크게 줄어들었다. 중국은 러시아뿐 아니라 동남아시아 국가들과도 관계 개선을 이루었으며 한국과는 정식 외교관계를 맺었고, 심지어 대만과의 관계도 과거에 비해 적대성이 약화되었다.

한편 한반도에서는 이러한 전반적인 해빙 추세의 역행이 일어났다. 냉전 종식으로 인한 러시아와 중국으로부터의 원조 감소는 북한에 실존적 위기를 가져다주었다. 국가주도 계획경제의 붕괴와 백만 명 이상의 사망자를 낸 대규모 기아사태를 겪으며 김씨 정권은 붕괴 위기에 직면했다. 동시에 북한의 핵 프로그램 개발은 미국과의 군사적 충돌 직전까지 치달을 정도의 중대한 안보 위기를 초래했다. 미국은 한반도 지역의 위기 관리와 미일동맹의 지속 및 대만 안보보장의 필요성을 이유로 아시아-태평양 지역의 미군 주둔을 사실상 영속화하게 되었다.

---

4 John G. Ikenberry, Michael Mastanduno, and Willam C. Wohlforth, eds., *International Relations Theory and the Consequences of Unipolarity* (Cambridge: Cambridge University Press, 2011).

중국의 지속적인 경제성장과 근대화, 동아시아 지역주의의 부상 및 북한과의 지속적인 갈등 양상은 동북아시아 지역의 지정학을 재정의했다. 중국이 세계무역에서 점차 지배력을 발휘함에 따라 ASEAN(혹은 ASEAN+3) 및 동아시아 정상회의(East Asian Summit)와 같은 지역협력을 위한 다양한 다자간 지역포럼들이 발족하기 시작했다. 중국은 '평화발전(peaceful rise)'이라는 슬로건을 내세워 NPT 가입 및 핵실험 중단을 단행하고 이중용도(dual-use) 핵과 미사일 기술 수출에 대한 국제사회의 우려 표명에 동참하는 등 '좋은 국제 시민'이라는 이미지를 부각하여 성장 일로에 있는 자국의 정치·경제력에 대한 주변 지역과 미국의 우려를 불식시키기 위해 노력했다.[5] 아울러 중국은 UN 안전보장이사회의 P5 국가 중 하나로서 세계안보에 영향력을 행사할 수 있음에도, 논란의 여지가 있는 결의안은 대부분 기권하고 가끔 거부권을 행사할 뿐 국제무대에서 보다 광범위한 책임 수행은 꺼려 왔다.

인구, 경제, 군사력 규모는 물론 궤도에 오르기 시작한 국가발전 속도에 힘입어, 중국은 동아시아 지역의 주요 신흥 강대국임을 자처한다. 그러나 지역 내 여러 국가들은 중국과 긴밀한 무역 및 경제 네트워크를 형성하면서도, 중국을 지역안보 공동체의 리더로 받아들일 준비가 되어 있지 않다. 중국은 남중국해에서 거센 영토분쟁을 촉발함으로써 대외 이미지를 손상시켰고, 국제사회는 향후 중국의 부상이 이 지역의 지정학에 끼칠 영향에 대해 우려를 제기하였다.[6] 이후 중국은 영

5 Christoph Bluth, "Beijing's attitutde to arms control," *Jane's Intelligence Review*, vol, 8, no. 7, 1996, pp. 328-330.

6 Christopher Hemmer and Peter J. Katzenstein, "Why is There No NATO in Asia? Collective Identity, Regionalism, and the Origins of Multilateralism," *International Organization*, vol. 56, no. 3, 2002, pp. 575-607.

토분쟁에 대한 접근 방식을 완화하려는 조짐을 보이긴 했으나, 이 문제는 여전히 해당 지역의 주요 갈등 요인으로 남아 있다.[7]

미국의 관점에서 볼 때 동아시아 지역 긴장의 원인은 이해 당사국들의 국익에 관한 사항만은 아니다. 오바마 정부(2009~2017년)에서 국무부 차관을 역임한 스타인버그(James Steinberg)가 지적하듯, 이 지역 긴장의 주요한 원인 중 하나는 가치의 충돌이다. 스타인버그와 오한런(O'Hanlon)은 가치문제를 대중관계의 핵심으로 보는 견해를 다음과 같이 설명한다.

> 가치 논쟁은 안보문제와 별개가 아니다. (중략) 가치문제를 중시하는 이들은 공산당 독재정권의 특성상 현재 중국의 정책은 필연적으로 미국에 적대적일 수밖에 없다고 본다. (중략) 이들은 중국의 민주화와 인권문제 개선을 적극적으로 지지하는 것이 미국의 핵심 가치와 일치할 뿐 아니라, 중국 정치체제에 '평화적 진전'을 가져다줌으로써 중국의 부상을 덜 위협적으로 느끼게 해준다고 생각한다.[8]

---

7 Jing Huang and Andrew Billo, *In the South China Sea: Navigating Through Rough Waters* (London: Palgrave Macmillan, 2015).

8 James Steinberg and Michael E. O'Hanlon, *Strategic Reassurance and Resolve* (Princeton, NJ: Princeton University Press, 2014), p. 68.

3
떠오르는 안보문제

여전히 미국은 아시아-태평양 지역에서 압도적인 군사력을 유지하고 있다. 괌, 오키나와, 한국 등 전략적 요충지에 배치한 군사기지는 미 해군 및 전략 핵무기의 압도성을 확고히 하고 있다. 미국은 지구적 군사적 투사력을 전례 없는 규모로 발전시켜 온 유일한 군사대국이다.[9] 아시아-태평양 지역에서 자국의 이익을 도모하고 이 지역의 전략적 정치 환경에 영향력을 행사하는 데 미국의 군사력은 중요한 역할을 해 왔다. 최근 몇 년 경제력과 군사력이 감소하긴 했으나, 미국은 여전히 잠재적 적국에 뚜렷한 군사력 우위를 점하고 있다. 다만, 과거보다 약화되었다는 인상을 주지 않기 위해 군사력 개선은 여전히 필요한 상황이다.

미국은 중국 해군의 부상을 미군의 전시 대양 통제권에 대한 도전이자, 미국을 대체하여 태평양 지역의 지배적 군사력으로 군림하기 위한 장기적 계획의 일환으로 파악하고 있다. 중국 해군력의 도전은 대만문제나 해양 영토 분쟁과 같이 당장 직접적인 무력충돌을 야기할 성격의 도전을 의미하지는 않는다. 그러나 이러한 갈등 상황은 중국의 계속되는 경제성장 추세는 물론 미·중 간의 경제적 상호 의존도를 감안할 때, 양측 모두에 심각한 결과를 초래할 것이다. 미국의 우려는 무력충돌의 가능성보다는, 중국의 군사력에 대한 주변 국가나 미국의 인식 변화가 지역 내 이해 당사국들의 전략 변화는 물론 주변 지역의 지

9 위의 책, p. 68.

정학 구조에 영향을 미치는 방식에서 비롯된 것이다

동남아시아의 국가들은 해상 및 배타적 경제수역 문제를 두고 중국과 지속적인 갈등관계에 있다. 이들 국가들은 상대적으로 군사력이 약할 뿐 아니라 경제적 이익을 위해 중국과 우호적인 관계를 유지해야 하기 때문에, 중국을 상대로 일관성 있는 대응을 하지 못하는 처지이다. 아세안 국가들의 통일된 대응 노력이 실패하는 것도 같은 이유이다.[10] 중국은 남중국해와 동중국해를 접하는 여러 주변 지역국들을 서로 경쟁관계에 놓음으로써 이들이 대중국 문제에서 합의를 이루는 것을 간접적으로 방해하고 있다. 동남아시아에서 긴장이 고조되어 중국과 주변국 사이에 심각한 갈등이 발생할 경우 미국이 개입할 가능성도 열려 있다. 미국은 중국에 '항해의 자유' 원칙을 재확인하기 위해 중국과 주변 국가 간 마찰이 발생하는 지역에 해양순찰대를 보내곤 했다. 미국의 이러한 행동에 중국은 격렬히 항의했으나, 미국의 순찰대가 중국 해군과 직접 대치하는 상황까지는 가지 않았다. 그러나 최근 미국의 수중 드론(underwater drone)을 중국이 나포한 사건은 양국 간에 무력대치 상황도 발생할 수 있음을 시사한다. 미국의 입장에서 볼 때 전략적 위험은 중국이 전쟁을 일으키지 않고도 이 지역의 현상유지(status quo)에 점차적인 변화를 꾀할 수 있다는 것이다. 중국이 해상 지역에서 벌인 공세적인 세력 확장에 대한 보상을 받게 될 뿐만 아니라, 미 해군이 배제된 해상 완충 지대를 형성하여 해당 지역 내 새로운 질서를 구축할 가능성이 있기 때문이다.[11]

중국의 군사적 근대화는 중국이 '핵심 이익'이라고 정의한 것을

10 Viet Hoang, "The Code of Conduct for the South China Sea: A Long and Bumpy Road," *The Diplomat* (온라인 2020. 9. 28.).

11 David Shambaugh, *China Goes Global: The Partial Power* (Oxford: Oxford University Press, 2014).

추진하는 방향으로 이루어지고 있다. 그러나 중국이 천명하는 자국의 '핵심 이익'은 심각한 문제점을 제기한다. 예를 들어 남중국해에 대한 중국의 통제권 강화는 주변 지역 국가들의 주권을 침해할 수 있다. 중국 군사전략의 큰 지정학적 목표는 중국이 미국을 대신하여 지역의 중심 권력으로서 부상하는 것이다. 전략적으로 최우선 순위는 대만과의 관계인데, 미래의 어느 시점에 평화통일을 기대하면서도 필요한 경우 군사적 옵션의 강행도 염두에 두고 있다. 중국의 군사력 발전 방향의 또 다른 우선순위는 미 해군이 중국 통제 수역에 접근하는 것을 거부, 방어하는 것이다. 이는 동중국해와 남중국해에서 중국의 영유권 주장과 더불어 배타적 해상 경제 수역 200마일 이내 외국군 활동의 규제(국제사회가 인정하지 않음)를 지원할 수 있는 군사력을 포함한다. 아울러 중국은 주변 지역의 상업적 해상 교통로를 보호할 필요성을 느끼고 있는데, 아이러니컬하게도 현재 이 역할은 미국이 수행하고 있으며 중국은 무임승차 혜택을 얻고 있다.

미국은 아시아-태평양 지역에서 여전히 지배적인 군사력을 행사하고 있다. 중국의 군사력이 어느 시점에 미국의 군사력에 근접할 수는 있겠지만, 현재 미국이 보유한 군사기술 및 군사력 투사 능력을 감안할 때 적어도 앞으로 수십 년 동안은 불가능할 것으로 보인다. 동맹국의 군사력을 합쳐 현재 미국이 가용할 수 있는 군사력은 전 세계 군사력의 70%에 육박하며, 트럼프 행정부(2017~2021)는 모든 수준에서 미국의 군사력을 확대하기 위해 많은 노력을 기울였다. 미국은 군사기술 분야에서 현재 중국보다 최소 두 세대 앞서 있는데, 군비지출 규모와 R&D 기반시설의 압도적 차이, 그리고 미국의 기술적 역동성 및 현재 보유하고 있는 첨단 군사장비의 규모를 고려할 때, 미국과 중국의 군사력 차이는 오히려 더욱 벌어질 것으로 보인다. 중국의 군사력이 미래의 어느 시점에 미국 해군에 심각한 도전을 할 수 있는 경우가 발생하더라도, 미국은 핵억지력 확대를 통해 양국 간 무력충돌의 대가가 너무나 크다는 것을 중국에 상기시킬 수 있다.

물론 질적인 면에서 미국 군사력 약화에 대한 몇 가지 우려가 제기되고 있기는 하다.[12] 하나는 중국이 미국의 항공모함을 표적으로 중거리 탄도미사일을 사용할 가능성이다. 문제의 미사일은 DF-21D로서 육로이동식 DF-21의 변형 미사일의 일종인데, 250kt 핵탄두를 실은 고체 추진제 모터를 장착하고 있다. 주로 재래식 탄두를 이용해 육지에서 발사되는 지대함미사일(surface to ship missile)이다. 미국의 추정에 따르면 미사일의 발사 거리는 1,550~2,000km(중국은 2,700km로 추정)라 하며, 정확도는 700(원형 공산 오차 수치) 정도로 예측된다. 아직 움직이는 표적이나 해상 표적을 대상으로 시험 발사된 적은 없다.[13] 지대함미사일 공격이 무력분쟁을 완전히 다른 수준으로 끌어올릴 수 있는 대규모의 공격력 상승을 의미한다는 점에서, 중국의 DF-21D가 얼마만큼 미 해군에 현실적 위협이 될지는 아직 확실치 않다. 미국은 현재 전술 탄도미사일뿐 아니라 지대함 공격에 대해서도 매우 뛰어난 방어 능력을 가지고 있다. 중국의 지대함 공격 능력이 동아시아 지역에서 미 해군의 군사작전을 어느 정도 억제할 수 있을지는 불분명한데, 군사전문가들은 일정 수준의 도발행위가 시작된 후에나 그 위력을 알 수 있을 것이라 예측한다.[14]

그럼에도 불구하고 중국의 미래 탄도미사일 능력을 제어하기 위한 전투 자산을 개발하고 배치하는 것은 여전히 미 해군에 최우선 과

12 Douglas T. Stuart and William T. Tow, *A US Strategy for the Asia-Pacific* (New York: Blackwell Publishing, 2013).

13 "Jane's Strategic Weapons 2018," *IHS Markit*.

14 Harry J. Kazianis, "Is China's 'Carrier Killer' Really a Threat to the U.S. Navy," *The National Interest* (온라인 2015. 9. 2.).

제라 할 것이다. 연구자료들이 제기하는 또 다른 문제는 중국이 대잠 공격(antisubmarine attack) 능력에서 양적 우위를 점하고 있다는 점이다. 그러나 미 해군은 현재 미국의 잠수함 및 무기 기술이 중국보다 훨씬 앞서고 있어, 중국의 양적 우위를 큰 위협으로 간주하지 않는다.[15]

한편 아시아-태평양 지역에서 미군의 전방 배치는 계속 유지될 것으로 보인다.[16] 북한과 종전을 위한 평화협정을 체결할 경우 미군을 한반도에서 철수할 수 있다는 트럼프 행정부의 누차의 암시에도 불구하고 주한미군의 철수가 가까운 장래에 실현될 가능성은 없으며, 실현된다 하더라도 아시아-태평양 지역 핵보유국에 확장된 핵억지력을 행사하기 위해 역내 자산 배치를 일정 수준 유지할 것이다. 아시아-태평양 지역에서 모든 지역 안보체계는 여전히 미·중 양국의 안보관계의 틀 안에서 운영될 것이다. 미중관계는 대만 문제, 한반도 문제, 영유권 분쟁 등 지역안보 현안은 물론 무역 관련 쟁점을 두고 협력과 경쟁을 반복하는 복잡한 양상을 띨 것으로 보인다. 미·중 양국에 가장 중요한 우선과제는 과도한 경쟁을 지양하고 무역분쟁을 협상을 통해 극복하며 군사적 갈등을 막는 것이다.[17]

중국은 동아시아에서 매우 특이한 지정학적 위치에 있다. 동아시아 국가 중 경제적으로 가장 발전한 일본과 한국이 미국과 동맹관계이긴 하지만, 중국은 이 지역 전반에 정치적 영향력 이상으로 큰 경제

---

15 Steinberg and O'Hanlon, 앞의 책, p. 68; CRS, "China Naval Modernization: Implications for U.S. Navy Capabilities—Background and Issues for Congress," Congressional Research Service RL33153, Washington, DC, 2020.

16 Jisi Wang, "China's Search for Stability with America," *Foreign Affairs*, vol. 84, no. 5, September/October, 2005, pp. 39-48.

17 Jeffrey A. Frankel and Kahler Miles, *Regionalism and Rivalry: Japan and the US in Pacific Asia* (London: Heinemann, 2017); Aaron L. Friedberg, "The Future of U.S.-China Relations: Is Conflict Inevitable?," *International Security*, vol. 30, no. 2, Autumn, 2005, pp. 7-45.

적 영향력을 행사하고 있다. 이 지역 대부분의 국가들은 중국에 대해 경계심을 가지고 있으며, 상당수는 해상 영유권 및 기타 지역 현안들과 관련하여 중국과 분쟁관계에 있다. 미국은 이 지역의 안보관리자 역할을 하고 있는데, 미국과 중국의 근본적인 차이점은 후자가 이 지역의 지정학적 핵심이 결국 정치권력과 전략적 이해관계에 달려 있다고 인식하는 반면, 전자의 안보 담론에서는 가치관과 규범이 중요한 역할을 한다는 것이다. 중국은 자신들이 동아시아 지역의 정치적 패권을 차지하려는 의향은 없다고 말하지만, 실제 중국이 펼치는 외교정책을 볼 때 이는 사실이 아님이 드러난다. 중국은 자신들의 경쟁국인 미국을 글로벌 패권국으로 정의하고 있다.[18] 중국은 미국이 해양 영유권 분쟁에서 국제규범을 통한 해결을 강조하거나, 중국 내 인권문제에 비판을 지속하는 것이 중국을 약화시키고 중국의 부상을 막기 위한 정치적 수단으로 국제적 규범과 가치를 이용하는 것일 뿐이라고 인식한다. 규범의 비대칭이 없다면 양국 간의 전력 비대칭은 훨씬 덜할 것으로 보는 것이다.

2011년 당시 힐러리 클린턴(Hillary Rodham Clinton) 미 국무장관은 외교전문지 *Foreign Policy*에 「태평양의 세기(America's Pacific Century)」라는 제목의 글에서 '아시아-태평양 지역 중시 외교 전략(US pivot to Asian Pacific Region)'의 배경에 대해 설명했다.[19] 이 전략은 경제·정치·안보 측면에서 동아시아가 세계에서 가장 중요한 지역으로 부상하고 있다는 인식에 기반하여 다음과 같은 여섯 가지 우선 실천 과제를 제시한다.

---

18 Avery Goldstein, "The Diplomatic Face of China's Grand Strategy: A Rising Power's Emerging Choice," *The China Quarterly*, vol. 168, no. 12, December, 2001, pp. 835-864.

19 Hillary Clinton, "America's Pacific Century," *Foreign Policy* (온라인, 2014. 10. 11.).

최우선 과제는 이 지역에서 미국의 동맹을 강화하는 것이다. 미일 관계의 경우 긴장 국면을 겪긴 했으나, 오키나와와 기타 지역의 미국 기지 문제가 해결된 후 별다른 변화를 겪지 않았다. 백악관의 입장에서 볼 때 미일동맹은 일본 정당정치의 영향을 받지 않으며 전반적으로 잘 유지되고 있었다. 한미동맹 역시 노무현 정부 시절의 갈등을 극복하고 굳건히 유지되고 있었다.

두 번째 우선과제는 이 지역 신흥세력과의 관계를 개선하는 것이다. 여기서 가장 큰 도전은 중국과의 관계였다. 미국 정부는 "미·중은 물론 아시아-태평양 지역의 공동 이익을 위해 중국과 생산적이며 견고한 우호관계를 유지할 수 있는 방법을 모색"할 것을 대중관계의 거시적 목표로 천명했다. 중국과의 관계 촉진을 지원하기 위해 미·중 간 전략경제대화(Strategic and Economic Dialogue), 다자간 회의기간 중 정상회담 및 이에 준하는 양자 간 대화 개최를 통해 양국 간의 대화와 교류를 촉진하기 위한 다양한 메커니즘이 시도되었다. 이는 미국이 대만과 한국, 남중국해 및 동중국해의 영해권 분쟁에서 중국의 중요성을 인식하고 긴장을 해소하여 오해를 불식할 필요성을 느끼고 있었음을 말해준다.

세 번째 우선과제로서 아시아-태평양 중시 전략은 경제외교의 특성을 띤다. 경제적 측면에서 이 전략의 목표는 미국이 태평양 전역에서 여러 국가들과 보다 긴밀한 무역관계를 도모할 정치적·국제적 규제 환경을 조성하는 것이었다. 이러한 전략적 초점은 아시아-태평양 지역의 경제권 통합과 FTA 및 TPP와 같은 자유무역협정의 증진에 맞추어져 있었다.

전략의 네 번째 우선과제는 아세안이나 동아시아 정상회담 같은 다자간 국제기구와 관계를 맺는 것이고, 다섯 번째 우선과제는 인권을 포함하는 인류 보편적 가치의 증진이었다. 특히 후자는 미·중 마찰의 주요한 원인이었는데, 중국 내 정책 입안자들은 자국 내 인권문제에 대한 미국의 외교적 개입을 내정 간섭으로 간주하였고, 미국의 정치적·군사적 행동이야말로 인류애적 가치의 촉진보다는 철저히 자국의 전략적 이익에 기초한 것으로 해석하였다.

여섯 번째 우선과제는 아시아-태평양 지역 내 미국 군사력의 증대에 관한 것으로, 이 지역 국가들이 가장 많은 관심을 보였던 항목이다. 아시아-태평양 지역 내 미군 주둔의 필요성은 역내 국가들의 합동 군사훈련이나 인도주의 및 재난 구호를 위한 파병 요청에 의해 정당화되었다. 미국은 아시아-태평양 중시 전략에서 의도적으로 군사력 부문을 강조하지 않았는데, 이는 오히려 기대와는 반대의 효과를 가져왔다. 한편에선 동맹국 및 지역 내 다수 국가들이 군사력 부문에 대한 전략이 미흡하다며 실망감을 표시했으며, 다른 한편에서 중국은 오바마 행정부가 피하고자 했던 수위 이상의 강경한 반응을 보였다. 트럼프 행정부에 들어와서 미국은 사실상 아시아-태평양 중시 전략을 폐기했다. 트럼프 행정부는 환태평양경제동반자협정(TPP)에서 탈퇴한 뒤 이 지역에서 무역 불균형을 바로 잡는 데 중점을 두어 국가별로 양자 간 관계 재조정에 집중했다.

4
한반도의 위기

남중국해에 대한 중국의 영유권 주장이 아시아-태평양 지역의 큰 안보 도전 요소이자 지역 내 공동 안보협력을 어렵게 하는 주된 이유 중 하나였지만, 아마도 이 지역의 가장 심각한 안보 위협 요소는 한반도의 위기 상황일 것이다. 이는 한반도에 배치된 군사력 규모와 북한이 개발한 핵 프로그램 때문이다. 과거 서구 민주주의와 동구 공산주의 세계의 경계 역할을 했던 DMZ는 이제 미국과 중국 영향력의 경계선 역할을 하고 있다.

북한 정권 수뇌부들은 핵이 북한의 지위를 높이고, 외부의 침략에 대한 억지력을 제공하며, 미국과의 안보협상 대화를 가능케 하고, 이를 통해 경제적 지원을 받을 수 있게 해줄 것이라 굳게 믿고 있다. 북한은 핵 프로그램을 동결하고 제한할 의사를 계속 표명해 왔으나, 평양의 지도자들이 지금껏 실제 핵 포기를 결정한 적은 없으며, 앞으로도 그럴 여건이 마련될 것이라 기대하기 어렵다. 핵 포기를 위한 요구 조건이 충족되고 북·미 간 외교관계가 수립되어 불가침협약에 대한 서명 및 북한에 대한 "적대적 정책을 바꿀 것"을 여러 형태로 약속하더라도, 북한 입장에선 이러한 반대급부가 자신들의 안보를 영구적으로 보장하기에는 여전히 충분치 못하기 때문이다. 반면 북한에 대한 외부의 위협은 1차적으로 북한이 보유한 핵 프로그램이 야기한 것이다. 안전보장을 목표로 하는 북한의 대외정책의 근간이 자신들을 국제사회의 위협 요소로 부각시킨다는 사실은 흥미로운 역설이라 할 것이다.

북한의 이러한 정책은 미국을 포함한 국제사회에 북한과 관계 개선을 모색할 동기를 부여하지만, 그러한 상황을 지속시키기 위해 북한은 주기적으로 위협적 행동을 되풀이할 수밖에 없으며, 이는 불가피하게 갈등과 협력을 반복하는 사이클을 만든다. 북한의 외교정책이 변덕스럽고 비이성적으로 보이는 이유도 여기에 기인하는 것이다. 지금껏 미국 행정부는 북한이 스스로 핵 능력을 포기하게 만들 방법을 모색해 왔다. 부시 행정부(2001~2009) 시절 6자회담의 지속적인 노력으로 북핵폐기 합의에 이르렀지만, 미국이 북한 내 핵 비축량의 완전한 검증을 요구하고 미 재무부가 북한의 돈세탁 혐의에 제재조치를 취함에 따라 핵 협상은 난관에 봉착하게 되었다. 이후 김정일의 건강 악화로 인해 그 아들인 김정은이 후계자로 결정되고 김정은의 본격적인 권력 승계 과정이 시작되면서, 핵 협상은 사실상 물거품으로 돌아갔다. 김정은 집권 초기에는 북한 권력 상층부의 권력투쟁이 지속되었는데, 김정은은 자신의 권력체제를 공고히 하기 위해 고모부 장성택의 처형과 배다른 형제인 김정남의 암살 등 대대적인 숙청 작업을 단행했다.

한편 이 시기의 북한은 일련의 핵실험과 미사일 테스트를 통해 미국 타격이 가능한 비거리를 지닌 핵무기 발사 능력을 갖추었음을 과시하였다. 트럼프가 미국 대통령에 당선되고, 곧이어 한국에서 문재인이 새로운 대통령으로 당선된 시기에 북한 핵도발에 따른 긴장 고조는 최대치에 다다랐다. 북한의 핵 도발은 매우 엄중한 국제사회의 제재로 이어졌으며, 미국은 북한이 정치·경제적 이익을 얻는 대신 핵 능력을 포기할 것을 요구하였다.

2018년 평창 동계올림픽은 북한과의 대화 재개 및 관계 개선을 위한 기회가 되었다. 문재인 대통령의 선제적이고 능숙한 외교력 덕택에 북한은 한국 및 미국과 대화에 나서겠다는 결정을 내릴 수 있었으며, 이는 실제 두 차례에 걸친 남북 정상회담과 북미 정상회담의 결과로 이어졌다. 이를 통해 동북아시아에서 지정학적으로 중요한 변화가 있었지만, 아직 매개 변수가 확립되지는 않은 상황이다.

2018년 김정은 위원장과 시진핑(習近平: 2013~) 주석 사이의 두 차례 정상회담은 중국이 다시 북한에 영향력을 행사하고 있음을 보여주었다. 동시에 문재인 대통령이 한반도 평화협정 체결을 위해 적극적인 노력을 기울임에 따라 남북관계는 지속적 개선 가능성을 열었다. 미국은 동북아시아 지역에서 안보관리자의 역할을 수행하고 있지만, 북한을 다루는 과정에서 역내 영향력을 잃을 수도 있다. 김정은은 문재인에게 한반도 비핵화를 지지한다는 의사를 표명했으며, 이는 트럼프와의 정상회담에서도 반복되었다. 그러나 구체적으로 한반도 비핵화를 이행하기 위한 당사국 간의 합의된 일정이나 절차가 없었으며, 북한은 이후 (사실상 용도폐기 상태였던) 핵 실험장을 폭파하는 제스처를 보여주긴 했으나, 최근의 증거를 볼 때 북한의 핵 프로그램은 오히려 강화되는 조짐을 보이고 있다.

2018년 폼페이오(Mike Pompeo) 국무장관이 방북 과정에서 별다른 성과를 거두지 못하고 돌아오자, 트럼프는 같은 해 7월 헬싱키에서 푸틴(Vladimir Putin, 1952~) 러시아 대통령과의 정상회담을 마친 뒤 북한 비핵화를 너무 서두르지 않을 것이라는 입장을 밝혔다. 여기서 중요한 것은 한·미 군사동맹과 관련된 부분이다. 트럼프는 일방적이고 갑작스런 한·미 연합훈련 중단 선언을 했으며, 이후 한·미 양국 정부 모두 북한과의 평화협정 체결 시 주한미군의 철수가 가능함을 암시했던 것이다.

이러한 흐름은 동북아시아 안보 환경에 두 가지 중요한 결과로 나타나고 있다. 첫째, 당분간 한반도에서의 군사분쟁 위협이 사라졌기 때문에, 가까운 장래에 트럼프 행정부가 이전처럼 극한 대립 국면으로 돌아가길 원하지는 않을 것이며 돌아갈 수도 없을 것이다. 둘째, 미국의 TPP 탈퇴 후 지역 내 무역시장의 주도권은 중국으로 넘어가게 되었는데, 지역 안보 주도권에서도 같은 일이 일어날 수 있다. 물론 북핵 문제와 관련하여 추세가 어떻게 이어질지는 좀더 시간이 지나봐야 알 수 있을 것이다. 그러나 현재 동북아시아의 지정학적 상황은 극적인 변화의 첨단에 있는 것으로 보인다.

5
일본

일본은 동북아시아에서 미국의 양대 주요 동맹국 중 하나이며 세계 3위의 경제 대국이다. 일본은 동북아시아의 안보 역학과 무역관계에서 중요한 역할을 수행하고 있다. 미국이 오키나와에 미군을 전략적으로 배치하는 이유는 미국이 동북아시아에서 군사력을 펼치는 데 일본의 역할이 핵심적이기 때문이다. 미일동맹은 상호협력 안보조약으로부터 시작되었으며, 냉전 시대 일본은 소련을 억제하는 미국의 지역 동맹국 역할을 수행했다. 현재 동북아시아의 안보 환경에서 일본은 다양한 딜레마에 직면해 있다. 북한의 미사일 발사 궤도가 일본 영토를 지나가는 상황에서 일본의 가장 큰 안보문제는 한반도의 위기 상황과 관련된다. 그러나 6자회담 중단 이후 일본은 대북문제에 직접적으로 관여하기가 어려웠다. 이는 과거 북한의 일본인 납치 사건이 아직도 제대로 해결되지 못했기 때문이다.

또한 일본은 위기 및 분쟁 지역에서 수행되는 국제적 군사행동에 힘을 보태고 군사력 증대를 도모하라는 동맹국 미국의 요구에 응해 (전쟁이 가능한) '정상국가(normal power)'가 되기 위해 노력을 기울이고 있다. 현행 일본 헌법 제9조는 국제분쟁의 해결 수단으로서의 전쟁 참여를 불법화하고 있는데, 이 조항은 일본의 방위능력 확장을 제약하는 걸림돌로 인식되고 있다. 아베 신조(安倍晋三: 1954~) 전 총리는 헌법 제9조 개항을 위한 노력을 기울여 왔으나, 한국과 중국을 포함한 주변국들은 이에 따른 일본의 군사 재무장을 우려스러운 시각으로 바라보고 있다. 물론 일본 자위대 자체도 현대화되었고 훌륭한 방위능력을 갖추고 있지만, 일본은 적어도 당분간은 미국의 확장된 억지력에 의존해야 하는 상황이다.

북한의 위협 외에도 일본은 제1열도선(First Island Chain)을 두고 중국의 도전에 직면해 있다. 중국이 이 지역에서 공격적인 군사활동을 벌이거나 일본이 점유하고 있는 섬에 대해 영유권을 주장하고 있기 때문이다. 이러한 위협의 출현을 토대로, 일본은 새로이 부상하는 지역안보 문제에 대해 미국 논의를 확대하는 것이 국익에 도움이 될 것으로 판단하고 있다. 안보 측면에서 일본은 계속해서 미국의 신뢰할 수 있는 동맹국으로 남게 될 것이다.

6 동북아시아의 안보 환경과 몽골

몽골은 중앙아시아와 동북아시아의 경계에 위치해 있다. 사실상 중앙아시아 국가들과 문화적·역사적 동질성을 공유하고 있음에도, 몽골 입장에서는 이들 국가들과 같은 권역으로 분류되는 것이 그다지 매력적이지 않다. 구소련에 속했던 중앙아시아 국가들은 독립된 지 얼마 되지 않았으며 아직 경제개발도 제대로 이루어지지 않아 기반시설이 열악한 상황이다. 이들은 몽골에 도움이 될 만한 경험을 제공하지 못한다. 더욱이 중앙아시아의 전략적·정치적 환경도 아직 안정적이지 못하다. 소련 해체 이후에도 지속되어 온 러시아와의 관계는 이 지역 국가들이 전략적 행동을 취하는 데 제약으로 작용하고 있다.

이런 이유로 몽골의 중진 외교관인 올즈보이(K. Olzvoy)와 같은 전문가들은 몽골이 자국을 동북아시아 권역의 국가로 인식해야 한다는 주장을 펼치는 것이다. 올즈보이의 주장에 대해 바트바야르(Tsedendamba Batbayar)는 다음과 같이 덧붙인다.

> 올즈보이가 언급하듯이, 몽골은 동북아시아 국가 및 지역권과 연계하는 것이 국익에 더 유리할 것이다. 이러한 주장에 대해 그는 여러 가지 근거를 제시하고 있다. 많은 사람들이 예측하듯 아시아-태평양 지역은 앞으로 그 중요성이 더욱 부각될 것이며, 동북아시아는 이 지역의 중요한 축을 담당하고 있다. 몽골은 동북아시아 지역권과의 연계를 통해 선진 기술을 갖춘 일본, 한국, 미국의 경제적 우산 아래 들어가게 될 것이고, 러시아 극동과 중국의 동북지역 및 북한과의 관계도 개선하게 될 것이다. 동북아시아의 타 지역들과 함께 도로와 철도의 연결망을 구축함으로써 많은 양의 광물이 매장된 몽골 동부지역에 대한 접근성이 향상될 것이다. 두만강 회랑을 통해 해양 진출로를 확보할 수도 있다. 또한 몽골은 동북아시아와 유럽의 육로 교량의 역할을 부여받을 수 있을 것이다.[20]

동북아시아의 지정학적 변화는 몽골에 즉각적인 영향을 미치지 않았다. 예전부터 줄곧 몽골이 담당해 온 동과 서, 혹은 러시아, 중국, 그리고 동북아시아의 미국 동맹국들을 잇는 교량으로서의 역할은 여전히 유효하다. 그러나 최근 동북아시아 지정학의 흐름은 몽골에 상당한 딜레마를 안겨 주었다. 한반도의 비핵화를 위한 트럼프 행정부의 대북압박 정책은 강력한 대북제재를 골자로 하고 있었다. UN 안전보장이사회가 승인한 대북제재에는 북한 노동자의 해외취업 금지도 포함된다. 이는 북한과 우호적 관계를 유지해 온 몽골에 직접적인 영향을 주는 것이었다. 몽골에 취업해 있는 (주로 건설업계) 1,200명의 북한

20 Tsedendamba Batbayar, "Geopolitics and Mongolia's Search for Post-Soviet Identity," *Eurasian Geography and Economics*, vol. 43, no. 4, June, 2002, p. 330.

노동자가 2017년 말까지 전부 몽골을 떠나야 했기 때문이다. 그럼에도 불구하고 몽골과 북한의 교역은 2017년 한 해 동안 오히려 크게 증가했다. 물론 이는 몽골의 네 번째로 큰 교역국가인 한국과의 무역량에 비하면 미미한 양이다.

자국의 전략적 위치가 한반도의 위기나 대만의 지위, 남중국해 영유권 분쟁 등 동아시아의 주요 안보문제에 큰 영향을 받지 않는 만큼, 몽골의 외교정책에서 안보 부문은 상대적으로 우선순위가 낮다. 촉트바타르(D. Tsogtbaatar) 몽골 외무부장관의 최근 인터뷰들을 보면 안보문제가 전혀 언급하지 않고 금융 및 무역 문제에만 초점이 맞추고 있는데, 이는 사실 놀랄 일이 아니다. 현재 몽골 정부의 최우선 순위는 높아지는 정부 부채를 관리하고 경제 인프라 구축을 서두르는 것이며, 이를 위해 외국인 투자를 유치하고 국제무역 관계를 강화하는 것이 급선무이기 때문이다.

| 참고문헌 |

Batbayar, Tsedendamba, "Geopolitics and Mongolia's Search for Post-Soviet Identity," *Eurasian Geography and Economics*, vol. 43, no. 4, 2002.

Bayasakh, Kh. J., "Mongolia and Russia-China on the Eve of the New Millennium," *China Report*, vol. 36, no. 1, 2000.

Bluth, Chirstoph, *Soviet Strategic Arms Policy Before SALT*, Cambridge: Cambridge University Press, 1992.

Bluth, Chirstoph, "Beijing's attitude to arms control," *Jane's Intelligence Review*, vol. 8, no. 7, 1996.

Bluth, Chirstoph, *Crisis on the Korean peninsula*, Washington, D. C.: Potomac Books, 2011.

Chanlett-Avery, Emma and Bruce Vaughn, *Emerging Trends in the Security Architecture in Asia: Bilateral and Multilateral Ties among the United States, Japan, Australia, and India*, London: Routledge, 2013.

CRS, "China Naval Modernization: Implications for U.S. Navy Capabilities: Background and Issues for Congress," Congressional Research Service RL33153, Washington, DC, 2020.

Frankel, Jeffrey A. and Kahler Miles, *Regionalism and Rivalry: Japan and the US in Pacific Asia*, London: Heinemann, 2007.

Friedberg, Aaron L., "The Future of U.S.-China Relations: Is Conflict Inevitable?," *International Security*, vol. 30, no. 2, 2005.

Goldstein, Avery, "The Diplomatic Face of China's Grand Strategy: A Rising Power's Emerging Choice," *The China Quarterly*, vol. 168, no. 12, 2001.

Hemmer, Christopher and Peter J. Katzenstein, "Why is There No NATO in Asia? Collective Identity, Regionalism, and the Origins of Multilateralism," *International Organization*, vol. 56, no. 3, 2002.

Huang, Jing and Andrew Billo, eds., *In the South China Sea. Navigating Through Rough Waters*, London: Palgrave Macmillan, 2015.

Hughes, Christopher, *Japan's Re-emergence as a 'Normal' Military Power*, London: Routledge, 2013.

Ikenberry, G. John, Michael Mastanduno, and William C. Wohlforth, eds., *International Relations Theory and the Consequences of Unipolarity*, Cambridge: Cambridge University Press, 2011.

Lohman, Walter, "A Critical Assessment of ASEAN's Diplomacy Regarding the South China Sea," in Jing Huang and Andrew Bill eds., *In the South China Sea. Navigating Through Rough Waters*, London: Palgrave Macmillan, 2015.

Mongol Messenger, "Continuity of Foreign Policy is of Great Value to Mongolia Minster of foreign affairs," 25 May, 2018.

Reeves, Jeffrey, "Mongolia's Evolving Security Strategy: Omni-enmeshment and Balance of Influence," *The Pacific Review*, vol. 25, no. 5, 2012.

Sanders, Jay, "Jim O'Rourke (Interview)," *Bomb*, vol. 133, 2015.

Shambaugh, David, *China Goes Global: The Partial Power*, Oxford: Oxford University Press, 2014.

Steinberg, James and Michael E. O'Hanlon, *Strategic Reassurance and Resolve*, Princeton, NJ: Princeton University Press, 2014.

Stuart, Douglas T. and William T. Tow, *A US Strategy for the Asia-Pacific*, New York: Blackwell Publishing, 2013.

Wang, Jisi, "China's Search for Stability with America," *Foreign Affairs*, vol. 84, no. 5, September/October, 2005.

온라인 자료

Clinton, Hillary, "America's Pacific Century," *Foreign Policy* (2014. 10. 11.). 〈https://foreignpolicy.com/2011/10/11/americas-pacific-century/〉 (최종 검색일 2020. 11. 15.)

Hoang, Viet, "The Code of Conduct for the South China Sea: A Long and Bumpy Road," *The Diplomat* (2020. 9. 28.). 〈https://thediplomat.com/2020/09/the-code-of-conduct-for-the-south-china-sea-a-long-and-bumpy-road/〉 (최종 검색일 2020. 11. 20.)

"Jane's Strategic Weapons 2018," *IHS Markit*. 〈https://ihsmarkit.com/products/janes-weapons-strategic-systems.html〉 (최종 검색일 2020. 11. 15.)

Kazianis, Harry J., "Is China's 'Carrier Killer' Really a Threat to the U.S. Navy," *The National Interest* (2015. 9. 2.). 〈https://nationalinterest.org/blog/the-buzz/chinas-carrier-killer-really-threat-the-us-navy-13765〉 (최종 검색일 2020. 11.

30.)

Tisdall, Simon, "Turmoil in East Asia: Sensitive moment for region unsettled by Trump," *The Guardian* (2016. 11. 22.). 〈https://www.theguardian.com/world/2016/nov/22/turmoil-east-asia-region-unsettled-trump〉 (최종 검색일 2020. 11. 15.)

Yiallourides, Constantinos, "Is China Using Force or Coercion in the South China Sea?," *The Diplomat* (2018. 7. 11.). 〈https://thediplomat.com/2018/07/is-china-using-force-or-coercion-in-the-south-china-sea/〉 (최종 검색일 2020. 11. 20.)

제4부

발전인가 환경인가, 체제전환 이후의 새 도전

제11장

몽골 환경운동의 역사와 특성

쿨란
(서울대학교 환경대학원 박사과정 수료)

윤순진
(서울대학교 환경대학원 교수)

1 서론

산업혁명 이후 발생한 환경오염, 자원고갈, 이상기후라는 치명적 문제는 인간의 생존권 자체를 위협하게 되었다. 이러한 문제를 극복하기 위해 국가, 기업, 시민사회 차원에서 다양한 방식으로 대응해 왔다. 그중 시민사회 차원의 환경운동은 국가 간 정도의 차이는 있더라도 환경오염 문제의 개선에 중요한 역할을 한다. 한 국가 안에서 일어나는 환경오염의 원인과 유형은 정치·경제·사회·문화 체제의 특성과 밀접한 연관성이 있다.

몽골은 역사적으로 사회주의 체제와 시장경제 체제를 모두 경험한 국가이다. 시대별로 경제구조와 정치적 이념이 달랐기 때문에 발생하는 환경오염의 종류는 물론이고, 그러한 문제를 바라보는 관점, 대응방식 또한 상이했다.

이 글은 근대 이후 몽골에서 발생한 환경오염의 발생 원인과 그것을 해결하고자 등장한 환경운동의 역사와 특성에 대한 이해를 목표로 하였다. 이때 국가가 주도한 캠페인이나 강제적 활동을 모두 넓은 의미의 환경운동으로 보기로 하였다. 이러한 접근을 통해 몽골에서 조직된 환경단체와 운동의 특성을 전반적으로 이해할 수 있기 때문이다. 이 글에서는 몽골 환경운동의 역사를 다음과 같이 다섯 시기로 분류해서 시기별 환경오염 문제와 운동에 대해 고찰하고자 한다. 1974년 이전 시기를 환경운동 전사의 시기, 1974~1985년을 국가주도적 환경운동의 시기, 1985~1990년을 시민환경운동의 맹아기, 1990~2000년을 시민환경운동의 형성기, 2000년 이후를 시민환경운동의 확산기로

분류하였다.[1]

몽골에서 조직된 환경단체와 운동의 특수성을 전반적으로 이해하기 위해 다음과 같은 내용들을 중심으로 검토하였다. 첫째, 각 시기별 환경문제의 원인, 둘째, 주류 환경단체의 등장 배경과 주체, 활동, 셋째, 운동의 대표적 사례가 그것이다. 이러한 내용 구성은 몽골 시민사회 발전의 역사와 더불어 몽골 환경운동의 흐름을 이해하는 데 도움이 될 것이다.

몽골을 포함한 동북아시아 국가들은 지리적 근접성으로 인해 서로 환경오염의 영향을 주고받는다. 한국 사회의 황사문제가 몽골과 연결되어 있는 만큼, 몽골의 환경문제와 그 대응 상황에 대한 소개와 연구가 활발히 이루어질 필요가 있다. 이러한 필요성에도 불구하고, 그동안 몽골에서의 환경운동 흐름을 전반적으로 살펴본 연구는 별로 없었다. 사실 몽골에서조차 찾아보기 쉽지 않다.

지금까지 수행된 연구들은 크게 현대 시민운동에 관한 사례연구,[2]

---

1 몽골 환경운동의 역사를 구체적으로 분류한 사례는 극히 드물다. 몽골자연환경보호협회(Монголын Байгаль Орчныг Хамгаалах Холбоо)에서 제공받은 자료에 의하면, 몽골 환경운동 조직의 역사를 세 시기로 나눈 것을 확인할 수 있다. 첫 번째 시기는 1974~1997년(몽골자연환경보호협회 설립부터 NGO에 관한 법이 제정된 해), 두 번째 시기는 1997~2008년(NGO법이 제정된 해부터 시민위원회가 설립된 시기), 세 번째는 2008년 이후의 시기이다. 그러나 이런 분류가 적절한지는 의문이다. 그 이유는 많은 탈사회주의 국가들의 사례에서 찾아볼 수 있듯이 민주화와 체제전환 과정은 현대적 시민환경운동 조직이 발흥할 수 있는 조건이기 때문이다. 몽골의 사례에서도 민주혁명은 이런 맹아들이 비공식 조직을 결사하여 환경단체 또는 녹색당 창당으로까지 발전한 중요한 계기였다. 위의 자료는 이런 현상을 간과하여 분류에서 누락했기 때문에, 필자들은 이 분류를 따르지 않고 새로운 분류를 시도하였다.

2 Byambajav Dalaibuyan, "Mobilizing against Dispossession: Gold Mining and a Local Resistance Movement in Mongolia," *Journal of the Center for Northern Humanities*, vol. 2, no. 5, 2012; Byambajav Dalaibuyan, "The River Movements' Struggle in Mongolia," *Social Movement Journal Studies*, vol. 14, no. 1, 2015; M. Steven Fish and Michael Seeberg, "The Secret of Mongolian Democracy," *Journal of Democracy*, vol. 28, no. 1, 2017.

몽골 내 국제환경운동단체의 활동 분석,[3] 환경시민단체 역량 관련 인적자원 연구[4] 등으로 구분해 볼 수 있다. 이런 기존 연구들은 몽골 환경운동을 이해하는 데 어느 정도 도움이 되긴 하지만, 여전히 내용이 파편화되어 있어 전반적인 흐름을 살펴보고 이해하는 데 한계가 있다. 따라서 이 글에서는 이제까지 몽골 환경시민단체 활동의 전체적인 흐름과 특성을 개괄적으로 살피고자 한다. 이러한 연구는 몽골에 대한 한국의 이해를 높일 뿐 아니라, 몽골 스스로가 그간의 환경운동에 대한 전반적인 이해를 토대로 시민사회 역량을 키워가는 데도 도움이 될 것이다.

연구를 위한 자료들은 주로 문헌과 온라인 자료에 의존했다. 특히 몽골 역사 기록문서, 환경당국 보고서, 단체들의 팸플릿, 활동 보고서, 신문기사, 단행본, 학술논문, 온라인 포털 사이트, 유튜브 동영상 자료 등을 적극 활용하였다.

---

3 제진수, 「푸른 아시아를 향한 희망 만들기」, 『환경과 생명』 제9권, 2009; 이승지·윤순진, 「지속가능발전 개념에서 본 국내 INGO 푸른아시아의 기후변화, 사막화 방지 활동의 성과와 과제」, 『시민사회와 NGO』 제11권 2호, 2013.

4 Ц. Адъясүрэн, "Байгаль орчны иргэний нийгмийн байгууллагуудын хүний нөөцийн чадавхи, үйл ажиллагааг үнэлэх асуудалд," *Байгаль хамгаалахад төрийн бус байгууллагын оролцоо* (Улаанбаатар: "Шинэ өнгө" ХХК, 2008).

2 사회주의 시대(1911~1990년)의 정치경제와 환경운동

청나라 지배를 종료하기 위한 1911년 인민운동에 성공한 몽골은 1917년 러시아 혁명의 영향으로 1921년 인민혁명을 이끌어 러시아 다음으로 세계에서 두 번째 사회주의 국가로 탄생했다. 몽골은 사회주의 국가 건설을 성공적으로 진행하기 위해 단계별 조치를 취하였다. 1921~1940년은 반봉건주의 혁명 시기로, 소위 착취계급 제거와 노동자계급 형성에 몰두했다. 1940~1960년은 민주혁명 시기로, 5개년 계획경제와 집단농장을 추진하고 산업화 기반을 닦기 시작했다. 1960년 이후는 실질 사회주의 발전 시기로, 사회주의식 물질-기술 인프라 구축, 산업화 촉진, 농축업 기계화, 산업도시 건설이 진행되었다.[5] 마르크스와 레닌주의 이념에 기초한 몽골인민혁명당이 사회·정치·경제 모든 분야를 통제하였다.

당시 몽골 경제는 농·축산업과 비철금속업에 기반한 것이 특징이었다. 축산 가공품과 동·몰리브덴 등의 광석을 구소련과 동유럽 국가로 수출하였으며, 경제상호원조회의(Council for Mutual Economic Assistance: CMEA 또는 COMECON) 국가들로부터 조립식 기계장비와 생산품을 대신 수입하였다.[6] 소련과 경제상호원조회의의 원조로 국가산업화를 촉진하기 위해 수도 울란바타르(Ulaanbaatar) 외에 다르항(Dark-

---

5 Ш. Бира ба Л. Бат-очир, *БНМАУ-ын түүх 8* (Улаанбаатар: Д. Сүхбаатарын нэрэмжит Хэвлэлийн комбинат, 1987), pp. 226-333.

6 김홍진, 「몽골의 경제개혁과 재정구조 변화」, 『국제지역연구』 제1권 2호, 1997, p. 119.

han), 에르데네트(Erdenet), 바가노르(Baganuur) 등 산업도시를 건설하여 카페트·목재가공·육류·모피 공장을 세웠다.

중앙통제계획경제로서 몽골은 기타 사회주의 국가들과 마찬가지로 경직적이고 비효율적인 산업구조를 특징으로 하였다.[7] 1960년까지는 경제성장이 양호했으나, 1970년대부터 위기가 발생하면서 1980년대에는 중앙계획경제가 한계를 드러내기 시작했다.[8] 환경에 위기가 나타나기 시작하고 국가가 주도하여 환경 관련 단체를 조직하고 캠페인을 하기 이전인 1970년대 중반 이전 시기는 환경운동의 전사기로 볼 수 있다.

사회주의 시대 환경운동은 크게 두 시기로 나누어 살펴볼 수 있다. 첫 번째 시기는 1974~1985년까지로 국가주도적 환경운동이 진행된 시기이다. 두 번째 시기는 1985~1990년까지로 시민환경운동이 등장하여 성장한 맹아기이다. 각 시기별 환경운동의 내용과 주체, 주요 환경문제와 환경운동의 특성은 다음과 같다.

1) 국가주도적 환경운동 시기(1974~1985년)

(1) 자연환경보호협회의 등장 배경

1960년대 산업이 발달하기 전까지 몽골에서는 자연보호가 국가의 주요 관심 대상이 될 정도로 환경오염이 심각하지 않았다.[9] 그러나 국제

---

7 바야르체첵, 「몽골사회주의 체제 전환의 정치경제」, 연세대학교 정치학과 석사학위논문, 2002.

8 MoAX, *Монголын ардчилсан хувьсгалын түүхэн замнал* (Улаанбаатар, 1999), pp. 13-14.

9 아마르후(O. Амархүү)에 따르면, 1960년 산업화 이전에는 환경문제가 별로 심각하지 않았던 이유를 "첫째, 산업화가 아직 되지 않은 상태에서 국민들은 자원을 국영농장 운영 범위를 넘지 않은 수준에서만 사용했다. 둘째, 당시 자연생태계의 자생력이 회복 가능 수준이었다. 셋째, 자연생태에 대한 인위적 영향이 약했기 때문에 국가는 환경문

사회의 지구환경 문제에 대한 논의는 몽골이 환경문제에 대한 대책을 마련하는 간접적 요인으로 작용했다. 1960년대 말에서 1970년대 초 서구에서 이슈가 된 『침묵의 봄(*Silent Spring*)』과 1972년 로마클럽(The Club of Rome)의 보고서 「성장의 한계(The Limits to Growth)」의 발간, 신사회운동의 등장이 당시 국제 분위기를 잘 보여준다. 1972년 6월 스웨덴 스톡홀름에서 열린 국제연합(UN) 최초의 환경 관련 국제회의인 '인간환경회의(United Nations Conference on the Human Environment)'와 그 결과로 같은 해 12월 발족한 유엔환경계획(UNEP)은 몽골이 환경문제에 관심을 갖게 된 중요한 배경이 되었다.

보다 직접적으로 몽골이 자연환경 보호를 고려하지 않을 수 없게 된 가장 결정적인 계기는, 1972년 9월 20일 소련 최고중앙위원회 결정문에서 자연환경의 보호와 재생, 합리적인 사용, 자원고갈 방지를 사회주의 건설의 일부로 특별하게 강조한 것이었다.[10] 1972년 12월에 열린 몽골인민총대회의에서 자연보호 문제는 국가만이 아니라 국가와 국민이 함께할 일이라는 데에 합의하였고, 대중단체 설립이 필요하다고 판단하기에 이르렀다. 이후 1974년 12월 20일 국가중앙위원회가 541호령을 내려 단체의 설립과 정관을 승인하였다.[11] 1974년부터 준비 과정을 거쳐 1975년 12월 5일 공식적으로 자연환경보호협회(이하 '협회')라는 대중적인 환경보호단체가 설립되었다.[12] 당시 신문에서는 단체의

제를 심각하게 다루지 않았다"는 세 가지로 설명했다. O. Амархүү, *Хүрээлэн байгаа орчныг хамгаалах төр эрхийн онолын зарим асуудал* (Улаанбаатар: Улсын хэвлэлийнг газар, 1979), p. 127.

10 위의 책, p. 4.

11 МБОХХ, *МБОХН 25 жилд* (Улаанбаатар: Интерпресс, 2000), p. 3.

12 준비 과정 1년 동안 관료, 학계, 노동자, 목동, 농민의 대표자들로 이루어진 임시조직위원회를 구성하여 공장, 학교, 병원, 협동농장, 문화기관 등을 찾아 협회의 기관회원으로 가입하도록 홍보에 나섰다. 위의 책, p. 9.

설립 목적에 대하여, "협회는 자연과 자원의 보호와 합리적 사용, 도시 녹지화, 생활 및 공업 폐기물 오염 예방, 환경법 준수 강화, 환경교육과 홍보에 대중의 참여를 책임진 자발적 단체"라고 소개하였다.[13]

(2) 자연환경보호협회의 규모와 구조

협회에 가입해야 할 구성원은 처음부터 국가가 지목했다. 반드시 가입해야 할 국가기관과 조직 목록에는 농업부, 교통부, 문화부, 외교부 등 국가고등기관과 부속 공공기관들은 물론 소설가위원회, 예술인협회, 체육위원회, 노동조합, 혁명청소년연합 같은 대중조직들이 포함되어 있었다.[14]

협회는 결성 초기부터 "자연환경 보호는 모든 인민의 의무"라는 슬로건을 강력하게 내세워 많은 인원을 회원으로 만들기 위해 노력했다. 설립 당시 일반회원 수가 17만 명이고 기관회원 수가 1,000개였던 데서, 1980년 제2차 대회 때는 일반회원이 27만 명, 기관회원이 1,500개에 이를 정도로 그 수가 파격적으로 늘었다. 그리고 1985년에 열린 제3차 대회 때는 일반회원 34만 명, 기관회원 2,000개가 등록되었을 정도로 그 규모가 빠르게 성장하였다.[15]

협회의 중앙위원회가 전국 협회를 운영했다. 위원장, 즉 협회의 대표는 국가에서 지명하였다.[16] 지방에도 각각 지방중앙위원회를 구성하였다. 협회 중앙위원회와 각 지방중앙위원회는 동식물, 초지, 대기의 질, 국가보호구역, 지하자원, 역사문화유산 보호·관광, 법률준수

---

13 Амархүү, 앞의 책, p. 133.

14 МБОХН, "МБОХН-ийн анхдугаар хурлын протокол," 1975.

15 МБОХН, *МБОХН* (Улаанбаатар, 1988), p. 4.

16 1975~1985년에는 마이다르(Д. Майдар), 1985~1990년에는 롭상곰보(С. Лувсангомбо) 두 사람이 대표였다.

감시 등의 문제를 담당한 12개의 세션들로 나뉘어 활동했다. 협회의 장기 정책은 혁명당의 지시와 간섭에 의해 세워진 5개년 계획에 기초했다.

특별히 젊은 층을 포괄하는 '젊은 자연인들(Zaluu baigalchid)'이라는 청소년 조직을 두어 정책 자문을 제공하고 재정을 지원했다. 동독과 불가리아에서 성공한 학생순찰운동 사례를 몽골에서도 실험한 것이다. 이는 17만 명의 회원, 300개 지부와 1,100개 파트너십, 1,360개 서클들을 총괄하는 대규모 조직이었는데, 전국 각 학교에 결성되어 학생들을 관리하면서 환경교육과 순찰단속 등의 활동으로 자연보호를 지원하였다.[17]

(3) 재원조달과 활동

국가 주도로 설립한 단체라고 해서 재정 면에서 국가에 전적으로 의존한 것은 아니었다. 건물과 관료 및 관리자의 봉급은 국가로부터 지원받았지만, 회비와 '자연환경보호자금'이라는 자체 자금 조성을 통해 운영비를 마련했다. 1975년부터 1990년까지 모든 회원에게 매달 1투그릭(төгрөг: 몽골 화폐 단위), 기관 회원에는 총 월급의 0.2%에 해당하는 금액의 회비를 강제로 부과하였다.[18] 자체 자금은 1979년부터 산림벌목 허가비의 8%, 수렵 허가비의 3% 상당의 금액을 조달하여 준비할 수 있었다. 수렵은 국가의 매우 중요한 자원 원천이었다. 수렵 대상인 늑대, 토끼, 여우, 스라소니, 초원 고양이, 각종 새 등 7~12가지 동물의 고기와 모피 등을 러시아에 수출했다.[19] 1990년 협회가 국가로부터 독

---

17 МБОХН(1988), pp. 4, 13.

18 위의 책, p. 24; МБОХХ(2000), 앞의 책, p. 21.

19 Дэлхийн банк. "Зэлүүд тал: Монголын ан амьтны хууль бус худалдааны хямралтай асуудлууд," *Дэлхийн банк*, 2006. 〈https://mongolia.wcs.org/Portals/110/.../WCS%20

립하여 시민단체가 되었을 때 자연환경보호자금 잔금인 300만 투그릭을 국가에 반납해야 했고, 사무실도 비워 줘야 했다. 오래된 회원들은 당시 갈 데가 없어 난감했던 것을 지금도 기억하고 있다.[20]

협회 역사 기록문서들에 따르면 협회의 대표적 활동 방식은 캠페인이었다. 1976년부터 매년 '자연환경 보호의 달' 행사를 정기적으로 운영했다. 1년에 두 번 봄과 가을(4월 15일과 9월 15일부터 각 한 달간)에 열었는데, 매번 특정한 주제를 정해 한 달간 그 주제에 집중하여 진행하는 큰 행사였다. 한 달간의 캠페인 기간 동안 최대 1,000개의 기관과 20만 명의 노동자들이 참여했다. 주제는 매번 달랐는데, 예를 들어 '토양과 산림을 보호하자!', '야생동물과 자연의 보호를 강화하자!', '사냥감—자원을 보호하자!', '환경법률 홍보·교육·인식 수준 향상의 달', '낭비 없는 기술과 환경문제', '자연과 청년들' 등 한 달 동안 다양한 문제들을 다루었다.[21]

당시에는 자연을 대상으로 한 불법행위 대부분이 개인의 의식과 책임 문제이자 그들을 고용한 기관들의 책임과 연결되는 문제라고 보는 인식이 지배적이었다. 국가는 정책 실패에 대한 책임에서 분리되어 환경오염 발생을 주로 국민 책임으로 떠넘기는 관점이 보편적이었다. 그렇기 때문에 환경교육과 인식 수준의 향상이나 자연보호 위반행위의 감시 대상은 늘 국민이었다. 당국의 환경법 준수 여부를 확인하기 위해 기습검사와 같은 감시와 단속은 오류를 찾아 개선하기 위한 하나의 방식이었다. 시민들의 자연환경법 위반이 적발될 경우 벌금을 부과하거나, 다른 한편으로는 사회주의 경쟁과 훈장을 활용해 사람들의

MNG.pdf〉

20 МБОХХ, *МБОХН 40 жилд*, *Эх бэлтгэл*, 2016, p. 9.

21 몽골국립문서보관소 소재 일련번호 386의 문서들 참조.

참여를 자극하기도 했다. 1976년부터 2년에 한 번씩 주최한 사회주의 경쟁 대회와 협회가 자체적으로 수여하는 '몽골인민공화국의 자연보호자' 훈장이 그 예이다. 수상자에게는 상당한 자부심을 주었고, 다른 회원들을 자극하는 효과가 있었다.

(4) 주요 환경문제와 대응 사례

인구와 공장이 밀접한 지역일수록 환경오염이 많았다.[22] 1960년대 중반부터 1980년대 말까지 경제상호원조회의 협력계약으로 150개의 공장이 세워졌는데, 대부분 규모가 거대하고 시설과 기술이 뒤처진 것이었다. 1988년 완공한 울란바타르 양모공장만 해도 시설과 기술이 1960년대 수준이었기에 자연과 생태에 미치는 피해가 컸다.[23]

도시지역에서는 주로 산업단지에서 수질·대기질 오염, 토질 저하, 폐기물 배출 등 위생문제가 발생했다. 예를 들어, 도시지역에서는 물 사용법이 잘 지켜지지 않아 식수 원천이 오염되는 사례들이 발생하였다. 울란바타르시의 하수정화시설은 하루 처리용량이 4만m^3였지만 1970년부터 하루에 5만~5만 5천m^3의 하수를 과잉 처리하여 톨강(Tuul gol)에 흘려보내고 있었다. 당시 전국적으로 100개의 공장과 공공기관에서 하수처리시설이 작동하지 않았다.[24]

울란바타르시 대기오염 문제는 이때도 관심 대상이었다. 울란바타르시는 연간 8만m^3의 땔감과 120만 톤의 석탄을 소비하였다. 당시

22 몽골 통계청에 따르면 총 인구수는 1956년 약 85만 명, 1963년 약 100만 명, 1969년 약 120만 명, 1979년 약 160만 명, 1989년 약 200만 명으로 인구밀도가 매우 낮다.

23 Ж. Болдбаатар, *Монголын 'Перестройка'-ийн (өөрчлөн байгуулалт) түүхийн судалгаа* (Улаанбаатар: Соёмбо принтинг, 2017), pp. 36–37, 39.

24 МБОХН, "Аймаг, хотын эдийи засаг, нийгмийн хөгжлийн цогцолбор төлөвлөгөөний байгаль орчныг хамгаалах, түүний нөөц баялгийг зохистой ашиглах арга хэмжээг боловсруулах аргачилсан зөвлөмж" (1986), p. 43.

위생문제 담당기관에 의하면, 시의 이산화탄소와 이산화황 농도는 허용기준을 넘어선 상태였다. 이 문제를 해결하기 위해 열병합발전소의 필터 교체, 효율성 증대, 길거리 도로포장이나 녹지화, 위생청결 준수, 쓰레기 소각 중단 등의 조치가 필요했다. 대기오염을 줄이기 위하여 1988년 완전소각 기능 난로를 처음으로 실험해 본 후, 100개 정도를 생산하여 저소득층 가정에 무료로 보급하기도 하였다.[25]

지방의 경우에는 농경지 관리, 초원에서 자동차들의 무분별한 목축지 주행 금지, 산불 예방, 산림해충 제거, 불법사냥 단속, 멸종위기 동물 보호활동을 자주 실시했다. 당시 과학적 근거가 없는 주먹구구식 영농으로 토양이 황폐화되었는데, 바람과 물의 관리 소홀도 농경지를 황폐화시키는 원인이 되기도 하였다. 특히 바람이 초속 10~15m로 세게 불수록 토사가 더 많이 날려 이에 대한 우려가 깊어졌다. 토지 황폐화 현상은 농지뿐 아니라 목초지에서도 발생하였다. 무엇보다 자동차 운행이 무질서하게 이루어졌기 때문이었다.

예컨대, 돈드고비 아이막(Dundgovi Aimag)[26]에서 자동차도로가 60여만 헥타르 면적을 차지하였는데, 이는 전 국토의 약 10%에 해당하는 규모였다.[27] 헨티 아이막(Khentii Aimag)의 베르흐(Berkh) 탄광에서 초이발상(Choibalsan)시까지 가는 편도에만 9개의 자동차 갈림길이 생겨 목초지를 파괴하였다. 따라서 주민을 동원하여 농지나 자동차 도로 인근에 작은 숲을 조성하는 일을 해야만 했다. 각 아이막에서는 자체 도로망을 구축하거나 특히 목초지에서의 자동차 운행질서 관리와 감시가 필요했다. 지방에는 포장도로가 거의 없었기 때문에 차량 운전자

25 위의 글, p. 45.

26 아이막(Аймаг)은 몽골의 행정구역 중 하나로, 한국의 행정구 '도' 정도에 해당된다.

27 위의 글, p. 37.

들이 초원에서 달리고 싶은 대로 달려 자연을 훼손하는 사례들이 있었다. 이런 문제점을 없애기 위해 교통경찰청과 몽골혁명청년연합이 공동으로 1982~1985년 사이 지방도로에 18,800개의 도로표지를 설치하고, 6,500개의 갈림길을 정리하는 조치를 취하였다.[28]

산에서는 쓰레기 무단투기, 숲과 열매를 파괴하거나 오염시키는 일, 불법벌목 등의 문제들이 단속과 개선 대상이었다. 예를 들어 투브(Töв), 셀렝게(Selenge), 아르항가이(Arjhangai), 헨티(Jhentii), 불강(Bulgan), 옵스(Uvs), 바양-울기(Bayan-Ölgii) 등 아이막에서 목재를 준비할 때 나무의 나이를 고려하지 않고 단순히 접근하기 편한 곳에서 벌목이 이루어졌다. 또한 산불로 대규모 면적의 숲과 목초지가 불에 타서 큰 피해가 발생하기도 하였는데, 사람들의 부주의가 주요 원인이었다.[29]

1970년 밀렵으로 인해 국가 납품 물량이 감소하였다. 마멋(marmot) 가죽 수는 1950년 납품한 수량에 비해 51%, 땅다람쥐와 다람쥐 가죽 수의 약 25%, 야생동물 고기의 58% 정도, 새 고기량이 약 16%가 줄어들었다. 협회는 멸종위기에 이른 동물을 살리기 위해 사육이나 양식 사업을 운영하고 법적으로 사냥을 금지하는 조치를 취하여 개체 수를 조절하려고 했다. 밍크, 민물고기, 사향쥐, 마눌고양이, 가젤(gazelle), 큰코영양, 야생낙타, 코사크여우, 오리, 꿩 양식 사업을 협회 비용으로 운영하였다.[30] 멸종위기 동식물 실태조사를 토대로 1987년 '빨간 책자(Red Book)'을 출판한 것이 대표적인 사례이다.

이 시기에는 관련 규칙과 법 준수 여부, 책임 부과 등 단속과 감시

---

28 위의 글, p. 41.

29 위의 글, p. 40.

30 МБОХХ(2016), 앞의 책, p. 18.

가 환경문제 해결을 위한 중요한 활동 방식이었다. 자연에 대한 국가와 대중의 감시를 강화하기 위하여 울란바타르시와 지방에서 460여 명의 감독을 지명하여 관리하게 하거나, 수시로 국가 감찰당국과 공동으로 조사나 단속을 벌였다.[31] 또한 홍보와 교육도 중요한 환경문제 해결 방식이었다. 각 공공기관 소속 기초 조직의 역할이 바로 노동자들을 상대로 홍보와 교육을 수시로 실시하는 것이었다. 주로 자연환경 문제에 관한 강연이나 간담회를 개최하거나, 대중신문이나 라디오, 텔레비전, 게시판을 활용하여 대중을 훈육시켰다.

협회의 '젊은 자연인들' 청소년 조직은 학교에서 전문교실 운영, 소규모 박물관 설립, 유적지 탐사 여행, 에코투어(ecotourism), 교육과 홍보, 환경영화 상영 등의 활동에 되도록 많은 인원이 참여하도록 애썼다. '젊은 자연인들'은 학생 순찰대로도 활동했다. 각 학교에 토지와 토양을 보호하는 '노란 순찰', 수자원 보호활동을 담당한 '파란 순찰', 산림과 녹지를 보호하는 '녹색 순찰'들을 조직하였다. 순찰들은 주로 정한 지역을 돌며 자연환경 상태를 파악하고, 위반 시 문제를 일으킨 사람들을 체포하거나 잘못된 문제가 발견될 경우 즉시 고치도록 요구하였다. 협회 중앙위원회는 순찰을 운영하는 데 필요한 재정을 지원하고 정책자문을 제공했다.[32]

(5) 국가주도적 환경운동의 특징

1987년 몽골 정부가 환경부를 따로 설립할 때까지 자연환경보호협회가 국가와 대중을 잇는 환경보호활동 전반을 맡았다. 협회의 활동이

31 МБОХН, "Байгаль орчныг хамгаалах арга хэмжээний 81-85 оны төлөвлөгөөнийн гүйцэтгэлийн танилцуулга"(1985), p. 18.

32 МБОХХ(2016), 앞의 책, p. 13.

당시 환경운동의 주축이 되었던 만큼 협회 활동의 특징을 당시 환경운동의 특징으로 이해할 수 있다.[33] 협회는 큰 조직성과 대중성을 기반으로 하여 사회 전체의 환경인식 수준을 일정 정도 향상시키고 국가 자연환경을 전체적으로 보호하는 데 기여하였다. 또한 단체의 설립과 활동으로 이전까지 파편화 또는 소외되어 있던 환경보호 정책과 활동에 사람들을 집중적으로 동원하는 일을 진행함으로써 환경문제에 대한 인식이 사회적으로 확산되는 데 이바지했다. 그럼에도 불구하고 협회의 활동은 다음과 같은 한계를 보였다.

첫째, 권위주의적 제도로 인해 당-국가의 정책을 비판하는 도전적인 환경운동이 이루어지기 어려웠다. 권위주의 국가의 강압성 때문에 전국을 포괄하는 방대한 네트워크 조직이 가능하기도 했지만, 협회 활동은 오직 당의 지배를 영속화하기 위한 도구 역할을 하였다. 예를 들어, 국가의 산업화와 광업개발 정책으로 인한 환경오염 문제를 비판할 수 있는 정치활동은 사례를 찾아보기 어렵다. 그 결과 운동 방식이 캠페인, 교육활동, 단속 등으로 국한되었다. 자연환경 오염 예방 또는 자원 절약에 대한 인식 개선을 위한 교육을 실시하거나 자연 보전과 위생관리 운동이 주로 진행되었을 뿐이었다. 회원들은 회원 가입, 자격 유지, 의사결정, 활동과 회비납부 등에서 자발적 주체가 되지 못했다.

둘째, 이념에 있어서는 당시 사회 상황으로 인해 마르크스와 레닌주의 이념만을 수용하였다. 국영 생산수단과 국유자원을 동원하여 합리적 계획과 과학기술 혁신에 의거한 사용, 보호, 관리를 강조하였지만,[34] 실질적으로 대부분의 현실 사회주의 국가들의 산업구조는 낭비

---

33 이러한 자연보호협회는 루마니아를 제외한 대부분의 사회주의 국가들에 최소한 하나씩 설립된 것으로 알려졌다.

34 Амархүү, 앞의 책, pp. 21-24.

가 많고 비효율적이었다. 자연자원의 효율적 이용의 실패가 만연했지만, 전체주의 사회보다는 자본주의 사회에서 사적 이윤을 위한 착취적 자본투자가 자연환경을 더 악화시킨다는 신념이 확고했다. 자연과 자원은 사회주의 제도 안에서 좋은 삶을 누리기 위해 반드시 필요한 것으로, 좋은 계획과 효율적 관리를 통해 낭비 없이 활용해야 한다는 입장이었다.[35] 소련공산당은 마르크스주의 이념을 기초로 자연자원을 개발 및 활용해야 하는 것으로 간주하였는데, 이는 몽골에서도 그대로 재연되었다. 자연환경은 인간과 공존하는 그 어떤 것이 아니라, 인간을 위한 극복과 관리의 대상이었다.[36] 동물은 생명을 가진 개체로서, 또 자연생태계의 한 개체로서 보호받아야 하는 존재라기보다, 사회주의 건설 과정에 제공되어야 할 자원의 일부이자 도구로 여겨졌다. 자연생태계에 관한 전통 유목민의 자연관이나 기타 다원주의적 이념들은 거의 배제되었다.

셋째, 국제교류의 면에서는 동유럽의 경제상호원조회의 회원국가 같은 한정된 사회주의 국가들과의 관계를 주로 고집하였다. 이것은 당시 냉전 시대의 국제적 분위기 때문이었다. 예를 들어, 1976년부터 러시아, 불가리아, 체코슬로바키아 등과 같은 국가들의 자연환경보호단체들과 관계를 맺으며 상호 방문하고 경험을 교환하였다.[37] 특히 전러시아자연보호협회(Bukh Orosyn Baigal' Örchnyg Khamgaalakh Nıigemleg)와 소련에서의 자연환경보호 경험을 서로 교환하며 교류했고, 1977년부터는 울란바타르시 주재 소련의 공기관 옆에서 '자연과 인간(Priroda

35 С. Жигж, *Байгаль хамгаалах үзэл суртал* (Улаанбаатар: Улсын хэвлэлийн газар, 1983), p. 52.

36 강윤희, 「소련 환경운동의 발전과정 및 특징: 환경단체의 조직적 특성을 중심으로」, 『국제정치논총』 제49권 5호, 2009, p. 360.

37 МБОХХ(2016), 앞의 책, p. 27.

i chelovek)' 클럽을 공동으로 운영했다.[38] UN 회원국으로서 유엔개발계획(UNDP)에서 주최하는 다양한 환경 프로그램에 참여했다. '멸종위기 동식물 국제거래에 관한 국제협약(Convention on International Trade in Endangered Species of Wild Flora and Fauna, CITES)'에 1975년부터 가입하여 자국 동식물을 보호하는 의무를 지니기도 하였다. 하지만 대체로 사회주의 국가들과의 교류가 주된 부분으로 국제교류가 다소 폐쇄적인 경향을 보였다.

2) 시민환경운동 맹아기(1985~1990년)

1985년 구소련의 개방 정책은 많은 사회주의 국가들 내에서 환경오염의 대한 목소리를 낼 수 있는 기회를 제공하였다. 특히 1986년 체르노빌 원전 사고는 그동안의 우려와 불만을 행동으로 이어질 수 있도록 하는 자극한 원동력이 되었다.[39]

몽골에서도 일부 지식인들이 주요 언론을 활용하여 1987~1988년 1년 사이에 수차례 비판적 기사를 내보냈다.[40] 1987년 기자 발도르지(Ts. Baldorj)의 "홉스굴(Khövsgöl) 호수, 사형장에 서다"라는 기사가 유명하다.[41] 이 글에서 발도르지는 러시아에서 석유를 공급받는 유조차량이 겨울철 언 호수 위로 운행되는 시스템의 위험성을 지적하며 자연환경보호협회의 무능함을 비판했다. 다음으로 그는 소련과의 공동 조사단이 발표한 인(燐) 잠재력이 홉스굴 호수 인근 지역에 상당하

38 МБОХН(1988), 앞의 책, p. 9.

39 JoAnn Carmin and Adam Fagan, "Environmental mobilization and organization in post-socialist Europe and former Soviet Union," *Environmental Politics*, vol. 19, no. 5 (September 2010), p. 693.

40 Болдбаатар, 앞의 책, p. 72.

41 홉스굴 호수는 몽골에서 가장 깨끗한 호수로, 러시아 바이칼 호수와 연결되어 있다. 이 호수는 몽골 식수의 대다수를 차지한다.

다는 조사 결과를 들었다. 인을 가공한 비료공장은 결국 호수에 오염을 가할 수밖에 없으므로 인 개발 프로젝트는 철회되어야 했다. 그는 기사에서 "러시아의 바이칼 호수 인근에 세워진 제지공장 폐지를 위해 러시아인들이 끝까지 투쟁했는데, 우리는 흡스굴 호수를 지키기 위해 가만히 있으면 안 된다. 자연생태 보호보다 더 우선이 되는 국익이 있을 수 있을까?"라고 문제를 제기했다.

1987년에 기자 체벤-오이도브(Sh. Tseven-Oidov)가 쓴 "복드칸산이 비참하게 당했다"와 1988년 잠츠(G. Jamts)가 쓴 "산림이 훼손되고 강물이 오염되고 있다"라는 제목의 기사는 울란바타르시의 복드칸산과 톨강의 생태문제에 대한 우려를 다루고 있다.[42] 이것은 직간접적으로 국가의 반생태적 정책을 비판했다는 점에서 용기 있는 도전이 아닐 수 없었다. 그들이 제기한 문제는 사회적 공감을 얻었는데, 그 결과인 개발 프로젝트가 무산되었고 당은 제기된 자연 남용에 대해 조치를 취했다. 이것은 환경문제에서 국가정책을 비판하는 목소리와 시민들의 자발적 시민환경운동이 시작되었다는 신호였다.

소련에서 개혁 정책이 한창 진행 중이었는데도 몽골의 혁명당 지도자들은 별다른 대응을 내놓지 못했다. 이에 70여 년간의 공산주의와 일당 체제를 종식시킬 수 있는 첫 집회를 세계인권선언일인 1989년 12월 10일 몽골민주연합(Mongolian Democratic Union)이 주최하였으며, 첫 집회 때 시민 약 300명이 참가했다.[43] 이 운동에 반체제적

42 이 기사들의 몽골어 제목은 다음과 같다. Ц. Балдорж, "Далай ээж цаазын тавцанд"(1987); Ш. Цэеэн-ойдов, "Зарлигаар дархалсан ууланд зэрлэгээр хүмүүс халджээ"(1987); Г. Жамц, "Эх орны ногоон хүрэм сэглэгдэж, Туул гол өдөр шөнөгүй бохирдож байна"(1988).

43 S. Amarsanaa, Ts. Maidar and D. Khaliun, *How Democracy was born in Mongolia* (Ulaanbaatar: Munkhiin Useg LLC, 2018), pp. 6-7.

성향의 대학생, 교수, 학자, 기자, 작가, 시인들로 구성된 녹색주의자들의 '녹색의 길(Nogoon Zam)'이란 비공식 조직이 동참했다. 처음 이 조직은 몽골국립대학교와 폴리텍대학 학생들이 인 개발 반대 목적으로 조직한 것이었는데, 민주화 과정에서 다양한 주체들이 참여하게 된 것이다. 반자연적인 국가정책과 자연환경보호협회의 비독립성이 그들의 비판 대상이었다. 이 비공식 조직은 1990년 1월 조직이 공식화되어 '녹색연대(Nogoon Evsel)'로 발전하였고, 같은 해 3월 9일 '녹색연대', '녹색의 길', '하탕-톨(Khatan Tuul)' 조직들이 연합하여 몽골의 제3 정당인 녹색당(Nogoon Nam)이 탄생하는 성과를 올렸다.[44]

녹색당은 1992년 새 헌법에 국민이 환경적 위협 없이 안전하게 살아갈 권리를 강조하는 조항을 명시하도록 영향력을 행사하였다.[45]

44 MoAX, 앞의 책, pp. 80-81.

45 몽골의 녹색당은 아시아에서 최초로 창당된 녹색당이다. 녹색당은 1992년 선언된 새 민주 헌법 16조 2항의 "국민들은 깨끗하고 안전한 환경에서 살 권리와 환경오염과 자연재해로부터 보호받을 권리가 있다"는 사항을 헌법에 명시하도록 하였다. 하지만 체제전환 과정에서 환경보호의 필요성에 대한 국민들의 인식 부족과 사회 전체적으로 민주화 운동과 민주당 결성의 의미가 상당히 컸던 나머지, 사회 전반적으로 녹색당에 대한 지지나 관심은 그리 크지 않았다. 2004년이 되어서야 민의당(Иргэний Зориг Нам)과 연대하여 출마한 한 명의 국회의원을 배출할 수 있었다. 녹색당에 대한 구체적 정보는 녹색당 홈페이지 참조.

3
자본주의 시대 정치경제와 환경운동

1) 시민환경운동 형성기(1990~2000년)

(1) 체제전환 이후 상황과 환경문제 심화

몽골 국민들은 평화적 민주화 과정을 통해 1992년 사회주의를 탈피하여 새 헌법을 선언하였다. 일당체제 종식, 다당제 도입, 계획경제 포기, 사유재산과 사업경쟁 허용, 다원주의 인정, 각종 시민단체 등장 같은 용어들은 이 시기 몽골의 주요한 이념적 지향을 드러낸다.

그러나 경제적으로 상당한 타격을 받아야만 했는데, 소련과 경제상호원조회의와의 경제적 관계가 중단되었기 때문이었다. 신체제 시장경제로의 이행 과정에서 초기에 마이너스 경제성장, 실업난, 초인플레이션(hyperinflation) 등 시련은 불가피했다. 몽골은 경제위기 대응으로 신자유주의식 개혁 프로그램을 택하였다.[46]

첫 대통령 오치르바트(P. Ochirbat: 1942~, 재임 1990~1997)는 경제위기를 극복하는 해결책으로 1992년 국가 '금 프로그램(Alt khötölbör)'을 추진하였다. 신자유주의적 경제개혁의 일환으로 외국인 광업투자를 유치하고 외화를 벌어들이자는 것이었다. 특히 1997년 통과된 새 광물법은 "아시아에서 가장 투자자 친화적이고 실현 가능한 법"으로 인정받을 정도로 광물 개발을 국가발전의 초석으로 삼았다. 그 결과 연간 700kg이었던 금 생산량을 11톤까지 끌어올릴 수 있었다.[47]

46 김홍진, 앞의 글, p. 120.
47 Dalaibuyan, 앞의 글, p. 17; Н. Ариунтуяа, "Арван долоон он, уул уурхайн салбарт,"

그러나 국영공장 대부분이 폐쇄되어 대부분의 노동자들은 실직자가 되었다. 빈곤이 심각해지면 자연에 의존하게 된다. 사람들이 생존을 위해 가장 먼저 취한 방식은 자연을 파괴하는 것이었다. 과거 사회주의 체제에서 준수했던 환경보호 규율과 캠페인은 힘을 잃었다. 마을 주민들이 공동으로 사용해 온 숲, 목초지, 야생동물 같은 공동자원(common-pool resources)이 먼저 착취와 개발의 대상이 되었다. 많은 사람들이 땔감을 구하기 위해 숲은 물론 도심지역의 나무까지 몰래 벌목하였다. 기존의 국가 주도적 야생동물 사냥 관리와 거래 시스템도 무너졌으며, 중국이 야생동물 자원의 수출시장으로 등장하였다.[48] 사슴뿔, 다람쥐 가죽, 마멋 가죽, 곰 쓸개 등 상품가치가 있는 야생동물을 불법으로 중국에 수출하면서 많은 야생동물들이 희생되었다.

1995~1996년에 새로 생긴 대형 광산 근처에서 많은 실직자들이 생존을 위하여 광물을 불법으로 채취하기 시작했다. 이 불법 광부들을 국제적으로는 '맨손 광부(artisanal miners)'라 지칭하지만, 몽골에서는 '닌자 광부(ninja miners)'라는 별명으로 불렸다. 등에 대야를 메고 다니는 모습이 거북을 닮은 데다, 실제로 닌자처럼 남의 광산에 몰래 들어가 활동하기 때문에 붙은 이름이었다. 닌자 광부들은 주로 금을 비롯해 텅스텐, 석탄 등을 채취하여 암시장에서 거래했다. 문제는 그들이 비과학적이고 통제 없는 채굴 방식을 취함으로써 지역환경을 파괴한 데 있었다. 특히 금을 채취하는 과정에서 무분별한 수은 사용, 자연경관 훼손, 초지에 쓰레기 배출과 오염, 지역주민과의 갈등 등의 문제가 발생하였다.[49] 2010년이 되어서야 몽골 정부가 불법 광부들을 조직화

Mongolian Mining Journal, vol. 12, no. 109, 2017, p. 65.

48 Дэлхийн банк, 앞의 글.

49 '닌자 광부'가 등장하게 된 주요 원인은 국영공장과 광산의 폐쇄로 인한 실업이다. 몽골 광물청 조사에 의하면, 2006~2010년 동안 최소 약 3만 5천에서 6만 명의 사람들이

하는 대책을 취하기 시작하였다.

또 다른 중요한 변화는 국유재산의 사유화였다. 대표적인 사례가 협동농장을 해체하여 모든 국민에게 가축을 배당한 것이었다. 그 결과 자신과 친척들이 배당받은 가축을 목축하여 생계를 유지하는 신흥 목동들이 많이 생겨났다. 그러나 신흥 목동의 등장이 오늘날 공동자원의 존속을 위협하는 과잉 방목과 그로 인한 초지 훼손이란 문제를 낳을 것이라고는 아무도 생각하지 못했다.

이러한 사회변화의 과정에서 각 지방에서 울란바타르시와 같은 대도시로의 이동이 잦아졌다. 신체제에서 이동의 자유가 주어진 데다, 일자리를 잡지 못해 경제적 어려움에 처하자 도시에서 기회를 찾기 위해서였다. 그 결과 다양한 도시환경 문제가 발생하였다. 울란바타르시가 오늘날 겪고 있는 대기·토양 오염, 식수와 위생 문제, 교통혼잡은 이때부터 시작된 심각한 도시화의 결과이다.

(2) 환경단체의 조직과 활동의 특성

몽골 환경운동의 역사에서 이 시기(1990~2000년)는 환경운동의 형성기에 해당한다. 체제전환 과정에서 몇몇 비공식 환경주의자들이 나타났고, 개방된 정치구조에서 여러 환경운동단체들이 등장하였기 때문이다.

사회주의 체제에서 자연환경 보호와 질서의 문제는 국가와 단체의 강한 감시 아래 어느 정도 통제와 관리를 받는 측면이 있었던 데 비해, 새로운 체제에서는 그런 통제력이 힘을 잃었다. 국가가 제대로 생계를 보장해 주지 못한 결과 사람들은 자연에 의존하여 생계를 해

생존을 위해 닌자 광부가 되었다. 쿨란, 「지속가능한 발전 관점에서 평가한 몽골의 맨손-소규모 금광업 합법화 정책」(서울대학교 환경대학원 석사학위논문, 2013), pp. 32-33.

결하려 했다. 양심적으로 번민하면서도 사람들은 자연환경의 파괴를 어쩔 수 없는 일로 받아들였다. 유명 영화배우조차 사슴 무리를 불법으로 사냥한 것이 적발되어 TV에 크게 보도되기도 했는데, 훗날 그는 생계를 위해 그런 일을 저질렀다고 고백했다.[50]

국제적으로는 1992년 리우환경회의(Rio Summit)에서 여러 나라의 환경시민단체 대표자들이 모여 '지구헌장(Earth Charter)'을 선언함으로써 전 지구적 환경문제에서 민간단체들의 역할을 강조하는 중요한 변화가 일어났다.[51] 이 회의를 계기로 1992~1996년 '환경보호법'을 비롯하여 토지, 산림, 수자원, 식물, 지하자원 보호와 합리적 사용에 관한 총 10개의 종합법이 제정되었다.[52] 1997년에는 NGO에 관한 법률이 제정되어 환경운동단체들의 감시자 역할이 부각되는 변화가 일어났다.

1999년까지 녹색연대, 몽골자연환경보호연합(MACNE), 산림보호자협회, 가젤보호협회, '발전과 환경', '기술과 발전', '오존', 관광협회, 새보호협회, 생태교육센터, 자연-21, 녹색인운동, 마멋보호협회 등을 포함한 39개의 환경단체가 설립되었다. 세계자연기금(World Wide Fund for Nature, WWF) 몽골지부에 따르면 대부분의 환경단체들이 1997~1998년 사이에 설립되었다. 과거에 비해 환경단체의 종류와 이념이 다양해졌음에도 불구하고, 이들 단체 대부분 멸종위기 동식물 보호사업, 국립공원 관리사업, 에코투어, 새와 민물고기 보호, 생태교육,

---

50 "Би хүний төлөө л хангайн амьтан руу буу шагайсан," *Entertainment* (온라인, 2013. 3. 22.).

51 몽골은 이 회의에서 채택한 '기후변화협약', '생물다양성협약', '사막화방지협약'에 서명함으로써 취약한 생태계, 사막화 문제, 멸종위기동물 보호에 관한 자국 법률을 강화하거나 개선하는 의무를 지게 되었다.

52 О. Амархүү и ба Ц. Чүлтэмнамдаг, *Байгаль Орчны Хамгаалал, -Экологийн аюулгүйн байдал-* (Улаанбаатар: 1997), p. 6.

목초지와 토양 관리, 사막화 방지, 톨강 보호 등 자연생태 보호 사업에 주력했다.[53] 이런 사업은 주로 국제 기구 및 단체들의 후원과 지원에 의존했다.[54] 그럼에도 불구하고 이 환경단체들은 여전히 전문성 부족, 적은 수의 회원과 활동가, 미약한 재정 형편, 열악한 업무시설, 대중을 상대하는 경험 부족 등 많은 어려움을 겪었다. 자연환경 문제를 해결하고 자연을 살려야 한다는 인식에 기반하여 여러 환경보호법이 제정되었지만, 과연 어떤 방식으로 실천에 옮길 것인지 그 적절한 방법을 찾는 것은 환경운동가들에게 어려운 과제였다.[55]

극심한 경제위기에 직면하여 몽골 정부는 외국인투자 유치를 통한 광물 탐사와 개발 사업으로 외화를 벌어들이려고 했다. 전반적으로 국민의 기본 생계가 해결되지 않은 상황에서 자연환경 문제에 크게 관심을 가질 여유가 없었다. 그럼에도 불구하고 자연환경 보호를 중시하는 환경단체들은 예전과 달리 국가의 통제에 구속받지 않고 운동을 모색하고 있었다. 이 시기의 대표적인 환경단체는 몽골자연환경보호연합과 세계자연기금 몽골지부로서, 이 두 단체는 지금도 활발하게 활동하고 있다.

① 몽골자연환경보호연합(MACNE)

전 몽골환경보호협회가 1990년 초기에 등장한 일부 비공식 환경운동조직들과 결합하여 새로운 단체로 재탄생하였다. 내부 회의를

53 Байгаль орчны яам, Дэлхийн байгаль хамгаалах сан, *Байгаль орчин ба төрийн бус байгууллагууд* (Улаанбаатар, 1999), pp. 41-60.

54 UNEP, AB, WB, WWF 등의 국제기구와 네덜란드, 일본의 국제단체들이 진출했다.

55 З. Жанжаадорж, "Байгаль орчныг хамгаалах иргэдийн санаачилга, үйл ажиллагааг дэмжин зохицуулах олон нийтийн зөвлөл, төрийн бус байгууллагуудын ажлын уялдаа холбоо," *Байгаль орчин ба төрийн бус байгууллагууд* (Улаанбаатар, 1999), p. 18.

열고 시대 변화를 반영하여 국가와 당의 정책과 통제로부터 완전히 독립된 시민단체임을 선언하고, 단체 이름을 '몽골자연환경보호연합(Mongolian Association for Conservation of Nature and Environment, MACNE)'으로 바꾸었다. 현재 회원수는 5만 명이며 전국에 지부를 두고 있어 여전히 큰 단체로 손꼽힌다. 5년에 한 번 총회를 열어 대표를 선출한다. 몽골자연환경보호연합은 청년 환경과 생태교육, 홍보, 유목민들의 전통적 자연관 되찾기, 정책 자문 등의 활동을 한다. 환경부 예산을 받아 국립공원 관리나 자연보존사업을 대행하는 것이 주된 업무이다.

② 세계자연기금 몽골지부(WWF Mongolia)
세계자연기금은 체제 이행 직후 몽골에 진출한 대표적 국제환경조직이다. 1992년 설립된 이래 지금까지 지난 30년 가까이 5개년 계획을 다섯 차례나 수립하며 다양한 자연보존사업을 추진해 왔다. 국가보호구역 확대, 숲 조성, 생물다양성·수자원 시스템 보호사업이 주된 활동이다. 예를 들어, 고비 사막의 멸종위기종인 큰코영양과 눈표범, 산양을 살리는 프로그램, 오농-발즈(Onon-Balj)강 유역 보호 프로그램을 운영했다. 현재까지 설정된 국가 총 보호구역 면적의 약 36%는 세계자연기금 몽골지부의 노력으로 확정되었다. 자연보존과 야생동물 보호를 위해 현지 24개의 에코클럽들과 협력하고 있다.[56]

56 WWF Mongolia 홈페이지 참조.

2) 시민환경운동 확산기(2000년 이후)

(1) 주요 환경문제

몽골 환경부에 따르면 지난 70여 년간 몽골에서는 지표면 평균기온이 2.1°C 상승하였다.[57] 이것은 지구 평균 수준에 비해 월등히 높은 변화이다.[58] 지리적 위치와 기후생태 조건 때문에 몽골 영토의 90%까지 사막화될 가능성이 있다. 몽골 환경부는 2015년 현재 총 영토의 76.8%가 사막화 혹은 토지 황폐화 현상을 겪고 있으며, 그중 정도가 심각하거나 매우 심각하다는 판정을 받은 면적이 22.9% 정도에 이른다고 밝히고 있다.[59]

광물 경제는 2000년 이후 계속 성장세를 보였고, 2011년 17.3%라는 역대 최고치를 기록했다.[60] 이는 2000년 이후 광물 개발 활성화와 세계시장 원자재 가격 상승의 결과이다. 그러나 자원 채굴에 의존한 결과, 경제가 성장할수록 자연은 크게 훼손되었고 동시에 피해지역 주민들의 분노도 쌓여 갔다. 유목민들은 강을 따라 생활하므로, 강물 오염과 경관 훼손을 둘러싸고 광산업체와 지역주민 간에 갈등이 빈번하게 일어났다. 광업 개발 과정에서 잘못된 관리로 인하여 2011년까지 551개의 강, 483개의 호수, 1,578개의 샘물이 사라졌

---

57 Байгаль Орчин Ногоон Хөгжлийн Яам, "Монголын байгаль орчны төлөв байдлын тайлан 2012-2013."

58 IPCC(Intergovernmental Panel on Climate Change) '4차 보고서'에 따르면 1906~2005년 사이 100년간 지구 평균기온은 0.74°C(0.56~0.92°C) 상승했고, '5차 보고서'에 따르면 1880~2010년 133년 동안 0.85°C 상승했다. 몽골의 기온 상승은 지구 평균기온 상승 폭보다 월등히 높다. IPCC, "Fourth Assessment Report," 2007; "Fifth Assessment Report," 2013,

59 Байгаль Орчин Ногоон Хөгжлийн Яам, 앞의 글.

60 Монгол дахь Дэлхийн Банкны Груп, "Монгол улсын эдийн засгийн тойм," 2013. ⟨https://www.worldbank.org/content/dam/.../MQU_April_2013_mn.pdf⟩

다.[61]

한편 목초지에서는 과잉 방목이 진행되었다. 가뜩이나 강수량이 적고 생태계가 취약한 상황에서 인위적 활동의 개입과 확대는 자연환경에 심각한 영향을 미치게 되었다. 공유지에서 가축 수는 계속 증가했다. 1970년 2,200만여 마리, 1980년 2,300만 마리, 1990년 2,500만 마리, 2000년 3,000만 마리, 2010년 3,200만 마리, 2015년 6,000만 마리, 2017년 6,600만 마리로 지속적으로 증가했다.[62] 그 결과 방목지의 약 65%가 변형되거나 황폐화되었으며, 그중 7%가량은 자연적 복원이 불가능하여 더 이상 방목용 토지로 사용할 수조차 없게 되었다.[63]

도시환경 문제도 주목할 만하다. 각 지방에서 수도인 울란바타르시로 이주하는 인구가 점점 늘어나, 2015년 현재 총인구의 45.7%가 수도에 집중적으로 거주하고 있다. 2016년 울란바타르시는 뉴델리, 베이징과 함께 대기오염이 가장 심각한 수도로 꼽히고 있다.[64] 이런 문제의 배후에는 불균형적 지역 발전, 지방에서의 일자리 부재, 도시계획 실패 등이 작용했다. 토지나 집이 없는 이주민들은 도시의 변두리에서 게르촌(ger khoroolol)을 형성하여 거주하고 있다. 중앙난방 시스템이 연결되지 않아 자체적으로 난방문제를 해결해야 하는데, 석탄을 땔감으로 사용하여 오염의 원인이 되고 있다. 2016년 울란바타르시의 PM 2.5 배출 수준은 세계보건기구(WHO) 허용기준보다 25배나 높았다.[65]

---

61 Амаржаргал Амартувшингийн, Яаочи Джанг, и Жичуан Чен, "Хөдөөгийн иргэдийн шилжих хөдөлгөөнд орон нутгийн уул уурхайн үзүүлэх нөлөө – Монголын жишээн дээр," 2015.

62 Монголын статистикийн ерөнхий газар(몽골통계청) 홈페이지 참조.

63 MFA·SDC, "National Report on the Rangeland Health of Mongolia," 2015.

64 UNICEF Mongolia, "Mongolia's Air Pollution Crisis: A Call to Action to Protect Children's Health," 2018.

65 위의 글.

급속한 도시화로 인해 교통혼잡, 토양과 수질 오염, 대기질 저하, 난개발 등의 큰 부작용이 발생했다.

한편 이 시기 환경단체 수가 급증했다. 2003년에는 120여 개였는데, 그 후로 계속 증가하여 2007년 338개, 2008년에는 총 620개까지로 늘어났다.[66] 이것은 환경문제가 매우 심각해졌음을 시사한다. 환경단체들은 활동 범위가 확대되었을 뿐 아니라 참여 주체들도 다양해졌다.

(2) 대표적 환경조직

① 몽골자연환경시민위원회(MECC)

이 시기에는 정부와 환경단체 간 협력관계가 한층 진전되었다. 2008년 환경부와 시민단체 간 파트너십을 위한 첫 공동회의가 열렸다. 환경문제를 해결하는 데 시민사회의 역할이 매우 부족하다는 문제의식에 기반하여 환경부가 주최한 최초의 세미나였다. 이 행사를 계기로 환경단체들은 그들을 대표하는 대표위원회를 조직하였다. 몽골자연환경시민위원회(Mongolian Environmental Civil Council, MECC)라는 이름

---

66 비정부단체 수가 급증한 것은 환경 분야만이 아니다. 몽골에서는 전반적으로 비정부단체 수가 계속 증가하는 추세이다. 전 법무부 차관 발언에 따르면, 그동안 법무부에 등록한 비정부단체 수는 1998년 1,075개, 2005년 3,492개, 2010년 6,915개, 2015년 11,879개, 2017년 18,000개로 파격적으로 늘었다. 18,000개 비정부단체 중 49.5%는 활동을 하고 있지만 반 이상인 51.5%는 활동이 정지된 것으로 보고되었다. 구체적으로, 활동이 정지된 단체들 중 5,437개는 활동 흔적이 전혀 없었고, 3,340개는 임시 활동 중이며, 267개는 운영을 완전히 멈춘 상태였다. 이런 부작용에 대해 그는, 1998~2016년 '비정부환경단체에 관한 법'을 여섯 차례 재개정할 때 다른 법률 수정을 위주로 하고 가장 중요한 비정부단체 활동 관련 사항을 소홀히 한 탓이라고 하였다. 이에 그는 시민사회활동을 촉진시키기 위해 향후 관련 법적 근거를 빈틈없이 조치하겠다고 밝혔다. 즉 오늘날 NGO의 수가 급증하는 현상에 대해서는 법적 근거의 허술함과 공백이 상당 부분 문제를 키웠다고 판단할 수 있다. "ТББ-н хуулийг шинэчлэх гэж буйгаа олон улсын хурал дээр зарлалаа," *News Press* (온라인, 2018. 7. 9.).

으로 설립된 이 조직은 환경 관련 시민사회를 총괄하고 대표하는 우산(umbrella) 조직임을 선언했다. 조직의 목표는 회원단체들에 정보 제공 및 공유, 국가와 시민사회 간 가교 역할 수행, 국가정책의 감시자이자 협력자로서 시민단체의 역량 강화, 지속가능한 발전을 위한 적극적인 참여와 기여 등이었다. 이를 위해 중앙위원회(9명), 감사위원회(5명), 실무팀(3명), 녹색의회(Green Parliament, 13명)로 구성된 팀을 선발하였고, 2년에 한 번씩 정기 회의를 열어 조직을 재구성한다.[67]

MECC는 2008년 설립된 이후 몽골이 가입한 모든 국제환경보호협약과 녹색주의 개념에 기초한 정책과 법률에 시민사회의 목소리와 의견을 반영함으로써 국가와 시민사회의 협력에 새로운 장을 열었다. 회원 단체들의 역량을 강화하기 위해 2014~2016년 사이에는 UN, 세계은행, 아시아개발은행, 지구촌나눔운동(Global Civic Sharing, GCS), 기타 해외 연구소들의 후원을 받아 다양한 프로그램에 회원 단체들을 참여시키는 활동을 수행하였다.[68] 환경단체들이 그동안 난관으로 손꼽았던 국가와의 소통문제가 이 조직을 통해 한 단계 개선되었다고 평가할 수 있다.

하지만 MECC가 구조, 권력, 자격, 활동 방향, 의무 면에서 불명확하다는 비판의 목소리도 있다. 재정적으로 환경부에 의존하고 있어 자칫 당국의 '주머니 조직'이 될 수 있다는 우려도 존재한다.[69] MECC는 회원으로 가입한 환경단체들이 민주주의 이념을 토대로 활동의 투명성을 높이고 지속적인 대화와 토론을 통해 사회적 역할을

---

67 MECC 팸플릿; 몽골자연환경시민위원회 홈페이지 참조.

68 *Экологи*, 2016년 11월.

69 Б. Баярмаа, "Байгаль орчны салбарын иргэдийн оролцооны эрх зүйн орчин, өнөөгийн байдалд хийсэн дүн шинжилгээ," *Иргэдийн оролцооны эрх зүйн орчин ба үнэлгээ*, 2013.

지속적으로 수행하는 것을 당면한 과제로 한다. 이 과제의 달성은 몽골 환경단체들의 전문성과 회원들의 관심 및 역량에 달려 있다고 할 수 있다.

② 푸른아시아(Green Asia NGO)

'(사)푸른아시아'는 유엔지구환경기금(United Nations Global Environmental Fund, UNGEF)이나 유엔기후변화협약(United Nations Framework Convention on Climate Change, UNFCCC) 등 국제기구의 공인을 받은, 한국에 기반을 둔 유일한 국제비영리기구(International Non-Governmental Organizations, INGO)로서 기후변화와 사막화, 황사 등 국제 환경문제 해결에 기여하는 것을 목적으로 한다.[70]

푸른아시아는 1998년 해양오염 및 대기오염, 사막화로 인한 황사 등 동북아시아 연안 대도시에서 비롯되는 환경문제의 해결을 위해 중국·일본·몽골·대만의 NGO와 함께 네트워크를 형성하고 논의를 시작했으며, 2000년부터는 기후변화의 심각성에 대한 자각에 기반한 선진국으로서의 책임을 강조하면서 일본 비영리단체(Non-Profit Organizations, NPOs)와 공동으로 동북아시아 황사 대응 활동을 하기 시작했다. 몽골 사막화 방지 사업이 그 대표적인 활동 사례이다.

푸른아시아는 2000년부터 몽골에서 조림사업을 시작할 때 일자리와 지역경제 활성화, 주민교육을 하나의 통합문제로 바라보면서 활동을 해 왔다. 2016년 현재 사막화 재생사업으로 총 650ha에 65만 그루의 포플러, 비술나무, 비타민나무 등을 심었다.[71]

조림과 환경교육 중심 활동으로 초기 사업을 시작하였고, 2007년

70 푸른아시아 홈페이지 참조.

71 이승지·윤순진, 앞의 글, p. 79.

부터 에코투어 환경교육, 협력·네트워크 사업을 추가 진행하고 있다. 조림사업의 경우 몽골의 지역적 특성을 고려하여 각기 다른 방식으로 추진하였다.[72]

대체로 몽골에서 나무심기 활동이 실패하는 요인은 지속적인 관리의 부재로 알려져 있는데, 푸른아시아는 이런 문제를 인식하고 조림 관리를 처음부터 끝까지 책임지는 운영 방식을 취한다는 점에서 차별성을 갖는다.

③ 옹기강 운동(Ongi River Movement, ORM) 조직

옹기강 운동 조직은 옹기강(Ongi River) 수위가 낮아지고 붉은 호수(Ulaan nuur)로 흐르는 물이 끊겨 호수가 마르기 시작한 2001년 유목민들에 의해 결성되었다.[73] 설립 준비 단계인 1990년대부터 몽골에 진출한 독일의 기민당(Christlich Demokratische Union Deutschlands) 소속 비정부기관인 콘라드재단(Konrad Foundation)에서 기술을 지원받았고, 미국국제개발처(USAID), 자선군단(Mercy Corps), 열린 사회 포럼(Open Society Forum) 같은 국제단체들로부터 자금을 지원받았다.[74]

2006년 비슷한 문제를 겪고 있던 다른 지역 주민들도 나서 11개의 비공식 조직들이 합친 '강들의 운동(River Movements, RM)'을 결성했고, 2006~2008년 사이에는 '고향과 수자원 보호연합(Homeland and Water Protection Coalition, HWPC)'이라는 이름으로 활동했다. HWPC는 2008년에 해체되었다가, 2009년 4월부터는 5개의 강을 살리기 위해 활동해 온 다섯 단체가 '강호수보호연합운동(United Movement

72 위의 글, p. 80; 제진수, 앞의 글, p. 235.
73 Dalaibuyan(2015), 앞의 글, p. 93.
74 Fish and Seeberg, 앞의 글, p. 137.

Mongolian Rivers and Lakes, UMMRL)'으로 확대·통합되기도 했다. 이 운동은 유사한 문제를 겪고 있던 타 피해지역 주민들에게도 희망을 줬다는 점에서 주목할 만하다.

(3) 환경운동 사례

환경문제가 발생할 때마다 환경운동이 일어나는 것은 아니다. 여러 가지 복합적인 문제가 상호 작용하여 일어난다. 시민들의 위험 인식과 불만은 커뮤니케이션을 통해 전개되는데, 환경운동 조직도 이처럼 문제를 인식한 순간 각종 자원을 동원해야만 환경운동으로 발전할 수 있다.[75]

몽골에서는 그동안의 자연 착취적 또는 무책임한 개발 중심의 정책이 남긴 후유증이 2000년대 들어서는 더 이상 참을 수 없는 상황으로 치닫게 되었다. 다양한 환경문제가 발생했고, 급기야 사람들이 분노를 느껴 적절한 계기가 생겼을 때 거리로 뛰쳐나오는 사건들이 일어나기도 했다. 그 대표적인 사례로 2000~2009년 사이 몽골 지방의 주민들이 주도한 옹기강 운동(Ongi River Movement, ORM), 2007년의 홍고르군(Хонгор сум) 시안화나트륨 사건 진상규명 운동, 2011년부터 시작한 반핵운동, 2016년부터 시작된 '부모들의 대기오염 반대 운동' 등이 있다.

옹기강 운동(ORM)은 가축의 식수 또는 목초지와 같은 기본 생계조건이 위협받는 일이 반복되자 지역 유목민들이 고향을 지키기 위해 뭉친 사례이다. 1990년 말 금 생산이 곳곳에서 활발해지자 고비사막의 붉은 호수에 도달하는 유일한 옹기강이 말라버리는 일이 발생한

75 구도완, 「환경운동」, 구도완 외, 『환경사회학, 자연과 사회의 만남』(한울, 2013), pp. 267-268.

것이 계기가 되었다. ORM 조직은 2001년 옹기강을 되살려 붉은 호수를 지키자는 목적으로 조직되었다.[76]

2002년 ORM 측에서는 강 주변의 금 생산 활동으로 12개 강물의 흐름이 바뀌어 옹기강으로 적절히 유입되지 못하고 있다는 자체 조사 결과를 몇몇 국회의원에게 제출하고, 자연환경부가 이 문제에 대해 직접 관심을 가지도록 요청하였다.

이듬해 ORM의 지도자들은 피해지역 1,200여 명의 주민들로부터 서명받은 청원서를 대통령에게 보내 옹기강 시스템을 복원하는 조치를 재차 촉구하였다. 이 운동은 2004년에 절정에 달했다. 당시 국회의원 선거 캠페인 기간을 이용하여 길이가 435km나 되는 옹기강의 하류에서 상류까지의 경로를 따라 24명의 활동가가 4주간 항의 행진을 이어갔다. 행진 중 활동가들은 주민들을 만나며 강을 살릴 의지가 있는 후보자에게만 투표하기를 권유했다. 그 결과 일부 후보자들이 강을 복원하겠다고 약속했다. 이 상황은 언론보도를 통해 전 국민적 공감을 얻었으며, 결국 옹기강을 따라 주어진 광업개발 허가 37개 중 36개를 중지시킬 수 있었다. ORM과 광물청(Mineral Resource and Petroleum Authority, MRPA)이 금 생산 현장에서의 공동조사, 국회의원 그룹에 대한 로비활동, 단식투쟁 등을 거쳐, 2009년 마침내 '강 상류, 저수지와 산림지대의 보호구역에서 광물탐사와 생산활동을 금지하는 법(The Law to Prohibit Mineral Exploration and Mining Operations at the Headwaters of Rivers, Protected Zones of Water Reservoirs and Forested Areas)'을 통과시킬 수 있었다. 소위 '이름이 긴 법(The Law with the Long Name)'으로 알려진 이 법이 이후 잘 실행되지 않자, 2011년 수천 명의 주민

76 Dalaibuyan(2015), 앞의 글, p. 93; Fish and Seeberg, 앞의 글, p. 137.

이 울란바타르에 올라와 단식투쟁을 벌이고 정부를 상대로 소송을 걸어 결국 승소하였다.[77]

한편, 2015년 몽골 정부는 '이름이 긴 법'의 일부 제한을 완화하였고, 이에 반대한 유목민 단체들은 투쟁을 벌였지만 성공하지 못했다. 그러나 세계적인 학자 피시와 시버그(S. Fish and M. Seeberg)는 그들의 투쟁을 '다윗과 골리앗의 싸움'과 비유하여, "초원에 흩어져 있는 유목민들이 거대한 다국적 기업을 상대로 한 의미 있는 활동이었다"고 높이 평가했다.[78] 그들의 활동이 지역주민의 환경인식 개선과 운동에 긍정적인 영향을 미쳤다는 점에서 높이 평가받아, 옹기강 조직의 대표가 2007년 골드만상(Gold Man Prize)을 수상하기도 했다. 뿐만 아니라 이 운동은 많은 유목민들에게 용기와 희망을 주었다. 또한 학생이나 도시민들이 주도하는 대부분의 시민운동과 달리, 옹기강 운동은 유목민들이 뭉쳐 이루어 낸 풀뿌리 운동이라는 점에서 차별적이다.[79]

홍고르 시안화나트륨 사건 진상규명 운동은 2007년 홍고르에서 발생한 사건에 대한 진실규명을 요구하며 일어난 운동이다. 3,000명이 사는 군에서 중국인 2명과 일부 몽골인이 수은과 시안화나트륨을 사용하여 금을 세척하는 작업을 지속하자, 오염된 물이 강으로 흘러들어 지역주민과 가축이 먹는 식수를 오염시켜 사망에 이르게 하는 사고가 발생했다. 지역의 피해를 보면, 2007년부터 2009년까지 조산 69건, 기형아 출생 9건, 암과 뇌졸증으로 인한 사망 53건이 있었으며, 2011년 암 환자 25명, 뇌졸증 환자 9명이 있었다. 지역주민과 시민사회는 금

77 Dalaibuyan(2015), 앞의 글, p. 94.
78 Fish and Seeberg, 앞의 글, pp. 138-139.
79 Dalaibuyan(2015), 앞의 글, p. 96.

세척 작업을 한 이들을 지목했고, 피의자들은 3개월간 구속되었다가 증거 부족을 이유로 풀려났다.[80] 수많은 사상자를 낸 이 사건은 일부 정치인과 전문가들이 나섰음에도 불구하고 진상규명에 실패하여, 환경단체들은 지금까지도 크게 분개하고 있다.

한편 2010년부터 외신들, 특히 *Global Security Newswire*에서 일본과 미국이 자국의 핵 폐기물을 몽골 땅에 처분하려고 한다고 보도하자(2011년 3월 30일), 몽골이 우라늄을 수출하는 대가로 핵 폐기물을 처리해 주는 외화벌이를 한다는 비판이 일어났다. 반핵운동에는 몽골의 녹색당, 몽골반핵운동(Anti Nuclear Movement-Mongolia)을 비롯하여 해외동포, 학자, 정치인 등 주로 지식인층과 우익 단체가 더 관심을 보였다. 이들은 또한 몽골 국내에서 진행되는 우라늄 탐사와 개발 과정에도 관심을 보였다. 우라늄 탐사와 개발 과정에서 방사능이 누출되어 피해자들이 발생했기 때문이다.

한 예로, 동고비 아이막에 위치한 울란바드라흐(Ulaanbadrakh)에서 프랑스 다국적 회사 아레바(Areva)사의 자회사인 코제고비(CogeGobi)사가 2010년 12월부터 2011년 5월까지 실험적으로 우라늄 개발을 한 이후 지역에서 가축들이 기형 새끼를 낳기 시작했다.[81] 이를 정부에 알리자 정부에서 파견한 현지조사팀이 조사에 들어갔으나, 이들은 이 현상이 우라늄 개발과 무관하다는 조사 결과를 제출했다. 이에 2013년 5월 지역 119가구의 대표들이 울란바타르에 모여 환경단체 활동가들과 공동으로 기자회견을 열어 국가의 조사 결과를 질타하고 우라늄 개발을 신속히 중단할 것을 요구하였다. 그러나 이 요구는 아직도 이

---

80 "Би иргэн," *ETV* (온라인, 2011. 12. 7.).

81 피해 주민들의 증언에 의하면, 앞을 못 보는 새끼 염소와 낙타, 머리가 두 개 달린 새끼 양, 다리가 3개인 송아지, 외눈박이 망아지, 머리가 넓적한 새끼 양 등이 태어났다.

루어지지 않은 상태이다.[82]

몽골 정부는 2009년 '핵에너지법'(2015년 개정), 2009년 '핵에너지 국가정책'과 '방사능 물질과 핵에너지 국가정책 추진을 위한 프로그램과 계획'을 이미 채택하였고, 이들 법과 계획을 실천하기 위한 조직으로 핵에너지청과 핵에너지위원회를 설립하였다. 핵에너지 문제와 우라늄 개발에 대한 국가정책은 국가안보와 국제협약을 위반하지 않는 한 인간과 자연환경에 해롭지 않은 선에서 방사능 물질을 사용할 수 있다는 것을 핵심으로 한다. 전 세계적인 기후변화, 에너지 안보 불안, 자원고갈 문제에 대응하여, 몽골 정부는 국내 우라늄의 정확한 잠재력에 대한 조사를 하고 그것을 평화적으로 개발, 가공, 수출하는 등 핵에너지의 경제성을 활용하여 인간 건강과 생태계에 무해한 청정에너지의 생산을 정책적으로 추진하겠다는 입장이다.

2017년 광물청은 14개 회사에 33개의 우라늄 탐사 허가와 9개의 개발 허가를 낸 상태이다. 전국적으로 현재까지 밝혀진 우라늄 잠재력은 12개 광산의 18만 톤가량으로, 이 중 7개는 지금 개발 중에 있다. 하지만 정부는 우라늄 개발을 외화벌이와 투자로만 간주하고 피해자들의 목소리를 무시하고 있다. 우라늄 탐사와 개발 과정에서 방사능이 누출된다는 점은 아직 많이 알려지지 않았다. 한국을 포함하여 원전을 가동하는 선진국들의 핵에너지 정책은 해당 국가뿐 아니라 우라늄을 보유한 개도국의 생태계, 나아가 우라늄 광산 주변 지역 주민들의 생명까지도 직간접적으로 위협하고 있다.

몽골의 많은 환경단체들은 그동안 적극적으로 투쟁하였지만, 아직까지는 우라늄 개발과 핵에너지 정책을 막지 못하였다. 환경단체들

82 "Дорноговь аймаг: Ураны цацрагийн сөрөг нөлөө гамшгийн хэмжээнд хүрчээ," *News* (온라인, 2013. 5. 27.).

은 2009년 국민의 의견을 묻지 않고 제정한 핵에너지법의 무효화, 핵에너지 사용을 위해 설립한 핵에너지청의 폐쇄, 우라늄 탐사, 개발, 수출을 목적으로 세운 몽아톰(Mon Atom)사와 프랑스계 우라늄 개발회사 아레바사의 폐쇄 등을 요구하였으나, 별다른 성과를 올리지 못했다. 그러나 지금도 정부 정책을 지속적으로 주시하면서 소셜 네트워크를 통해 시민들과 정보를 공유하고 있다.

대기오염 반대 운동은 울란바타르시 대기오염의 심각성을 인식하여 2016년에 시작된 운동이다. 아이를 키우는 부모들이 2016년 12월 '스모그에 반대하는 부모들의 모임(Moms and Dads against Smog)'을 처음으로 조직하였다. 이들은 소셜 미디어를 통해 문제를 제기했다. 먼저 어머니들이 그 문제제기에 지지하여 투쟁에 참여할 의사를 표현하자, 나중에 아버지들도 결합했다. 이 모임은 20일 만에 7만 명의 부모들의 지지를 얻었다. 몇 차례 시위를 조직하였고, 언론을 통해 유권자와 대중의 목소리를 발신했다. 특히 이는 환경운동에서 여성 참여의 중요성을 보여준 사례로 주목받고 있다.[83]

대기오염 물질의 영향은 겨울에 특히 심하다. 그 주요 발생 원인을 보면 게르 지역의 난로가 80%, 교통 부문 10%, 화력발전소 6%, 폐기물과 토양이 4% 정도를 차지한다.[84] 대기오염에 반대하는 시민들은 난로 보급, 재개발사업, 야간전기 무료공급 같은 그간의 대책들은 근본적인 해결책이 될 수 없으며, 탈석탄과 재생에너지 확대, 합리적 도시계획 등 근본적 대안을 세울 것을 정부에 촉구했다.[85] 울란바타르시

83 "Агаарын бохирдлын эсрэг ээж аавуудын дуу хоолой бодлого боловсруулагчдад хүрч эхэллээ," *Монголын эмэгтэйчүүдийн сан* (온라인, 2017. 11. 24.).

84 Байгаль орчин ногоон хөгжлийн яам, "Монголын байгаль орчны төлөв байдлын тайлан 2015-2016" (온라인, 2017).

85 "Утааны эсрэг ээж аавууд: Нийслэлчүүдийг Ухаа Худагийн нүүрсээр угжихыг

의 대기오염 문제는 1980년대부터 시작된 것으로 알려져 있다. 하지만 스모그가 현재의 재앙 수준에 이르도록 시민들이 제대로 투쟁하지 않았던 것 또한 문제를 키우는 데 기여한 측면이 있다.

(4) 환경운동 확산기의 특징

몽골 환경운동 확산기의 특징은 다음과 같다.

첫째, 환경문제가 심화되면서 환경운동이 확산기에 들어섰다. 환경단체 수는 괄목할 정도로 늘었다. 환경문제에 관심을 지닌 조직들이 그만큼 늘어났다는 사실은 의미가 있으며, 언뜻 보면 이는 시민들의 높은 활동성과 적극성의 결과로 보이기도 한다. 그러나 인구 수에 비해 환경단체 수가 지나치게 많아 오히려 비정상적이라는 지적이 나오는 것도 부인할 수 없다.

개인이 자발적으로 비정부단체를 설립하여 운영하는 것은 헌법적으로 인정한 권리에 따른 것이다. 하지만 많은 단체들이 설립 이후 활동을 제대로 하지 않는 것으로 알려져 있다. 이렇게 단체 수가 급증한 것은 환경 분야만이 아니다. 전 법무부 차관인 엥흐바야르(Б. Энхбаяр)에 따르면, 투자와 정치자금 세탁을 목적으로 NGO를 설립하는 경향도 있다.[86] 실제로 2004년, 2008년, 2012년과 같이 국회의원 선거를 치르는 해에 정당과 후보자들을 뒤에서 지지할 목적으로 만들어진 시민단체들이 더 많이 생겼다는 분석이 있다.[87]

둘째, 환경단체의 활동 내용이 교육, 반핵, 반공해, 수자원 보호,

эсэргүүцэж байна," *GoGo News Agency* (온라인, 2017. 4. 7.).

86 "ТББ-н хуулийг шинэчлэх гэж буйгаа олон улсын хурал дээр зарлалаа," *News Press* (온라인, 2018. 7. 9.).

87 Байгаль орчин аялал жуулчлалын яам нар, *Төрийн бус байгууллагын манлайлал* (Улаанбаатар: "BCI" хэвлэлийн газар, 2017), pp. 63-64.

자연보존과 보호, 동물보호, 광산업체에 대한 책임 요구 등으로 다양해졌다. 유목민을 비롯하여 지식인, 정치인, 부모, 해외동포, 일반시민 등 다양한 집단이 환경운동의 능동적이고 자발적인 주체가 되었다는 점은 발전된 모습이다.

셋째, 운동 방식이 저항성과 폭력성을 띠기도 한다. 대부분의 자원부국이 겪었듯 광업개발을 중심으로 하는 몽골의 경제체제는 부정부패와 깊이 연결된 데다, 공직자들이 혈연과 지연에 의거해 지명되고 시민단체와의 소통이 원활하지 않아 합법적인 방식의 운동이 한계를 노정했기 때문이다. 이러한 양상은 몽골의 정치적 기회 구조가 아직도 폐쇄적임을 시사한다.[88]

넷째, 1990년대 초부터 전 지구적인 환경문제를 해결하기 위한 협력의 조건이 마련되었다. 이후 국제환경단체들이 몽골의 환경단체들에 기술과 재정 지원을 계속함으로써 몽골의 환경문제와 환경조직 개선에 긍정적인 영향을 미치고 있다.

---

88 환경운동가 바야르마(Б. Баярмаа)에 따르면, "환경문제 개선을 위하여 시민들이 다양한 방식으로 곳곳에서 투쟁하고 있다. 그동안 환경단체들은 위법행위를 중단시키기 위해 일부 기업의 폐쇄, 고발과 소송, 피해보상 요구를 위한 언론보도와 기자회견 개최, 청원 송부 등 합법적인 범위에서 투쟁을 벌였지만, 성과를 얻지 못할 때가 있었다. 그렇기 때문에 가끔 일부 국민과 운동가들은 위법행위를 중지시키기 위해 반대시위, 단식, 기마행진, 정부 청사 포위, 정부 청사 창문에 활쏘기, 도로주행 막기, 무기 사용 등 극단적이고 폭력적인 방식을 취하기도 했다. 그로 인해 NGO 지도자들이 법정에 서기도 했고, 그 결과 운동가들이 용기와 희망을 잃는 상황이 발생하기도 했다. 권력을 지닌 부유한 정치·경제 조직에 대항하여 싸우는 환경운동가들의 목숨과 명예를 보호할 실질적인 필요가 갈수록 높아지고 있다"고 한다. Баярмаа, 앞의 글, 2013.

4
몽골 환경운동의 현재: 시민환경운동의 좌절

환경운동이 확산되면서 몽골 환경단체들은 다음과 같은 과제에 직면하게 되었다.

첫째, 몽골의 현재 생태적 악화는 부정부패와 직접적으로 연관된다. 즉 환경문제를 개선하기 위해서는 부정부패와 싸울 수밖에 없다. 이는 몽골 경제가 대체로 원자재 수출에 의존하고 있다는 사실과 연결되어 있다. 민주주의가 제대로 형성되지 않은 채 시장경제 체제로 이행하는 과정에서, 취약한 거버넌스 환경은 심각한 부정부패를 발생시켰다. 부정부패의 정도는 광물자원 개발을 하면 할수록 더욱 악화되었다. 국제투명성기구(Transparency International) 지수에 의하면 몽골은 1999년 100점 만점에 43점을 기록해 43위였는데, 2012년 85위(36점), 2013년 99위(38점), 2015년 79위(39점), 2017년 103위(36점)를 기록하여 2000년 이후부터 낮아져 왔음을 알 수 있다. 광업은 부정부패의 영향을 많이 받는데, 광물탐사, 개발운영 허가, 개발, 복구작업 의무의 모든 과정은 투명하지 않으며 일방적으로 이루어지고 있다.[89]

둘째, 광물자원 개발의 많은 부분이 외국인 투자에 의해 이루어진다. 적은 인구에 외국인 투자에 지나치게 의존하는 경제구조는 국토안보 위협, 광물개발 과정의 무책임성과 불투명성, 자원의 불공정한 배

89 Munkhuu Gantulga·양랑해·송문호, 「몽골의 뇌물범죄와 부정부패 방지를 위한 개선방안」, 『동북아 법연구』 제11권 2호, 2017, p. 81; Corruption Perceptions Index 2017, 〈https://www.transparency.org/country/MNG〉; Marie Chene and Robin Hodess, "Corruption in natural resource management in Mongolia," *U4 Expert Answer*, 2012.

분, 자원 박탈감, 생태파괴 등의 문제를 야기하여 많은 몽골인의 애국심을 자극하며, 이런 감정이 환경운동을 통해 분출되기도 한다. 일부 민족주의적 또는 극우적 사고를 가진 국민들이 외국인 투자자 또는 부패한 정치인들에 대한 반발을 극단적인 형태로 표출하는 사례들이 발생했다. 그 예로, 옹기강 단체를 포함한 11개 NGO가 합쳐 설립한 '갈운데스텡(Gal Undesten) 연합'이 2007년 지역 광산업체 기계와 장비에 총을 쏜 혐의로 구속되었다. 또한 2011년 중앙광장에서 50마리의 말을 탄 사람들이 정부 청사를 에워싸는 퍼포먼스, 정부 청사 창문에 활을 쏘아 창문을 깨뜨린 사건, 2013년 가을 국회가 열린 어느 날 정부 청사 앞에서 시위에 참가한 3인이 '이름이 긴 법'에 관한 요청서를 전달하겠다며 권총과 폭탄을 소지한 상태에서 국회가 열린 정부청사에 들어가려고 했던 사건[90] 등이 있다. 이러한 행동에 대해 대중의 반응은 엇갈린다. 그들의 폭력적 방법과 수단을 비판하는 이들이 있는 반면, 그들에게 지지를 보내는 사람들도 있다. 그러나 폭력은 정당화되기 어렵다. 환경운동을 확대해 나가려면 지지와 설득을 얻을 수 있는 전략적 투쟁 방식을 강구하는 편이 더 유리할 것이다.

셋째, 환경부 부패의 심각성이다. 2011년부터 몇몇 기자들은 신문기사에서 오히려 환경부로부터 자연과 환경을 보호해야 한다는 주장을 제기해 왔다. 환경부장관들이 2000년부터 울란바타르시 남산 국가보호구역인 자이상(Zaisan) 골짜기, 톨강 주변, 야르막(Yarmag)에서의 불법적인 토지매매와 개발허가로 문제가 되어 왔다. 이 문제는 2018년 6월에 실린 "톨강과 복드산을 환경부로부터 보호하자"라는 기사

90 결국 몸싸움 끝에 그들에게서 무기를 제거할 수 있었다. ""Гал үндэстэн"-ий Ц. Мөнхбаяр Төрийн ордонд зэвсэгтэй нэвтрэхийг завдлаа," *shuud.mn* (온라인, 2013. 9. 16.).

에서 다시 제기되었다. '관광'용으로 토지임대를 허가받은 후 불법적으로 주택과 아파트를 건설한 사례였다.[91] 즉 환경부 자체가 환경법을 어기는 기관이라는 사회 분위기가 이미 형성되어 버렸다. 그러나 환경부의 책임을 끝까지 추궁하는 환경단체와 시민들의 투쟁은 실패한 상태이다.

마지막으로, 환경단체의 전문성과 자원능력 문제이다. 2000년부터 확산되기 시작한 환경단체들은 이제는 수적으로는 충분한 상태이다. 이제 질적 발전에 대해 논의해야 할 때가 되었다. 환경단체들은 과연 부정부패와 환경문제를 동시에 감시할 수 있는 능력과 자원을 충분히 갖추고 있는가? 아직 몽골에서는 전국적 네트워크를 가진 환경단체가 전무한 실정이다.[92] 자금조달은 어떠한가? 2008년 실시한 어느 조사에 의하면, 환경단체의 18%는 회원들의 정기적 후원에 의존하며, 외부 프로젝트 36%, 기업 후원 27%, 자체 사업 3%, 나머지 24%는 아무 재원이 없다고 답했다.[93] 2006년 조사에 따르면, 전반적으로 몽골 NGO들의 약 90%는 국제단체의 지원에 의존하며, 약 80%는 울란바타르시에 집중되어 있다.[94]

그 밖에 환경단체들이 겪고 있는 어려움으로는 역시 활동가들의 전문성 결여, 단체운영 경험의 부족, 국가와의 협력 곤란 등을 들 수 있다.[95] 환경운동의 극단적 방식, 환경부의 비리, 환경단체의 재정과

---

91 "Дархан цаазат Богдхан уул ба Туул голыг Байгаль орчны яамнаас хамгаалах нь," *baabar.mn* (온라인, 2018. 6. 7.).

92 사회주의 시기 자연환경보호협회에서 이름을 바꾼 자연환경보호연합은 초기의 네트워크를 어느 정도 유지하고 있지만, 새로 생긴 환경단체들은 전국적으로 회원을 보유하지 못한 상태이다.

93 Адъясүрэн, 앞의 글, p. 28.

94 A. Altanzul and G. Baatar, *Mongolian Path Towards Democracy: Development and Lessons* (Ulaanbaatar: Munkhiin Useg LLC, 2017), p. 123.

95 Ж. Батболд, "Байгаль орчны салбарт иргэний нийгмийн байгууллагуудын

전문성 부족, 전국적 회원 확보의 어려움은 환경단체들이 극복해야 할 시급한 과제이다.

5 결론

이제까지 몽골 환경운동의 역사를 환경운동 전사기(1974년 이전), 국가주도적 환경운동 시기(1974~1985년), 시민환경운동 맹아기(1985~1990년), 시민환경운동 형성기(1990~2000년), 시민환경운동 확산기(2000년 이후)로 나누어 살펴보았다.

넓은 의미에서 환경운동은 1975년 국가가 직접 나서서 자연환경보호협회를 설립하면서 시작되었다.[96] 당시 환경운동 조직은 인민혁명당의 통제 아래 피라미드 형태의 하향식 구조로서, 당-정부의 권력에 의존하여 폭넓게 대중들을 포섭했다.[97] 이 시기 환경운동 조직들은 전국적인 네트워크를 활용하여 녹지사업을 추진하고 환경에 대한 대중들의 관심을 높이면서 불법행위를 억제하는 감시자로서의 역할을 수행하였다. 그렇지만 사회주의 국가의 고질적인 비효율적·비경제적 시스템과 정책, 그로 인한 환경파괴 등에 대해 비판하는 데까지 나아가지는 못했다. 즉 이 시기 환경운동은 체제의 결함을 비판하며 대안적인 목소리를 내지 못하는 한계를 노정했다.

гүйцэтгэж буй үүрэг, цаашдын боломж," *Байгаль орчны төрийн бус байгууллагуудын улсын анхдугаар зөвлөгөөн* (Улаанбаатар: "Шинэ өнгө" ХХК, 2008), p. 34.

96 사회주의를 실현하기 위해 인민혁명당을 지지하는 비슷한 단체로 혁명여성과 청년단체, 노동조합, 적십자단체 등이 있었다.

97 Мэрилин Уайтт, "Төрийн бус байгууллагын удирдахуйн гарын авлага," 2004.

소련에서 개혁과 개방의 분위기가 확산되었을 때 몇몇 환경문제를 제기하는 기사들이 많은 사람들로부터 공감을 얻었다. 그에 이어 민주화 운동이 발발하면서 아래로부터 자발적 비공식 시민조직들의 맹아가 발흥할 수 있었다. 여기에는 반체제적 환경주의자들을 포함해서 다양한 구성원들이 동참하였다.

시장경제 체제로 이행하는 초창기인 1990~2000년 사이 정치적 기회가 열리자 독립적인 시민단체들이 등장하여 환경운동을 형성할 수 있었다. 그러나 대부분 국제단체의 지원과 협력 아래 자연보호운동을 추진했을 뿐, 그것을 넘어서는 정치행동으로까지 나가지는 못했다.

2000년대 이후 세계적으로 주목받을 정도로 경제가 성장한 반면, 지역 유목민의 삶의 터전이 희생되기 시작하였다. 이때부터 국민들의 불만이 행동으로 드러나기 시작하면서, 곳곳에서 일어난 환경운동이 전국으로 확산되었다. 광산개발을 둘러싼 강 보호 풀뿌리 운동, 광산업체에 책임을 요구하는 운동, 불법 광물채취 피해자들을 옹호하는 운동, 우라늄 개발 반대 혹은 반핵 운동, 대기오염 반대 운동 등 다양한 형태였다.

몽골의 자연환경은 유례없는 위기상황이라 할 정도로 악화되어 있다. 아이러니컬하게도 환경단체의 수는 파격적으로 늘었지만 환경문제는 크게 개선되지 못했다. 이제는 시민단체들의 질적 발전에 대해 논의할 때가 되었다. 환경운동의 시련은 대체로 몽골 사회의 심각한 부패와 정치적 폐쇄성에 기인한다. 이와 맞서기 위해 환경단체들은 재정과 전문성 등 자원동원 능력을 키워야 하는 커다란 과제를 안고 있다.

동북아 국가들은 지리적으로 밀접해 있기 때문에 환경오염 물질이 발생하면 이웃 국가들에 치명적일 수 있다.[98] 사막화와 황사 같은

98 이승지·윤순진, 앞의 글, p. 76.

몽골의 환경문제는 동북아시아 여러 국가들의 환경 변화에 영향을 미치고 있다. 몽골의 환경문제 해결은 우선 몽골 내부에서 이루어져야 하고, 이를 위해서는 몽골 시민사회의 노력이 필요하다. 이제까지 몽골에서 환경문제가 어떻게, 어떤 방식으로 일어났는지, 이런 문제들을 해결하기 위해 누가 어떻게 나섰는지에 대해 보다 깊이 있는 연구가 필요하다. 중국·한국·대만·홍콩·일본 등 대부분의 동북아시아 국가들은 환경운동에 관한 연구가 충분하지는 않더라도 어느 정도 이루어진 상태이다. 하지만 몽골에 대한 연구는 상당히 부족하다.

이 글은 정치적·경제적 체제변화를 겪은 몽골의 역사를 통해 우리와 다른 체제에서 발생하는 환경문제와 그에 대응하는 시민사회의 활동을 전반적으로 이해하고 그 의의를 밝히는 데 의미를 두었다. 하지만 시기적으로 너무나 방대한 기간을 다루었기에 첫 시도로서 개괄적으로 접근했을 뿐, 보다 깊고 섬세하게 환경운동의 역사와 성과를 다루지 못한 한계가 있다.

| 참고문헌 |

강윤희, 「소련 환경운동의 발전과정 및 특징: 환경단체의 조직적 특성을 중심으로」, 『국제정치농촌』 제49권 5호, 2009.

구도완, 「환경운동」, 『환경사회학, 자연과 사회의 만남』, 한울, 2013.

김홍진, 「몽골의 경제개혁과 재정구조 변화」, 『국제지역연구』 제1권 2호, 1997.

문크 강톨가(Munkhuu, Gantulga)·양랑해·송문호, 「몽골의 뇌물범죄와 부정부패 방지를 위한 개선방안」, 『동북아법연구』 제11권 2호, 2017.

바야르체첵, 「몽골사회주의 체제 전환의 정치경제」, 연세대학교 정치학과 석사학위논문, 2002.

이승지·윤순진, 「지속가능발전 개념에서 본 국내 INGO 푸른 아시아의 기후변화, 사막화 방지 활동의 성과와 과제」, 『시민사회와 NGO』 제11권 2호, 2013.

제진수, 「푸른 아시아를 향한 희망 만들기」, 『환경과 생명』 제9권, 2009.

쿨란, 「지속가능한 발전 관점에서 평가한 몽골의 맨손-소규모 금광업 합법화 정책」, 서울대학교 환경대학원 석사학위논문, 2013.

Altanzul A. and G. Ganbaatar, *Mongolian Path Towards Democracy: Development and Lessons*, Ulaanbaatar: Munkhiin Useg LLC, 2017.

Amarsanaa, S., Ts. Maldar, and D. Khaliun, *How Democracy was born in Mongolia*, Ulaanbaatar: Munkhiin Useg LLC, 2018.

Carmin, JoAnn and Adam Fagan, "Environmental mobilization and organization in post-socialist Europe and former Soviet Union," *Environmental Politics*, vol. 19, no. 5, 2010.

Dalaibuyan, Byambajav, "Mobilizing against Dispossession: Gold Mining and a Local Resistance Movement in Mongolia," *Journal of the Center for Northern Humanities*, vol. 2, no. 5, 2012.

Dalaibuyan, Byambajav, "The River Movements' Struggle in Mongolia," *Social Movement ournal Studies*, vol. 14, no. 1, 2015.

Fish, M. Steven and Micheal Seeberg, "The Secret of Mongolian Democracy,"

Journal of Democracy, vol. 28, no. 1, 2017.

Адъясүрэн, Ц., "Байгаль орчны иргэний нийгмийн байгууллагуудын хүний нөөцийн чадавхи, үйл ажиллагааг үнэлэх асуудалд," *Байгаль хамгаалахад төрийн бус байгууллагын оролцоо*, Улаанбаатар: "Шинэ өнгө" ХХК, 2008.

Ариунтуяа, Н., "Арван долоон он, уул уурхайн салбарт," *Mongolian Mining Journal*, vol. 12, no. 109, 2017.

Амархүү, О., *Хүрээлэн байгаа орчныг хамгаалах төр эрхийн онолын зарим асуудал*, Улаанбаатар, 1979.

Амархүү, О. и ба Ц. Чүлтэмнамдаг, *Байгаль Орчны Хамгаалал, -Экологийн аюулгүйн байдал-*, Улаанбаатар, 1997.

Байгаль орчны яам, Дэлхийн байгаль хамгаалах сан, *Байгаль орчин ба төрийн бус байгууллагууд*, Улаанбаатар, 1999.

Байгаль орчин аялал жуулчлалын яам нар, *Төрийн бус байгууллагын манлайлал*, Улаанбаатар: "BCI" хэвлэлийн газар, 2017.

Батболд, Ж., "Байгаль орчны салбарт иргэний нийгмийн байгууллагуудын гүйцэтгэж буй үүрэг, цаашдын боломж," *Байгаль орчны төрийн бус байгууллагуудын улсын анхдугаар зөвлөгөөн*, Улаанбаатар: "Шинэ өнгө" ХХК, 2008.

Бира ба, Ш. и Л. Бат-очир, *БНМАУ-ын түүх 8*, Улаанбаатар: Д. Сүхбаатарын нэрэмжит Хэвлэлийн комбинат, 1987.

Болдбаатар, Ж., *Монголын 'Перестройка'-ийн (өөрчлөн байгуулалт) түүхийн судалгаа*, Улаанбаатар: Соёмбо принтинг, 2017.

МБОХН, "МБОХН-ийн анхдугаар хурлын протокол," 1975.

МБОХН, "Байгаль орчныг хамгаалах арга хэмжээний 81-85 оны төлөвлөгөөнийн гүйцэтгэлийн танилцуулга," 1985.

МБОХН, "Аймаг, хотын эдийг засаг, нийгмийн хөгжлийн цогцолбор төлөвлөгөөний байгаль орчныг хамгаалах, түүний нөөц баялгийг зохистой ашиглах арга хэмжээг боловсруулах аргачилсан зөвлөмж," 1986.

МБОХН, *МБОХН*, Улаанбаатар, 1988.

МБОХХ, *МБОХН 25 жилд*, Улаанбаатар: Интерпресс, 2000.

МБОХХ, *МБОХН 40 жилд*, Эх бэлтгэл, 2016.

МоАХ, *Монголын ардчилсан хувьсгалын түүхэн замнал*, Улаанбаатар, 1999.

Жанжаадорж, З., "Байгаль орчныг хамгаалах иргэдийн санаачилга, үйл ажиллагааг дэмжин зохицуулах олон нийтийн зөвлөл, төрийн бус байгууллагуудын ажлын уялдаа холбоо," *Байгаль орчин ба төрийн бус байгууллагууд*, Улаанбаатар, 1999.

Жигж, С., *Байгаль хамгаалах үзэл суртал*, Улаанбаатар: Улсын хэвлэлийн газар, 1983.

온라인 자료

Chene, Marie and Robin Hodess, “Corruption in Natural Resource Management in Mongolia,” *U4 Expert Answer*, 2012. 〈https://knowledgehub.transparency.org/helpdesk/corruption-in-natural-resources-management-in-mongolia〉 (최종 검색일 2020. 11. 12.)

Intergovernmental Panel on Climate Change (IPCC), “Fourth Assessment Report,” 2007. 〈https://www.ipcc.ch/assessment-report/ar4/〉 (최종 검색일 2020. 11. 12.)

Intergovernmental Panel on Climate Change (IPCC), “Fifth Assessment Report,” 2013. 〈https://www.ipcc.ch/assessment-report/ar5/〉 (최종 검색일 2020. 11. 12.)

Ministry of Food and Agriculture (MFA) and Swiss Agency for Development and Cooperation (SDC). “National Report on the Rangeland Health of Mongolia,” 2015. 〈https://jornada.nmsu.edu/files/Mongolia-Rangeland-health-Report_EN.pdf〉 (최종 검색일 2020. 11. 9.)

UNICEF Mongolia, “Mongolia’s Air Pollution Crisis: A Call to Action to Protect Children’s Health,” 2018. 〈https://www.unicef.org/eap/sites/unicef.org.eap/files/press-releases/eap-media-Mongolia_air_pollution_crisis_ENG.pdf〉 (최종 검색일 2020. 11. 9.)

Амартувшингийн, Амаржаргал, Яаочи Джанг и Жичуан Чен, “Хөдөөгийн иргэдийн шилжих хөдөлгөөн орон нутгийн уул уурхайн үзүүлэх нөлөө – Монголын жишээн дээр,” 2015. 〈https://warnercnr.colostate.edu/wp-content/uploads/sites/2/2017/09/2015BuildingResilience_of_MongolianRangelands-MON4-4Amarjargal_etal.pdf〉 (최종 검색일 2020. 11. 12.)

Агаарын бохирдлын эсрэг ээж аавуудын дуу хоолой бодлого боловсруулагчдад хүрч эхэллээ,” *Монголын эмэгтэйчүүдийн сан* (2017. 11. 24.). 〈http://mones.org.mn/mn/?p=2042〉

Байгаль Орчин Ногоон Хөгжлийн Яам, “Монголын байгаль орчны төлөв байдлын тайлан 2012-2013,” 2015. 〈https://www.eic.mn/DLDbase/upload/2015/.../4/20150616_6685_4.pdf〉 (최종 검색일 2020. 11. 12.)

Байгаль Орчин Ногоон Хөгжлийн Яам, “Монголын байгаль орчны төлөв байдлын тайлан 2015-2016,” 2017. 〈http://www.mne.mn/?page_id=542〉 (최종 검색일 2020. 11. 12.)

Баярмаа, Б., "Байгаль очны салбарын иргэдийн оролцооны эрх зүйн орчин, өнөөгийн байдалд хийсэн дүн шинжилгээ," *Иргэдийн оролцооны эрх зүйн орчин ба үнэлгээ*, 2013. 〈https://www.irgen-tur.mn/sites/default/files/documents/PublicParticipation_Mon.pdf〉 (최종 검색일 2020. 11. 12.)

"Би иргэн," *ETV* (2011. 12. 7.). 〈https://www.youtube.com/watch?v=94RZ4jTdx1s〉 (최종 검색일 2020. 11. 12.)

"Би хүний төлөө л хангайн амьтан руу буу шагайсан," *Entertainment* (2013. 3. 22.). 〈http://entertainment.mongolnews.mn/%D0%90%D1%80%D1%85%D0%B8%D0%B2/vbm〉

"Дархан цаазат Богдхан уул ба Туул голыг Байгаль орчны яамнаас хамгаалах нь," *baabar.mn* (2018. 6. 7.). 〈http://www.baabar.mn/article/darkhan-tsaazat-bogd-khan-uul-ba-tuul-goliig-baigali-orchnii-yaamnaas-khamgaalakh-ni〉 (최종 검색일 2020. 11. 12.)

Дэлхийн банк, "Зэлүүд тал: Монголын ан амьтны хууль бус худалдааны хямралтай асуудлууд," *Дэлхийн банк*, 2006. 〈https://mongolia.wcs.org/Portals/110/.../WCS%20MNG.pdf〉

"Дорноговь аймаг: Ураны цацрагийн сөрөг нөлөө гамшгийн хэмжээнд хүрчээ," *News* (2013. 5. 27.). 〈https://news.mn/r/755013/?id=255013〉 (최종 검색일 2020. 11. 12.)

""Гал үндэстэн"-ий Ц. Мөнхбаяр Төрийн ордонд зэвсэгтэй нэвтрэхийг завдлаа," *shuud.mn* (2013. 9. 16.). 〈http://www.shuud.mn/a/280265〉 (최종 검색일 2020. 11. 12.)

Монгол дахь Дэлхийн Банкны Груп, "Монгол улсын эдийн засгийн тойм," 2013. 〈https://www.worldbank.org/content/dam/.../MQU_April_2013_mn.pdf〉

"ТББ-н хуулийг шинэчлэх гэж буйгаа олон улсын хурал дээр зарлалаа," *News Press* (2018. 7. 9.). 〈https://newspress.mn/v1/p/news/5270〉 (최종 검색일 2020. 11. 12.)

Уайтт, Мэрилин, "Төрийн бус байгууллагын удирдахуйн гарын авлага," 2004. 〈https://www.forum.mn/res_mat/res_mat-7.pdf〉

"Утааны эсрэг ээж аавууд: Нийслэлчүүдийг Ухаа Худагийн нүүрсээр угжихыг эсэргүүцэж байна," *GoGo News Agency* (2017. 4. 7.). 〈http://news.gogo.mn/r/204809〉 (최종 검색일 2020. 11. 12.)

그 외 자료

- 국제자연기금 몽골지부 〈http://mongolia.panda.org〉

- 몽골녹색당 ⟨http://mongoliangreenparty.mn⟩
- 몽골시민위원회(Mongolian Environmental Civil Council, MECC) 팸플릿
- 몽골자연환경시민위원회 ⟨http://mecc.mn⟩
- 몽골통계청 ⟨http://www.1212.mn⟩
- 푸른아시아 ⟨http://www.greenasia.kr⟩
- Corruption Perceptions Index ⟨https://www.transparency.org⟩
- WWF Mongolia ⟨http://mongolia.panda.org⟩
- *Экологи*, 2016년 11월(2호)

제12장

'지속가능성'의 딜레마

포스트사회주의 몽골 유목경제와 양모산업

주윤정
(서울대학교 인권센터 선임연구원)

1
포스트사회주의 몽골의 사회변화

몽골은 탈사회주의 이후 급격한 사회변동을 경험했다. 사회주의 시절의 계획경제가 민영화되고, 집단농장의 소유였던 가축들이 사유화되었다. 이 과정에서 일부 유목민에게는 부를 축적할 가능성이 생기기도 했지만, 전체적으로는 극심한 빈부격차와 함께 예상치 못한 새로운 사회적인 문제들이 발생했다. 또한 사유화 이후 목축의 급격한 증가로 인해 목축지가 황폐화되는 현상도 발생했다. 게다가 기후변화로 인해 목축환경도 변화하고 있다. 이런 상황에서 몽골의 인구 대부분은 여전히 유목경제에 종사하고 있으며, 또한 그 생산물인 양모산업과 공예는 몽골인들의 생활과 밀접한 영역이다.

이 글에서는 포스트사회주의 몽골에서 유목경제의 변화를 양모산업과 공예의 변화를 중심으로 살펴보고자 한다.

전통적 유목경제는 사회주의 경제체제에서 일차적으로 구조적 변화를 겪었고, 이후 탈사회주의로 인해 다시 한번 변화를 경험했다. 설배환은 "초원의 생태환경과 낮은 노동강도는 유목을 지속가능케 하는 원천"으로서 초원의 유목경제는 "적은 노동량"을 기반으로 했다고 지적했다.[1] 그러나 탈사회주의적 변화 속에서 유목경제는 급속히 시장화·상품화되어 가고 있다. 이에 따라 유목경제의 부산물인 양모가

* 본 연구의 현지조사에 광주 아시아문화전당 아시아문화정보원의 지원을 일부 받았음을 밝혀 둔다.

1 설배환, 「13~14세기 몽골초원의 물적 기반과 유목경제의 지속성 고찰」, 『중앙아시아연구』 제20권 2호, 2015, p. 217.

고부가가치 상품으로 전환되어 가고, 그와 함께 다양한 사회구조적 변화가 발생하고 있다. 탈사회주의 전환 과정에서 기존의 집단농장에서 사육하던 가축들이 가구 구성원 수에 따라 가구별로 분배되는 과정에서 빈부격차가 발생하기 시작했다. 또한 도시화 현상 속에서 역유목화가 발생하기도 했다. 사회안전망이 마련되어 있지 않은 상황에서 도시 빈민에게 유목은 하나의 생활방식으로 인식되었다.

체제전환 후 몽골의 사회변화에 대해서는 연구가 활발하게 진행되고 있다. 한국 학계에서도 몽골의 체제전환에 대한 연구가 이루어졌는데, 몽골의 소수민족인 카자흐족을 통해 사회변화를 다룬 연구,[2] 법과 경제 제도적 차원에서 체제전환을 다룬 연구 등 다양하다. 서구에서는 인류학과 사회학 분야에서 몽골 연구가 활발하지만, 체제전환에 관한 연구라기보다는 인류학적 현지조사가 중심을 이루고 있다. 유목생활에 대한 연구가 대부분이라, 탈사회주의로의 이행이 몽골 사회에 어떤 영향을 주었는지에 대해 알려진 바는 그리 많지 않다.

이 글에서는 몽골의 탈사회주의 이후 캐시미어와 양모산업 그리고 공예 영역에서 어떤 변화가 발생하고 있는지, 그것이 사회에 어떤 영향을 미치는지를 분석하고자 한다. 탈사회주의 전환 과정에서 발생한 변화로는 국내의 산업구조, 해외 국제기구 및 시장과의 관계, 사회구조, 환경 등 다차원적으로 분석될 수 있다. 필자는 이 연구를 위해 몽골에서 2016년 8월 현지조사를 실시했다. 몽골 캐시미어 협회, UNDP 같은 국제기구 등을 방문했고, 테렐지(Terelj) 지역의 유목민 가옥을 방문하여 그들에게 유목경제가 어떤 방식으로 작동하는지 조사했다. 또한 몽골의 양모산업과 관련한 영미권과 일본의 문헌, 국제

2 유원수·이평래, 「전환기 몽골 사회의 연구(1990~현재): 몽골의 이슬람」, 『중앙아시아연구』 제20권 1호, 2015, p. 2.

기구의 보고서 등을 수집하여 분석하였다. 그리고 몽골인들이 저술한 펠트(felt) 관련 서적을 입수하여 펠트에 대한 심층 분석을 할 수 있었다.

2 포스트사회주의 몽골의 유목경제와 유목문화

1) 유목경제의 변화

전 세계적으로 유목을 생업으로 하는 인구가 급속히 줄어들고 있는데 반해, 몽골은 유목이 사회 및 경제적으로 중요한 위치를 차지하고 있다. 구소련의 영향으로 정부가 도시화와 산업화, 그리고 전통적인 가축 방목을 대체하기 위해 농업을 적극적으로 장려했음에도 불구하고, 유목경제의 기본적 특성은 몽골 사회에 여전히 남아 있다.

몽골에서는 1989년부터 사회주의 경제체제가 약화되면서 시장논리에 입각한 자본주의 경제의 유입과 더불어 전통적인 유목경제도 되살아나고 있다. 몽골의 경제는 유럽과 미국식 자유시장 경제의 요소와 친족을 기반으로 하는 유목사회의 요소를 함께 지니고 있는데, 유목경제를 대표하는 가축으로는 양, 말, 염소, 소, 낙타 등이 있다. 몽골에는 친환경적인 방식에 따라 방목과 유목 생활에 활력소가 되는 다양한 네트워크가 형성되어 있다.[3]

몽골은 유목으로는 절대적인 자급자족은 어렵지만 자체적 순환

3 박환영, 『몽골의 유목문화와 민속읽기』(민속원, 2005), p. 80.

시스템을 통해 자족적인 생활이 가능했다. 유목은 인류의 역사가 시작된 이래 지속되어 온 '오래된 삶의 방식'이라고 볼 수 있다. 하지만 이 역시 도시화와 산업발전으로 인해 급격한 변화를 겪었다. 유목경제가 상품화되는 것은 양모산업 및 공예 발전과 밀접한 관계가 있다.

사회주의 체제인 몽골에서 모든 동물은 국가의 소유였다. 땅 역시 국가 소유였고 '네그델(negdel)'이라는 집단농장 형식으로 관리되었다. 사회주의 이후 민영화되는 과정에서 네그델이 해체되고 가축이 민영화되었으나, 토지는 일부 도시와 특정 지역을 제외하고 국가 소유로 남아 있다.

몽골의 대표적인 가축은 양, 말, 소(야크), 낙타, 염소 등이다. 몽골에서 가축은 대표적인 사적 소유물이다. 토지의 사적 소유가 활성화되어 있지 않기 때문에, 개인의 재산을 나눌 때 가축을 기준으로 하는 경우가 많다. 사회주의 이후 국가의 자산이 사유화된 대표적인 영역이 가축이다. 따라서 몽골에서 개인의 부를 논할 때, 땅을 얼마만큼 소유했느냐는 등 부동산 소유구조가 아니라 가축을 얼마나 소유했느냐로 논의하는 경향이 있다. 최근까지도 '1,000마리 유목민'이란 표현이 존재하는데, 이는 가축을 1,000마리 가진 사람을 일컫는 것으로 상당한 부를 소유했음을 뜻한다.[4] 가족 단위의 목축이 아니라 고용 목축인 경우도 있다. 몽골 유목민들이 생각하는 빈곤은 적은 수의 가축을 소유하거나 가축이 없는 사람, 자신을 돌보아 줄 친척이 없는 사람, 가진 의복 개수가 적은 사람, 고정된 수입이 없는 사람, 그리고 일자리를 찾을 수 없는 사람이라고 한다.[5]

---

4 몽골 테렐지 지역의 유목민과의 인터뷰(2016. 8.).

5 Keith Griffin, *Poverty and the Transition to a Market Economy in Mongolia* (New York: St. Martin's Press, 1995), p. 105.

1922년 몽골이 독립국가를 수립했을 때 가축은 대부분 귀족이나 사원의 고승들이 소유하고 있었다. 몽골 유목경제의 집단화는 1930년대 코민테른 시기에 시작되었고 1950년대에 완성되었다. 이는 네그델이라고 불리는 유목민 조합을 근간으로 했다. 몽골에서 가축 소유의 변화는 최소 세 차례 발생했다. 첫 번째는 부유한 계층에서 일반 유목민에게로 소유가 이동했는데, 이 변화는 1920년대 사회주의 혁명 시기에 발생했다. 두 번째 변화는 1932년 국가정책의 변화로 인해 발생했다. 세 번째로는 사회주의 체제의 붕괴로 발생했다. 소비에트의 영향 아래 1950년대 후반 이후부터 가축의 사적 소유 제도가 제한되었고, 이후 네그델에 기반하여 목축의 집단화가 이루어졌다. 사회주의 붕괴 이후인 1991년부터 민영화법에 의해 개인의 유목이 허용되었다.

1950년대 집단화로 인한 가장 큰 변화는 유목민 사이에 화폐경제가 발생한 것이고, 자급자족적인 유목이 사라지며 유목민들은 네그델에 소속된 임금노동자로 변화했다. 노동자들은 일부 가축을 사적으로 소유할 수 있었지만, 기본적으로는 네그델의 임금노동자로 생활했으며 개인적 선택의 자유가 존재하지 않았다. 탈사회주의 이후 소유권의 변화는 토지가 아니라 가축에서 발생했다. 네그델 조합원의 노동 분배량은 과중한 편이었다. 사회주의 체제에서 유목민의 임금은 도시 노동자에 비해 낮은 편이었다. 네그델의 구성원들은 일반적으로 도시 노동자의 50~60% 정도 벌었다.[6] 몽골인들은 가축의 개인소유 이후 책임도 증가했지만 재산을 증식할 수 있어 비교적 만족한다고 한다. 하지만 의료비·교육비 등의 부담이 증가하면서, 유목민들은 현금을 마련

6 A. Maekawa, "The Cash in Cashmere: Herders' Incentives and Strategies to Increase the Goat Population in Post-Socialist Mongolia," in Norio Yamamura, Noboru Fujita, and Ai Maekawa, eds., *The Mongolian Ecosystem Network: Environmental Issues Under Climate and Social Changes* (Tokyo: Springer, 2013), pp. 235-236.

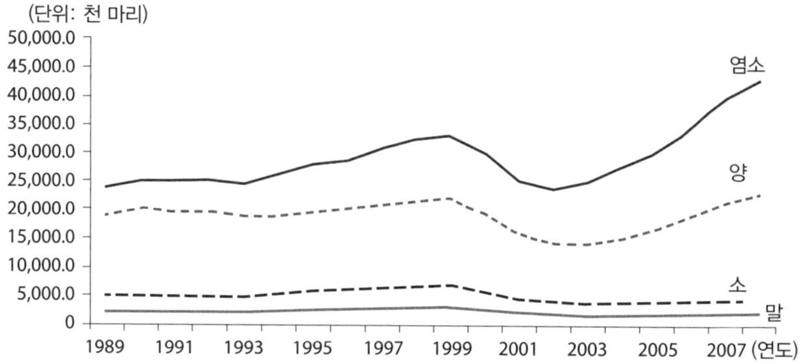

〈그림 12-1〉 몽골 가축사육의 연도별 변화

해야 하는 상황이 발생했다.[7]

1991년경 시장경제가 도입되면서 대부분의 네그델이 해체되었다. 그로 인해 유목민들은 현금 수입원을 상실하게 되었고 갑작스레 자영업자가 되었다. 목축은 유목민들이 현금을 확보하기 가장 좋은 수단이라고 볼 수 있다. 특히 탈사회주의 전환 이후 〈그림 12-1〉에서와 같이 캐시미어와 양모를 생산하는 염소 사육수가 급격하게 증가했다. 이로 인해 목초지의 환경이 파괴되는 상황이다. 유목민의 생활 역시 도시화와 교육비용 마련을 위해 변화하고 있다. 자급자족적인 목축에서 경제적 목적의 목축이 증가하고 있는 것이다.

또 하나의 변화는 목축하는 동물 종류의 변화이다. 과거에는 말과 낙타가 이동의 수단이기 때문에 가장 값비싼 동물이었다.

> 경제적으로는 양이 가장 중요했지만, 초원 유목민들 사이에서 가장 높은 위치를 차지한 동물은 말이었다. 몸짓이 큰 동물인 말과

---

7 稲村哲也, 『遊牧·移牧·定牧—モンゴル·チベット·ヒマラヤ·アンデスのフィールドから』(東京: ナカニシヤ出版, 2014), p. 30.

소가 번창하기 위해서는 강우량이 많아야 했다. 그리하여 초원에서도 하천과 좋은 방목지가 있는 지역에는 말이 더 많이 있었다. 말은 풀을 뜯는 습관 때문에 다른 작은 동물들과는 따로 방목해야 했다. 큰 동물들은 풀을 바싹 뜯어 먹는 양과 염소가 있었던 지역에서 방목할 수 없었다. 그리하여 큰 동물들을 위해 따로 방목지가 있든지, 아니면 한 곳의 방목지뿐이라면 큰 동물들이 양이나 염소보다 먼저 풀을 뜯도록 했다.[8]

하지만 최근에는 큰 동물에 대한 수요가 감소하기도 하고 캐시미어 산업으로 염소의 상품성이 높아지면서 염소 사육이 증가하고 있다.

'목축의 시장경제화'를 모색하는 다양한 시도들이 전개되고 있다.[9] 이제 말과 낙타는 이동 수단으로서의 효용은 잃었고 주로 관광 목적으로 이용되는 상황이며, 말은 일종의 신분의 상징으로 기능하고 있다. 말은 주로 몽골 전통축제인 나담 축제(Naadam Festival)에서 경마를 할 때 사용된다. 말과 양을 대체하며 1킬로그램당 원사 가격이 가장 높은 염소의 목축이 점차적으로 늘고 있다. 캐시미어가 생계의 가장 주요한 수입원으로 역할한다고 볼 수 있다.

한편 몽골에서는 양가죽이나 소가죽이 좋은 수입원으로 기능하지 못한다. 가축 질병이 많아 양가죽의 품질이 좋지 않아 쓰레기나 마찬가지라고 한다. 또한 우유나 치즈 등은 유제품 산업이 발달하지 못해 주로 유목민들 사이에서만 소비되고 있다. 몽골에서는 오히려 한국의 가공우유를 수입하고 있었다.[10]

---

8 박환영, 앞의 책, pp. 64-65.

9 小長谷有紀,『人類學者は草原に育つ』(東京: 臨川書店, 2014), p. 53.

10 몽골 유제품 시장 현지조사 시 중국인 무역상과의 인터뷰(2016. 8).

2) 양모 이용의 변화

유목민으로 살아가면서 몽골인은 동물의 털을 다양한 방식으로 이용해 왔다. 그러나 실로 뽑아 직조하는 전통보다는 동물의 털을 가공하거나 깎아낸 털을 펠트로 만드는 방식이 활용되었다.[11]

몽골의 역사와 풍속에 대한 자료는 주로 페르시아 세밀화에서 찾아볼 수 있다. 몽골 자체의 기록역사 전통이 풍부하지 않고 몽골제국 시기 페르시아인이 몽골의 풍습을 기록으로 남긴 것이 많이 있기 때문이다. 13~14세기의 기록에 의하면 게르가 펠트로 화려하게 장식되었던 것으로 보인다. 역사적으로 가장 오래된 펠트는 고분에서 발굴되었다. 현재 남아 있는 것은 러시아의 에르미타주 박물관(Hermitage Museum)과 몽골국립역사박물관(National Museum of Mongolian History)에 소장된 정도이다.

현재 남아 있는 유물을 보건대, 상당히 정교한 수준의 펠트 공예 전통이 있었던 것으로 보인다. 그러나 체계적인 수집이나 연구는 부족한 상황이다. 펠트는 주로 카페트, 러그, 가방 및 의복 등에 활용되었던 것 같다. 염색이 발달하지 않았기 때문에 양모 원사의 재료 그대로 색을 내었다. 캐시미어 염소(cashmere goat)의 경우에는 보통 갈색, 검은색, 흰색이고, 양의 경우는 흰색이 대부분이었다. 상류층과 귀족들은 흰색 펠트를 가장 선호했다고 하는데, 이는 흰색 양모의 희소성과 그것을 생산하는 데 필요한 정교한 공정과 연관된 것으로 보인다. 민간에서도 양모를 이용하는 전통이 다양했지만, 보통 사람들의 경우에는 단순한 방식으로 이용했다. 흰색이나 장식이 된 것들은 귀족들이 이용

11 메리 앤드 마르타 공정무역회사(Mary and Martha Fair & Ethical Trade in Mongolia) 대표 이렌(Irene)과의 인터뷰(2016. 8.).

했으며, 캐시미어 중에서도 흰색 캐시미어는 보다 고가였다.[12]

일반인은 굳이 가공하지 않고 옷에 모피털을 부착하여 입은 경우가 많았다. 일반인이 펠트를 가장 많이 사용한 것은 게르의 방한을 위해서였다. 동물털을 가공하여 펠트를 만드는 과정은 마을의 공동체적 노동의 형태로 이루어지는 경우가 많았다. 일반적으로 유목민의 사회경제적 특성상 협업 가능성이 많지 않았다. 농경사회의 경우 농업용수 확보를 위해 공동체 단위의 협업이 중요한 반면, 몽골 유목경제에서는 공동으로 협업을 하는 경우가 상대적으로 적었다고 볼 수 있다. 다만 가족 단위로 대형 펠트를 만드는 노동을 공유하는 경우들이 있었다. 말은 롤러로 펠트를 펴는 작업에 이용되었다. 이런 작업들은 일종의 마을 축제 형태로 이루어졌다. 마을 혹은 가족 단위로 펠트를 생산하는 전통은 이후 점차 캐시미어 산업이나 양모산업의 방식으로 전환되었다.

캐시미어 공장 설립 이전 몽골은 직조 문화가 그리 발전하지는 않았다. 자체적인 직조 문화나 뜨개질 문화가 발달하지 않은 탓에, 효과적인 목축자원의 이용은 주로 해외원조에 의해 시작되었다고 볼 수 있다.[13] 중원에 원(元)나라가 수립되었을 때 비단이 이용되기도 했지만, 기본적으로는 사치품 무역에 속했다. 초원에서는 비단을 생산하기 어려웠다. 캐시미어 가공산업은 사회주의 시기에 시작되었고 수출을 위한 제조업으로 발전했다. 이후 민주화 혁명과 충격적인 시장개혁으로 몽골의 산업체계가 어려움을 겪었다. 캐시미어 원사를 공급하던 유목민들은 과거에는 국가에 의해 고용된 노동자였고, 연금 및 각자가 관리하는 동물의 수가 정해져 있었다. 하지만 경제개방 이후 유목민들

12 몽골국립박물관 학예사 애기마와의 인터뷰(2016. 8.).

13 이렌과의 인터뷰(2016. 8.).

의 목축 역시 민영화되고 연금이 축소되면서 소득이 감소하게 되었다. 빈곤, 실업, 가계부양 등의 문제가 심각해지면서 유목민의 유일한 현금확보 수단인 캐시미어 염소의 수가 1990~1999년 사이 600만에서 1,100만 마리로 2배 가까이 폭증하면서 캐시미어의 품질이 악화되기도 했다.[14] 고비 캐시미어(Gobi Cashmere)는 2003년에 완전히 민영화되었다.

3 몽골의 양모산업과 시장화

1) 캐시미어 산업과 국내 산업 구조

고비 캐시미어는 사회주의 시절인 1981년 일본의 투자에 의해 시작되었다. 합자금을 토대로 일본에서 기계를 구입하여 운영을 시작했다. 현재 캐시미어는 몽골의 주요 산업으로서 광산업 다음으로 제일 중요한 산업 기반이라고 볼 수 있다. 현재 몽골에는 수십 개의 캐시미어 회사가 있는데 그중 가장 대표적인 것이 고비(GOBI)이다. 고비는 기술력을 바탕으로 유럽, 일본, 미국 시장 등에 완제품을 판매하고 있다. 고비 공장을 개시하기 전 기술자들이 일본에서 유학하여 필요한 기술을 습득했다. 사회주의 붕괴 이후 기업활동이 다양화되었으며, 이를 지원하는 국제기구들의 활동도 활발하다.[15]

개혁·개방 이후의 혼란을 거쳐 캐시미어는 몽골의 대표적인 산

14 "Protecting Tradition and Revitalizing a National Brand," *World Intellectual Property Organization* (온라인, 2012. 9. 26.).

15 Saha Dhevan Meyanathan, *Portraits of Change* (Ulanbataar: CreateSpace Independent Publishing Platform, 2013), p. 32.

업으로 자리매김하고 있다. 현재도 몽골의 수출품 중 세 번째이며, 원모 생산에서 가공까지 포함할 경우 몽골 인구의 3분의 1에 일자리를 제공하고 있다.[16] 대표적인 업체인 고비의 성공에 힘입어 현재는 20여 개의 기업들이 활발히 활동하고 있다. 저개발 국가에서는 1차 원료만을 생산하여 수출하는 것이 일반적이지만, 몽골은 자체 브랜드를 기반으로 완제품을 생산하여 해외시장에 판매하고 있다. 그러나 전 세계적으로 캐시미어 시장은 유럽과 미국의 명품업계가 좌우하고 있어 높은 부가가치를 창출하고 있지는 못하다.

몽골의 주요 산업인 광산업은 환경파괴로 인해 많은 문제를 노정하고 있다. 그래서 지속가능한 개발, 지역 환경에 근거한 경제발전 모델을 구축하기 위한 많은 노력들이 경주되고 있다.

몽골 국민경제에서 양모산업의 중요성은 간과될 수 없다. 캐시미어는 GDP의 11.8%까지 차지한 적이 있으며, 대체로는 3~4%를 유지하고 있다. 캐시미어의 염소는 전체 가축 중 42%(2015년)를 차지하는 등 몽골 유목생활의 핵심적 영역이다.[17]

현재 캐시미어 산업은 ① 해외 소유기업, ② 중국인 소유기업, ③ 몽골 자체 기업, ④ 국가 소유기업 등에 의해 운영되고 있다. 현재 몽골에서 대표적인 캐시미어 회사로는 고비 외에 고요(GOYO), 알타이(Altai), 에비섹(Ebishec) 등이 있으며, 하이엔드(high-end) 시장에서 고가의 부가가치를 생산하고 있다. 탈사회주의 이후 국유기업이 사유화된 다음 캐시미어 시장에 대한 국가 규제는 별로 없으며, 대부분 자유

16 S. Réviron, E. Thévenod-Mottet and N. El-Benni, "Geographical Indications: Creation and distribution of economic value in developing countries," Institute for Environmental Decisions (IED) Working Paper No. 2009/14, 2009, p. 25.

17 Eldevochir Erdenesan, "Livestock Statistics in Mongolia," ASIA AND PACIFIC COMMISSION ON AGRICULTURAL STATISTICS Presentation, 2016, p. 23.

경쟁 체제에서 경영하고 있다. 고비는 현재 국내시장의 66% 정도를 점유하고 있다. 약 1,300명의 인력을 고용하고 있으며, 연간 매출액은 4,000만 달러(미화) 정도이다.[18]

그러나 몽골의 캐시미어 산업이 고부가가치 산업 영역으로 자리매김했다고 보기는 어렵다. 현재 전 세계 캐시미어 산업구조의 경우 완제품 판매를 통해 고부가가치를 올리는 경우는 서방국가의 회사들이 대다수이다. 이 회사들은 몽골에서 원사만 구입하고 나머지 가공과정은 이탈리아나 미국에서 진행하는 경우가 많으며, 따라서 몽골인에게 경제적 활동의 기회가 주어지고 있지 않다. 몽골의 캐시미어 원사는 전 세계적으로 최고 수준이라 일컬어지고 있는데, 이는 혹한의 겨울을 아무런 보호막 없이 초지에서 지내면서 가장 가볍고 따뜻한 양모를 만들어 내기 때문이다. 그러나 이런 품질 좋은 원사에도 불구하고 몽골의 양모산업은 자체적인 산업으로 충분히 발전하지 못한 상황이다. 여기에는 디자인, 품질, 신뢰 등 여러 복합적인 문제가 있는 것으로 보인다. 현지 전문가에 의하면, 납품기한 엄수, 거래 관행 및 계약 과정의 불투명성으로 인해 서방국가의 신뢰를 얻지 못하기 때문이라고 한다.[19]

몽골에서는 캐시미어 산업의 발전을 통해 몽골인에게 양질의 일자리를 제공하는 것이 무척 중요하다. 캐시미어 생산은 현재 대부분의 영역이 산업화되어 있지만, 편직은 기계를 이용하는 반수공업적인 방식으로 운영되고 있다. 실이 얇고 섬세하며 또 다양한 형태의 니트웨어를 만들기 위해서는 기계에만 의존할 수 없고 인간의 노동이 필요하다. 이에 파슨즈디자인스쿨(Parsons School of Design) 등과의 협력을

18 "Mongolian cashmere goes global," *NHK World* (온라인, 2016).
19 이렌과의 인터뷰(2016. 8.).

통해 고부가가치의 캐시미어 생산을 위해 노력하고 있다.[20]

2) 캐시미어 산업의 노동구조

최근 통계에 의하면, 캐시미어 공장에 고용된 인력은 8,800명 정도이며 실제로는 대략 10,000명 정도라고 한다. 상당수의 인력이 편직공장에서 일하는 것으로 보고되고 있는데, 이는 반(半)수공업적 영역이다. 이 외에도 원사 가공공장에서도 2,300명 정도가 고용되어 있다고 한다. 현재 캐시미어 생산 단계가 완벽하게 자동화되어 있는 것은 아니어서 아직 손으로 하는 공정들이 많다. 또한 대기업 중심의 캐시미어 산업을 여성과 중소기업으로 확대하기 위한 노력을 여러 국제기구들과 함께 펼치고 있다.[21] 캐시미어 산업은 종사자의 대부분이 여성으로 알려져 있으며, 따라서 중소기업 활동 등을 통한 여성의 역량 강화를 위한 교육 프로그램이 다양한 국제기구를 중심으로 활성화되어 있다.

울란바타르의 캐시미어 공장을 조사한 엘리자베스 폭스(Elizabeth Fox)에 의하면, 캐시미어 공장은 다양한 연령의 여성 노동자들에게 미래의 꿈을 구현하는 장소로 기능하고 있다. 일자리가 많지 않은 상황에서 캐시미어 공장은 여성이 역량을 키워나갈 수 있는 곳으로 인식된다. 폭스에 따르면, 캐시미어 공장은 몽골에서 상대적으로 고용 안정성이 유지되는 곳이며, 그곳에서 일하는 여성들은 개인의 발전과 국가의 발전을 일치시키고 있다고 한다.[22]

---

20 캐시미어협회(Mongolian Wool & Cashmere Association) 담당자 훌란과의 인터뷰(2016. 8.)

21 훌란과의 인터뷰(2016. 8); "Mongolia's 'Cashmere Princess' Expands 1436"(온라인, 2014. 9. 4.).

22 Elizabeth Fox, "Making Cashmere, Making Futures: The Work of Hope and the materialisation of Dreams in a Mongolian Cashmere Factory," *Inner Asia*, vol. 17, issue 1, 2015, p. 78.

3) 캐시미어 생산 과정[23]

몽골의 캐시미어가 전 세계적으로 높이 평가되는 이유는 영하 40도까지 내려가는 몽골의 혹한과 관련이 있다. 캐시미어는 겨울을 지나 봄철과 여름철 1년에 두 차례 정도 채집되는데, 봄철 캐시미어의 가격이 더 비싸다고 한다. 염소 한 마리당 100그램 정도의 캐시미어가 생산되는데, 스웨터 하나를 만들기 위해서는 2~6마리의 염소가 필요하다. 유목생활은 산업화되지 않았으며 아직은 전통적인 방식을 따르는 경우가 많다. 몽골은 교육열이 높아 교육비 확보를 위해 학기 시작 직전에 동물이나 양모를 판매하는 경우가 많다고 한다.[24]

이렇게 모아진 양모는 전국을 순회하는 방문판매상이나 대도시 주변의 원사 시장에서 판매된다. 필자가 현지조사 과정에서 울란바타르 시내 인근의 원사 시장을 방문했을 때, 양모와 캐시미어, 낙타털, 말가죽 등 다양한 상품들이 판매되고 있었다. 유목민들이 시장에서 직접 양털과 양모를 판매하면, 상인들이 창고에 이를 저장하고 있다가 원사 가공 공장에 재판매하는 것이다. 가격은 캐시미어의 경우 1킬로그램당 5만 투그릭(tugrik), 울은 5천 투그릭으로, 캐시미어가 울보다 10배 정도 비쌌다. 시골에서 캐시미어 원사를 확보하는 과정은 공동의 노동을 통한다고 한다. 유목민 가족은 남녀노소가 모여 노동집약적으로 염소의 털을 깎는(combing) 작업을 한다. 때로는 이웃과 같이하기도 한다. 염소 한 마리의 털을 깎는 데 한 시간 이상 걸리기 때문에 며칠씩 진행되기도 한다. 염소털 깎는 일을 도와준 보답으로 음식을 대접하거나 서로 품앗이를 하기도 한다.[25]

---

23 "Mongolia goes 'from goat to coat'," *BBC News*(온라인, 2013. 3. 29.).

24 몽골 양모시장 현지조사(2016. 8.).

25 Natasha Fijn, *Living with Herds* (Cambridge: Cambridge University, 2011), p. 36.

수집된 양모들은 앞서 언급한 원사 시장이나 공장으로 옮겨지거나 또는 해외로 팔려간다. 양모를 원사로 전환하는 과정이 해외에서 이루어지는 경우도 있다. 캐시미어 생산에 필요한 기계들은 대부분 독일과 일본에서 수입한다. 특히 방적기계와 직조기계는 대부분 일본에서 수입하여 활용하고 있다. 이와 같이 캐시미어 산업은 일본과의 긴밀한 관계 속에서 발전하고 있다.

4
포스트사회주의 몽골의 양모 및 공예 산업의 특성

1) 캐시미어의 상품화와 국민경제의 '지속가능성'

캐시미어는 고부가가치 산업으로 발전하고 있다. 그러나 몽골 캐시미어가 당면한 핵심적 문제는 어떻게 더 높은 가치를 생산해 낼 수 있느냐이다. 서구의 하이엔드급 캐시미어 회사들은 엄청난 부가가치를 올리고 있다. 서구에서는 '지속가능한 발전(sustainable development)', '지속가능한 캐시미어(sustainable cashmere)'를 주장하지만, 사실 그 부가가치가 몽골에 귀속되는 것은 별로 없다고 한다. 몽골 내에 공장도 없고 실을 뽑는 등의 여타 공정이 이탈리아나 서구에서 이루어지기 때문이다. 그럼에도 서구의 기업들이 '공정무역'이나 '지속가능한 캐시미어'라는 이름으로 이익을 취하고 있다.

디자인 면에서도 몽골은 자체의 디자인 능력이 다소 뒤떨어진다. 흔히 식민지를 겪은 나라들은 원사 시장으로만 기능할 뿐, 자체의 기술력으로 고부가가치 상품을 만들어 내는 경우가 드물다. 그러나 몽골은 원사 시장뿐 아니라 고부가가치 상품을 갖고 있는 것이 특징이다.

원재료가 많이 생산되는 나라의 경우 '자원의 저주'로 인해 자국 기업이 아닌 해외의 기업들만 부를 축적하게 하는 경우가 많다. 그러나 몽골은 자체적인 브랜드를 개발하고 캐시미어의 자체 산업화에 일정 부분 성공했다. 캐시미어 산업은 사회주의 시기 존재했던 산업기반을 시장화함으로써 경쟁력을 확보했다고 볼 수 있다.

한편 몽골 캐시미어 업계는 해외의 업체들이 '지속가능성'이라는 이미지를 가져가는 것에 다소 위기감을 느끼고 있다. 이는 선진국과 개발도상국 간의 기술격차와 시장 정보의 격차가 있을 때 필연적으로 발생하는 문제라 할 수 있다. 선진국에서 운영하는 캐시미어 회사들은 윤리적 소비가 강조되는 세계적인 추세에 따라 캐시미어를 지속가능한 발전과 연계시키는 경우가 많다. 이들은 유목민의 생활과 동물의 보호를 강조하고 있지만, 그 원사와 캐시미어 가공은 대부분 미국이나 이탈리아 등 선진국에서 이루어지고 있다.

> 노야(NOYA) 캐시미어 원사 회사는 동북 몽골 지역의 자연보호와 유목민 생활 보호를 목표로 한다. 이 회사는 상업화된 목축으로부터 초원을 보존하기 위해 많은 노력을 하고 있다. 가축의 건강과 생산성을 향상시키기 위해 유목민과 협력하며, 이를 통해 궁극적으로 유목민의 경제적 조건을 향상시키고 유목민의 생활양식을 보호하기 위하여 다양한 공동체 개발 프로젝트를 시행하고 있다. 이런 과정을 통해 몽골에서 생산되는 가장 양질의 캐시미어를 생산하고 있다. 노야 회사는 몽골의 유목민과 서구의 브랜드, 캐시미어 생산자들을 직접적으로 연결하여 투명성을 확보하며 세계적 수준의 의류 산업으로 연계시키고 있다.[26]

---

26 NOYA 홈페이지.

그러나 유목민과 직접 연결하여 캐시미어를 생산하는 이러한 '지속가능한 캐시미어'는 일부 유목민에게는 도움이 되는 구조이지만, 전체 몽골의 국민경제와는 배치되는 지점이 있다. 결국은 최종생산품을 생산하는 곳이 어디이며, 몽골 안에서 높은 부가가치를 확보할 수 있느냐가 관건인 것이다. 몽골캐시미어협회(Mongolian Wool & Cashmere Association)의 담당자는 이 과정이 몽골에 일견 우호적으로 보이지만, 사실은 몽골의 캐시미어 업체들의 경쟁력을 약화시킬 수 있다며 우려를 표시했다. 즉 몽골 국내적으로는 외부의 '지속가능한 캐시미어'를 일종의 경쟁관계로 인식하는 측면도 있다. 따라서 몽골캐시미어협회에서는 이 문제를 해결하기 위해 특히 디자인에 각별한 관심을 쏟고 있다.

이런 문제를 해결하기 위해 몽골 캐시미어 업계는 파슨즈디자인스쿨 등과 협력하고 있다. 또한 고요 등의 유수 회사들은 대부분의 디자이너들을 영국에 유학시켜 세련된 디자인을 확보하기 위해 노력하고 있다. 고요의 매장은 명품 숍 매장과 같이 디스플레이되어 있으며, 세련된 디자인과 고품질의 캐시미어를 생산하고 있다.[27] 또한 대표적인 캐시미어 회사인 고비의 경우 '고비 오가닉(Gobi Organic)'이란 제품라인을 별도로 만들어 부가가치를 높이기 위해 노력하고 있다.

기본적으로 몽골에서는 원사 생산에 살충제나 기타 화학제품이 거의 사용되지 않기 때문에 유기농적 방식으로 생산되고 있다. 이 외에 염색 등 가공 과정까지도 유기농적 방식으로 처리되었음을 강조하여 제품의 부가가치를 높이려고 하고 있다. 몽골은 단순히 그들의 방식을 고수하기보다, 서구 시장의 트렌드 변화에 따라 새로운 생산라인

---

27 몽골캐시미어협회 담당자와의 인터뷰(2016. 8.).

과 제품을 개발하고자 적극적으로 노력하고 있다.

현재 몽골 캐시미어 산업은 완제품을 생산하는 단계로 이전하고 있다. 이 과정에서 원사의 질뿐 아니라 디자인, 그리고 다양한 제품을 제작하는 능력이 중요해지고 있다. '염소에서 코트까지(from goat to coat)'라는 고비의 캠페인은 몽골 캐시미어의 특징을 축약적으로 보여준다. 캐시미어의 원모 생산뿐 아니라 완제품 판매를 추구하여 국민경제의 중요한 부분으로 자리매김하려는 의지가 엿보이는 구호이다. 전 세계적으로 캐시미어가 고가의 상품으로 판매되고 있지만, 어떻게 몽골의 국민경제에 기여하느냐가 관건인 만큼, 완제품 판매로 높은 부가가치를 올리는 것이 무엇보다 중요하다.

몽골에는 현재 캐시미어 산업의 활성화를 위해 몽골캐시미어협회가 조직되어 있다. 몽골의 캐시미어 회사들이 여기에 가입해 있으며, 이들은 정부와 민간 영역 간의 가교 역할과 함께, 법 제정이나 관련 회사 및 공장에 관한 각종 업무를 수행하며, 다양한 국제기구들과 공동으로 프로젝트를 추진하고 있다. 현재 캐시미어 원사의 60% 이상을 수출하고 있는데, 향후 가능한 한 완제품으로 생산하기 위해 노력하고 있다. 또한 네덜란드 등 유럽 국가 및 국제무역센터(International Trade Center, ITC) 등의 국제기구들과 여성 기업인들을 지원하기 위한 다양한 프로그램을 전개하고 있다.[28]

2) 해외 합자 및 원조

몽골의 캐시미어와 양모 공예는 전통적인 기술을 기반으로 발전하기보다 해외원조의 영향을 많이 받았기 때문에 합자관계 등이 활성화되

28 N. Otgonsaikhan, "The Current Situation for Mongolian Foreign Trade and Cooperation with Northeast Asian Countries," *ERINA Report*, no. 127, 2015.

어 있다. 물론 몽골의 역사 속에 펠트를 이용하는 전통은 상층 및 기층 문화에 존재했다. 하지만 이는 주로 게르에 한정되었을 뿐, 생활공예로 발전하지는 못했다. 캐시미어 산업이 발전하게 된 데에는 일본 및 이탈리아 등의 해외원조와 지원이 중요한 역할을 했다. 그전까지는 자체적인 직조문화가 발달하지 않았다.

캐시미어는 자체 내수보다 수출과 해외 관광객의 수요가 중요하며, 펠트의 경우도 마찬가지이다. 해외의 원조단체와 NGO 등이 주축이 되는 교육 프로그램이 개발되었고, 이에 기반하여 공예 산업이 형성되었다. 캐시미어는 몽골 내 중산층의 소비가 비교적 활성화되어 있는 편이지만, 펠트는 주로 관광상품으로 취급되어 내수에 기반하고 있지 않는 문제가 있다.

해외 합자는 기술원조로 시작되었고 수출을 목표로 하고 있지만, 이것이 어떻게 자국 경제와 소비로 연결될지는 의문이다. 또한 캐시미어 산업은 해외시장과 기술 및 시장의 측면에서 긴밀하게 연결되어 있기 때문에, '오가닉(organic)', '지속가능성', '공정무역(fair trade)' 등 해외시장의 최신 비즈니스적 조류와도 긴밀히 연결되어 있다. 따라서 해외시장의 수요와 변화에 적극적으로 호응하면서 새로운 영역을 창출하고 있다.

캐시미어와 양모 공예는 대기업 제품 외에도 중소기업, 협동조합 등 다양한 방식으로 운영되고 있다. 몽골의 협동조합(co-operative)은 소비에트 시기에 시작되었지만, 시장경제로 이행한 후 새로운 방식으로 전환되었다. 과거의 협동조합이 유지되는 경우도 있지만, 시장경제 체제 이후 새로운 법제 속에서 형성된 것도 있다. 특히 해외 원조기구의 지원으로 새로운 협동조합들이 많이 형성되고 있다. 현재 몽골에서는 사회주의 시기의 협동조합을 사회적·경제적 성격의 협동조합으로 전환시키거나 새로운 방식으로 전환하려는 노력이 지속적으로 이루어지고 있다. 이런 맥락 속에서 공예와 관련된 다양한 협동조합이 운영되고 있다. 이들은 주로 유통을 공유하면서 각종 교육 프로그램을 제공하고 있는데, 특히 도시의 빈곤 여성들에게 일자리를 제공하기 위해 운영되는 경우가 많다. 그러나 높은 부가가치를 창출하기보다는 부업으로 운영되는 경우가 많다. 모든 상품은 전통적인 방식으로 제작되어 친환경적 수공예 제품이라고 볼 수 있다.

펠트가 상품화되는 데에는 노르웨이의 원조 프로그램이 중요한 역할을 했다. 슬리퍼, 가방, 인형 등이 제작되어 판매되고 있는데, 이는 전통적인 방식이라기보다는 양모를 이용한 공예 상품에 가깝다. 1994년 이후 노르웨이의 루터교 선교회(Norwegian Lutheran Mission) 등 다양한 단체들이 몽골에 원조하기 시작했다. 노르웨이 루터교 선교회는 13개 국가의 국가별 특성에 따라 각기 다른 개발 프로그램을 시행했다. 운영기금은 노르웨이 개발협력기구(Norwegian Agency for Development Cooperation, NORAD)에서 90%의 지원을 받고 10%는 선교회 기금으로 운영되었다. 1996년부터 2010년 현재까지 2천여 명의 몽골인들을 대상으로 펠트와 울 가공에 관한 교육 프로그램을 운용하고 있으며, 그중 200~300여 명이 협동조합을 조직하여 펠트 공예품을 생산하고 있다.[29] 이 프로젝트의 목적은 곤경에 처한 가족들이 울·펠트 공예 생산과 판매를 통해 지속가능한 방식으로 삶의 환경을 개선하고, 공예 생산자들이 지속가능한 발전을 추구할 수 있도록 협동적 조직을 구축하는 것이었다. 프로젝트의 주요 활동은 펠트 판매 협동조합 구축, 울·펠트 공예 생산라인 개선, 새로운 영역에서 울 공예 교육 확장,

---

29 Alice L. Høye, "Business for development: A case study of the Noozon Zangilaa Cooperative Union in Mongolia," MA Thesis to University of Agder, 2010, pp. 14-16; Made in Mongolia 홈페이지.

정보 제공, 기록, 캠페인 등이다.

특히 유럽연합(EU)이 지원하는 몽골의 유목생활 보호 및 마케팅 프로젝트 등이 활성화되어 있다. 이들은 몽골의 중소기업들을 지원하고 가축에서 생산된 제품들을 판매할 수 있는 기회를 제공한다. 특히 몽골의 전통적 공예와 현대적 디자인을 결합시키는 회사들을 지원하고 있다.[30] 몽골에서는 이를 일종의 교육 기회로서 지원하는 국제협력사업이 활발하게 펼쳐지고 있다.

메리 앤드 마르타(Mary and Martha Fair & Ethical Trade in Mongolia)라는 공정무역 회사를 운영하는 이렌(Irene) 역시 펠트 생산자에게 다양한 교육을 실시하고 있다. 전국의 공예 생산자들을 네트워킹하여 상품 판매를 지원하며, 이들에게 기본적인 세금 상식, 유통 상황, 시장의 수요 등의 지식을 교육한다. 이 회사는 2007년에 설립되었으며, 소규모의 자생적 공예 업체를 진흥시켜 윤리적이며 공정한 사업체계를 구축하고자 한다. 2011년부터 세계공정무역협회에 가입하여 활동하고 있다.

메리 앤드 마르타는 몽골의 전국 각지에 있는 공예 생산자들에 대한 정보를 정리하여 체계적인 네트워크를 구축하고 있다. 몽골의 공예 생산자들과 일하면서 가장 큰 어려움은 생산자들의 소득에 대한 기대 수준을 낮추는 것이라 한다. 현재 몽골의 최저임금은 비화 100달러 수준인데, 메리 앤드 마르타에서 일할 경우 150달러 정도의 수입을 확보할 수 있다. 그러나 영국인인 이렌과 사업을 시작하면 더 많은 수입을 올릴 수 있을 것으로 기대하는 경향이 있어, 이들에게 현실적 수입 수준을 이해시키는 것이 무척 중요한 일이라고 한다.[31]

---

30 Made in Mongolia 홈페이지.

31 메리 앤드 마르타 대표 이렌과의 인터뷰(2016. 8.).

다양한 국제기구의 활동이 몽골에서 새로운 영역을 창출하고 교육 기회를 제공하는 것은 사실이지만, 이것이 실제로 경제활동으로 이어지는 경우는 많지 않다.[32] 보다 실질적으로 몽골의 사회경제와 결합하기 위해서는 더 많은 국제기구의 노력이 필요해 보인다. 몽골에서는 현재 내수보다는 해외수출과 관광기념품 중심으로 하고 있지만, 시장의 다변화를 위한 노력이 필요해 보인다.

3) 관광업과 전통의 재창조

테렐지라는 몽골의 대표적인 관광지 주변의 유목민들은 가계소득을 위해 유목생활을 관광업과 적극적으로 결합하고 있다. 유목민들은 수입의 대부분을 염소를 통해 얻는 것이 사실이지만, 점차 관광이 수입으로 연결되기 시작했다. 홈스테이(home-stay)를 제공하거나 관광객들에게 말을 태워주는 등 유목생활을 관광상품화하는 것이 그 예이다. 유목민들은 도시로 이주하거나 아이를 학교를 보내기 위해 현금이 필요한 경우가 많기 때문에 관광으로 생계를 도모할 요구가 생겨난다. 이에 관광객들에게 낙타나 말 등을 타는 체험 기회를 제공하거나 자신이 사는 게르에 거주하는 기회를 제공함으로써 현금 수입을 창출하고 있다.[33] 이처럼 몽골의 유목생활이 관광업과 결합되면서 펠트와 같은 전통적인 공예품이 새롭게 활용되기 시작했다.

현재 몽골은 정부 차원에서 관광업을 진흥하고 있다. 이런 상황에서 전통적인 나담 축제와 달리, 단식 나담 축제(Danshig Naadam Fastival)를 대규모로 확대하고 있다. 원래 몽골의 불교 전통은 청나라 이후 티베트 불교나 라마 계통의 불교였기 때문에, 티베트 쪽과의 교류를

32 이렌과의 인터뷰(2016. 8.).
33 몽골 테렐지 유목민 현지조사(2016. 8.).

통해 새롭게 전통을 만들어 왔다. 사회주의 시절 승려들이 박해와 탄압을 받으면서 불교 전통이 많이 파괴되었는데, 최근에는 사회주의 시절 유실된 불교 전통을 되살리기 위해 다방면으로 노력하고 있다. 작은 규모로 행해지던 축제들을 큰 규모로 확대하는 것은 이런 맥락에서이다.

이는 사회주의 시기에 상실한 공동체 전통을 되살리는 것이기도 하다. 겉으로는 관광을 진흥하기 위한 것으로 외국인들에게 홍보를 많이 하고 있다. 이는 또한 몽골의 관광업을 다변화시키기 위한 노력이기도 하다. 불교 공예품과 관련한 울 제품 등의 판매를 위한 부스를 따로 만들어 전통문화를 활성화하기 위한 노력도 하고 있다. 몽골의 관광상품은 기후 조건상 여름철에 한정되어 있다. 캐시미어나 펠트의 판매가 이루어지는 기간도 대부분 여름철로, 5월부터 9월까지만 판매가 이루어지고 있다. 생산은 1년 내내 진행되지만 판매 기간은 제한되어 있다는 것이다.

한편 현재 몽골의 관광객 중 한국인이 전체 3위를 차지하는데, 한국인은 구매력 또한 높은 편이다. 시내의 중심 캐시미어 상점에서 조사한 바에 의하면, 외국인 중 캐시미어 구매를 제일 많이 하는 외국인은 한국인이다.

4) 캐시미어 산업에서 중국과의 경쟁구조

현재 중국은 캐시미어 산업에서 강국으로 부상하기 위해 노력하고 있다. 현지 조사에 따르면, 원사를 구입하는 상인 대부분이 중국인들이고 가격도 보다 높게 지불하는 경우가 많았다. 몽골은 전통적으로 중국과 경쟁적·적대적 관계로서, 내몽골이 중국에 복속된 데 대해 위기의식을 많이 갖고 있다. 중국은 양모사업의 체계적 육성을 위해서도 노력하고 있다. 몽골의 캐시미어 원사가 세계적으로 가장 양질이므로 이를 재가공하는 사업도 발달해 있다. 필자가 몽골의 원사 시장을 방문했을 때 대규모의 창고를 소유한 중국인들을 만나볼 수 있었다. 이들은 대부분 내몽골 출신으로 몽골어를 구사할 수 있었다. 일종의 무역중개자로서, 이들은 몽골에서 캐시미어 원사를 구매하여 중국에서 재판매하고 가공하는 역할을 한다. 국가적 차원에서 보면 몽골과 중국은 캐시미어 산업에서 경쟁적 구조를 이루지만, 몽골의 유목민과 2차 유통에 종사하는 상인들에게 중국 상인들은 비교적 높은 가격을 지불하는 것으로 인식되어 있었다.

현재 몽골 캐시미어 원사의 90%가 중국으로 수출되고 있다고 한다. 내몽골 출신의 중국 상인과 인터뷰를 했을 때, 그는 최근 2년간 경기가 별로 좋지 않았다고 했다. 몽골의 울은 질이 좋지 않아 대부분 염소의 캐시미어를 선호한다고 한다. 또한 몽골인은 전통적으로 반중 정서가 강해 중국에 원사를 판매하고 싶어하지 않지만, 다른 시장이나 통로가 별로 없어 실제로 중국인이 몽골 원사의 80%를 사가고 있다고 했다.[34] 몽골인은 내몽골 문제로 반중 정서가 강하기 때문에, 중국의 부상은 몽골 산업에는 기회이면서 또 압력이 되기도 한다.

5) 환경파괴 문제

최근 기후변화로 인해 몽골 목축이 많은 어려움을 겪고 있다. 정기적으로 발생하는 조드(zud, 겨울의 혹한) 기간 동안 가축들이 사망하여 유목생활에 불확실성이 상당히 높아지고 있다. 또한 도시의 확장과 광산업의 발달로 인해 목초지의 환경이 파괴되고 있다.

반면 캐시미어 산업이 발전하면서 도시에 새로운 일자리들이 생

34 몽골 캐시미어 시장 현지조사(2016. 8.).

기고 유목민에게도 경제적 기회가 증가하고 있다. 기르는 가축도 캐시미어를 생산하는 염소 중심으로 변화하고 있다. 다른 가축들과 달리 염소는 풀을 뜯어먹을 때 뿌리까지 먹어치운다. 따라서 염소 사육두수가 증가하면 할수록 환경은 파괴될 수밖에 없다.

상품경제의 발전은 한편에서는 경제적인 기회와 도시적 생활을 가능케 해 주지만, 다른 한편으로는 환경파괴를 야기한다. 캐시미어 산업의 발전은 유목경제를 생태중심에서 시장경제적 방식으로 변화시켰는데, 한편에서 보면 이는 생태적 순환성을 파괴하고 있다. 이런 상황에서 몽골은 생태적 유목경제와 산업발전을 추구하는 산업경제 사이에서 사회적 지속가능성을 고민하는 것이 필요할 것이다.

5 지속가능성의 딜레마

포스트사회주의 몽골의 변화는 유목민과 도시민 모두에게 많은 변화를 야기했다. 이 글에서는 유목경제의 산물인 양모가 울란바타르 지역의 양모 및 펠트 산업을 중심으로 어떻게 재편되었는지를 살펴보았다. 탈사회주의적인 사회 전환은 양모 산업을 발전시켜 사회적 부를 증진시킴으로써 일부 몽골인에게는 새로운 기회를 제공해 주었다. 여성들에게 다양한 일자리 기회를 창출하여 여성들이 주체적 삶을 영위할 수 있는 사회적 기반을 제공하기도 했다. 또한 교육에 대한 몽골인의 욕구가 높아지면서 현금 수입을 올릴 수 있는 경제활동에 대한 관심이 높아졌는데, 캐시미어 염소가 그중 가장 중요한 수입원으로 자리매김되고 있다. 캐시미어 염소의 사육두수는 탈사회주의 전환 이후 3배 이상 급증했고, 이는 몽골에 환경문제를 야기하기도 했다. 기후변화로 인해 물 부족이 만성화되는 상황에서 염소 사육의 증가는 초원의 황폐화를 가속화시키고 있다.

한편 중국 및 세계 시장에 대한 의존이 높아지면서 경제적 불확실성이 증가하고 있다. 아울러 개방 이후 관광업이 강조되면서 기존에 활용되지 않았던 펠트를 이용한 다양한 문화상품이 제작되고 있다. 전통문화 자원을 통해 새로운 문화상품을 제작하는 것을 지원하는 해외 국제기구 및 NGO의 활동이 활발하다. 탈사회주의 과정에서 몽골의 유목경제는 몽골인에게 많은 기회를 제공해 주고 있지만, 급속한 초원의 파괴 등 환경의 문제 역시 간과할 수 없어 '지속가능성'을 둘러싼 해석의 차이와 딜레마가 존재한다.

| 참고문헌 |

박환영, 『몽골의 유목문화와 민속읽기』, 민속원, 2005.

설배환, 「13~14세기 몽골초원의 물적 기반과 유목경제의 지속성 고찰」, 『중앙아시아 연구』 제20권 2호, 2015.

스기야마 마사아키, 이경덕 옮김, 『유목민의 눈으로 본 세계사』, 시루, 2015.

유원수·이평래, 「전환기 몽골 사회의 연구(1990~현재): 몽골의 이슬람」, 『중앙아시아 연구』 제20권 1호, 2015.

이안나, 『몽골의 생활과 전통』, 민속원, 2014.

稲村哲也, 『遊牧·移牧·定牧—モンゴル·チベット·ヒマラヤ·アンデスのフィールドから』, 東京: ナカニシヤ出版, 2014.

小長谷有紀, 『人類學者は草原に育つ』, 東京: 臨川書店, 2014.

Batchuluun, L., *Felt Art of Mongolia*, Ulaanbattar: Ulaanbattar Press, 2009.

Erdenetsetseteg, B., *Mongolian Traditional Methods of Felt-making*, Ulaanbattar: Ulaanbataar Press, 2014.

Griffin, Keith, *Poverty and the Transition to a Market Economy in Mongolia*, New York: St. Martin's Press, 1995.

Fijn, Natasha, *Living with Herds*, Cambridge: Cambridge University, 2011.

Fox, Elizabeth, "Making Cashmere, Making Futures: The Work of Hope and the Materialisation of Dreams in a Mongolian Cashmere Factory," *Inner Asia*, vol. 17, issue 1, 2015.

Fujita, Moris Rossabi, *Modern Mongolia*, Berkeley: University of California Press, 2005.

Høye, Alice L., "Business for development: A Case Study of the Noozon Zangilaa Cooperative Union in Mongolia," MA Thesis to University of Agder, 2010.

Maekawa. A., "The Cash in Cashmere: Herders' Incentives and Strategies to Increase the Goat Population in Post-Socialist Mongolia," eds., Norio Yamamura, Noboru

Fujita, and Ai Maekawa, *The Mongolian Ecosystem Network: Environmental Issues Under Climate and Social Changes*, Tokyo: Springer, 2013.

Meyanathan, Saha Dhevan, *Portraits of Change*, Ulanbataar: Create Space Independent Publishing Platform, 2013.

Nyamaa, Nyamsuren and Keun Lee, "Informal Economic Activities and Firm Performance in a Transition Economy: The Case of the Cashmere Industry in Mongolia," *Seoul Journal of Economics*, vol. 21, no. 2, 2008.

Otgonsaikhan, N., "The Current Situation for Mongolian Foreign Trade and Cooperation with Northeast Asian Countries," *ERINA Report*, no. 127, 2015.

Portisch, Anna Odland, "The craft of skillful learning: Kazakh women's everyday craft practices in western Mongolia," *The Journal of the Royal Anthropological Institute*, vol. 16, 2010.

Réviron, S., E. Thévenod-Mottet and N. El-Benni, "Geographical Indications: Creation and distribution of economic value in developing countries," Institute for Environmental Decisions (IED) Working Paper No. 2009/14, 2009.

World Bank, "Mongolia Livestock Sector Study," Report No. 50277-MN, 2009.

온라인 자료

Coming Home - A Journey with Saruul Fischer through Mongolia (DocFilm) 〈http://www.dw.com/en/coming-home-a-journey-with-saruul-fischer-through-mongolia/a-18055955〉

Erdenesan, Eldevochir, "Livestock Statistics in Mongolia," ASIA AND PACIFIC COMMISSION ON AGRICULTURAL STATISTICS Presentation, 2016. 〈http://www.fao.org/fileadmin/templates/ess/documents/apcas26/presentations/APCAS-16-6.3.5_-_Mongolia_-_Livestock_Statistics_in_Mongolia.pdf〉 (최종 검색일 2020. 11. 14.)

Made in Mongolia 홈페이지. 〈http://www.made-in-mongolia.info/〉 (최종 검색일 2020. 11. 13.)

Mary and Martha Mongolia 홈페이지. 〈http://maryandmarthamongolia.blogspot.kr/p/what-is-mary-martha_6.html〉 (최종 검색일 2020. 11. 13.)

"Mongolian cashmere goes global," *NHK World* (온라인, 2016).

"Mongolia goes 'from goat to coat'," *BBC News* (2013. 3. 29.). 〈https://www.bbc.com/news/av/business-21972709〉 (최종 검색일 2020. 11. 14.)

Mongolian Wool & Cashmere Association 홈페이지. 〈http://www.mongoltextile.mn/home/mn〉 (최종 검색일 2020. 11. 14.)

"Mongolia's 'Cashmere Princess' Expands 1436" (2014. 9. 4.). 〈https://www.businessoffashion.com/articles/global-currents/mongolias-cashmere-princess-expands-1436〉 (최종 검색일 2020. 11. 9.)

NOYA 홈페이지. 〈http://www.noyafibers.com/〉 (최종 검색일 2020. 11. 13.)

"Protecting Tradition and Revitalizing a National Brand," *World Intellectual Property Organization* (2012. 9. 26.). 〈http://www.wipo.int/ipadvantage/en/details.jsp?id=3109〉 (최종 검색일 2020. 11. 9.)

찾아보기

ㅂ

ㅅ

저자 소개

백지운

연세대학교 중어중문과를 졸업하고 동 대학원에서 「近代性 담론을 통한 梁啓超 啓蒙思想 재고찰」(2003)로 박사학위를 받았다. 일본 게이오대학, 베이징 칭화대학, 대만 둥하이대학에서 수학했으며, 현재 서울대학교 통일평화연구원 조교수이다. 『창작과비평』, 『역사비평』, 『人間思想』, 『文化硏究』, *Inter-Asia Cultural Studies* 편집위원으로 활동하고 있으며, 동아시아 탈/냉전의 관점에서 평화연구의 방법론을 모색하고 있다. 최근 저작으로 「혁명원조에서 특구건설로: 시아누크빌을 통해 본 아시아 냉전의 역설」(2020), 「민족문학, 제3세계, 동아시아: 최원식의 동아시아론의 구조와 계보」(2020), 「독백과 망각의 전쟁: 중월전쟁과 아시아 냉전의 역설성」(2018), "Atopic Moments in the Square: A Report on Despair and Hope after the Candlelight Revolution in South Korea"(2020), "'One Belt One Road' and the Geopolitics of Empire"(2019), 『혁명후/기』(2016, 역서), 『양안에서 통일과 평화를 생각하다』(2016, 공편) 등이 있다.

오르트나상(Ulzibadrakhyn Urtnasan)

몽골인문대학(University of Humanities in Mongolia) 빌릭연구소(Billig Institute)의 언어학 교수이다. 몽골인문대학에서 언어학과 외국어학을 전공했고 "Expression of Requests in Mongolian, Russian and French"(2005)로 박사학위를 받았다. 연세대학교 한국어학당에서 수학했으며, 한국어 외에도 러시아어·프랑스어·영어 등을 구사한다. 국립농경대(State Agricultural University), 오르홍대학(Orkhon University)에서 언어학 및 번역 이론을 가르쳤고, 몽골대학원대학(Graduate University of Mongolia) 외국어대학원 교수를 역임했다. 몽골인문대학 학위위원회 위원을 역임했으며, 현재 오르홍대학 학위위원회 위원이다. 번역 실무와 알타이어족 및 인도유럽어족에 대한 비교언어학, 사회언어학, 그리고 문화학에 관한 다수의 저서와 논문을 집필했다.

크리스토프 블루스(Christoph Bluth)

영국 브래드퍼드대학(University of Bradford) 평화학과 국제개발 학부의 외교안보학과 교수이다. 런던 킹스칼리지(King's College London)에서 로렌스 프리드먼(Lawrence Freedman) 교수 지도하에 「흐루쇼프 휘하의 소련 전략적 무기 정책(Soviet Strategic Arms Policy under Khrushchev)」으로 박사학위를 받았다. 리즈대학(University of Leeds) 국제학 교수, 리딩대학(University of Reading) 국제 및 유럽학 교수로 재직했으며, 연세대학교 객원교수를 지냈다. 현재 국내외 다양한 기관과 학술 교류를 이어가고 있다. 동북아 안보와 핵무기 정책, 핵 비확산 정책, 무기통제 분야의 전문가로서 국제 안보에 관한 13권의 학술 저서와 다수의 연구 논문을 집필했다. 대표 저작으로 *Britain, Germany and Western Nuclear Strategy*(1995), *Hotspot Korea*(2008), *Crisis on the Korean Peninsula*(2011), *US Foreign Policy in the Caucasus and Central Asia: Politics, Energy and Security*(2014), *Shadows of War: Arms Control and the Military Confrontation in Central Europe during the Cold War*(2020) 등이 있다.

엥흐사이항(Jargalsaikhany Enkhsaikhan)

몽골의 비핵지대화를 추진하고 전 세계 핵확산 방지와 핵무기 감축을 추동하는 비정부기구 블루배너(Blue Banner)의 설립자이자 의장이다. 모스크바국립대 국제관계연구소에서 국제변호사 자격을 취득하고 동 대학원에서 국제회의에서의 의사결정에 관한 국제법 문제로 박사학위를 받았다. 1993년 설립된 몽골국가안보위원회 사무총장을 역임하였으며, 1994년 몽골 국가대호랄에서 「국가 안보의 개념」, 「외교정책의 개념」, 「군사 독트린의 기초」 세 기본 문서를 검토하고 채택하는 과정을 주관했다. 몽골의 민주화와 체제 개혁, 인권과 안보, 특히 몽골의 비핵지위와 아시아 대국외교에 관련된 다수의 논문과 평론을 집필했으며, 상당수가 몽골, 러시아, 일본, 한국, 미국에서 출판되었다. 몽골 최초의 국제법 교과서 집필의 편집장을 역임했으며, UN 인권 관련 문서를 비롯하여 레빈(Lia Levin)의 *Human Rights: Questions and Answers*, 비탐(David Beetham)과 보일(Kevin Boyle)의 *Introducing Democracy: 80 Questions and Answers*, 와이엇(Marilyn Wyatt)의 *NGO Governance*를 빈역하였다. 최근의 대표 저작으로는 "Lessons from Mongolia: Reinvigorating the Approach to Nuclear-Weapon-Free Zones"(*Global Asia*, 2020), 몽골어로 저술한 저서 『몽골의 핵 미래』(2015)가 있다.

올람바야르(Denzenlkhamyn Ulambayar)

몽골과학원(Mongolian Academy of Sciences) 국제학부 교수이자 몽골인문대학 외교사회대학장으로 재직 중이다. 국립안보연구원 외교안보학부 교수(2009~2012), 몽골인문대학 외교학부 교수(2007~2008), 몽골국립대학(National University of Mongolia) 국제경제학 부교수(1998~2005)와 외교학 부교수(1994~1996), 사회학 조교수(1986~1990)를 역임했다. 몽골국립대 외교학과를 졸업하고 1994년 단국대학교 경제학과에서 석사학위를 받았다. 1995년 네덜란드 클링헨달 국제관계연구소(Clingendael, the Netherlands Institute of International Relations)에서 수학했으며, 1998년 서울대학교 국제대학원에서 박사학위를 받았다. 모스크바국립대 아시아-아프리카연구소(1988), 뉴델리 외교부 외교연구원(2000), 서울 외교안보연구소(2005), 카이로 국제정치연구소와 타이베이 동아시아연구소(2012)의 방문학자를 지냈다.

시스미식(Jugneegiin Shishmishig)

몽골법학원(Legal Academy of Mongolia)의 원장이다. 1972년 모스크바 국제관계연구소(Moscow State Institute for International Relations)에서 박사학위를 받았고 그해 외교통상부에서 근무하기 시작했다. 1997년 변호사 자격을 취득한 이래 몽골변호사협회 회원이다. 2009년부터 2013년까지 주한몽골대사관에서 무역투자참사관으로 근무했으며, 경제 및 무역, 비즈니스 관련 법적 문제, 투자 등의 업무를 담당하였다. 체제전환기 몽골의 시장과 민주주의, 지정학에 관한 연구를 하고 있다. 관련한 국제학술회의 발표 논문으로 "National Security and Two Neighbors"(2016), "The Constitution of Mongolia of 1992 and the National Security Issues"(2017), "Competitiveness, Investment Issues, and Economic Security Policy and Legal Environment of Mongolia"(2016), "National Standardized Test Workbook"(2018), "The United Nations Regulations(published in 6 languages)"(2018) 등이 있고, 편저로 *Attorney's Material* (2018)이 있다.

김학재
서울대학교 천문학과를 졸업하고 사회학과에서 「한국전쟁과 자유주의 평화기획」(2013)으로 박사학위를 받았다. 베를린 자유대학교에서 글로벌 히스토리 프로젝트 연구원과 동아시아대학원 박사후 연구원을 거쳐 현재 서울대학교 통일평화연구원 조교수로 재직 중이며, 한반도 평화프로세스와 동아시아 평화체제 수립, 지역 통합에 관한 연구를 하고 있다. 최근의 대표 저작으로는 「복합갈등 시대의 신뢰와 평화프로세스」(2021), 「'통합'의 다양한 차원: 역사·비교지역주의적 관점」(2020), 「사회적 평화와 한반도 평화프로세스」(2019), 「판문점 체제의 기원과 변화」(2018), 『평화의 여러 가지 얼굴』(2020, 공저), 『통일의식조사』(2020, 공저), 『북한사회변동』(2020, 공저), 『판문점 체제의 기원』(2015) 등이 있다.

이평래
단국대학교 문과대학 사학과를 졸업하고 몽골과학아카데미 역사연구소에서 「1911년 몽골 독립선언에 대한 분석적 연구」(1997)로 박사학위를 받았다. 한양대학교와 한남대학교 강사를 역임했으며, 현재 한국외국어대학교 중앙아시아연구소 연구교수이다. 한국의 대표적인 몽골 연구자로, 몽골 역사 외에도 신화와 종교 등 몽골의 정신문화에도 많은 관심을 갖고 활발한 연구활동을 하고 있다. 최근 대표 저작으로 「인류무형문화유산 후미 등재를 둘러싼 몽중의 갈등과 그 배경」(2021), 「하이산과 〈몽골신문〉」(2021), 「범몽골주의의 역사적 추이」(2020), 「전근대 몽골 법률자료의 들불 관련법의 검토」(2019), 『한국·몽골 미래협력의 비전』(2020, 공편) 등이 있다.

이문영
서울대학교 약학대학을 졸업하고 동 대학 노어노문학과에서 석사학위를, 러시아 모스크바국립대학에서 바흐친(M. Bakhtin)의 대화주의 연구로 박사학위를 받았다. 현재 서울대학교 통일평화연구원 부교수로 재직 중이며, 주요 연구 분야는 탈사회주의 및 탈경계 문화연구, 평화인문학이다. 『톨스토이와 평화』(2016)의 저자, 『평화를 만든 사람들: 노벨평화상 21』(2017)의 편자, 『죄와 벌』(2020)의 역자, 『탈사회주의 체제전환과 발트 3국의 길』(2018) 등의 공저자이며, "Landscape of the minds of South and North Koreans"(2020), "Russia's Law on Refugees"(2020), "Национальные образы

и взаимопонимание между Южной Кореей и Россией"(2020), 「역병 시대의 고전: 『죄와 벌』과 코로나」(2020) 등의 논문을 발표했다.

김병로

성균관대학교 사회학과를 졸업하고 미국 인디애나 주립대학교 대학원에서 사회학 석사학위를, 럿거스대학교 대학원에서 사회학 박사학위를 받았다. 통일연구원 선임연구위원 및 북한연구실장을 거쳐 아세아연합신학대 교수 및 북한연구소장, 중국연변과학기술대학 겸임교수, 국방부·국가정보원·KBS 자문위원 및 북한연구학회 제22대 회장을 역임하였다. 현재 서울대학교 통일평화연구원 부교수로 재직 중이며, 통일부 정책자문위원, 민주평화통일자문회의 상임위원, 민족화해협력범국민협의회 정책위원으로 활동하고 있다. 주요 저서로는 *Two Koreas in Development*(1992), 『개성공단: 공간평화의 기획과 한반도형 통일프로젝트』(2015, 공저), 『분단 폭력』(2016, 공저), 『북한, 조선으로 다시 읽다』(2016), 『다시 통일을 꿈꾸다』(2017), 『탈사회주의 체제전환과 북한의 미래』(2018, 공저) 등이 있다.

바바르(Baabar), 본명 바트바야르(Bat-Erdeniin Batbayar)

전 몽골사회민주당(Mongolian Social Democratic Party) 당수이다. 1996년 국가대호랄 의원으로 선출되있으며, 2004~2005년 몽골 총리의 외교정책자문을 지냈다. 2006년 이후 넵코출판사(Nepko Publishing Company)를 운영하고 있으며, 현재 동북아협회(North East Asia Association) 대표로 활동하고 있다. 대표 저서로 *Buu Mart. Martval Sonono*(Don't Forget. Otherwise, We'll Be Doomed)(1989), *History of Mongolia*(2009) 등이 있다.

김성철

서울대학교 통일평화연구원 교수이다. 통일연구원 선임연구위원 겸 북한경제사회연구실장, 통일정책연구실장(1992~2003), 위스콘신대학교 정치학과 방문교수(2002~2003), 히로시마시립대-히로시마평화연구소 교수(2003~2012) 등을 역임하였다. 핵, 원자력, 국가폭력, 동맹관계 등을 연구하였고, 현재는 중국-주변국 관계에 관한 단독저서 출판을 준비하고 있다. 최근 출판한 저서로 *Partnership within Hierarchy: The Evolving East Asian Security Triangle*(2017), *North Korea and Nuclear Weapons: Entering the New Era of Deterrence*(2017), 『평화의 여러 가지 얼굴』(2020, 공저) 등이 있고, 논문으로는 "Endangering Alliance or Risking Proliferation?: US-Japan and US-Korea Nuclear Energy Cooperation Agreements"(2017), "Dynamics of Nuclear Power Policy in the Post-Fukushima Era: Interest Structure and Politicisation in Japan, Taiwan and Korea"(2018) 등이 있다. 아시아 최초의 평화연구 저널이자 SCOPUS 등재지인 *Asian Journal of Peacebuilding*의 에디터이다.

윤순진

서울대학교 사회학과를 졸업하고 미국 델라웨어대학교에서 도시문제와 공공정책 전공(심화전공: 환경에너지정책)으로 석사학위를, 환경에너지정책 전공(심화전공: 환경에너지의 정치경제학)으로 박사학위를 받았다. 현재 서울대학교 환경대학원 교수이자 환경교육 협동과정 주임교수, 지속가능발전연구소의 소장으로 재직 중이다. 한국환경사회학회 회장과 한국기후변화학회 부회장, 한국공간환경학회 부회장을 역임했으며, 한국환경교육학회 부회장, 한국환경정책학회 이사를 맡고 있다. *Journal of Asian Sociology*의 편집위원이며, 『환경사회학연구 ECO』, 『공간과사회』, 『경제와사회』, 『환경교육』, 『농촌사회』, *Climate Policy, Energy Policy, Journal of Cleaner Production, Energy Research and Social Science, Futures* 등 국내외 학술지에 180편가량의 논문을 발표하였다. *Environmental Movements in Korea: A Sourcebook*(2017)을 미국의 저명한 환경사회학자인 던랩(Riley E. Dunlap)과 함께 저술하였으며, 10여 권의 영문 단행본과 50여 편의 한글 단행본에 공동 저자로 참여하였고, 『에너지란 무엇인가』(2011)란 단독 역서와 두 권의 공동 역서가 있다. 한국에너지정보문화재단 이사장(비상임), 대통령 직속 정책기획위원회 지속가능사회분과 위원장과 환경부 산하 지속가능발전위원회 위원장, 서울시 에너지정책위원회 위원장, 에너지전환포럼 이사로 활동 중이다.

쿨란(Erdenebilegiin Khulan)

몽골국립대학 한국학과를 졸업하고 서울대학교 환경대학원에서 도시계획 전공(심화전공: 환경관리)으로 석사학위를 취득했으며, 동 대학원 박사(심화전공: 환경관리) 과정을 수료했다. 대표 저작으로 「멸종위기종 보호를 위한 환경거버넌스 모색: 몽골 고비곰 보호 사례를 중심으로」(2021, 공저)가 있다. 현재 몽골 환경문제와 시민사회, 공동자원(Common-Pool Resources), 맨손·소규모광업(Artisanal Small-Scale Mining)에 관심을 가지고 연구하고 있다.

주윤정

장애, 인간-동물 관계, 사회운동, 생명사회학 등을 연구하는 사회학자이다. 한국외국어대학교 영어과를 졸업하고, 서울대학교 사회학과에서 박사학위를 받았다. 현재 서울대학교 인권센터 선임연구원으로 재직 중이다. 대표적인 연구로는 『보이지 않는 역사: 한국 시각장애인의 저항과 연대』(2020), 「탈시설 운동과 사람중심 노동: 이탈리아의 바자리아법과 장애인 협동조합운동」(2019), 「법 앞에서: 형제복지원 피해생존자들의 해방과 기다림의 정치」(2018) 및 「상품에서 생명으로: 가축 살처분 어셈블리지와 인간-동물 관계 연구」(2020), 「경이와 돌봄의 정동: 천성산과 제주의 여성 지킴이들」(2020) 등이 있다. 생명의 취약성과 다양성에 관심을 가지고 장애인들에 대한 사회적 차별과 배제의 역사뿐 아니라 사회적 포용의 가능성에 대한 실천적인 연구를 진행하고 있다.